Uwe Stave

Die Umwelt des kleinen Kindes

Den kleinen Kindern unserer Zeit gewidmet.
Sie werden die Zukunft gestalten.

Uwe Stave

Die Umwelt des kleinen Kindes

Früherziehung zur Lebenstüchtigkeit

Vererbung – Umwelt –
Persönlichkeit
Das Kind vor der Geburt
Sinneswelt und Atmung
Rhythmik und Individuation
Ernährung
Erinnern und Lernen
Temperament und Verhalten
Gestaltete Umwelt

Urachhaus

Der Autor
Prof. Dr. med. Uwe Stave habilitierte sich 1959 an der Universitätskinderklinik in Marburg; danach war er Leiter einer pädiatrischen Forschungsstelle in den USA und später an der Kinderklinik der Universität Miami tätig. 1979 wurde er an das Gemeinschaftskrankenhaus Herdecke und 1983 zum Gründungsdekan der Medizinischen Fakultät der Universität Witten/Herdecke berufen.

Die Deutsche Bibliothek – CIP-Einheitsaufnahme

Stave, Uwe:
Die Umwelt des kleinen Kindes : Früherziehung zur Lebenstüchtigkeit ; Vererbung, Umwelt, Persönlichkeit ; das Kind vor der Geburt ; Sinneswelt und Atmung ; Rhythmik und Individuation ; Ernährung ; erinnern und lernen ; Temperament und Verhalten ; gestaltete Umwelt / Uwe Stave. – Stuttgart : Urachhaus, 1992
ISBN 3-87838-924-8

ISBN 3 87838 924 8

Umschlaggestaltung: Rudolf P. Gorbach, Gauting-Buchendorf.
Satz: Offizin Chr. Scheufele, Stuttgart.
Druck und Bindung: Spiegel Buch, Ulm.

Heilig sei dir das Kind,
Zeuge erhabener Herkunft.

Paula Dieterich

Inhaltsverzeichnis

Teil III: Ernährung

Teil IV: Frühe Erziehung

TEIL V: EINWIRKUNGEN DER UMWELT AUF DAS KIND

Geleitwort

Das vorliegende Buch ist den kleinen Kindern unserer Zeit gewidmet. Der erfahrene Kinderarzt und international anerkannte Neonatologe Uwe Stave hat die ersten Jahre seines Ruhestandes, den er in seiner zweiten Heimat in USA verlebt, dazu verwendet, die Ergebnisse seiner Lebensarbeit zusammenzufassen und in Buchform den Eltern und Erziehern zu übergeben. Damit ist eine wertvolle Ergänzung entstanden zu jedem kinderärztlichen und pädagogischen Ratgeber, da nicht nur die Ergebnisse der modernen Forschung auf diesen Gebieten berücksichtigt, sondern diese auch in Beziehung gebracht werden zur anthroposophischen Geisteswissenschaft Rudolf Steiners.

Trotz seiner naturwissenschaftlich-medizinischen Karriere hat Uwe Stave sich nie gescheut, auch seine geisteswissenschaftlichen Interessen offen beim Namen zu nennen und in den Dialog mit Forschern verschiedenster methodischer Ausrichtungen ins Gespräch einzutreten. Dieser Offenheit begegnet der Leser auch in dem jetzt vorliegenden Werk. Dabei werden die wesentlichen Tatsachen natur- und geisteswissenschaftlicher Herkunft ausführlich dargestellt, dennoch fühlt sich der Leser von der Faktenfülle nicht erdrückt, sondern vielmehr angeregt, sich auch mit Hilfe der zahlreichen Namens- und Literaturhinweise ein eigenes Urteil zu bilden.

Da ich während meiner kinderärztlichen Tätigkeit am Gemeinschaftskrankenhaus in Herdecke durch einige Jahre hindurch Uwe Stave als Kollegen erlebt habe und immer wieder Zeuge wurde, mit welcher Liebe und Feinfühligkeit er sich den Belangen und Sorgen insbesondere der Kleinkinderziehung zugewandt hat, möchte ich diesem Werk von Herzen eine gute Aufnahme wünschen bei allen, denen das Wohl der kommenden Generation am Herzen liegt.

Michaela Glöckler

Einführung

»Ich will *alles* lernen«, stellte der Vierjährige fest, als der große Bruder über seine ersten Schulerlebnisse sprach. Ausdruck und Betonung dieser Feststellung zeugten von starkem Selbstbewußtsein und erstaunlicher Gewißheit. Diese heutzutage nicht ungewöhnliche Art der Kleinkinder, ihr eigenes Vermögen einzuschätzen, kontrastiert deutlich mit der vor zwei Generationen noch viel gebrauchten Formulierung: »Wenn ich einmal groß bin ...« Das »Ich-*will*« klingt bestimmt und fast schon wie eine drohende Versprechung; es offenbart Mut und Vertrauen in die eigene Kraft. Man muß sich fragen, woher diese Kinder solche Willenskräfte nehmen, und warum sie ihre Zukunft durchaus positiv sehen. Zunächst reagieren viele Menschen auf dieses kraftvolle »Ich-*will*« der Kleinkinder mit Verblüffung, dann aber wird dem aufmerksamen Beobachter der Zeitentwicklung deutlich, daß mit solcher Einstellung die Zukunft doch nicht in so schlechten Händen liegen wird. Mir sind viele ungewöhnlich zielstrebige und begabte Kinderpersönlichkeiten begegnet.

Viele Statistiken weisen zwar auf rückläufige Schulleistungen hin, aber was bei diesen Kindern zukunftsträchtig ist, sind die nicht mit Tests erfaßbaren Herzenskräfte *Mut und Tatendrang.* Was das Lernen und die Beherrschung der modernen Technologie angeht, mache ich mir keine Sorgen. Die Gefahr für die kleinen Kinder liegt heute vielmehr in der zu frühen Beanspruchung der Intelligenz und des Verstandes. Über die *Frühintellektualisierung* wird in den Kapiteln dieses Buches noch viel zu sagen sein. Technik und Elektronik sind so sehr in den Lebensraum unserer Kinder eingedrungen, daß es zunehmend schwerer wird, ihren Einfluß aus der ersten Lebenszeit herauszuhalten. Es ist bereits als ein Zeitphänomen anzusehen, wie die Vier- und Fünfjährigen mit Zahlen umgehen und auch Videospiele beherrschen. Wir müssen die Realitäten unserer Zeit beachten und Auswirkungen ebenso wie Gegenwirkungen gründlich kennen, wenn wir unseren Kindern wirksam helfen wollen.

Seit Beginn dieses Jahrhunderts ist das Kind zunehmend in das Bewußtsein der Menschen getreten. Erst in der Neuzeit hat sich die Einstellung zum Kind und seine Stellung in der Gesellschaft grundlegend gewandelt, wie dies zum Beispiel in *P. Ariès'* »Geschichte der Kindheit« dargestellt worden ist. Es war ein langer Weg von der systematischen Disziplinierung des Willens und der Schulung des Geistes im Mittelalter bis zu den experimentellen, freilassenden und antiautoritären Erziehungsmethoden der vergangenen Jahrzehnte. Man sollte sich die Frage vorlegen, inwieweit die Veränderungen in den Kinderpersönlichkeiten den Wandel der Einstellung der Gesellschaft und der Erziehungsmethoden bedingt haben. Die aufgeweckten und kraftvollen Kleinkinder unserer Zeit können noch nicht ihr Recht verlangen, aber die Gesellschaft ist sich der Rechte der Kinder bewußt geworden!

Das 20. Jahrhundert ist wiederholt das Jahrhundert des Kindes genannt worden. Der dramatische Rückgang der Säuglings- und Kindersterblichkeit – dank medizinischer Fortschritte – und die Einführung der Jugendschutzgesetze waren Meilensteine für die »Sicherung der Gesundheit der Kinder«. Die Generalversammlung der Vereinten Nationen (UN) hat am 20. November 1949 einstimmig eine *»Charta des Kindes«* angenommen. Das Schwergewicht dieser 10 Grundsätze liegt in der Sicherung der *Rechte* und des *Schutzes* für das Kind.

Die meisten Menschen sind sich heute der Tatsache bewußt, daß die Gesundheit der Kinder unserer Industriegesellschaft durch *Gifte in der Umwelt* erheblich in Gefahr geraten ist. Wenn man das Recht des Kindes auf ein gesundes Aufwachsen anerkennt, muß die Gesellschaft dem Kind auch Schutz vor den Umweltgefahren gewähren, und besser noch, diesen Gefahren vorbeugen. Auf politischer Ebene ist dieses nunmehr versucht worden. Im Dezember 1989 trafen sich Vertreter aus den Umwelt- und Gesundheitsministerien von 29 Mitgliedstaaten der europäischen Region der Weltgesundheitsbehörde in Frankfurt/Main. Dort wurde eine *»Europäische Charta Umwelt und Gesundheit«* verabschiedet. Darin wird die entscheidende Bedeutung der Umwelt für die Gesundheit der Menschen herausgestellt und eine übernationale Zusammenarbeit zur Vorbeugung und Abwendung von Umweltschäden vereinbart. Diese Charta spricht die Belange des Kindes nicht unmittelbar an, da aber die Kinder in besonderem Maße unter der Verunreinigung der Umwelt leiden, werden die Kinder guten Nutzen von allen Umweltschutzmaßnahmen haben. Nur die kinderfeindliche Technologieentwicklung wird in der Charta angesprochen (vgl. *K. Hartung*).

Im April 1988 hat die »Freie Europäische Akademie der Wissenschaften« in Herdecke unter Vorsitz des Autors ein Symposium »Kind und Umwelt« veranstaltet, bei dem die Thematik zum ersten Mal dahingehend erweitert wurde, daß neben den Aspekten der Giftwirkungen aus der Umwelt auch auf die Bedeutung der Kommunikation zwischen Kind und Umwelt eingegangen werden konnte. Die Sinnesorgane wurden als Vermittler zwischen Organismus und Umwelt dargestellt, die Ernährung als Faktor der stofflichen Kommunikation besprochen und der Erziehung entscheidende Funktionen für die Prägung der Persönlichkeit des Kindes beigemessen. Aus der Arbeit mit den Referenten dieses Symposiums entstand der Wunsch, diese jetzt vorgelegte Monographie zu verfassen.

Im Zusammenhang mit dem hier zugrunde gelegten Menschenbild mag der Vorwurf erhoben werden, daß gewisse Aspekte zu stark idealisiert worden sind und andere gar wirklichkeitsfremd erscheinen. Dem möchte ich entgegenhalten, daß die Wissenschaft die Welt der Säuglinge und Kleinkinder bisher zwar äußerlich beschrieben hat, aber nicht in der Lage ist, das Wesen des Kindes zu erfassen (z. B. das Bewußtsein des Säuglings). Diese Aussage soll die ausgezeichneten Beobachtungen moderner Kinderpsychologen, wie zum Beispiel *Jean Piaget,* nicht schmälern. Seit Jahrzehnten lehrt die Kinderheilkunde, daß die Funktionen des Kindes nicht einem »kleinen und unreifen« Erwachsenen gleichen. Über die Seele und die »Person« des Kindes wird nur spekuliert. Die anthroposophische Menschenkunde *Rudolf Steiners* ermöglicht Forschungen und Aussagen über die stoffliche und immaterielle Kommunikation zwischen Kind und Umwelt, wodurch das moderne, materialistisch-positivistische Menschenbild entscheidend erweitert wird. Vor dem Hintergrund des geisteswissenschaftlichen Menschen- und Weltbildes vermitteln Beobachtungen von Verhaltensweisen und wortlosen Äußerungen des Säuglings neue Einblicke und Zusammenhänge. Der Prozeß der Inkarnation der Ich-Wesenheit kann zwar an Wachstum und Entwicklung des Kindes verfolgt werden, aber ohne den Begriff der Präexistenz blieben solche Entwicklungsschritte unverständlich. Darüber hinaus müssen wir den Blick auf die wiederholten Erdenleben richten, um das Schicksal (Karma) und die Biographie des Kindes verstehen zu lernen.

Im Grunde läßt sich das Thema *»Kind und Familie«* nicht von der Thematik dieses Buches trennen. Wenn trotzdem eine Behandlung der Probleme des Kindes in der Familie ausgeklammert wurde, dann nur wegen des notwendigen Umfanges einer solchen Darstellung. Die dramatisch-tragische Entwicklung der Familie nach dem Zweiten Weltkrieg ist inzwischen jedem Menschen im Bewußtsein; die große Bedeutung der Familie als Umwelt für das Kind steht außer Zweifel (z. B. *D.-J. Duché, R. Lempp, D. W. Winnicott,* u. a.).

In den Kapiteln dieses Buches wird stillschweigend von einer intakten Familie ausgegangen und die Rolle der Eltern sowie ihre Aufgaben angesprochen. Auch wenn zwischen Mutter und Vater nur eine Partnerschaft besteht, möchte ich die Worte Mutter, Vater und Eltern im Sinne der Beziehung zum Kind verstanden wissen. Neben den biologischen Eltern als im wesentlichen aktiv Handelnde in der Umwelt des Säuglings und Kleinkindes muß heute auch die soziale Umwelt (z. B. eine Tagesmutter) bei der Besprechung prägender Einflüsse einbezogen werden. Während die Gestaltung der Umwelt meist den biologischen Eltern obliegt, wird zunehmend ein Teil der Ernährung und auch Früherziehung von Pflegepersonen durchgeführt. Schwierigkeiten und Probleme im Zusammenleben der Familie (angefangen von großen Temperamentsunterschieden der Eltern, über dramatische Wirren bei einer Scheidung bis hin zu den neuen Problemen alleinerziehender Elternteile) sind für viele Kinder, die ein solches Schicksal erleiden, Prüfsteine für den Lebensweg. Die Kommunikation des Kindes mit seinen Eltern ist sehr vielschichtig, wie in Kapitel 4 dargestellt wird. Wenn das Geben und Nehmen, das Empfangen und Verschenken gestört wird, kommen die seelischen Qualitäten des Ablehnens und Entgegenstellens stärker zur Geltung. Gerade die Persönlichkeitsentwicklung leidet oft unter der Last eines gestörten Familienlebens, was sich dann in negativen Auswirkungen zeigt. Manche Kinder gehen jedoch auch nach solchen Belastungen gekräftigt ihren Lebensweg (vgl. *E. E. Werner und R. S. Smith*).

Ein Wort zur *Mediengesellschaft* ist hier angebracht. Ihre Bedeutung tritt nur langsam in das Bewußtsein der Menschen, obwohl der Einfluß des Fernsehens immer mehr zunimmt (vgl. z. B. *H. Buddemeier*). In feinsinniger Art hat *H. Rodeck* Zitate und Argumente aus Vergangenheit und Gegenwart herangezogen und geht der technisch-elektronischen Umwelt in ihren Auswirkungen auf die Kinder nach. Zunächst verweist *Rodeck* auf *N. Postman*, der zum Beispiel schrieb, daß die Jugend zwar eine Verweigerung der Hörigkeit praktiziert, sich aber der modernen Technik willig unterordnet. *Postman* macht die erschreckende Feststellung, »daß die Triumphe der Technik einige der schöpferischsten und reizvollsten Formen unseres Denkens verwüstet haben«. Weiter sagt dieser amerikanische Sozialwissenschaftler und Pädagoge, daß unsere Sprache verfällt und geradezu eine Erniedrigung des Wortes zu beobachten ist. Das ist eine harte, aber leider zutreffende Charakterisierung der

Gegenwartskultur, in der unsere Kinder aufwachsen. Auf die Bedeutung von Wort und Sprache für das kleine Kind wird in diesem Buch mehrfach eingegangen. Die ausgesprochen negative Einstellung *Postmans*, der außerdem von fortschreitender Erosion der Intelligenz und einer bereits in Gang befindlichen »Verschrottung der Zukunft« spricht, wird von dem Kinderarzt *Rodeck* nicht geteilt. Er hat Vertrauen in die Jugend, wenn er sagt: »Die Zukunft ist die Zukunft der Jungen, nicht der Alten. Die Jungen müssen da durch mit *ihren* Erkenntnissen, mit *ihren* Methoden und mit *ihren* Möglichkeiten.« Es ist sicher auch richtig, wenn *Rodeck* feststellt, daß die Jungen eine andere Sprache, »eine andere Art der zwischenmenschlichen Beziehungen, eine andere Art des Umgangs mit der Umwelt usw. haben«. Dem entspricht auch seine Feststellung: »Seien wir uns klar darüber: Diese Jugend wird ihren Weg finden.«

Die *Bedeutung der Kommunikation* als Bindeglied zwischen Kind und Umwelt ist nicht zu bezweifeln. Weder der Verfall der Sprache noch alternative Wege der Kommunikation werden etwas an dieser Bedeutung ändern, doch kann deren Einfluß auch sehr negativ sein. In den ersten Lebensjahren hat die Kommunikation mit der Umwelt entscheidenden Einfluß auf die Persönlichkeitsentwicklung des Kindes und auf seine *Gesundheit im späteren Leben.* Wie stark oder gering, wie positiv oder negativ der Einfluß der Umwelt auf die Individualität des Kindes ist und wie sehr sich die Umwelteinflüsse auf sein körperliches Befinden auswirken, das spiegelt sich in der *Biographie* dieses Menschenwesens wider. Aus dem Befinden des Kindes und den biographischen Ereignissen kann der geübte Beobachter manche karmischen Zusammenhänge ablesen, das heißt, er kann Einsicht gewinnen in die Bedeutung von Krankheit und Leiden. Die in diesem Buch oft erwähnten Spätfolgen frühkindlicher Umwelteinflüsse (materielle und seelische) sind allerdings nicht leicht nachzuweisen oder gar zu beweisen. Während zum Beispiel Ernährungsgewohnheiten in ihren Auswirkungen und Spätfolgen fast kontinuierlich durch alle Altersstufen zu verfolgen und im allgemeinen sogar meßbar sind, lassen sich Denkgewohnheiten wie Vorurteile und bestimmte Schlußfolgerungen und die Auswirkungen von Fehlern in der Früherziehung nicht so leicht definieren und in einen schlüssigen Kausalzusammenhang mit Krankheiten im fortgeschrittenen Alter bringen.

Wir leben in einer Zeit des Umbruchs, und wir müssen uns dem Problem »Kind und Umwelt« als einer sozialen Aufgabe der Gegenwart stellen. Schon die Kleinkinder fordern ihr Recht mit großer Selbstverständlichkeit, viele setzen ihren Willen mit Elan und Mut durch, gehen Probleme ohne Furcht und rücksichtslos an und richten ihr Streben auf die Zukunft (die uns Älteren mehr Zweifel als Hoffnung einflößt). Eltern und die ganze soziale Umwelt der Kleinkinder müssen in die Verantwortung einsteigen und diesen Kindern bestmögliche Lebenstüchtigkeit verschaffen. Wir können viel für unsere Kinder erreichen, wenn sich Liebe, Ehrfurcht und Wissen vereinen.

In Dankbarkeit denke ich an viele Gespräche mit Eltern, Kollegen, Freunden und mit meiner Frau, die allesamt zur Gestaltung dieses Buches Wesentliches beigetragen haben. In diesem Zusammenhang müssen auch meine Erlebnisse und Gespräche mit Kindern besonders erwähnt werden, da vieles von dem aus keinem Buch zu lernen und nur von wenigen Erwachsenen zu erfahren ist. Für die kritische Durchsicht einzelner Kapitel oder Abschnitte bin ich besonders Dr. A. Bauer, Dr. G. Gutsch, Prof. Dr. H. E. von Gierke, Prof. Dr. G. Hildebrandt, Eva Kudar, Richard Lewis, Astrid Schmitt-Stegmann und Prof. Dr. H. Wolf zu herzlichem Dank verpflichtet. Marion Donehower hat dankenswerterweise den gesamten Text mit vielen wertvollen Hinweisen begleitet. Frau Roswitha von dem Borne vom Verlag Urachhaus bin ich für ihre unermüdliche Arbeit an der endgültigen Gestaltung des Manuskriptes außerordentlich dankbar.

Grundlegendes

1. Das Menschenbild

Der Mensch als physisch-seelisch-geistiges Wesen

Für eine Darstellung der Zusammenhänge zwischen dem Kind und seiner Umwelt ist eine geeignete Anschauung vom Wesen des Kindes unerläßlich. Ein Menschenbild ist notwendig, für das eine Betrachtung nur des physischen Leibes unzureichend wäre, denn Leben, Seele und Geist (das Menschen-Ich als Wesenskern) gehören dazu. Aus dieser *Dreiheit*, dem physisch-seelisch-geistigen Menschenwesen, lassen sich die Kommunikationswege zwischen Kind und Umwelt ableiten. Außerdem führt uns diese Anschauungsweise zum Verständnis der höheren Wesensglieder des Menschen.

Der physische Leib des Menschen ist heute sowohl in bezug auf seine Struktur als auch auf seine Funktionen weitgehend bekannt. In der medizinischen Wissenschaft ist ein Trend zu beobachten, der den Eindruck erweckt, als ob die Erforschung der Feinstrukturen menschlicher Gewebe bis hin zu den elektronenoptischen Beobachtungen an Membranen und Riesenmolekülen das ersehnte Ziel des Studiums des menschlichen Körpers ist. Außerdem wird unterstellt, daß sich dessen Funktionen aus der Feinstruktur der Gewebe ableiten lassen. Unbestreitbar sind auf diesem Wege wichtige Erkenntnisse über den Aufbau der Gewebe, Zellen und molekularen Strukturen gewonnen worden. Trotz dieser Blickrichtung auf die Feinstrukturen wurde nicht versäumt, auch größere Zusammenhänge innerhalb des menschlichen Organismus zu studieren. So konnten umfangreiche Kenntnisse und Theorien über Regelkreise, Systemvernetzungen und hormonelle Achsen gewonnen werden. Inzwischen haben sich viele dieser Erkenntnisse in der Medizin praktisch bewährt.

In den modernen medizinisch-wissenschaftlichen Arbeiten offenbart sich eine positivistisch-mechanistische Denkungsart. Der

Einsatz des Computers zum Auffinden sinnvoller Zusammenhänge unterstreicht die Gesinnung, aus der heraus die Funktionen des menschlichen Leibes erklärt und verstanden werden wollen. An den praktisch wichtigen Ergebnissen wissenschaftlicher Untersuchungen und Experimente, die zum Beispiel zur Aufklärung von Immunreaktionen geführt haben, soll und kann kein Zweifel bestehen. Aber es muß erlaubt sein, den Blick zu weiten und auf Zusammenhänge aufmerksam zu machen, die ihrer Natur nach der positivistischen Denkungsweise fremd sind. Dann offenbart der *physische Leib des Menschen* samt all seiner Strukturdetails aus einem anderen Blickwinkel heraus eine Ordnung, die für Untersuchungen der Interaktionen zwischen Kind und Umwelt sehr hilfreich ist. Im Jahre 1917 hat *Rudolf Steiner* (GA 21*) erstmalig den *dreigliedrigen Organismus* des Menschen dargestellt. Dieser Denkansatz brachte im Verlauf der Jahrzehnte zahlreiche neue Erkenntnisse, besonders in der Medizin. Im folgenden soll diese Dreigliederung des menschlichen Organismus kurz dargestellt werden, um darauf aufbauend dann eine Besprechung der höheren Wesensglieder des Menschen folgen zu lassen.

Dreigliederung

Die *Dreigliederung des menschlichen Organismus* wird in seinen physiologischen Funktionen besonders deutlich erkennbar. Wir wollen zunächst die grundlegenden Tätigkeiten der drei angesprochenen Bereiche betrachten: Es handelt sich dabei um die anatomische und funktionelle Gliederung des Menschen in Nerven-Sinnessystem, rhythmisches System und Stoffwechsel-Gliedmaßensystem. Diese Differenzierungen müssen *qualitativ* erfaßt werden.

* GA = Rudolf Steiner Gesamtausgabe

Das *Nerven-Sinnessystem* ist umfassend für Wahrnehmung und Kommunikation sowohl innerhalb der Leiblichkeit als auch nach außen, also für die Öffnung des Menschen zu seiner Umwelt verantwortlich. Dazu gehört auch die Vermittlung der Wahrnehmungen für die Seele und das Bewußtsein, was zu bildhaften Vorstellungen führt, die von mehr oder weniger stark ausgeprägten Gefühlen begleitet werden. Die vielen Einzelheiten einer Wahrnehmung werden erst durch die Tätigkeit des *Denkens* zusammengeführt. In unserem Bewußtsein bilden wir Vorstellungen über den Sinn und Inhalt der Wahrnehmungen. Das Auge eines eifrigen Bild-Betrachters möchte alle Einzelheiten erfassen bis hin zum Pinselstrich des Künstlers, während das Denken die Einzelheiten zu einer Aussage über das Ganze führen möchte. Der menschliche Organismus ist durchwoben von Nervenfasern, die alle seine Teile in einem wunderbaren Netzwerk miteinander verbinden und außerdem Informationen zu den beiden Zentralorganen, dem Gehirn und dem Rückenmark, vermitteln. Es ist ein Geheimnis der Abstimmung im Nervensystem, welche Informationen in das Bewußtsein heraufgehoben und damit dem Ich des Menschen verfügbar gemacht werden, und welche Informationen im Unterbewußtsein verarbeitet werden und zu unmittelbaren Reaktionen führen; letztere werden im allgemeinen vom Rückenmark veranlaßt. Beim kleinen Kind ist der Weg der Wahrnehmungsinformationen zur Bewußtseinsebene noch sehr kurz. Wir können auch sagen: Wahrnehmung, Vorstellung und Denken liegen noch sehr nah beieinander. Dieses Bild ist eine Anschauungshilfe, die in Kapitel 5 noch wesentlich ergänzt wird. Beim Kind ist die Grenze zwischen außen und innen noch sehr durchlässig.

Im Herz-Lungen-Kreislaufsystem, den augenfällig rhythmischen Lebensfunktionen, sehen wir das verbindende Element zwischen dem Nerven-Sinnessystem und dem Stoffwechsel-Gliedmaßensystem. In der Mitte des Menschen vermittelt das *rhythmische System* zwischen dem »Nervenpol« mit seinen formend-verhärtenden Kräften und dem »Stoffwechselpol« mit seinen umwandelndauflösenden Tendenzen. Zwar liegt das Zentrum des rhythmisch-pulsierenden Lebens im Brustkorb, es durchpulst jedoch im Adersystem alle Organe und Gewebe des menschlichen Organismus. Mit dem Luftstrom der Atmung wird der Sauerstoff in der Lunge dem Blut zugeführt. Mit dem Blut gelangt er als Lebens- und Kraftspender in die Zellen des gesamten Organismus. Auch der so wichtige Abtransport der Kohlensäure aus den Körperzellen erfolgt über das Kreislaufsystem des Blutes, das die Kohlensäure in der Lunge an die Umwelt abgibt.

Die dritte Funktion in dieser Dreigliederung umfaßt die *Stoffwechselvorgänge,* die im Bauchraum, also unterhalb des Zwerchfells zentriert sind und besonders in den großen Organen wie Leber, Bauchspeicheldrüse, Magen, Darm und Nieren zu finden sind. Wir müssen aber bedenken, daß jede einzelne Zelle des Organismus Stoffwechselfunktionen ausführt. Es besteht wohl kaum Zweifel daran, daß die Stoffwechselprozesse im unteren Menschen überwiegen. Besonders alle mit der Umwandlung von Nahrungssubstanzen verbundenen Vorgänge des Verdauungsstoffwechsels müssen in diesem Rahmen betrachtet werden. In den Zellen der großen Muskeln des Rumpfes und der Gliedmaßen ist der Stoffwechsel besonders aktiv. Der sich in Kraftentfaltung, Bewegung und Wärmebildung auslebende Stoffwechsel in den Gliedmaßen läßt es berechtigt erscheinen, wenn wir vom *Stoffwechsel-Gliedmaßensystem* sprechen.

Durch die Einführung der Dreigliederung wird uns das Verständnis für die unterschiedlichen Prinzipien und Aufgaben der physiologischen Funktionen im Gesamtorganismus sehr erleichtert. Das Ordnungssystem der Dreigliederung eröffnet neue Aspekte, es erweitert das Bild *(L. Vogel).* Damit wird die Bedeutung der klassischen Physiologie und Anatomie nicht eingeschränkt, das Blickfeld jedoch erheblich ausgedehnt. Zum Beispiel erlaubt die Dreigliederung, Zusammenhänge zwischen Organismus und Umwelt so darzustellen, daß der ganze Mensch als physisch-seelisch-geistiges Wesen einbezogen werden kann. Eine Zuordnung der seelischen Aktivitäten Denken, Fühlen und Wollen zu den Funktionsbereichen der Dreigliederung vertieft darüber hinaus das Verständnis für die unterschiedliche Wesensart der drei Systeme. Diese grundlegende Beziehung zwischen der Leiblichkeit des Menschen und seiner Seele soll nunmehr betrachtet werden.

Denken, Fühlen, Wollen

Das *Gehirn* bereitet die körperliche Grundlage für die Tätigkeit des *Denkens*. Dem modernen Menschen ist die Zuordnung von Gehirn und Denktätigkeit evident; daran besteht kein Zweifel. Wenn wir mit *Rudolf Steiner* sagen: Das Denken schafft sich sein Gehirn, werden viele Menschen stutzig, jedoch hat sich die moderne Neurophysiologie auch zu dieser Anschauung, wenn auch auf mechanistischer Basis, durchgerungen (vgl. z.B. *J. Healy*). Das Erfassen unserer geistigen Wesenheit im Ich und dessen Spiegelung auf der Bewußtseinsebene führt zum *Selbstbewußtsein*. Die Kommunikation zwischen dem Ich und der Umwelt erfolgt auf Grund der als Vorstellungen ins Bewußtsein heraufgehobenen *Wahrnehmungsprozesse*. Für die vom Ich veranlaßten *Handlungen* wird der Wille (siehe unten) in Anspruch genommen.

Weiter unten wird zu besprechen sein, wie sich das junge Kind zunächst noch als Teil seiner Umwelt erlebt, bis langsam in ihm das Ich-Bewußtsein erwacht und es zu dem Erleben des Gegensatzes zwischen seiner eigenen Person, seinem Ich, und seiner Umwelt kommt.

Die Zuordnung des *Fühlens* zum rhythmischen System mag nicht sogleich jedem Menschen einleuchten. Während die Bewußtseinsvorgänge, wie das Erinnern und Vorstellen, die volle Wachheit des Menschen erfordern, kommt den rhythmischen Prozessen, insbesondere der *Atmung*, ein mehr dem Traum entsprechendes Bewußtsein zu. Aus der alltäglichen Erfahrung wissen wir, daß man zwar den Atemrhythmus bewußt verändern kann, aber wir erleben auch immer wieder, wie Gefühle den Atemrhythmus fast unbemerkt (unterbewußt) verändern. So »stockt uns der Atem« bei Überraschungen, wir werden »atemlos« vor Spannung oder atmen schneller vor Freude. Auch wissen wir alle, wie das Jauchzen oder auch der Schmerz die Atmung beeinflußt. Dies alles sind aus der Seele aufsteigende Gefühle, die sich in Veränderungen der Atmung manifestieren.

Auch die Schnelligkeit der *Herztätigkeit,* meßbar an der Pulsfrequenz, und die Regelmäßigkeit des Herzschlages können deutlich durch Angst, Schreck oder Freude verändert werden. Im Miterleben eines Musikstückes, zum Beispiel einer Symphonie, kann man den Zusammenhang zwischen seelischen Empfindungen und Veränderungen von Pulsfrequenz und Atmung deutlich erleben, nur muß man die Aufmerksamkeit auf einen Prozeß lenken, der gewöhnlich im Unterbewußtsein, in einer Traumsphäre abläuft. *Rudolf Steiner* schrieb dazu im Jahr 1917 (GA 21): »Die Seele erlebt fühlend, indem sie sich dabei ähnlich auf den Atemrhythmus stützt wie im Vorstellen auf die Nervenvorgänge.«

Das *Wollen* lebt sich in Stoffwechselvorgängen aus, wobei die Erfahrensebene so dumpf und unterbewußt ist, daß man sie mit dem Schlaf vergleichen kann. Auch wenn der Handlungsimpuls vom Ich in voller Wachheit gefaßt worden ist (z. B. »Ich will spazierengehen«), so taucht diese Handlungsabsicht doch zunächst tief in die leiblichen Stoffwechselvorgänge unter. Das Bewegen aller am Gehen beteiligten Muskeln bleibt völlig im Unterbewußtsein. Erst das Ergebnis der abgestimmten Muskeltätigkeiten, das Gehen, wird dann bewußt wahrgenommen. Wir stellen also fest: Die physische Grundlage für das Wollen liegt im Stoffwechsel und wird in den Bewegungen und der Kraftentfaltung der Muskeln besonders deutlich sichtbar.

Die moderne Physiologie kann diesen Gedankengängen schwerlich folgen; der Nervenphysiologie steht ein, wie *Rudolf Steiner* sagt, »Trugbild« im Wege: Nicht die Nerven »reizen« den Muskel zur Aktivität, sondern der durch den Willensimpuls gelenkte Stoffwechsel bewirkt die Muskeltätigkeit. Dabei ist zu bedenken, daß natürlich auch in den Nervenzellen Stoffwechselprozesse ablaufen. Diese Zusammenhänge zwischen Nerventätigkeit, Stoffwechsel und Muskelaktivität in der hier angesprochenen Art durchschaubar zu machen, bleibt der medizinisch-biologischen Forschung der Zukunft vorbehalten.

Diese skizzenhafte Betrachtung der Dreigliederung des menschlichen Organismus soll damit abgeschlossen werden, daß wir wieder zur Ganzheit des physischen Leibes zurückkehren. Nur als *Ganzheit* kann der physische Leib eine Grundlage für das Seelenleben abgeben. Die drei besprochenen Funktionssysteme, also Nerventätigkeit, rhythmisches Geschehen und Stoffwechsel, haben zwar in den Regionen Kopf, Brustkorb und unterer Mensch ihre jeweiligen Aktionszentren, jedoch durchdringen sich alle drei Systeme und versorgen jede Körperregion und jeden Zellverband im Organismus. Im Gehirn und Rückenmark können die einströmenden Informationen aus dem Leibesinnern – durch Vermittlung der Sinnesorgane –, die Informationen aus der Umwelt über die Vorstellung in das Bewußtsein gehoben werden. Dem von außen nach innen gerichteten *Wahrnehmungsstrom* steht der zu Handlungen führende *Willensstrom,* der von innen nach außen wirkt, gegenüber. So kann man auch von der Polarität zwischen zentripetalem Informationsstrom und zentrifugalem Handlungsstrom sprechen.

Wir wollen festhalten, daß Stoffwechselaktivitäten zwar in allen Zellen des Organismus stattfinden, wobei jedoch im Verband des Organismus diese Aktivität nicht diffus, sondern sinnvoll holistisch koordiniert ist. Das rhythmische Geschehen der Blutzirkulation wird durch den Transport des Sauerstoffs zum Träger des allgegenwärtigen Lebensprinzips. Außerdem hat der Blutkreislauf eine vermittelnde und ausgleichende Aufgabe, die in den Wärmeverteilungsströmungen des Blutes ebenso zum Ausdruck kommt wie in dem Transport von Nahrungssubstanzen und humoralen Botenstoffen (Hormone). Wenn wir das Wesenhafte der drei hier besprochenen physiologischen Systeme verstehen, können wir auch die Bedeutung der Durchdringung dieser Funktionen im Rahmen der Dreigliederung des Gesamtorganismus ermessen.

Die höheren Wesensglieder

Eingangs wurde der Mensch als leiblich-seelisch-geistiges Wesen angesprochen. Zur Ergänzung des bisher Dargestellten soll nunmehr auch der geisteswissenschaftliche Aspekt des Menschen besprochen werden. In der Anthroposophie spricht man von den *höheren Wesensgliedern des Menschen*, wenn man über den physischen Leib hinaus die Ganzheit seines Wesens erfassen möchte.

Der den Gesetzen der Physik und Chemie unterworfene *physische Leib* des Menschen offenbart sich in seiner »reinsten« Form erst nach dem Tod, das heißt, wenn alle Lebensfunktionen erloschen sind. Erst nach dem Tode unterliegt die Körpersubstanz den in der Natur üblichen Zerfallsprozessen, die im lebendigen Organismus fortwährend verhindert werden. Darüber hinaus leistet der lebende Organismus ständig Aufbauarbeit: Er schafft lebende Substanz. Der Aufbau (Synthese) von kompliziert und komplex strukturierter Leibessubstanz steht im lebenden Organismus in einem empfindlich reagierenden Gleichgewicht mit Abbauprozessen. Im Kindesalter haben Aufbau und Wachstum eine deutliche Überhand. In der Dynamik des Wachstums offenbart sich das individuelle Gestaltungs- und Lebensprinzip, das seiner Natur nach eine kreative Geist-»Gestalt« ist. Diese selbständige, vom physischen Leib deutlich abgegrenzte Wesenheit ist von *Rudolf Steiner* als *Lebensleib* oder Ätherleib, in anderen Zusammenhängen auch sehr anschaulich als »Bilde-Kräfte-Leib« bezeichnet worden. Der Ausdruck »Leib« verweist auf die form- und gestaltgebende Aktivität. Im Pflanzenreich sind diese Lebensbildekräfte in ungeheurer Vielfalt erkennbar. Die Pflanze baut organische Substanz auf aus den mineralischen

Stoffen der Erde und aus der Kohlesäure der Luft (letzteren Prozeß nennen wir Assimilation). Die Pflanze hat nur einen physischen und einen Lebensleib.

Mit dem Schritt vom Pflanzenreich zum Tierreich tritt das Nerven-Sinnessystem äußerlich erkennbar hinzu. Beim Wesen »Tier« kommt es außerdem zur Entwicklung von Empfindungen und Gefühlen und damit zum Erscheinen *seelischer Qualitäten.* In der Evolution der Tiere macht sich das seelische Element bei den noch primitiven Tierarten zunächst mit sehr dumpfen und langsamen Regsamkeiten bemerkbar. Erst bei den Säugetieren und Primaten kommt es zur Entfaltung einer großen Vielfalt von Gefühlen, Trieben, Begierden und Leidenschaften sowie zur Entwicklung von Bewußtseinszuständen, Reaktionen und Willensäußerungen.

Noch ein drittes Element tritt als Bildeprinzip im Tierorganismus auf: Das ist die Funktionszentrierung und -spezialisierung in *Organen.* Die Schaffung von *Innenräumen* entspricht speziellen Kraft- und Aktionszentren. Nehmen wir uns aus der Embryologie ein Bild zu Hilfe: Das äußere Keimblatt, das Ektoderm, bildet in der ganz frühen Entwicklung eine Furche, die sich rasch vertieft und deren Ränder sich bei Berührung wie ein Rohr verschließen. Mit dem Verschluß des »Neuralrohres« hat sich der Innenraum zur Ausbildung von Gehirn und Rückenmark gebildet, das übrige Ektoderm liefert das spätere Hautorgan. Diese Tatsache ist besonders bemerkenswert: Gehirn und Haut haben einen gemeinsamen Ursprung, und diese beiden zusammengehörigen Organe sind für die Kommunikation zwischen Organismus und Umwelt zuständig. Das durch Schaffung eines Innenraumes gebildete Gehirn mit seinen Sinnesorganen ermöglicht dem Organismus, die Umwelt wahrzunehmen und den lebensnotwendigen Informationsaustausch durchzuführen. In der Physiologie spricht man von den »animalischen« Funktionen und meint damit alle Funktionen des Nerven-Sinnessystems. Das Fachgebiet der Physiologie umfaßt nur die Funktionen des physischen Leibes, die seelischen Funktionen werden nicht berücksichtigt (für diese ist die Psychologie zuständig).

Rudolf Steiner hat die Seele als das Besondere und wesentlich Neue des Tierreiches im Vergleich zum Pflanzenreich herausgehoben. Dieses neue Prinzip wird als *»Seelenleib«* bezeichnet. Jedes Tier hat neben seinem physischen und Lebensleib auch einen Seelenleib. Für das gleiche Wesensglied wird von *Rudolf Steiner* auch der Ausdruck *»Astralleib«* verwendet, womit auf die organschaffenden, astralisch-kosmischen Kräfte hingewiesen wird. In die oben bereits erwähnten Innenräume strömen in der frühen Embryonalentwicklung planetarische und astralische Kräfte ein, welche an der Bildung von Organen mitwirken. Die Wesensverwandtschaft unserer Organe mit planetarischen Kräften (den Planeten) war den Menschen älterer Kulturepochen ganz vertraut, sie kann mit den Mitteln der modernen geisteswissenschaftlichen Forschung auch heute nachgewiesen werden. Für die in diesem Buch abzuhandelnde Thematik mag dieser Hinweis genügen.

Zusammen mit der Beseeltheit der Tiere tritt auch die für das Tierreich typische Form der *ortsverändernden Bewegung* auf. Von den vielen Bewegungen, die wir *innerhalb* eines Organismus beobachten können, sei besonders auf die rhythmischen Bewegungen des Blut- und Atemstromes und auf die vielfältigen, ebenfalls rhythmischen Bewegungsphänomene im Verdauungstrakt und den Harnwegen hingewiesen. Die Zusammenhänge zwischen Atembewegungen und seelischen Regungen ist bereits angesprochen worden.

Die Fähigkeit, das Bewußtsein auf die eigene Person richten zu können, führt zum *Selbstbewußtsein* und schafft die Grundlage für die Erkenntnisfähigkeit des Menschen. Die Fähigkeit, das Ich im Gegensatz zur Umwelt, zum Nicht-Ich zu erleben, führt zum Bewußtsein des Abgesondertseins der Person und charakterisiert die menschliche Individualität im Gegensatz zur Gruppenhaftigkeit der Tierseele. Durch Pflege und Üben seiner geistigen Fähigkeiten kann der Mensch sein Bewußtsein erheblich erweitern und Einsichten in seine spirituelle Existenz erlangen. Das Ich des Menschen und die durch sein Ich sich offenbarenden Fähigkeiten sondern ihn vom Tierreich ab. Deshalb sprechen wir beim Menschen von *vier We-*

sensgliedern: physischer Leib, Lebensleib, Seelenleib und Ich. Heute fällt es vielen Menschen schwer, das Ich und die Seele als unterschiedliche Entitäten zu begreifen. Bildlich können wir sagen, daß das Ich in der Seele seinen »Wohnsitz« nimmt. Wie wir Haus und Bewohner als selbständige Entitäten verstehen, so sind auch Seele und Ich unterschiedlich. Der gesunde erwachsene Mensch fühlt sich in seiner Persönlichkeit sicher etabliert; besonders in der heutigen Zeit erleben wir, daß sich jede Person eine zentrale Bedeutung in ihrer Umwelt beimißt.

Um das Verständnis der vier Wesensglieder des Menschen noch etwas zu vertiefen, möge man sich die folgenden Bilder vor die Seele stellen: Beim wachen und denkend tätigen Menschen sind alle vier Wesensglieder anwesend. Für die Dauer des *Schlafes* trennen sich die Seele (Astralleib) und das Ich vom physischen und Lebens-Leib. Erst im *Tode* löst sich auch der Lebens-Leib vom physischen Leib, der dann dem Verfall anheim gegeben ist.

Der Inhalt dieses Kapitels wird in der folgenden Tabelle zusammengefaßt und veranschaulicht:

Tabelle 1

A: Der physische Leib des Menschen
– dreigliedrig –

Nerven-Sinnessystem – – –	Kopfbereich
Rhythmisches System – – –	Brustbereich
Stoffwechsel-Gliedmaßensystem –	Unterer Mensch

B: Die höheren Wesensglieder
– viergliedrig –

Ich
Seelenleib
Lebensleib
physischer Leib

2. Erbgut, Umwelt und Persönlichkeit

Was prägt das Menschenkind?

Vielen Eltern ist es ein besonderes Anliegen, zu erfahren, was sich aus den Blutlinien auf das Kind vererbt, welche erblichen Merkmale stärker oder schwächer in Erscheinung treten und wie wirksam Umwelteinflüsse im Vergleich mit der Vererbung sind. Während die Faktoren Erbgut und Umwelt den meisten Eltern im Bewußtsein sind, ist es für viele Menschen neu und überraschend zu hören, daß auch der Kern der menschlichen Persönlichkeit, das Ich, eine stark ausgeprägte Rolle bei der Entwicklung und Gestaltung der Seele und sogar des Körpers spielt. Es besteht kein Zweifel an dem wichtigen Anteil, den die Vererbung an der Formung der leiblichen Struktur und der Gestaltung vieler Leibesfunktionen des Kindes hat. Auch gewisse seelische Veranlagungen und Grundstimmungen werden durch Erbfaktoren (überwiegend indirekt) beeinflußt. Viele Untersuchungen haben erwiesen, daß die Umwelt das Kind auf körperlicher, seelischer und geistiger Ebene langfristig formt und prägt. In einem Vortrag am 20. November 1922 sagt *Rudolf Steiner* zu dieser Thematik, »daß das Kind in seinem ganzen Organismus, und zwar in der feineren Gliederung dieses Organismus, gerade im Physischen ein Abdruck dessen ist, was wir (Erwachsene) in seiner Umgebung vollbringen«. Er fährt dann fort: »Wie der Mensch bis ins höchste Alter durchs Leben schreitet, indem er seinen physischen Organismus in starker oder schwacher Weise ausgebildet hat, inwiefern sich der Mensch auf seinen physischen Organismus verlassen kann, das hat er zu danken – oder auch nicht zu danken – den Eindrücken, welche die Umgebung auf das ganz kleine Kind« gemacht hat.

Das Eingreifen des Ichs in die Entwicklung des Kindes wird erst zeitlich etwas später erkennbar. Zudem muß man sich im Lesen der »Handschrift des Ichs« gut üben, um seine Wirksamkeit von der Wirkung anderer Faktoren abgrenzen zu können. Rückschauend offenbart die Biographie eines Menschen ein Bild seiner Persönlichkeit.

Vererbung

Zunächst wollen wir über den *Anteil der Vererbung* sprechen und zwar über die Ausprägung der genetischen Information. Diese gibt Auskunft darüber, wie stark und wie vollständig eine bestimmte Erbanlage beim Kind in Erscheinung tritt. Als materielle Überträger dieser erblichen Merkmale gelten bestimmte Strukturen der Kerne der Geschlechtszellen. Während des Teilungsvorganges der weiblichen und der männlichen Geschlechtszellen werden die *Chromosomen* mikroskopisch sichtbar. Mit heutzutage bereits routinemäßig durchführbaren Labormethoden kann man die Untereinheiten der Chromosomen, die *Gene,* sichtbar machen. Gene sind Riesenmoleküle der Desoxyribonukleinsäure (DNS). Sogar die chemische Zusammensetzung und Struktur vieler Gene ist heute bereits bekannt; das Ziel der Forschung ist die Analyse aller Gene des Menschen. Bei solchen Untersuchungen werden natürlich auch Fehlstrukturen erkannt, so daß ein »Strukturfehler« eines bestimmten Gens mit einer definierten körperlichen Mißbildung oder einer Fehlfunktion im Stoffwechsel in ursächliche Verbindung gebracht werden kann. Wir wollen hier aber nicht den wissenschaftlichen Aspekt weiter verfolgen, sondern den menschlichen Bezug suchen und dessen praktische Bedeutung besprechen.

Oft haben mich Mütter gefragt, warum ihr Kind beispielsweise die braune Augen(Iris)färbung des Vaters und nicht die blaue der Mutter geerbt hat. Manche Mutter erinnert aus der Schulzeit, daß *Gregor Mendel* gewisse *Vererbungsregeln* gefunden hat; er hat im wesentlichen mit Pflanzen gearbeitet. Sind diese Regeln auf den

Menschen zu übertragen? Wie kann die Herkunft oder die Ursache körperlicher Merkmale erklärt oder besser verstanden werden? Dabei gibt es zu bedenken, daß es *dominante* (d.h. bestimmende) und *rezessive* (d.h. verdeckt-erbige) Anlagen oder Merkmale gibt. Unter Umständen wird daher eine Erbanlage gar nicht offen zutage treten, aber dennoch weiter vererbt.

Man kann nunmehr die Frage stellen, ob ein bestimmtes Merkmal, z.B. die braune Augenfarbe des Kindes, von beiden Eltern oder nur durch einen Elternteil vererbt worden ist. In der Regel gilt, daß alle *Gene des Kindes jeweils zur Hälfte von Vater und Mutter stammen.* Tritt ein Merkmal reinerbig auf, bezeichnet man die Doppelstruktur des Gens mit »X,X«, ist es gemischterbig, so bezeichnet man es als »X,Y«. Wenn nun »X« ein dominantes Merkmal ist – wie z.B. die braune Augenfärbung –, so kann die braune Iris des Kindes entweder reinerbig, als »X,X«, oder gemischterbig, also »X,Y« sein. Das Merkmal »braun« ist dominant und bestimmt die aktuelle Augenfarbe auch dann, wenn es im Gen mit dem rezessiven »Y« zusammen auftritt. Dieser Vererbungsmodus erklärt auch, warum die braune Augenfärbung des Vaters bei blauäugiger Mutter nicht immer zu brauner Augenfarbe des Kindes führt. Wenn nämlich der Vater gemischterbig für dieses Gen ist (X,Y) und wegen der Dominanz des »X« braune Augenfärbung zeigt (man sagt, sein »Phänotyp« – sein Erscheinungsbild – wird durch das dominante Gen geprägt) und die Mutter reinerbig (Y,Y) blaue Augen zeigt, dann kann das Kind entweder gemischterbig »X,Y« mit braunen Augen oder auch reinerbig »Y,Y« wie die Mutter sein. Dieser kleine Ausflug in die moderne Wissenschaft der Genetik vermittelt nur einen winzigen Einblick in dieses Gebiet, möge aber helfen, die Vererbungsgesetzmäßigkeiten besser zu verstehen.

Die Erkenntnisse auf diesem Gebiet vermehren sich ständig. In der Praxis stößt der Genetiker dabei oft auf äußerst komplizierte Verhältnisse, besonders wenn multifaktoriell bedingte Merkmale vorhanden sind. Viele erblich bedingte Krankheiten können heutzutage in einer *genetischen Beratung* (durch besonders geschulte

Ärzte) erkannt werden. Wenn die Erblichkeit einer Krankheit erkannt ist, läßt sich in vielen Fällen das Leiden in Grenzen halten oder mindern. Besonders wichtig ist die genetische Beratung, wenn Kinderwunsch in einer »belasteten« Familie besteht. In der Sprechstunde des klinischen Genetikers wird man hören können, daß bei einem zu erwartenden Kind eine gewisse Chance für das Auftreten der zur Diskussion stehenden Krankheit besteht *(vergl. E. Passarge)*. Es ist nicht leicht für Eltern, mit diesen aus der Statistik abgeleiteten Zahlen umzugehen. Soll man dem Kinderwunsch eher nachgeben, wenn die Chance 1 : 128 steht statt 1 : 24? Vielleicht kann in einem solchen Fall das Gespräch mit einem Kinderarzt weiterhelfen.

Die moderne Genforschung hat nun das relativ einfache und zahlenmäßig überschaubare Konzept *Gregor Mendels* durch eine Entdeckung erschüttert. Man hat eine *ungleiche Vererbung* nachgewiesen. Bei dem Prozeß der Teilung der Chromosomen in den Geschlechtszellen und der anschließenden Befruchtung (Konzeption) durch Vereinigung der männlichen mit der weiblichen Zelle kann es gelegentlich (man weiß noch gar nichts über die echte Häufigkeit dieser Erscheinung) dazu kommen, daß die zwei Hälften des einen Elternteiles sich wieder verbinden, statt daß je eine Hälfte von Vater und Mutter sich vereinen. Damit hat die befruchtete Eizelle ein »volles« Merkmal (Gen) von nur einem Elternteil erhalten. Dieses Phänomen kann jedoch nur beobachtet werden, wenn es sich dabei um ein Gen handelt, das ein Krankheitsmerkmal oder ein anderes, erkennbares Merkmal vererbt. Dieses Vorkommnis nennt man auch die »Ein-Elternteil Disomie« (uniparental disomy) nach einem Vorschlag von *Engel*. Bisher glaubt man, daß diese Vererbungsform nur »zufällig« auftritt. Welche Kräfte sich hier allerdings einmischen, muß zunächst offenbleiben.

Die Grenze zwischen *normalen und bereits krankhaften oder abnormalen Körpermerkmalen oder Anlagen* ist sehr fließend und kann wohl auch nicht definitiv festgelegt werden. So sind in manchen Familien das Auftreten bestimmter Körperformen oder »konstitutioneller« Funktionen als besonderes Merkmal bekannt, während das gleiche Phänomen in einer anderen Familie als Abweichung von der Norm und somit als Krankheit angesehen wird. *Statistische Aussagen* über die Häufigkeit genetisch bedingter Abweichungen sind deshalb unzuverlässig. Vor zehn Jahren waren etwa 2000 und 1987 circa 4000 genetische Merkmale bekannt; von diesen sind bis heute über die Hälfte mit raffinierten biochemischen und physikalischen Methoden bis in die molekulare Struktur der Gene aufgeklärt.

Eine weitere Schwierigkeit bei der Beurteilung genetisch bedingter Körperfehlbildungen, zum Beispiel einer Hasenscharte, oder einer erblichen Stoffwechselfunktionsstörung, wie beispielsweise der im Kindesalter auftretenden Zuckerkrankheit, dem Diabetes mellitus Typ I, ist die Tatsache, daß die *Krankheit auch durch äußerliche Einwirkungen* auf die Geschlechtszellen oder den Embryo im Mutterleib ausgelöst werden kann. So können beispielsweise Röntgenstrahlen oder andere ionisierende Strahlungen (wie z. B. durch radioaktive Substanzen verseuchte Nahrungsmittel) die elterlichen Keimzellen oder den wachsenden Embryo von außen schädigen (s. Kap. 3). Ebenso weiß man heute, daß zahlreiche Medikamente, bestimmte Chemikalien und zur Sucht führende Drogen – einschließlich Alkohol – die Ausgestaltung und die Funktionsentwicklung des Embryos beeinflussen. Es ist oft sehr schwierig, erbliche und durch äußere Einflüsse bedingte Entwicklungsstörungen beim Kind sicher voneinander abzugrenzen.

Unter Berücksichtigung solcher Einschränkungen sei vermerkt, daß die *Gesamthäufigkeit* angeborener, oder sagen wir der Klarheit halber: bei der Geburt vorhandener *Entwicklungsstörungen,* einschließlich aller Mißbildungen, für schwerwiegende Fälle zwischen 0,5 und 1 % liegt, für weniger schwere und unbedeutende Abweichungen zwischen 3 und 4 %.

Viele Eltern erwarten, daß ihr Kind so geboren wird, wie es die Vererbungskräfte (die Summe dessen, was wir Erbgut nennen) bedingen. Aber selbst wenn man mögliche äußere Einwirkungen vor der Geburt vernachlässigt, da diese ja zu einem guten Teil vermeidbar sind, so ist die Vorhersage des kindlichen Phänotyps doch nur in sehr eingeschränktem Maße möglich. Die Ursache dafür liegt in einer erheblichen *Variabilität* der genetisch bedingten Körpermerkmale durch das Phänomen der »*Penetranz*« (Manifestationswahrscheinlichkeit) und das der »*Überdeckung*«. Auch muß in diesem Zusammenhang die sogenannte *spontane Mutation* (Veränderung oder Abwandlung), und auch die *ungleiche Vererbung* genannt werden. In der wissenschaftlichen Fachwelt wird außerdem die Meinung vertreten, daß ein gewisser Einfluß auf das Kind durch das mütterliche Milieu im Uterus während der ganzen Schwangerschaft ausgeübt wird. Daraus folgt, daß sich diese sehr verschiedenen Ursachen und Beeinflussungen nur sehr bedingt vorhersehen und kalkulieren lassen.

Umwelt

Die uns zum Thema Kind und Umwelt besonders interessierende Frage ist natürlich, ob man überhaupt mit einiger Sicherheit den Einfluß der Umwelt von der Vererbung abgrenzen kann. Im Folgenden sollen einige Beispiele aus der Forschung dargestellt werden, die diese Problematik besser verständlich machen können.

Besonders durch Langzeit-Beobachtungen an *Zwillingen* hat man zu klären versucht, wie groß der Anteil der Vererbung an der Ausbildung von körperlichen, seelischen und geistigen Fähigkeiten ist. Solche Untersuchungen wurden getrennt an ein- und zweieiigen Zwillingen durchgeführt. Besondere Bedeutung kommt den Beobachtungen von solchen Zwillingskindern zu, die getrennt in Pflegefamilien aufgewachsen sind (vergl. Artikel, die von *S. Doxiadis* herausgegeben worden sind). Sie haben zwar zu Aussagen geführt, die durch Statistik und Wahrscheinlichkeitsberechnungen belegt werden können, doch sollte man nicht vergessen, daß bereits *vor* Anwendung der statistischen Analysen auf Grund von Annahmen die Zahl der veränderlichen Einflüsse handhabbar gemacht werden mußte. Mit solchen Einschränkungen wurde dann statistisch ermittelt, daß die Persönlichkeitsentwicklung (wobei das Gesamtbild des Kindes gemeint ist) überraschend stark von Erbfaktoren geprägt erschien (zwischen 30 und 60%). Daraus kann der Schluß gezogen werden, daß 40 bis 70% der Persönlichkeitsentwicklung durch Umwelteinflüsse gestaltet werden.

Vergleichende Untersuchungen von Zwillingskindern und von Adoptivkindern, die mit den Adoptiveltern nicht blutsverwandt waren, haben nun ebenfalls sehr interessante Ergebnisse erbracht. In diesen Studien wurde versucht, die jeweiligen Entwicklungsdaten mit der gemeinsamen Familienumwelt zu korrelieren. Betrachtet man die Beobachtungen und Erläuterungen der jeweiligen Versuchsleiter im einzelnen, so wird die Tragweite der vielfältigen Einflüsse erst voll erkennbar. Gleichzeitig aber verliert der in Zahlen ausgedrückte Anteil der Vererbung bei der Kindesentwicklung an Gewicht. Zur Charakterisierung der nicht in die Berechnungen und Beurteilungen einbezogenen Faktoren sei folgendes angeführt: Die Annahme ist berechtigt, daß die einzelnen Kinder in jeder Studiengruppe *unterschiedlich empfänglich* für die Umweltfaktoren waren. Außerdem hat der Grad des Mit-Wissens der (Pflege-)Eltern über den Gegenstand der jeweils anstehenden Beobachtungen die Ergebnisse möglicherweise verfälscht.

Fassen wir diese und ähnliche Studien zusammen:

Die wissenschaftliche Forschung hat zeigen können, daß der Vererbung nur ein relativ kleiner Anteil an der Persönlichkeitsprägung des Kindes im Vergleich zur Bedeutung der Umwelt zukommt. Individuelle Unterschiede von Kind zu Kind sind groß.

Eltern können sich ihren Kindern gegenüber ganz unterschiedlich verhalten, was häufig durch Sympathie oder Antipathie bedingt ist (z.B. Lieblingskind oder schwarzes Schaf). Begabte Kinder fordern ihre Eltern mehr und umgekehrt, wobei es oft zu Leistungssteigerungen der Kinder kommt. Des weiteren beeinflußt die *Lebensphilosophie der Eltern* (Erziehungsstil, Religion, allgemeine

Interessen etc.) den Lebensweg der Kinder und auch der Adoptivkinder deutlich. Diese wenigen Beispiele mögen genügen, um aufzuzeigen, daß selbst stark prägende Faktoren der Umwelt bei den Kindern der oben genannten wissenschaftlichen Studien gar nicht berücksichtigt worden sind oder gar nicht zu erfassen waren. Es sei außerdem vermerkt, daß einige Studien mit Kindern und Erwachsenen gemacht wurden, die an familiär gehäuft auftretenden Krankheiten litten, deren Verhalten also möglicherweise eine erbliche Komponente zugrunde lag. So liegt zum Beispiel bei psychotischen Depressionen ein hoher Grad der Erblichkeit vor, während dies bei der neurotischen Form nicht oder in nur sehr geringem Ausmaß der Fall ist. Bei dem schon im frühen Kindesalter auftretenden Autismus haben Erbfaktoren vermutlich keinen Anteil, während dies bei im Kindesalter auftretender Zuckerkrankheit und der Epilepsie eher die Regel ist.

Temperamente und Ätherleib

Durch eine Betrachtung der *Temperamente* der Kinder kann die Problematik einer unterschiedlich starken Einflußnahme von Erbgut und Umwelt auf die Persönlichkeit des Kindes noch erweitert werden (vgl. dazu Kap. 12). Wenn man in der Fachliteratur über die Temperamente nachliest, so wird man feststellen müssen, daß im allgemeinen mit diesem Ausdruck nicht die *vier klassischen Temperamente* sanguinisch, cholerisch, phlegmatisch und melancholisch belegt werden, sondern bestimmte *Verhaltensweisen,* die von *W. B. Carey* als eine Gruppe von neun empirisch zusammengefaßt wurden. Das »Wie« einer Verhaltensweise wird heute in der Psychologie als Temperament bezeichnet. Wenn man den Wortgebrauch in dieser Weise begreift, kann man mit beiden, den klassischen und den Temperaments-Kategorien umgehen (s. Tab. 2).

Tabelle 2

Klassische Temperamente und Temperaments-Kategorien

Sanguinisch	Aktivität
Cholerisch	Rhythmizität
Phlegmatisch	Anpassungsfähigkeit
Melancholisch	Annäherung/Rückzug
	Reizschwelle
	Reaktions-Intensität
	Stimmungslage
	Ablenkbarkeit
	Durchhaltevermögen

Es ist leicht einzusehen, daß die Temperamente, und zwar beide Gruppen, die Kommunikation mit der Umwelt modifizieren und sogar stark beeinflussen können; dabei wird aber nur die Frage des »Wie« und nicht die des »Warum« angesprochen. Die Temperamente wirken sich sowohl im Bereich der aktiven Handlungen als auch beim passiven Reagieren aus. Es ist damit zu rechnen, daß das Kind mit zunehmendem Alter die eigenen Verhaltensweisen und somit auch das Temperament – im klassischen Sinne – zu zügeln lernt. Die Art und Weise, wie dies geschieht, offenbart etwas vom Charakter und der Stärke der Persönlichkeit.

Was die neun *Temperament-Kategorien* betrifft, so vermutet man für diese eine gewisse Erbkomponente. Die Breite und der Spielraum individueller Verhaltensweisen sind bereits im Säuglingsalter beeindruckend. In einer sorgfältig durchgeführten Langzeitstudie wurde festgestellt (*Thomas und Chess*), daß »Temperamenteigenschaften ... eine fortlaufende Beständigkeit von der frühen Kindheit bis ins Erwachsenenalter« aufweisen, die sogar »meßbar« ist.

Gleichzeitig kann man jedoch auch Veränderungen der Interaktionen, das heißt der Wechselbeziehungen zwischen Kind und Umwelt feststellen. Es entspricht zudem einer weitverbreiteten Ansicht, daß die hier genannten Verhaltensweisen sowohl für die Erziehung als auch für das Lernen von grundlegender Bedeutung sind. Ein aktives, mit Ausdauer und Intensität an Aufgaben und Probleme herangehendes Kind wird mehr lernen als ein träges, ablenkbares und uninteressiertes Kind.

Auch die klassischen vier Temperamente können bereits im Säuglingsalter erkannt werden; es liegt aber in der Natur dieser Eigenschaften, daß sie meist gemischt und selten rein auftreten. Auch sie zeigen deutlich eine Beständigkeit während des Lebens, wobei allerdings Veränderungen in der Intensität ihrer Erscheinungen durch die *Selbsterziehung der erwachsenen Persönlichkeit,* des Ichs, zu erwarten sind. In der Zeit nach dem 10. Lebensjahr gelangt der Wille zunehmend stärker unter die Regie der Ich-Organisation. Im Laufe des Lebens wird die Zügelung der Temperamente eine zunehmend wichtigere Aufgabe für das Ich. Es gibt aber viele heranwachsende und auch ältere Menschen, deren Temperamentseigenschaften sich mit zunehmendem Alter nur gering verändern. Erst im hohen Alter schwächen sie sich ab.

In welcher Beziehung stehen angeborene Eigenschaften und Verhaltensweisen des Kindes zueinander?

Die Wesens- und Gemütsart eines Menschen kann als ein *Mantel der Seele* verstanden werden, den sich das Kind bereits mitbringt. In der wissenschaftlichen und popularwissenschaftlichen Literatur spricht man von einem deutlichen Einfluß der Vererbung auf das Temperament, ohne, wie oben bereits gezeigt wurde, einen wirklich schlüssigen Beweis dafür erbringen zu können. Nach dem anthroposophischen Menschenbild gehören die klassischen Temperamente und wohl auch einige der unter den Kategorien genannten Verhaltensweisen zum menschlichen *Ätherleib.* Man kann sagen, daß das Temperament einen Aspekt des Ätherleibes offenbart. Der Lebens- oder Ätherleib wird von dem sich inkarnierenden Geistwesen des Kindes vor der Geburt aus dem Weltenäther und den Ätherkräften der Umwelt individuell gebildet. Er ist unter dem Einfluß der Ich-Wesenheit und nach den Gegebenheiten der lokalen Ätherwelt (besonders der der Mutter) und dem Karma, das heißt, den individuellen Schicksalsbedingungen, gestaltet worden. Wir können auch beobachten, daß gewisse Grundzüge der kindlichen Wesensart – im Temperament und ihrer Seelenart – dem Volkstum und der geographischen Umwelt gemäß geformt worden sind. Denken wir dabei doch nur an die erheblichen Unterschiede zwischen Säuglingen der Ost-Asiaten, Afrikaner und Mitteleuropäer. Aus dem unmittelbaren Umfeld, also von den Eltern und manchmal wohl auch von der Sippe, spiegeln sich im Kind Eigenschaften und Wesensmerkmale. Die noch ganz aus der geistigen Sphäre hereinwirkende Ich-Wesenheit des Kindes schafft sich eine für das Leben erwünschte Palette aus Temperamenten. Bei sorgfältiger Beobachtung lassen sich manchmal bei Kindern Bezüge zu den Ursprüngen aufzeigen. Dann hört man die Eltern sagen: »Das Kind reagiert ganz wie der Vater« oder »es sinniert wie die melancholische Mutter«.

Durch diese Ausführungen sollte auch klar geworden sein, daß im Grunde die Frage nach der Vererblichkeit der Temperamente nicht mit der Frage nach der Vererbung von Körpermerkmalen verquickt werden darf. Da der Lebensleib des Kindes schon in der frühesten Embryonalentwicklung für die Gestaltung und das Wachstum des Embryos gesorgt hat, ist die vorgeburtliche Veranlagung der Temperamente leicht zu verstehen. Temperamente sind demnach bei der Geburt vorhanden, also »angeboren«. Das *Auftreten der Temperamente unterliegt nicht den Erbgesetzen!* (vergl. Kap. 12).

Es ist versucht worden zu zeigen, daß neben den körperlichen Merkmalen auch die physiologischen Funktionen des Organismus, also die Tätigkeit der Organe und Systeme, gemäß den Gesetzen der Vererbung bei den Kindern anzutreffen sind. Wir nennen die Gesamtheit dessen, was der physische Leib in Struktur, Form und Funktion offenbart, das *»Körpermodell« des Kindes.* Wie im späteren Verlauf (s. S. 57) in Einzelheiten zu besprechen sein wird, kann dieses Körpermodell auch bereits *vor* der Geburt durch äußere, zum Beispiel physikalische oder chemische Einwirkungen beeinflußt werden. Umwelteinflüsse wirken sowohl vor als auch nach der Geburt auf den wachsenden Organismus des Kindes ein. Die Palette der möglichen Umwelteinflüsse ist sehr umfangreich, und es ist von größter Wichtigkeit, sie zu kennen und sich über ihre Wirkungen im klaren zu sein.

Persönlichkeit

Die Bedeutung des Persönlichkeitskernes, des Ichs, konnte bisher nur gestreift werden. In den oben besprochenen Studien zur Abgrenzung von Erb- und Umweltfaktoren sind nur selten Hinweise über die Wirkungen des Ichs auf die Entwicklung des Kindes zu finden; leider bestand bei den Versuchtsleitern der oben genannten Studien auch gar nicht die Absicht, diesem Phänomen nachzugehen. Wenn man jedoch solche Faktoren wie die *kindliche Akzeptanz* oder *Ablehnung* betrachtet und bedenkt, daß solches Verhalten von einem Ich veranlaßt werden muß, läßt sich relevantes Material zusammentragen.

In unserer Betrachtung der Temperamente kam bereits zum Ausdruck, daß die Handhabung, Führung und Zügelung der Temperamente durch Kräfte der Persönlichkeit geschieht. Das Ich offenbart sich besonders durch die Willenskräfte, welche die Temperamente lenken.

In der gesamten *Frühentwicklung* des Kindes gibt es zahlreiche Hinweise auf die individuelle Ausprägung körperlicher und seelischer Phänomene. Die im folgenden angeführten Beispiele mögen dazu beitragen, daß Eltern ihre Aufmerksamkeit auf solche Phänomene richten; dazu mag es notwendig sein, sich in der Beobachtung feiner Unterschiede zu üben. Solche am eigenen Kind zu vollziehen ist eine echte Herzensfreude. Dabei macht man immer wieder neue Entdeckungen und lernt neue Seiten seines Kindes kennen.

Die Persönlichkeit des Kindes spricht schon aus seinen *Bewegungen*. Die sogenannten willkürlichen Bewegungen sind nach der Geburt zunächst recht unkoordiniert und selten zielstrebig, nur die reflektorischen Abwehrbewegungen (z.B. das Wegschieben der fremden Hand, die auf den Körper des Säuglings faßt) scheinen einem Zweck zu dienen. Das Strampeln geschieht nach einem Instinktmuster, das Arme und Beine abwechselnd strecken und beugen läßt. Alle *angeborenen Reflexe* des Säuglings erinnern an animalisches Verhalten. Für uns ist dabei folgende Feststellung wichtig: Alle angeborenen Reflexe, wie der Schreit-, Greif- und Umklammerungsreflex, müssen im Verlauf der ersten Lebensmonate »überwunden« werden. Sie müssen erlöschen, um der für den Menschen charakteristischen Entwicklung Raum zu schaffen. Das Anheben und dann das Halten des Kopfes ist der Beginn dessen, was zur Erlangung der aufrechten Körperhaltung des Menschen notwendig ist. Diese schrittweise Entwicklung mit dem Erreichen der jeweiligen *»Meilensteine«* im ersten Lebensjahr ist allgemein bekannt. Sie führt von der Kontrolle der oberen Körperhälfte mit dem entscheidenden Zwischenschritt des *freien Sitzens* bis zur Gleichgewichtskontrolle des ganzen Körpers im *freien Stehen*.

Mit dem Gehenlernen wird eine neue Größenordnung, eine ganz neue Stufe der Körperkoordination erreicht. Das Kind beginnt, den *Raum zu erobern*. Die einzelnen Entwicklungsschritte bis zur Erlangung der aufrechten Körperhaltung sind weder in ihrem zeitlichen Auftreten noch in ihrer Abfolge einheitlich anzutreffen. Bei jedem Säugling können wir das *Bemühen der Individualität* beobachten, wie sie am Erreichen des nächsten Entwicklungsschrittes arbeitet.

Im zweiten Lebensjahr lassen sich zunehmend die Koordination der Körperbewegungen und die Verfeinerung der Sinneswahrnehmungen beobachten; zum Beispiel führt der Säugling bereits gezielte *Augen-Hand-Koordinationen* durch. In rascher Folge entwickeln sich dann mehr und mehr solche Abstimmungen zwischen Körperbewegungen, Sinneswahrnehmungen und seelischen Regungen. Wie bereits erwähnt, sind die Einwirkungen des Ichs auf die körperlich-seelische Entwicklung des Kindes lediglich durch Rückschlüsse, also nur indirekt möglich. Da letztere nicht leicht zu gewinnen sind, muß man lernen, unbefangen zu beobachten und nicht vorschnell zu urteilen.

In dem *Bemühen* des Kindes und in seinem unaufhaltsamen *Streben,* voranzukommen, ist das *Ich tätig.* Bevor das Ich im dritten Lebensjahr seinen Wohnsitz in der Seele einnimmt, wirkt es aus der spirituellen Sphäre durch den Astralleib auf Körper und Seele des Kindes.

In den unwillkürlichen, also den der bewußten Kontrolle entzogenen und überwiegend *rhythmischen Bewegungen* läßt sich folgendes beobachten: Zunächst sind Atem- und Pulsrhythmus bei den Neugeborenen noch unregelmäßig, nur zeitweilig kommt es schon einmal zu kurzzeitiger Rhythmik. Wenn die Mutter die Atmung ihres Neugeborenen oder jungen Säuglings über längere Zeit verfolgt, kann sie über Atempausen von mehreren bis vielen Sekunden sehr erschrocken sein. Oft wird ein ausgesprochen wellenförmiges An- und Abschwellen der Atemtiefe beobachtet. Ähnliches gilt auch für die Pulsfrequenz. Registriert man in den ersten Lebensmonaten die Pulsfrequenz täglich, so kann man feststellen, daß einige Kinder schon nach vier Wochen, andere erst nach bis zu 20 Wochen eine auch für den Erwachsenen typische Rhythmik des Pulsschlages erlangen. Das Eingreifen des Ichs in die Kreislaufregulation ist eben individuell sehr verschieden (vergl. hierzu auch Kap. 6).

Die Bewegungsabläufe im Magen-Darmsystem des Kindes sind schwerer zu erfassen, doch sprechen diesbezügliche Untersuchungen für eine Stabilisierung der Darmrhythmik nach drei bis sechs Monaten. Ein *regelmäßiger Nachtschlaf* (das Verschlafen einer Mahlzeit) wird nach Auswertung vieler Einzelbeobachtungen nach zwei bis sechzehn Wochen erreicht; Ausnahmen gibt es natürlich. Aus dem Stoffwechselgeschehen des Säuglings lassen sich viele Beispiele anführen, wie sich die Nahrungsaufnahmen, z. B. das Stillen, und die Schlafgewohnheiten einpendeln und schließlich eine

Rhythmik zeigen. Diese rhythmischen Schwankungen im Zell- und Organstoffwechsel erfolgen im Zuge der Individuation und der Anpassung an die Rhythmen der Umwelt (z. B. Tag und Nacht, Verabreichung der Mahlzeiten etc). Alles dieses erfolgt im Zuge der *Formung individueller Lebensfunktionen.* Diese Beobachtungen offenbaren die Bemühungen des Ichs, eine Grundlage für die Kontrolle des Organismus zu schaffen (d.h. »Herr im eigenen Haus« zu werden).

Eine Stabilisierung und größere Unabhängigkeit der Körperinnentemperatur von der Umgebungstemperatur wird bereits in den ersten Lebenswochen erreicht. Das besagt, daß die *Wärmebildung* im Organismus des jungen Säuglings recht schnell eine dem erwachsenen Menschen vergleichbare Intensität erreicht; wegen der im Verhältnis zum Volumen des Körpers viel größeren Oberfläche ist in diesem jungen Alter auch der *Wärmeverlust* viel größer.

Wissenschaftliche Untersuchungen (von *K. Brück* und vielen anderen) haben aufgezeigt, daß der neugeborene und junge Säugling eine erstaunlich gute Wärme-Anpassungsfähigkeit besitzt, die durch einen empfindlich und wirksam reagierenden Stoffwechsel erreicht wird. Die typische zweiphasige Tag-Nacht-Schwankung der (rektal gemessenen) Körpertemperatur von 1°C wird bei den meisten Säuglingen zwischen dem fünften und neunten Lebensmonat erreicht. Mit diesen Hinweisen soll Verständnis dafür geweckt werden, daß *unnötige Wärmeverluste* des Kindes *vermieden* werden müssen, da wir sonst den Organismus des Säuglings mit zusätzlichen und unnötigen Stoffwechselaktivierungen belasten.

In der *Sprachentwicklung* zeigt jedes Kind seine persönliche Note. Man kann den Erstgebrauch von Hauptwörtern, dann den von Tätigkeits- und Eigenschaftswörtern mit zunehmendem Alter verfolgen. Auch der sinngerechte Gebrauch von Präpositionen, das allgemeine Wortverständnis, der Übergang von einzelnen Worten zur Satzbildung läßt sich studieren. Solche Beobachtungen der Sprachentwicklung offenbaren Aspekte der inneren Aktivität des Kindes in seinem Ringen um den richtigen Wortgebrauch.

Kinder haben einen starken *inneren Drang, ihre Gedanken auszudrücken*. Für das Sprechenlernen ist – wie für vieles andere – die Fähigkeit der *Nachahmung* grundlegend wichtig. Jeder Lernprozeß des Kindes basiert auf der Nachahmung dessen, was ihm die Erwachsenen und Geschwister vormachen (vergl. Kap. 11). Neben der Einwirkung des Ichs auf die allgemeine Entwicklung erleben wir noch viele andere Schattierungen und Färbungen der sich mehr und mehr offenbarenden Persönlichkeit, zum Beispiel in der Art, wie das Kind mit seinem Temperament umgeht und wie es die verschiedenen Lebensfunktionen rhythmisiert und in den Gesamtorganismus einordnet (vergl. Kap. 6).

Die *Trotzphase* beginnt, kurz bevor das Kind das Wort »Ich« richtig gebrauchen kann. Ein deutliches Zeigen des ersten Trotzes ist der sich rasch häufende Gebrauch des Wortes »Nein«. Mit dem Nein schiebt das Kind die Umwelt von sich weg, und dabei kommt es zu einem *ersten Aufleuchten von Selbstbewußtsein*. Das Kind empfindet in diesem Akt erstmalig die Welt als etwas Fremdes, etwas vom Ich Abgegrenztes. Der Säugling ist noch ganz eins mit der Welt, und auch im zweiten Lebensjahr bleibt dieses Empfinden noch für geraume Zeit bestehen. Dann aber kommt die Notwendigkeit, sich allmählich der Welt gegenüberzustellen; dies findet seinen Ausdruck im Nein. Gelegentlich können wir auch Kinder beobachten, die mit dieser Absonderung ihrer Person von der Umwelt zunächst gar nicht glücklich sind und in einem Anflug von erstmals empfundener Einsamkeit weinen. Diese Dinge sind für die Eltern nicht leicht zu durchschauen, und leider werden die aus dieser Trotz-Stimmung heraus begangenen »Unarten« oft von den Eltern mißverstanden. Das ungezogene Kind mit seinem »nein« und dann auch bald seinem »Ich will nicht« ist gewiß für die Umwelt unbequem; aber wir müssen verstehen lernen, daß sich in diesem Verhalten in wunderbarer Weise der *Prozeß des Ich-Bewußtwerdens* im Kind spiegelt.

Die Trotzphase und die für diese Entwicklungsphase typischen Verhaltensprobleme enden leider nicht damit, daß das Kind sich sinngerecht mit Ich bezeichnet. Die Schwierigkeiten halten oft noch länger an, aber der Erzieher kann bei dem Bemühen der kleinen Persönlichkeit, sich selbst allmählich in den Griff zu bekommen, sehr behilflich sein (vergl. Kap. 11 u. 12). So können die Eltern ihrem Kind »Formen« vorgeben und vorleben. Formen werden am leichtesten als Vorbilder akzeptiert, wenn sie zum Nachahmen und Nachstreben anregen. Je größer die Liebe und Verehrung zu der Person, welche Formen vorgibt, um so leichter schlüpft das Kind hinein.

Eltern müssen ihren Kindern immer Vorbilder sein – mögen sie auch gute Vorbilder sein!

Diese skizzenhafte Darstellung der frühen Entwicklung des Wesenskernes der Persönlichkeit, des Ichs, müßte nun durch die ganze Kindheit, über die Klippen der Pubertät und Teenager-Jahre hin weiterverfolgt werden. Hier möge es genügen, festzustellen, daß wir im jungen Kindesalter frühe Manifestationen der Ich-Aktivität beobachten können. Diese Frühstadien der Persönlichkeitsentwicklung münden ein in die Biographik älterer Kinder und Erwachsener.

3. Das Kind vor der Geburt

Formkräfte der Entwicklung im Embryo und Feten

Das Wunder der Entwicklung des Kindes im Mutterleib hat seit altersher die Menschen an das Tor der Geheimnisse der Schöpfung herangeführt, und so ist die Frage auch heute noch berechtigt: Kann die moderne Wissenschaft dieses Wunder erklären? Haben wir wirklich erste Schritte durch dieses Tor getan, als wir von genetischen Informationen in den sich vereinigenden Geschlechtszellen, dem Ei und den Samenfäden, erfahren haben? Sind in den an die Struktur der Desoxyribonukleinsäure (diesen hochkompliziert aufgebauten Riesenmolekülen der Gene) gebundenen Informationen die Baupläne für jeden Schritt der postkonzeptionellen Embryonalentwicklung enthalten? Wir können die Frage auch anders stellen: Ist die gesamte vorgeburtliche Entwicklung des Menschen rein mechanistisch erklärbar?

Reihen wir die Schritte der Embryonalentwicklung aneinander, so müssen wir von einer praktisch unendlich großen Zahl von *Bewegungen in dieser Bildesubstanz* sprechen. Auch sollte man die Tatsache würdigen, daß alle Entwicklungsbewegungen und alles Formgestalten in einem Medium stattfinden, das noch keine verhärteten Strukturen enthält, sondern einer dünnflüssigen Gallerte (zu 99% Wasser) gleicht. Natürlich finden schon in den frühen Entwicklungsstadien Abgrenzungen statt, das heißt, man kann von einer verdichteten Substanz an Oberflächen und Strukturgrenzen sprechen; diese sind Frühformen von Membranen. Was uns in den Lehrbüchern an frühen Entwicklungsformen des menschlichen Embryos gezeigt wird, sind solche durch chemische Härtungsprozesse »erstarrte« Formen. Diese Untersuchungsmethode erklärt auch die Schwierigkeit, daß sich frühembryonale Strukturen so schwer reproduzieren lassen. Die in den Lehrbüchern gebrauchten Reproduktionen beruhen größtenteils auf hervorragenden Zeichnungen durch Künstler.

In dieser Einleitung soll versucht werden, jede Art von Starrheit zu lösen, die sich in die Vorstellungen einzuschleichen droht, wenn wir uns die embryonalen Frühformen vor Augen zu stellen suchen. Es sei auch betont, daß die meist sehr ausführlich beschriebenen frühen Embryonalformen oft noch von Tieren, meist Hühnern, stammen und daher für das Studium der menschlichen Entwicklung nur sehr begrenzte Bedeutung haben. Der bedeutende Embryologe *Erich Blechschmidt* hat immer wieder betont: Von der Befruchtung der Eizelle an macht der menschliche Embryo eine spezifisch menschliche Entwicklung durch. *Der Mensch entwickelt sich nicht zum Menschen, sondern als Mensch!* Aus dieser Einstellung folgt, daß die Gesamtheit des sich entwickelnden und wachsenden menschlichen Embryos bereits von der Konzeption an vorhanden sein muß. Das *Sein* als Ausdruck der menschlichen Individualität wird, nach *E. Blechschmidt,* nicht als Folge oder gar Zweck der Entwicklung angesehen, sondern als die *wesentliche Voraussetzung der Embryogenese.* Mit der Befruchtung der mütterlichen Eizelle durch den Samen, also zum Zeitpunkt der Verschmelzung der Geschlechtszellen, beginnt sich bereits das individuelle Konzept des Menschen zu verwirklichen. Mit *E. Blechschmidt* können wir sagen, daß »das menschliche Lebewesen von Anfang an, mit der Befruchtung, eine geistige leib-seelische Einheit« darstellt.

Es sollen hier zwei Betrachtungen angestellt werden: Einmal haben wir gerade postuliert, daß die *Gesamtgestaltung des Menschen* mit all ihren zur menschlichen Organisation gehörenden Merkmalen zielstrebig und eindeutig abläuft. Zum anderen werden die inneren Organe im Embryo sehr individuell gestaltet; dazu schrieb *E. Blechschmidt,* daß man in der Differenzierung der Organe »immer wieder ursprüngliche Prozesse« sehen müsse, die im Rahmen der Ganzheit des Organismus ablaufen. Zu dieser frühen Zeit der Entwicklung kann man noch leicht eine große Zahl von Möglichkeiten in der individuellen Ausprägung von genetisch verankerten Merkmalen sehen, nur kann die materialistische Betrachtungsweise nicht umhin, in diesen vielen Möglichkeiten der genetischen Prägung dem »Zufall« zu huldigen. Wenn aber nicht der Zufall, wer leitet dann die Organisation und die Prozesse des Werdens und Wachsens? Statt weiterhin Theorien zu dieser Frage aufzugreifen, wollen wir zu dem im vorausgegangenen geschilderten Menschenbild zurückkehren und die Ganzheit des leiblich-seelisch-geistigen Menschenwesens betrachten.

Die spirituellen, *höheren Wesensglieder* des Menschen beginnen ihre Teilnahme an der Menschwerdung zu verschiedenen Zeiten. Dem Vorgang der Befruchtung müssen Geschehnisse vorausgehen, welche für die Gesamtgestaltung und Entwicklung des Menschen verantwortlich sind. Wenn wir von Ereignissen sprechen, die vor der Befruchtung stattgefunden haben, beziehen sich diese notwendigerweise auf spirituelle Vorgänge. Wir wollen hier den Darstellungen *Rudolf Steiners* in vereinfachter Form folgen.

Zunächst jedoch soll die physische Bildung des Embryos, die Embryogenese betrachtet werden. Mit Hinweisen auf das »Sein« und die Individualität hat *E. Blechschmidt* bereits eine Brücke zur Geisteswissenschaft *Rudolf Steiners* geschlagen. Die formvermittelnde Grundgestalt für den Menschen kann man auch als einen generellen *Bauplan der menschlichen Organisation,* oder kurz als seinen *Archetypus* bezeichnen. Nach *Rudolf Steiner* (GA 226) wird dieses »Konzept« durch den *Geistkeim* vermittelt. Letzterer verbindet sich schon frühzeitig mit dem zu einer Geburt bereiten Ich des Menschen; gemeinsam treten beide den »Abstieg« an, der zu einer Inkarnation führen soll. Zum Zeitpunkt der Befruchtung zieht der Geistkeim in die Urform des Lebens, die befruchtete Eizelle ein. Das inkarnationsbereite Ich hingegen bleibt noch in der spirituellen Welt, von wo aus das Ich formend tätig wird beim Aufbau und der Entwicklung der ganzen menschlichen Organisation. Nachdem der Geistkeim die Grundstrukturen für die menschliche Gestalt und Organisation angelegt hat, löst er sich wieder aus den stofflichen Zusammenhängen heraus und kehrt in die geistige Welt zurück. Erst um den 17. Tag nach der Konzeption herum verbindet sich der Astralleib mit dem Embryo; auch das Ich rückt in die unmittelbare Umgebung. Dieses Bild der spirituellen Inkarnation am etwa 17. Tag nach der Konzeption ist sehr eindrucksvoll; *Karl König* nannte es den *Einzug der höheren Wesensglieder in ihr physisches Haus.*

In die innere Umhüllung des Embryo, das Amnion, zieht der Ätherleib ein. In der Allantois (frühembryonaler Harnsack im Haftstiel, der Verbindung zwischen Amnion und Chorion) konzentrieren sich die Astralkräfte, und von der äußeren Eihülle, dem Chorion aus, wirkt das Ich. Im Dottersack, der ersten Nahrungsquelle des Keimlings, kann man die Grundlage des physischen Leibes sehen *(vergl. K. König).* Von diesen Hüllen her beginnen die höheren Wesensglieder des Menschen ihre schöpferische Arbeit und vermitteln den physischen Substanzen die spirituellen Impulse und Baupläne. Die Substanz selbst ist genetisch vorgegeben. Die äußere Gestalt und die physischen Formen sowie viele physiologische Funktionen sind, wie eingangs beschrieben, erbgebunden veranlagt. So wächst und entwickelt sich der physische Leib des menschlichen Keimlings nach genetischen Gegebenheiten unter den lenkenden Einwirkungen seiner höheren Wesensglieder.

Die Bildung der Organe wird in den ersten drei Schwangerschaftsmonaten abgeschlossen; dieser *Embryogenese* folgt die mit dem 4. Schwangerschaftsmonat beginnende Wachstums- und Entwicklungsphase der *Fetogenese.* Ein drei Monate alter Embryo ist zwischen 7 und 9 cm lang und wiegt um 100 g. Vom 4. Schwangerschaftsmonat an bis zur Geburt erfolgt ein erhebliches Größen- und Massenwachstum mit noch vielen Aus- und Umgestaltungen der Organe. Der Fetus wird nach einer Reifungszeit von insgesamt 40 Wochen mit etwa 3500 g geboren und ist um 55 cm lang.

Vorgeburtliche Umwelteinflüsse

In den letzten zwei Jahrzehnten hat sich das Bewußtsein um die *Notwendigkeit des Schutzes des Kindes im Mutterleib,* nicht nur in bezug auf die Abtreibungsfrage, erheblich verstärkt. Durch gezielt an Schwangere gerichtete Veröffentlichungen und durch die Medien sowie die Ärzteschaft sind die Kenntnisse über mögliche Schäden für das keimende Leben verbreitet und vertieft worden. Damit wurde erreicht, daß die meisten Schwangeren heute wissen, daß Alkohol, Nikotin, viele Medikamente, ionisierende Strahlen (z.B. Röntgenstrahlen), Sucht erregende Drogen, Insektizide und manche Chemikalien in der Umwelt Gefahren für das werdende Leben bedeuten. Manchmal ist es von der Kenntnis über das Verstehen bis zur Konsequenz ein langer Weg. So wichtig und richtig diese Informationen auch sind, so sehr schaffen sie leider auch bei manchen Schwangeren Verwirrung und Unsicherheit. Es soll hier versucht werden, diese Flut von rasch anwachsenden Informationen besser verständlich zu machen, um Schwangere zu einem eigenen Urteil zu verhelfen. Man wird auch einsehen müssen, daß viele Schwangere gar nicht alle gutgemeinten Empfehlungen und Ratschläge befolgen können. Besonders den sich in der Luft ausbreitenden Giften kann man kaum entrinnen (z.B. Auto- und Industrieabgase).

Vor der Empfängnis (vorkonzeptionell) stattfindende Einwirkungen auf die elterlichen Geschlechtszellen müssen abgegrenzt werden von solchen Schäden, die den Embryo in den ersten Schwangerschaftswochen treffen. Außerdem müssen die Umwelteinflüsse auf den Embryo – das heißt in den ersten drei Schwangerschaftsmonaten stattfindende Schäden – von solchen auf den Feten – also späteren – unterschieden werden. Über Keimzellschäden vor der Empfängnis sind bis auf Strahlenschäden (z.B. Röntgenstrahlen) nur geringe Kenntnisse vorhanden. Nach dem Kernkraftunglück in Tschernobyl ist die Strahlenschädigung von Keimzellen bei

Mann und Frau erneut lebhaft diskutiert worden. Es sollte kein Zweifel daran bestehen, daß jede Einwirkung ionisierender Strahlen auf die Keimzellen vermieden werden muß (vergl. Kap. 15).

Mit Interesse und Anteilnahme werden weltweit die *Nachuntersuchungen* japanischer Atombombenopfer von 1945 verfolgt. Man hat allgemein angenommen, daß zehntausende von Menschen im geschlechtsreifen Alter, die 1945 der Atomstrahlung ausgesetzt waren und äußerlich keine sichtbaren Schäden zeigten, Schäden ihrer Keimzellen (Ei- oder Samenzellen) erlitten hatten. Nach Zeitungsmeldungen sind kürzlich 72.216 Nachkommen untersucht worden, die im *Jahr nach der Atombombenexplosion* von Eltern gezeugt waren, deren Eierstöcke oder Hoden so gut wie sicher strahlengeschädigt waren. Die Kinder dieser Menschen zeigen heute *keinen Anstieg von Geburtsdefekten* (z.B. Mißbildungen), keine Chromosomenschäden, normale weiße Blutzellen und keinen Anstieg von Krebshäufigkeit. Noch stehen Beobachtungen dieser Menschen im höheren Alter aus.

Ungeborene Kinder im Mutterleib hingegen sind durch die Atomstrahlung 1945 unmittelbar geschädigt worden; Kinder, die in den ersten drei Monaten der Schwangerschaft der Atomstrahlung ausgesetzt waren, entwickelten fast ausnahmslos eine *geistige Behinderung, und viele auch Mißbildungen.* Das bei diesen Kindern zu erwartende größere Krebsrisiko hat sich allerdings wiederum nicht bestätigt (das gilt natürlich nicht für den Alterskrebs). Den Wissenschaftlern ist es ein Rätsel, warum sich die Erfahrungen der Tierexperimente mit vorgeburtlichen Strahlenschäden und erheblichen Erbgutveränderungen in den Folgegenerationen beim Menschen nicht bestätigen lassen. Man konnte lesen: »Menschen scheinen einfach einen wirksameren Reparaturmechanismus zu haben, der den Schaden beheben kann.« Wir können nur vage Vermutungen anstellen, was sich hinter dieser besonderen *nur dem Menschen eigenen Selbstheilungskapazität verbirgt* und nicht beim Tier beobachtet werden kann.

Ganz allgemein ist die Aussage richtig:

Je jünger die Leibesfrucht, um so größer ist die Gefahr eines möglichen Schadens durch Gifte oder Strahlungen.

In den ersten drei Schwangerschaftmonaten erfolgt die wesentliche Gestaltung des Leibes und die Ausbildung der Organe. Das ist die weitaus empfindlichste Zeit der Entwicklung, und deshalb ist die Beeinflussung durch äußere Einwirkungen am größten. Ab 4. Schwangerschaftsmonat sprechen wir vom Fetus; sein bereits weitgehend geformter Organismus ist weniger anfällig gegenüber Umwelteinflüssen.

Mechanisch-physikalische Einwirkungen: Das Kind kann im Mutterleib, zum Beispiel durch Röntgenstrahlen oder penetrierende Verletzungen, von der Umwelt direkt beeinflußt werden. Mechanische Einwirkungen auf den Uterus wie zum Beispiel Stoß oder Druck beim Hinfallen der Mutter sind in der Frühschwangerschaft im allgemeinen harmlos. Die Entwicklung des Embryos vollzieht sich in einem flüssigkeitsgefüllten Raum, und diese Blase ist vom kräftigen Muskel des Uterus umschlossen. Durchbrochen wird dieser Schutz zum Beispiel durch grobe Gewalteinwirkungen wie tiefe Stichverletzungen in den Unterleib. Im Grunde kann jede schwere Körperverletzung der Mutter *indirekte Folgen* auf die Entwicklung des Embryos oder Feten haben. Auch Strahlen wie die Röntgenstrahlen dringen bis in den Uterus vor. Obwohl wir vor jeder unnötigen Röntgenaufnahme während der Schwangerschaft abraten, sollte sich eine Mutter, die aus einer Notsituation heraus eine Röntgenaufnahme benötigt, dennoch nicht so sehr um einen möglichen Strahlenschaden bei ihrem Kind sorgen; in der modernen Röntgendiagnostik ist die notwendige Strahlendosis so gering, daß der Nutzen größer sein kann als ein möglicher Schaden.

Häufiger sind jedoch *indirekte Einwirkungen* über den mütterlichen Organismus, zum Beispiel durch *Alkohol oder Drogen.* Im ganzen schützt und behütet der mütterliche Organismus das werdende Kind, und in jedem Fall wird man besondere Gründe finden, wenn dieser Schutz durchbrochen worden ist. Ganz allgemein darf man sagen, daß wegen der innigen Kreislaufverbindung zwischen Mutter und Kind praktisch *alle Medikamente*, welche die Mutter zu sich nimmt, auch die Leibesfrucht erreichen. Schon aus Sicherheitsgründen sollte man nicht die Ausnahmen gegen diese Aussage ins Feld führen (z. B. werden manche großmolekularen Drogen, die als solche die Plazenta nicht passieren, in kleinere Moleküle gespalten, die dann durch die Plazenta hindurchtreten können). Außerdem gibt es große Unterschiede in der Empfindlichkeit des mütterlichen Organismus und vielleicht auch des Kindes. Jede Form einer *allergischen Reaktion der Mutter* wirkt sich im mütterlichen Kreislauf aus und kann auch die Durchblutung des Uterus und daher möglicherweise auch das Kind beeinflussen. Das bisher Gesagte gilt für alle Medikamente in allopathischen Dosierungen, daher können auch viele der sogenannten Naturheilmittel keine Ausnahme sein. Medikamente in homöopathischer Dosierung können Ausnahmen sein, doch muß für alle Medikationen der Mutter der gleiche Satz gelten:

> *In der Schwangerschaft muß jede Medikation mit dem Arzt besprochen werden. Im allgemeinen kann der Arzt die individuellen Bedürfnisse der Mutter und ihres Kindes berücksichtigen.*

Natürlich wird man zum Beispiel bei einer Schwangeren mit *Zukkerkrankheit* eine sehr sorgfältige Überwachung des Stoffwechsels durchführen und wenn nötig auch Insulin spritzen. Eine zuckerkranke Frau kann ihren Kinderwunsch heute erfüllen, wenn sie sich einer engmaschigen ärztlichen Überwachung unterzieht. Eine Verschlechterung der diabetischen Stoffwechsellage kompliziert besonders den Beginn der Schwangerschaft, jedoch kann der Arzt auch in dieser Situation helfen.

Bei einem *Krampfleiden* (z. B. Epilepsie) der werdenden Mutter wird man nicht immer ohne Medikamente auskommen; hier gilt es sorgfältig abzuwägen und zu entscheiden. Es kann nicht schaden, auch den Rat eines erfahrenen Neurologen einzuholen. Wenn eine Frau eine Langzeit- oder Dauermedikation erhält, sollte sie ihren

Kinderwunsch beizeiten mit ihrem Arzt besprechen. In den meisten Fällen läßt sich ein Weg finden, die Leibesfrucht vor Schaden durch an die Mutter verabreichte Medikamente zu schützen. Es gibt auch Stoffwechselkrankheiten, die mit Substitutionsmitteln oder einer strengen Diät behandelt werden müssen; auch in diesen Situationen ist es notwendig, den Arzt so früh wie möglich zu Rate zu ziehen.

An dieser Stelle ist es erforderlich, die *Selbstbehandlung* mit frei verkäuflichen Arzneimitteln, Heilkräutern und anderen für Schwangere empfohlene Substanzen zu erwähnen. Im Grunde gilt die gleiche Warnung, die oben für rezeptpflichtige Medikamente ausgesprochen wurde. Der noch so gut gemeinte Rat von Verwandten oder Freunden berücksichtigt ja nicht die besonderen Empfindlichkeiten der Schwangeren und ihres Kindes. Auch viele der nicht rezeptpflichtigen *Schmerzmittel* können die Entwicklung des Kindes im Mutterleib stören oder gar Schaden anrichten. Viele Schmerzmittel sind Mischungen mehrerer Drogen mit ganz verschiedenen Wirkungsweisen und Gefahren. Also auch bei als »harmlos« deklarierten Mitteln für Schwangere ist große Vorsicht geboten und besser doch der Arzt um Rat zu fragen.

Ernährung in der Schwangerschaft

Die Ernährung der Schwangeren beeinflußt das Gedeihen ihrer Leibesfrucht. Es besteht bei vielen Frauen die Vorstellung, daß das Kind im Mutterleib sich nimmt, was es braucht, und zwar auch auf Kosten der Gesundheit der Mutter. Dieses ist nur eine Halbwahrheit, da es viele Ausnahmen gibt. Wir wollen einmal davon ausgehen, daß eine gesunde schwangere Frau eine *gut ausgewogene Nahrung* zu sich nimmt und auch ihren besonderen Eßgelüsten nachgibt. Solche »Diät« wird bei den verschiedenen Frauen sehr unterschiedlich aussehen, aber sie wird in den meisten Fällen die individuellen Bedürfnisse der Schwangerschaft berücksichtigen. Leider wird vielfach bezweifelt, ob diese Aussage stimmt, zumindest bezüglich der Vitamine und Spurenstoffe. Wegen dieses Zweifels werden ja von vielen Schwangeren Mischpräparate mit *Vitaminen, Mineralien, Spurenelementen und weiteren Zusatzstoffen* genommen. Wenn die nach bestem Wissen hochwertige Kost der werdenden Mutter alle in der Schwangerschaft notwendigen Nahrungssubstanzen enthält, werden natürlich keine zusätzlichen Mittel benötigt. Was aber sind »hochwertige« Nahrungsmittel? Zweifellos kann Gemüse, Getreide und Obst aus biologisch-dynamischem Anbau als vollwertig gelten. Diese »Demeter«-Qualität ist leider nicht überall erhältlich; dann muß man den örtlichen Gegebenheiten nachgeben und das Bestmögliche einkaufen. Dieser große Fragenkomplex kann hier nicht erschöpfend dargestellt werden, aber es gibt zu diesem Thema viele Bücher.

Das jahreszeitlich bedingte Angebot von Obst und Gemüse wird im allgemeinen dem Nahrungsbedürfnis der schwangeren Frau gerecht; dasselbe gilt mit einigen Einschränkungen auch für traditionsgebundene Kost. Reine lakto-vegetabile Diät kann im allgemeinen auch empfohlen werden, eine vegetarische Kost ohne Milchprodukte und Eier jedoch nicht. Ausnahmen müssen mit einem Arzt oder Ernährungsexperten besprochen werden (wobei die Vollwertigkeit des Eiweißes das wichtigste Problem ist). Die nicht offenbaren Mängel der Nahrungsmittel, zum Beispiel an Spurenstoffen und Vitaminen, werden leider zunehmend größer. Solche Unzulänglichkeiten können einmal durch die ausgelaugten Ackerböden (z. B. durch Monokulturen) und zum anderen durch Lagerung und Zubereitung (einschließlich Konservierungsmaßnahmen wie z. B. Bestrahlung) bedingt sein. Mangel an Eisen und Kupfer ist heute schon fast die Regel. Auch der Hinweis auf organische oder biologische Wirtschaftsweise im Gemüse- und Getreideanbau schützt vor dieser Art Mangel nicht, da hierbei gelegentlich übermäßig mit Gülle und Stallmist gearbeitet wird, wodurch erhebliche Wachstumsstörungen bedingt werden können. Der beste Rat, den man heute der schwangeren Frau geben kann, ist folgender: Wenn immer möglich, Nahrungsmittel der »Demeter«-Qualität zu verwenden. Letztere sind nach den strengen Richtlinien der biologisch-dynamischen Wirtschaftsweise, die nach Angaben von *Rudolf Steiner* (GA 227) entwickelt worden ist, hergestellt. In der Schwangerschaft sollten möglichst solche Nahrungsmittel verwendet werden, die nicht nur nach der Analyse alle notwendigen Bestandteile in den richtigen Mengen enthalten, sondern auch in ihren Wachstumsprozessen den Lebensgesetzen der Pflanzenwelt gemäß gefördert worden sind.

Wer zu seinem Wohlbefinden eine *Fleischkost* benötigt, sollte diese Kostform in der Schwangerschaft nicht ohne Grund ändern. Abzuraten ist jedoch von *übermäßigem* Fleischgenuß wie auch von zu großen Mengen an Kohlenhydraten (z. B. weißes Mehl, Zucker oder Kartoffeln). Wie bereits eingangs gesagt, kann besonders der Organismus der schwangeren Frau eine unausgewogene Diät nicht ohne Folgen vertragen. Übermäßige Mengen von Eiweiß werden im Organismus nicht richtig verdaut, und es kommt dabei leicht zu einem Rückstau von halbverdautem Eiweiß und Endprodukten der Eiweißverdauung, von denen zumindest einige wie Gifte im Menschen wirken. Viele der heute so reichlich angebotenen Kostformen zum Schlankwerden oder Gesundbleiben sind unausgewogen und haben allesamt in der Schwangerschaft nichts zu suchen! Die Notwendigkeit individueller Kostformen sollte immer mit einem Arzt besprochen werden (weitere Ausführungen zur Ernährung in Kap. 8 und 9).

Wie groß darf die *Gewichtszunahme in der Schwangerschaft* sein? Entsprechende Empfehlungen von seiten der Geburtshelfer haben sich in den letzten Jahren mehrfach erheblich geändert; welchen Aussagen kann man trauen? Die in den fünfziger Jahren häufig befolgte Empfehlung, die Gewichtszunahme auf weniger als 15 Pfund zu beschränken, hat zu deutlich geringeren Geburtsgewichten der Neugeborenen geführt, aber leider auch zum Anstieg krankhafter Folgeerscheinungen und Komplikationen in der Neugeborenenzeit. Andererseits besteht berechtigte Sorge, daß bei zu starker Gewichtszunahme in der Schwangerschaft zu große Babies geboren werden, die ebenfalls durch Komplikationen unter und nach der Geburt bedroht sind. Alle Empfehlungen müssen das Ausgangsgewicht der Schwangeren und ihren Gesundheitszustand berücksichtigen. Gewichtzunahmen zwischen 12 und 20 kg sind am häufigsten anzutreffen; auch haben die Kinder solcher Mütter die wenigsten Probleme bei der Geburt und in der Neugeborenenperiode. Es sei noch bemerkt, daß Frauen, die vor der Schwangerschaft übergewichtig sind, ihren Gewichtsanstieg mehr zu dem unteren Wert von 12 kg hin orientieren sollten und Untergewichtige näher an die Obergrenze.

Extreme *Hungerzustände der Schwangeren* und damit einhergehend eine erhebliche Minderversorgung mit lebensnotwendigen Spurenelementen und Vitaminen sind als Ursache fetaler Wachstumsminderung oder in seltenen Fällen auch allgemeiner Entwicklungsstörungen angesehen worden. In solchen Fällen kann sich das Kind nicht nehmen, was es benötigt, und Fachleute sagen zu Recht: Die Leibesfrucht verbraucht, was sie bekommt; auch gibt es in der wissenschaftlichen Literatur viele Hinweise darauf, daß der Fetus von der mütterlichen Ernährung abhängig ist.

Diese Fragen sind durch präzise Untersuchungen nach dem Zweiten Weltkrieg genauer zu beantworten: Damals gab es begrenzte, erhebliche *Hungersnöte,* zum Beispiel in Holland und in Leningrad. Man hat die Kinder von solchen Schwangeren nachuntersucht, die jeweils nur im ersten, zweiten oder dritten Drittel (Trimenon) der Schwangerschaft vom Hunger der Mutter betroffen worden waren. Dabei hat sich gezeigt, daß erstens keine geistigen Behinderungen verursacht worden sind und zweitens, daß nur die Geburtsgewichte der im letzten Drittel der Schwangerschaft Betroffenen eindeutig vermindert waren; auch diese Beeinträchtigung wurde nach der Geburt langsam ausgeglichen.

Gelegentlich kommt die Frage nach der *Qualität der Nahrungsfette* während der Schwangerschaft auf. Im allgemeinen fordert die

Schwangerschaft keine Änderung in der Wahl der Nahrungsfette. Der Gebrauch guter Pflanzenöle ist anzuraten, auch die Fette aus Milchprodukten sind wünschenswert. Gehören tierische Fette zur gewohnten Kost der werdenden Mutter, so soll sie sicher auf diese nicht völlig verzichten, sondern durch *Pflanzenöle* ergänzen. Es mag zum Verständnis der Ernährung mit Fetten dienlich sein, zu wissen, daß aus dem mütterlichen Organismus nur ganz bestimmte lebensnotwendige, sogenannte »essentielle« Fettsäuren dem Kind zugeleitet werden. Die einfachen Fettsäuren (als Bausteine der großmolekularen Fette) kann sich der Fetus selber zum Beispiel aus Zucker aufbauen. Die sogenannten Riesenbabies nicht gut kontrollierter, zuckerkranker Mütter haben aus dem reichlich angebotenen Zucker aus mütterlichem Blut Fette aufgebaut. Bei guter Überwachung des Stoffwechsels kann man auch diesen überschweren Neugeborenen in einer Kinderklinik helfen.

Gifte und Drogen

Die mit der Nahrung allgemein üblicher Qualität aufgenommenen Rückstände von *Pflanzenschutzmitteln* und anderer Chemikalien sind allesamt eine *Belastung* für das *werdende Kind.* Nur summarisch hat man die in Gemüsen, Obst und Getreide vorkommenden Gifte für Entwicklungsstörungen der Kinder verantwortlich gemacht; nur bei ungewöhnlich hoher Belastung der Schwangeren mit zum Beispiel polychlorierten oder polybromierten Biphenylen sind geringe Geburtsgewichte und Verzögerungen der Entwicklung beschrieben worden (*D. Noyes Kane*). Die von *B. F. Feingold* für das Auftreten von Hyperaktivität und Lernbehinderungen verantwortlich gemachten künstlichen Farb- und Geschmacksstoffe können bereits in der Schwangerschaft die Probleme der Kinder vorbereiten; trotz der Zweifel an diesen Zusammenhängen ist zu raten, daß die werdende Mutter sich von solchen Chemikalien zurückhält.

Außer den in den Nahrungsmitteln »verborgenen« müssen wir auf zwei sehr bekannte *Gifte* und auf die zur Sucht führenden Drogen hinweisen. Auf *Alkoholgenuß* sollte in der Schwangerschaft *völlig verzichtet* werden. Man muß sich vor Augen halten, daß der Organismus des wachsenden Kindes bei *jedem* erhöhten Blutalkoholspiegel der Mutter mitbetroffen wird. Sicher gibt es sehr unterschiedliche Empfindlichkeiten gegenüber Alkohol (der Alkohol wird in der Leber verschieden rasch abgebaut), man sollte sich aber auf keine der hier oder dort veröffentlichten Maximalmengen an Alkohol berufen, denn es gibt keine für den Feten verträgliche Menge! Inzwischen ist viel über das *»fetale Alkohol-Syndrom«* oder die Alkoholkrankheit des Neugeborenen gesagt und geschrieben worden. Diese Kinder alkoholsüchtiger Mütter leiden an Kleinköpfigkeit, Minderbegabung und Kleinwuchs; sie haben neben manch anderen Fehlbildungen einen recht charakteristischen Gesichtsausdruck. Natürlich muß man bei diesen Kindern bedenken, daß der Lebensstil und die Verhaltensweisen ihrer Mütter schon vor und dann auch während der Schwangerschaft eine erhebliche Beeinträchtigung für die normalen Wachstumsbedingungen bedeuten.

Das *Rauchen* sollte *während der Schwangerschaft völlig eingestellt* werden, am besten sogar bereits vorher. Es ist nicht nur das Nikotin, welches den Kreislauf von Mutter *und* Kind beeinflußt, sondern auch das Kohlenmonoxydgas im Rauch, das den Sauerstofftransport im Blut behindert und damit dem Kind den lebensspendenden Sauerstoff vorenthält. Außerdem hat man im Zigarettenrauch Spuren von etwa 2000 Chemikalien nachgewiesen. Beim Rauchen von täglich zehn Zigaretten vermindert sich die Sauerstoffversorgung des Feten um ein Drittel bis zur Hälfte, und zwar durchgehend über den ganzen Tag und nicht nur während des Rauchens! Der Organismus des Erwachsenen kann solche Art Einschränkung verkraften und sich daran gewöhnen, wenn der Raucher gewillt ist, die damit verbundenen Leistungseinschränkungen in Kauf zu nehmen. Der Fetus hingegen kann diese Giftwirkung nur durch Einschränkung seiner Lebensaktivität überstehen. Daher haben die Neugeborenen von Raucherinnen ein deutlich vermindertes Geburtsgewicht (im Mittel um 200 g). Außerdem ist inzwischen eindeutig erwiesen worden, daß auch das *»passive« Rauchen* der Mutter, das heißt, wenn zum Beispiel ihr Mann zu Hause raucht, das Kind in seiner Entwicklung behindert. Alle Schwangeren sollten dies wissen und verräucherte Räume meiden!

Die Auswirkungen aller *zur Sucht führenden Drogen* auf die Entwicklung des Kindes im Mutterleib sind erheblich! Heroin, Kokain, Marihuana und die vielen anderen, meist synthetisch hergestellten Drogen wirken *über das Blut der Mutter auch direkt auf das Kind!* Außerdem bestehen heute viele indirekte, negative Einwirkungen auf die Leibesfrucht durch den im allgemeinen sehr ungesunden Lebensstil dieser Frauen. Nach *O. Koob* gab es am Ende des vergangenen Jahrzehnts in der BRD etwa 700 000 Medikamentenabhängige. Viele Schwangerschaften Drogensüchtiger führen zu frühen Aborten. Bei den oft zu früh geborenen und bei den ausgetragenen Kindern ist die Zahl der körperlichen und funktionellen Fehlentwicklungen unverhältnismäßig groß. Die Spätschäden zeigen sich erst allmählich. Diese *»Drogen-Kinder«* leiden zu einem großen Teil an Verhaltens- und Lernstörungen, viele sind im Kleinkindalter auffällig wild und aggressiv. Es hat den Anschein, daß die Inkarnation des Ichs bei diesen Kindern stark erschwert und damit verzögert eintritt. Ein Arzt schildert seinen Eindruck, daß der Teil des Gehirns, in dem sich die Persönlichkeit entwickeln soll, bei den »Drogen-Kindern« gar nicht ausgebildet ist. Diese Kinder zeigen ungebändigte Astralkräfte! Für die USA hat man errechnet, daß allein im Jahre 1988 mindestens 375 000 Kinder während der Schwangerschaft harten Drogen ausgesetzt waren. Eine erschrekkende Zahl mit noch nicht übersehbaren Folgen für die Schulen! Insgesamt muß durch die »Drogen-Kinder« mit erheblichen Auswirkungen auf die sozialen Probleme der Gesellschaft gerechnet werden.

Geisteswissenschaftliche und psychologische Betrachtungen

Im Beginn dieses Kapitels wurde geschildert, wie der Embryo seinen Ätherleib aus Weltenäther, Umweltäther und den Ätherkräften der Mutter gewoben erhält. Darüber hinaus wird der mütterliche Lebensleib auch während der Schwangerschaft erheblich in Anspruch genommen. Die verstärkte Aktivität des Ätherleibes der Mutter und seine feste Bindung an den physischen Leib wird bei vielen Frauen als ein »Aufblühen« ihres Aussehens wahrgenommen.

In den ersten Wochen der Schwangerschaft treten leider oft seelische und körperliche Störungen auf, die sich in manchen Fällen zu erheblichen Krankheitszuständen steigern können. Zu den Reaktionen der mütterlichen Ich-Organisation gehören solche, die als eine Störung der aufrechten Körperhaltung anzusehen sind: nämlich Schwindelzustände bis hin zur Ohnmacht. Auch in – selbst der Schwangeren unerklärlichen – Abneigungen gegen bestimmte Speisen, die sich bis zum Ekel steigern können, offenbart sich ein verändertes Verhältnis des Ichs zum physischen Leib. Wenn es dann gar zum Erbrechen kommt, rebelliert das Ich im Physischen; das geschieht vornehmlich morgens nach dem Aufstehen.

Ein weiterer Aspekt solcher Störungen wird von *E. J. Thiel* wie folgt beschrieben: »Die Schwangerschaft gehört zu den intimsten Beziehungen zweier Ich-Wesenheiten, die sich denken läßt, aber eben im Organischen. Wie das physische und biologische Werden des Keimes an die *Ätherkräfte* der Mutter, so stellt die Begegnung zweier Iche an die *Ich-Organisation* der Mutter die höchsten Anforderungen... Daher pflegen Vomitus und Nausea (Erbrechen und Übelkeit) in den *ersten* Monaten am stärksten zu sein.« Der genannte Autor betont dann, »daß die Schicksalsbeziehungen der mütterlichen und kindlichen Persönlichkeit bereits in der Schwangerschaft ganz individuell sein können«. Auch die Hinweise, daß sich bei den genannten Störungen die Mutter gut warm halten muß und der betreuende Arzt den Eisenstoffwechsel der Schwangeren überwachen möge, sollten befolgt werden.

Als weiterer wichtiger Faktor, der das werdende Kind im Mutterleib beeinflußt, ist das *Seelenleben der Mutter* anzusehen. Viele Mütter haben das Gefühl, daß sie ihr Kind während der Schwangerschaft immer besser kennenlernen und es mit ihrer Seele mehr und mehr umhüllen, es mit Liebe und Erwartungsgefühlen tragen. Es bedarf keiner wissenschaftlichen Untersuchungen mit statistischen Analysen, um zu wissen, daß die positive psychologische Haltung oder Seelenstimmung der Mutter eine gute und hilfreiche Voraussetzung für die Entwicklung des Kindes ist. Das Gegenteil hat jedoch für lange Zeit keine ungeteilte Zustimmung gefunden. Seelische Notzustände der Mutter bis hin zu Depressionen oder eine Mißachtung des besonderen Zustands einer schwangeren Frau, die man nicht vor Streßsituationen geschützt hat, haben erwiesenermaßen dazu geführt, daß manche Kinder Schäden verschiedener Art davontrugen. Natürlich lassen sich nur schwer Grenzen zwischen dem gesunden Seelenleben einer Schwangeren und Abweichungen von ihrem inneren Gleichgewicht aufzeigen. Auch können wir keine Aussagen machen über das Wechselspiel zwischen mütterlicher und kindlicher Seele und möglichen Auswirkungen dieser Kommunikation auf die kindliche Entwicklung. Auffällige oder gar krankhafte Seelensituationen der Mutter (insbesondere Depressionen) sollten jedoch immer Anlaß zur Sorge geben; ärztlicher Rat darf in solchen Fällen nicht zu spät eingeholt werden!

Anhaltende *Angst* kann das Wachstum des Kindes und sogar noch seine spätere Entwicklung hemmen, während vorübergehende Angstgefühle, auch Schreck oder kurzzeitiger Streß, vom Kind im allgemeinen ohne nachweisbaren Schaden überstanden werden (*Maurer u. Maurer*). Man muß zudem bedenken, daß schwierige Lebensumstände meist zu sehr *komplexen Reaktionen* der Schwangeren führen, so daß zu der seelischen Notlage häufig auch physische, beziehungsweise Gifteinwirkungen (z. B. Alkohol oder sedierende Medikamente) hinzukommen. Dann lassen sich die Folgen beim Kind nicht mehr nur einer Ursache zuordnen; lediglich die Tatsache einer Schädigung der kindlichen Entwicklung bleibt bestehen. Es ist auch nachgewiesen worden, daß Angst, Ärger und Streß zu einer Verminderung der Sauerstoffversorgung des Feten führen können. Der werdende Organismus des Kindes reagiert sehr empfindlich auf Störungen der Sauerstoffversorgung, und von letzterer wissen wir, daß sie die Entwicklung beeinflussen kann.

Um die Bedeutung der seelischen Verfassung der Mutter während der Schwangerschaft hervorzuheben, sei im folgenden kurz auf eine Studie aus Finnland hingewiesen (*Huttunen und Niskanen*, zit. nach *Maurer und Maurer*). Diese Autoren haben 1978 die Krankengeschichten von 167 Patienten zusammengestellt, deren Väter während der Schwangerschaft verstorben waren; diese Krankengeschichten hat man mit solchen von 168 Patienten verglichen, die ihre Väter im ersten Lebensjahr verloren hatten. Die allgemeinen Lebensumstände der Mütter waren in beiden Gruppen vergleichbar. Nach 35 Jahren zeigte ein Vergleich dieser vaterlos oder fast vaterlos aufgewachsenen Menschen, daß bei denen, die ihre Väter bereits verloren hatten, als sie noch im Mutterleib waren, psychiatrische und Verhaltensstörungen in signifikant höherem Maße (14 % statt 6,5 %) aufgetreten sind. Die Autoren ziehen daraus den Schluß, daß der Fetus im Mutterleib nicht sehr wirksam von den Seelenproblemen der Mutter abgeschirmt ist und dadurch psychische Abnormalitäten entwickeln kann. Der Säugling hingegen wird vom Verlust des Vaters nicht so intensiv betroffen. In dieser finnischen Studie findet man eine Bestätigung dessen, was in den beiden vorausgehenden Absätzen dargestellt wurde.

Die Beispiele zur vorgeburtlichen Einflußnahme der Umwelt auf das werdende Kind zeigen, daß weder Strahlen noch Gifte, weder ungesunde Lebensweise noch seelische Not der Mutter *zwingend* zu Schäden des Kindes im Mutterleib führen müssen. Die Persönlichkeit der Mutter, ihre Lebensweise und ihre Einsichten können das Schicksal des ungeborenen Kindes erheblich beeinflussen. Auch karmische Bedingungen spielen hier natürlich eine Rolle. Allerdings ist zu bedenken, daß zur Zeit der Geburt lange nicht alle Schäden offenkundig sind und diagnostiziert werden können. Wartet man die Entwicklung der Kinder ab und beurteilt sie nach Jahren wieder, können weitere Umwelteinflüsse wirksam geworden sein. Die Zusammenhänge zwischen vorgeburtlichen Umwelteinflüssen und der späteren Entwicklung sind ungeheuer schwer aufzudecken und noch schwerer zu beweisen.

Wir müssen uns auch darüber im klaren sein, daß die Entwicklung und das gesunde Gedeihen des Kindes im Mutterleib nicht nur im Schutz der physischen Umhüllung durch den Uterus und den Leib der Mutter geschieht, sondern daß auch *Schutzkräfte* am Werk sind, die sich zwar im Materiellen auswirken, aber spiritueller Natur sind. Wir haben im Kapitel 1 von den formenden Kräften des Lebensleibes und den Empfindung-tragenden und Organ-bildenden Astralkräften gesprochen. Diese beiden genannten höheren Wesensglieder sind gemeinsam mit der spirituellen Entelechie – also dem noch nicht völlig mit der Leiblichkeit des Kindes verbundenen Ich – sowohl mit den Entwicklungs- und Wachstumsprozessen als auch mit dem Schutz des werdenden Organismus betraut. Im Grunde ihrer Seele vertrauen die Mütter mehr oder weniger bewußt auf diese spirituelle Hilfe, die ihnen während der Schwangerschaft zuströmt. Das Gebet oder eine meditative Annäherung an die zur Inkarnation drängende Individualität ihres Kindes sind Hilfen, die Mütter in Anspruch nehmen können.

Gibt es eine *Kommunikation* zwischen dem ungeborenen *Kind und seiner Mutter?* Diese Frage wird von vielen Mütter positiv beantwortet. Es können ganz intensive Wacherlebnisse sein, die der Mutter Gewißheit über eine Verbindung mit ihrem Kind geben, es können aber auch Traumerlebnisse sein, in denen das Ungeborene zum Beispiel seinen Namen nennt, sich als Mädchen oder Junge zu erkennen gibt oder sich gar Bezüge zu karmischen Begebenheiten offenbaren. Zwar ist das Kind im Mutterleib schützend umhüllt, aber es ist niemals isoliert; wenn auch die Kommunikation überwiegend mit der Mutter erfolgt, kann der Vater oder gar ein anderer Verwandter auch in diese Seelenverbindung eingeschlossen werden.

Wie vor der Geburt so bleibt auch noch nach der Geburt für eine gewisse Zeit eine *gemeinsame Hülle aus Ätherkräften* zwischen Mutter und Kind bestehen. Man kann diese Ätherhülle auch als einen gemeinsamen Ätherleib von Mutter und Kind bezeichnen. Diese Imagination eines Mutter und Kind verbindenden Ätherleibes ist in künstlerischer Form einzigartig von *Raphael* in seiner *Sixtinischen Madonna* dargestellt worden. Viele Mütter schmücken ihr Kinderzimmer mit einer Reproduktion dieses Bildes von *Raphael;* es verkörpert das *heilige Urbild* der Mutter mit ihrem Kind.

4. Grundlegendes über die Beziehung des Kindes zu seiner Umwelt

Die Geburt

Im vorausgehenden Kapitel wurde beschrieben, wie der Organismus der Mutter für das werdende Kind eine Umwelt darstellt, die hegt und schützt, aber dennoch Einwirkungen der äußeren Umwelt nicht völlig abschirmen kann. Der gesamte Organismus der Mutter mit seinen geistigen, seelischen und Stoffwechselaktivitäten nimmt an der Umhüllung und Umsorgung des Kindes teil. Es wurden die Möglichkeiten des Durchbrechens des mütterlichen Schutzes dargelegt und dabei ionisierende Strahlen, chemische Gifte, die Ernährung der Mutter und ihr seelisches Gleichgewicht besprochen. Zum Zeitpunkt der Geburt eröffnen sich völlig neue Wechselwirkungen und Kommunikationen zwischen dem Säugling und seiner Umwelt.

Die *Physiologie des neugeborenen Kindes* befaßt sich auch mit den Funktionsumstellungen bei der Geburt, die wegen des Wechsels vom intrauterinen zum extrauterinen Leben notwendig sind. Dabei sind Reifungsprozesse, Anpassungen, Toleranz und Stimulation die wichtigsten Faktoren. Dieses umfangreiche Gebiet der »perinatalen« (um die Geburt herum) Physiologie (*U. Stave*) soll hier nur soweit gestreift werden, als es für das Verständnis der nach der Geburt schnell sich erweiternden Wechselbeziehungen des Kindes mit seiner ihm noch sehr fremden Umwelt notwendig erscheint. In diesem Zusammenhang soll hier auch nur vom gesunden, zum erwarteten Termin geborenen, also dem reifen Kind gesprochen werden.

Das ganze *vorgeburtliche Wachstum* und die Ausgestaltung der Lebensfunktionen des Kindes im Mutterleib erfolgen mit dem Ziel, daß eine Geburt zur Verselbständigung des kindlichen Organismus stattfinden *muß*. Wir können auch sagen: Das Kind will geboren werden, vom kindlichen Organismus kommt der Impuls, der den Geburtstermin bestimmt, und es hat sich auf das Leben nach der Geburt gut vorbereitet. Viele Lebensprozesse im Organismus des Kindes kommen zu einer beschleunigten Ausreifung, da sie rasch nach der Geburt benötigt werden; dazu gehören die Lungenfunktion (Atmung), die Tätigkeit der Nieren, die Verdauungsfunktionen und andere. Das Herz-Kreislaufsystem erfährt unmittelbar nach der Geburt eine erhebliche Umstellung, und das Nerven-Sinnessystem wird von intensiven Sinneseindrücken in Anspruch genommen. Unter diesen Sinnesreizen sind völlig neue Eindrücke, wie das Erleben der Schwere des Körpers und des Gleichgewichtes, da das Kind ja vorher im Fruchtwasser schwamm. Auch für den Wärmehaushalt mit seinen Empfindungen für Wärme und Kälte ergeben sich ungewohnte Reizungen. So beginnt das Leben außerhalb des Mutterleibes mit einem recht starken Kältereiz, der praktisch unvermeidbar ist. Die geringere Temperatur des Geburtszimmers im Vergleich zur Wärme im Uterus wird noch verstärkt durch die Verdunstungskälte auf der feuchten Haut des Neugeborenen. Dieser Kältereiz nach der Geburt sollte so gering gehalten werden wie nach den Umständen möglich, indem die Zimmertemperatur gut warm eingestellt und die Haut des Neugeborenen rasch abgetrocknet und bedeckt wird. Die von Hebamme und Geburtshelfer bei und nach der Geburt geplanten Handlungen und Maßnahmen sollten in ihrer Bedeutung und Zweckmäßigkeit *vor der Entbindung* in aller Offenheit mit den Eltern besprochen werden. Verständnis und Vertrauen sind dabei unbedingte Voraussetzungen, auch für das Wohlergehen von Mutter und Kind nach der Geburt. Das Entbindungszimmer mit seinen Farben und die Lichtverhältnisse sollten bei einer Hausentbindung gut bedacht werden, auch der mögliche Geräuschpegel. Natürlich müssen die für Arzt und Hebamme benötigten Dinge gut vorbereitet sein. Die ganze Atmosphäre und die Stimmung aller bei der Geburt Beteiligten ist für das Kind von nicht zu unterschätzender Bedeutung (*W. Hassauer*).

Die nach der Geburt einsetzende Kommunikation

Neben den bereits genannten physiologischen Umstellungen nach der Geburt wird das *Nerven-Sinnessystem* mit völlig neuen oder bedeutend stärkeren Reizen konfrontiert. Die *Augen* zum Beispiel waren vor der Geburt nur einem milden roten Schein ausgesetzt, auf dessen Veränderung der Fetus in den Wochen vor der Entbindung mit Körperbewegungen oder Änderungen seiner Herzfrequenz reagiert hat. Nach der Entbindung ist auch das abgeblendete Licht im Entbindungszimmer ein völlig neues Erlebnis für das Neugeborene. Ich möchte dieses erste Lichterlebnis als eine Anregung und als einen Beginn der Licht-Erfahrungen bezeichnen; grelles Lampenlicht ist ein unnötiger und störender »Reiz«. Betrachte man doch die Augen des Neugeborenen in aller Ruhe, suche einen ersten Kontakt und ein erstes Wahrnehmen. Bei gedämpftem Licht läßt sich das Wunder des Neuen im Auge des Kindes gut ablesen.

Kann das Neugeborene bereits *hören?* Gewiß kann es hören; dennoch sollte ein Blick in die äußeren Gehörgänge nicht versäumt werden. Schleim und Käseschmiere kann man vorsichtig entfernen; meistens hat die erfahrene Hebamme dieses bereits getan. Man sollte mit dem Neugeborenen mit gedämpfter Stimme oder gar im Flüsterton sprechen; Mütter tun das meist instinktiv. Das Aufschrecken bei lauten Geräuschen zeigt eine übermäßige Belastung des Hörsinnes an, die vermeidbar ist. Da die Sinneswahrnehmungen im folgenden Kapitel dargestellt werden sollen, mögen diese Hinweise hier genügen.

Nach allem was uns das neugeborene Kind offenbart, findet vom Zeitpunkt der Geburt an bereits ein *Informationsaustausch* zwischen ihm und seiner Umwelt statt. Wir erleben Reaktionen des Kindes, kennen aber oft deren Ursache nicht. Im Ganzen hat man den Eindruck, daß das Kind sich relativ passiv verhält und manche »Antwort« auf einen Reiz erst mit einiger Verzögerung erfolgt. Bei grellem Licht schließt es die Augen zwar sofort, bei einer schlagenden Tür zuckt es zusammen und blinzelt mit den Augen, auf einen Schmerzreiz hingegen erfolgen Ausweichbewegungen und Schreien deutlich verzögert. Im allgemeinen können wir feststellen, daß das Kind zwar auf die Umwelt reagiert, aber noch nicht in eine richtige Wechselbeziehung mit ihr eintritt. Man gewinnt den Eindruck, daß es mehr aus der Umwelt aufnimmt, als daß es etwas an sie hingibt. Das Bestehen einer *Wechselwirkung* – hier zwischen Kind und Umwelt – ist ein wichtiges Charakteristikum für einen Organismus. Wenn auch zu Beginn des Lebens zunächst bei den Sinneswahrnehmungen ein Ungleichgewicht im Geben und Nehmen zu herrschen scheint, so gilt das sicher nicht für den Stoffaustausch.

> *Durch die Verselbständigung des kindlichen Organismus bei der Geburt wird seine Wechselbeziehung mit der Umwelt zu einer Lebensvoraussetzung.*

Der *Organismus* ist eine Verwirklichung aller seiner Teile (Organe und Systeme) auf einer höheren Existenzebene. Alle Teile im Verband des Organismus dienen dem archetypischen Bau- und Funktionsplan, dessen Verwirklichung der Mitwirkung spiritueller Kräfte bedarf. Besonders von der noch im Umkreis des Kindes anwesenden Ich-Organisation gehen die organisierenden Kräfte aus. Dieses Bild des kindlichen Organismus mit all seinen wunderbaren Lebensäußerungen und dem Eingebunden-Sein in die Umwelt auf physischer und seelischer Ebene kann den Eltern eine Hilfe sein bei der Frage, wie sich ihr neugeborenes Kind in der »neuen« Umwelt zurechtfindet. Im folgenden wollen wir zunächst dem Wechselspiel der Interaktionen nachgehen, denn, wie zu zeigen sein wird, ist das Neugeborene nur scheinbar der Umwelt ausgeliefert und völlig passiv.

Beginn der Interaktionen

Wir haben die Leibesorganisation des Menschen nach *Rudolf Steiner* in die Bereiche Nerven-Sinnessystem, rhythmisches System und Stoffwechsel-Gliedmaßensystem unterteilt und wollen jetzt die Wechselbeziehungen zwischen Kind und Umwelt im Zusammenhang mit der Dreigliederung des physischen Leibes betrachten. Die Reaktionen des Neugeborenen auf Licht- und Schallreize wurden bereits angesprochen; auch andere Sinnesempfindungen bis hin zu den Schmerzreizen fanden Erwähnung. Viele Reize aus der Umwelt beantwortet das Kind mit einer *Körperbewegung*, aus der wir schließen können, daß eine Wahrnehmung stattgefunden hat. Demnach erfolgen auf der Ebene des Nerven-Sinnessystems Interaktionen zwischen Kind und Umwelt oft unter Beteiligung des Muskelsystems in Sekundenschnelle, zum Beispiel zuckt das Kind beim Schlagen einer Tür zusammen (vergl. Tab. 3).

Im *rhythmischen System* fassen wir die Prozesse der Lungenatmung, des Herzens und des Kreislaufs zusammen. Dieses System schafft die Voraussetzung dafür, daß der lebenserhaltende Sauerstoff aus der Umwelt aufgenommen und die in den Stoffwechselprozessen der Körperzellen gebildete Kohlensäure ausgeschieden werden kann. Besonders deutlich ist dies in der Ein- und Ausatmung erkennbar. Dabei findet ständig ein rhythmischer Stoffaustausch zwischen Organismus und Umwelt statt. Der Sauerstoff ermöglicht die Erhaltung der Lebensprozesse, er ist lebenspendend.

Aber auch die Ausatmung der Kohlensäure ist lebensnotwendig, da der Organismus das saure Endprodukt seines Zellstoffwechsels abgeben muß. Dieser sogenannte Gasaustausch erfolgt nicht passiv, er wird vielmehr aktiv vom Gesamtorganismus seinen Bedürfnissen angepaßt. Wir erleben dieses ständig, zum Beispiel wenn wir bei körperlicher Anstrengung schneller atmen müssen. Der Zeitfaktor für die Atmung und den Blutkreislauf ist die Minute, denn der

Transport von Sauerstoff zu einer Körperzelle und der Rücktransport von Kohlensäure zur Lunge dauert etwa eine Minute.

Die Prozesse, welche mit der *Verdauung und Ausscheidung* von Nahrungssubstanzen zu tun haben, sind uns stärker im Bewußtsein. Die meisten Menschen haben eine gewisse Rhythmik in der Einnahme ihrer Mahlzeiten und in ihren Ausscheidungsprozessen. Der Säugling kündigt im allgemeinen seinen Hunger tagsüber alle drei bis vier Stunden an; seine Ausscheidungen erfolgen häufiger als beim Erwachsenen. Die Notwendigkeit von Ernährung und Ausscheidung wird nicht in Frage gestellt, denn diese Prozesse dienen der Erhaltung des Lebens. Ein Organismus ohne diesen Stoffaustausch ist nicht denkbar. Schon von Geburt an zeigt der Säugling eine gewisse Rhythmik seiner Lebensprozesse, zumindest der Hunger zeigt dies an. Tabelle 3 faßt die genannten Interaktionen schematisch zusammen.

Tabelle 3

Interaktionen zwischen den Systemen des dreigliedrigen Organismus und der Umwelt

Nerven-Sinnessystem

Stimulation – Wahrnehmung – Bewegungsantwort
Zeitfaktor: Sekunden

Rhythmisches System

Austausch von Sauerstoff und Kohlensäure im Lungen- und Kreislaufsystem
Zeitfaktor: Minuten

Stoffwechsel-Gliedmaßensystem

Ernährung und Ausscheidung
Zeitfaktor: Stunden

Auf der Ebene des dreigliedrigen *physischen Leibes* sind die Interaktionen zwischen Kind und Umwelt relativ leicht zu überschauen. Es soll versucht werden, die Prinzipien dieser Interaktionen kurz zu charakterisieren. Auf der Ebene des physischen Leibes (also stofflich betrachtet) läßt sich das Begriffspaar *Aufnehmen* und *Abgeben* vielfach anwenden. Außerdem kann man die Begriffsbasis durch die Worte *Nehmen und Geben* erweitern. Wie wir schon für den Bereich der Kommunikation des Nerven-Sinnessystems zeigen konnten, haben wir es mit einem Wechselspiel zwischen Aktion und Reaktion zu tun. Auf der Ebene des physischen Leibes geschieht es sehr anschaulich, wie eine Handlungsaktivität zu einer Reaktion führt. Betrachten wir ein Beispiel: Ein Mensch stößt einen anderen Menschen an, der sich darüber aufregt oder zurückstößt. Oder ein stehendes Kind wird von einem anderen Kind angestoßen; über das Gleichgewichtsorgan wird die ausgeglichene Körperhaltung rasch wieder hergestellt. So stehen sich Handlung und Reaktion gegenüber und wir kommen zu recht komplizierten Gebärden des Hinein-Nehmens und des Abwehrens mit einem Nach-außen-Schieben. Eine zielgerichtete Handlung kann sehr wohl eine bestimmte Reaktion hervorlocken und so zu einer Kommunikation führen. Zur Charakterisierung dieser Interaktionen sei noch hinzugefügt, daß die Bereitschaft, die Fähigkeit und die Gelegenheit zur Kommunikation deutlich modifizierende Wirkungen haben.

Der *Stoffaustausch* in der Lunge ist ein sehr gutes Beispiel für die Kommunikation zwischen Mensch und Umwelt. Auch der ständige Stoffaustausch durch Nahrungsaufnahme und Ausscheidungsprozesse ist offensichtlich.

Die höheren Wesensglieder und die Umwelt

Auf der Ebene des *Äther- oder Lebensleibes* kann uns das System der *Infektabwehr* ein gutes Beispiel liefern. Wenn es Krankheitskeimen gelingt, in unseren Körper einzudringen, kommt es zu einer mehrstufigen Abwehrreaktion. Bei der Auseinandersetzung mit eindringenden Giften oder Krankheitskeimen erleben wir Reaktionen, die eine *Abwehr oder Anpassung* darstellen. Zum Beispiel: Eine Infektion mit dem Masernvirus regt den Organismus zu einer Abwehrhandlung an, indem dieser mit Fieber und Entzündungserscheinungen reagiert und indem er Antikörper produziert. Diesen Vorgang nennen wir eine *Immunantwort.* Mit dieser Gegenwehr kann der Organismus die Krankheitskeime in seinem Organisationsgefüge entweder unwirksam machen oder er kann sich anpassen, indem er bei bestimmten Krankheiten den Herd der Erkrankung abgrenzt oder einkapselt (z.B. als Abszeß). Diese für die Erhaltung der Eigenständigkeit des Organismus notwendigen Reaktionen und Aktionen auf dem Gebiet der biologischen Abwehr gehören zu den Grundfunktionen des Ätherleibes des Menschen. Die im ganzen Körper verteilten *Lymphknoten* sind Bildungsorte der weißen Blutzellen und damit Zentren der immunologischen Aktivität. Der individuelle Ätherleib steht außerdem in ständiger Verbindung mit den Ätherkräften der Erde und ist damit eingebettet in den Weltenäther. Die Ausbreitung und Intensität epidemisch auftretender Krankheiten (Ärzte sprechen dann vom *genius epidemicus*) wird durch den Erdenäther gelenkt.

Auf der Ebene der *Seele oder des Astralleibes* sind Prinzipien des Gebens und Nehmens besonders eindeutig zu erleben. Im Geben verströmen wir unsere Sympathie, und im Nehmen und dem »vor-Augen-Halten« (Antipathie) fassen wir die Umwelt ins Bewußtsein. Der Austausch von Gefühlen und emotionalen Reaktionen sowie zum Beispiel das Verschenken von Liebe und Güte sind Zeichen der innigen Verbindung der Seele mit der Umwelt. Im Prinzip gilt dies natürlich auch für negative Gefühle.

Die Ebene des *Ichs,* der spirituellen Persönlichkeit, können wir natürlich erst betrachten, wenn sich diese vierte der menschlichen Wesensglieder Ausdruck verschaffen kann und Selbstbewußtsein entwickelt worden ist. Bis letzteres erfolgt ist, wirkt das Ich des Kleinkindes durch die Vermittlung seines Astralleibes. Die Kommunikation und jede Form der Interaktion zwischen Ich und Umwelt durchläuft altersgemäß Stufen der Reifung. Als Besonderheit erleben wir dabei, daß Kinder in den ersten Lebensjahren eine große Bereitschaft für das Empfangen auf dieser Ebene ausgebildet haben; wir können dieses als die *Lernbereitschaft,* die Freude am Aufnehmen und den Eifer des Sich-der-Umwelt-Öffnens bezeichnen. *Nachahmung und Lernen* sind durch das *Bemühen,* was eine Ich-Aktivität ist, ausgezeichnet. Schon viel früher als allgemein angenommen, lockt das Kind aus seiner Umwelt Informationen hervor; das beginnt bereits im Säuglingsalter! Auch noch ohne Hilfe der Sprache erlebt man beim Kind den dringenden Wunsch, mehr und mehr von der Umwelt zu erfahren und zu lernen. So bilden sich bereits Begriffe und Ideen, und so wächst das Wortverständnis, bis dann endlich der Gebrauch der Sprache die Kommunikation erleichtert. Dieses intentionale Aus-sich-Herausgehen, dieser *Wille zum Lernen* ist eine Ich-Aktivität, die im jüngsten Alter durch die kindliche Seele (Astralleib) wirkt. Wenn das Kind eines Tages zu fragen anfängt, wird der Lerneifer besonders deutlich erkennbar. Das Fragen beginnt früher als das Sprechen, nur ist es nicht immer einfach, in den Lauten und Silben sowie deren Wiederholungen eine Frage zu erkennen. Auch Gesten des Kindes können Fragen sein, wie zum Beispiel der Zeigefinger des Einjährigen. Wir wollen die weiteren Stufen und Schritte des Lernprozesses an dieser Stelle nicht besprechen. Hier sollte nur deutlich werden, daß die Grundfunktionen der Kommunikation auch andere sein können als die Sprache.

Die Geste des Gebens und Verschenkens kommt im *Lehren* besonders deutlich zum Ausdruck. Was an Erkenntnissen, Wissen und Erfahrung in einer Persönlichkeit gereift ist, kann durch die Sprache, die Schrift und durch die in die Erdensubstanz hineinge-

Tabelle 4

Interaktionen zwischen den höheren Wesensgliedern des Menschen und seiner Umwelt

Physischer Leib:

Handlungsaktivität und Reaktion

Lebensleib:

Biologische Abwehr und Anpassung

Seelenleib:

Sympathie und Antipathie

Ich:

Lehren und Lernen

arbeitete Technologie und durch die Kunst an die Mitmenschen weitergegeben werden. Im Lehren und schöpferischen Wirken offenbart sich das Ich in schönster Weise und am deutlichsten. Im *Lernen* nimmt der Mensch von der einfachen Sinneserfahrung bis hin zu den Weisheiten der Welt alles in sich auf; auch das kritische Zurückweisen gehört zu dem Prozeß der Kommunikation. Tabelle 4 faßt diese Interaktionen in Stichworten zusammen.

Zum Abschluß dieser grundlegenden Ausführungen sei auf einige Phänomene hingewiesen, die für das Verständnis der Auseinandersetzung des ganz jungen Kindes mit seiner Umwelt von Wichtigkeit sind. Erst der zwei bis vier Wochen alte Säugling beantwortet eine liebevolle Zuwendung mit einem Lächeln. Wir nennen dieses das *soziale Lächeln* und unterscheiden davon das bereits ab Geburt zu beobachtende Reflex-Lächeln. Im Lächeln offenbart sich die Liebe des Kindes zu seiner Umwelt. Warum sollte es sonst jeden freundlichen Gast anlächeln? Der junge Säugling zeigt eine sehr positive Einstellung zu seiner Umwelt, sie ist uneigennützig wie eine *elementare Sympathie*. Wer an diesen Tatsachen zweifelt, sollte sich einmal ganz unvoreingenommen mit einem jungen Säugling »unterhalten«. Viele Eltern und beruflich mit jungen Säuglingen arbeitende Menschen bezeichnen dieses als ein einschneidendes Erlebnis. Das junge Kind ist noch nicht kritisch, es fragt noch nicht nach dem »Warum«, sondern es begegnet der Umwelt mit Liebe.

All dies erweckt den Anschein, daß der junge Säugling zunächst gewillt ist, sich der Umwelt *anzupassen*, bevor ihn die Umwelt *prägt*. Es besteht ein gewichtiger Unterschied zwischen der Bereitschaft, sich in die neue Umgebung einzufügen, und einer zwangsläufigen Unterwerfung an die Umwelt. (Das Schreien kann hier nicht als Gegenargument angeführt werden, da es zunächst nur ein Signal ist; antworten wir richtig auf das Signal, dankt das Kind mit einem Lächeln!) Man hört und liest so häufig von der »frühen Prägung des Kindes durch die Umwelt«, ich möchte dem entgegenstellen, daß das Kind sich zunächst *in Liebe der Umwelt anpaßt und sie nachahmt* (wer würde sonst spontan das Ungeliebte nachahmen). Je nach den Gegebenheiten der Umwelt und des Kindes treten Prägungen erst sekundär und deutlich später auf.

Das Neugeborene und der junge Säugling nehmen ihre Umwelt zunächst, wenn sie wach und aufmerksam sind, *sehr intensiv* wahr. Es ist schwer für uns zu ermessen, welcher Art ihre Wahrnehmungen und Erlebnisse sind. Wir können nur vermuten, daß sie eine Welt von Licht, Farbe und Tönen erleben, in die auch Formen, Konturen, Bewegungen, Tasterlebnisse und andere Wahrnehmungen gehören. Hinzu kommen die Empfindungen des eigenen Leibes, zum Beispiel des Wohlbefindens (einer Tätigkeit des Lebenssinnes), aber auch Hunger oder Schmerzen wie auch seelische Regungen, die meist von der Mutter angestimmt werden. All dies können wir von der Geburt an beobachten. Fast täglich mehren sich die Reaktionen des Kindes. Dieses Verhalten des Säuglings wird als ein Sammeln von Erfahrungen bezeichnet und gilt als der Beginn des *Lernens.* Die Bedeutung der verschiedenen Sinnesorgane und ihre Reifung nach der Geburt werden im folgenden Kapitel dargestellt.

Sinneswelt und Atmung

5. Die Sinnesorgane als Tore zur Welt

Einleitung

In der *Innenwelt* des Menschen wohnt das Ich und steht in seiner spirituellen Unteilbarkeit der *Außenwelt* – also der Umwelt – gegenüber. Die Individualität empfindet sich als *Subjekt* und die Außenwelt als *Objekt*. In der noch nicht Ich-bewußten Entwicklungsphase des jungen Kindes fehlt die kritische Subjekt-Objekt-Auseinandersetzung. Das Kind ist noch eins mit der Umwelt, sein ganzer Organismus ist wie ein großes Sinnesorgan. Die Sinne vermitteln dem Kind unkritische, ungefilterte Eindrücke. Das Kind nimmt die Welt so, wie sie sich seinen Sinnen offenbart.

Wir haben die Stellung des Nerven-Sinnessystems in der dreigliedrigen Organisation des physischen Menschen bereits besprochen und die Sinneswahrnehmung als ein Empfangen oder ein Hineinnehmen von mannigfaltigen Informationen beschrieben. Die sogenannten *klassischen fünf Sinne* sind nach den fünf ihnen zugeordneten Organen als Augen, Ohren, Nase, Zunge und Haut bekannt. Durch diese Organe kommen dem Gehirn Empfindungen zu, die sich als Sehen, Hören, Riechen, Schmecken und Tasten differenzieren. Die fünf Sinne sind die Tore zur Welt und vermitteln dem Menschen Bilder und Empfindungen, aber auch Qualitäten der Umwelt. Der Tastsinn jedoch umfaßt nun beispielsweise nur einen Teil dessen, was man zutreffender als *Hautsinn* bezeichnen würde, denn neben dem Tasten und der Berührung (Druckwahrnehmung) können auch Wärme, Kälte, Schmerz, Jucken, Kitzel und Vibration getrennt empfunden werden.

Es soll im folgenden gezeigt werden, daß eine Erweiterung der Erfahrungsbereiche der Sinne notwendig ist, und zwar einmal in bezug auf den eigenen Organismus und zum anderen in bezug auf die Wahrnehmung spiritueller Qualitäten im »Du«, also in der Persönlichkeit des anderen Menschen. So stellen wir neben die auf die Wahrnehmung der Umwelt gerichteten fünf Sinne auf die eine Seite die *»Leibessinne«*, von denen zum Beispiel der Gleichgewichtssinn etwas über die Stellung des Organismus im Raum aussagt, und auf die andere Seite die *»Erkenntnissinne«*, die es uns beispielsweise ermöglichen, den Sinn und den Inhalt gesprochener Worte zu erfassen.

Über die Zahl der menschlichen Sinne kann man nicht streiten. Gemäß der generellen Formulierung setzen die Sinne den Menschen in ein Verhältnis zu seiner Umwelt. Ganz allgemein kann man die »nach außen«, das heißt auf die Wahrnehmung der Welt gerichteten Sinne abgrenzen von denen, die »nach innen« auf den eigenen Leib gerichtet sind. In der modernen Sinnesphysiologie geht man heute rein beschreibend vor und bespricht neben den genannten fünf Sinnen noch den Gleichgewichtssinn und einen Muskelbewegungssinn.

Die zwölf Sinne des Menschen

Rudolf Steiner fand die übliche Art der Einteilung und Darstellung der Sinne als unzureichend. In der modernen Physiologie werden die Sinnesorgane unzusammenhängend dargestellt, und es ergibt sich kein in sich geschlossenes Bild. Aus solchen Überlegungen heraus stellte *Rudolf Steiner* 1910 eine Sinneslehre vor, die mit ihren *zwölf Sinnen* eine gewisse Vollständigkeit besitzt (GA 45). Es sollen zunächst die Charakteristika dieser zwölf Sinne so dargestellt werden, wie sie beim Erwachsenen anzutreffen sind. Dann soll auf die Entwicklung und Reifung der Sinnesfunktionen im Kindesalter eingegangen werden. Tabelle 5 gibt eine Übersicht und gleichzeitig eine Unterteilung der zwölf Sinne.

Tabelle 5

Die zwölf Sinne des Menschen nach Rudolf Steiner

Die *unteren* oder *leibbezogenen Sinne (Willenssinne)*
Lebenssinn
Bewegungssinn
Gleichgewichtssinn
Tastsinn (Hautsinne)

Die *mittleren* oder *umweltbezogenen Sinne (Gefühlssinne)*
Wärmesinn
Geschmackssinn
Geruchssinn
Sehsinn

Die *oberen* oder *Erkenntnissinne*
Hörsinn
Wort- oder Sprachsinn
Begriffs- oder Gedankensinn
Ich-Sinn

DIE MITTLEREN SINNE: Für das Verständnis der verschiedenen Sinnesqualitäten ist es einfacher, wenn die »mittleren« Sinne zuerst besprochen werden. Sie vermitteln Wahrnehmungen, die *auf die Welt,* also nach außen gerichtet sind. So gewinnt der Mensch Erfahrungen sowohl über die äußere Erscheinung als auch über die innere *Qualität der Stoffe* in seiner Umwelt. Für den *Geruchssinn* ist die Luft als Vermittler notwendig. Der *Geschmackssinn* vermittelt Qualitäten von in Wasser gelösten Substanzen und ermöglicht daher, Informationen zu erfassen, die im Vergleich zum Geruchssinn eine tiefere Schicht der Stofflichkeit betrifft. Diese beiden

Sinne eröffnen dem Menschen einen Zugang zur stofflichen Natur, und die dabei gesammelten Empfindungen und Erfahrungen appellieren vorwiegend an die *Gefühle.* Wie viele Erinnerungen sind doch mit Geruchs- und Geschmackserfahrungen verbunden! Auch verweisen manche Redensarten auf die Gefühlskomponente beim Riechen und Schmecken. So sagt man: »Denn kann ich nicht riechen« und findet in Kunst und Ästhetik viel oder wenig »Geschmackvolles«.

Das *Auge* erscheint den meisten Menschen als das wichtigste und wesentlichste Sinnesorgan, da es uns nah und fern die Mannigfaltigkeit der Welt zu erkennen ermöglicht. Die Augen nehmen Licht, Farbe, Form, Lage und Bewegung an Körpern wahr, und diese Wahrnehmungen vermitteln Kenntnisse über das Wesen der gesehenen Dinge. *Rudolf Steiner* schrieb 1910 den Satz: »Wie da der Körper in seiner Oberfläche sich offenbart, das ist ein Zutagetreten seiner inneren Wesenheit durch das Mittel des Lichtes.« Von Physiologen und Philosophen ist die Wahrheit dessen, was das Auge »wahr«-nimmt, immer wieder in Frage gestellt worden. *Rudolf Steiner* hat wiederholt betont, daß die Wahrnehmung als solche nicht zu bezweifeln ist. Sinnestäuschungen sind durch unser Denken und Urteilen bedingt. Die *Wahrnehmung selbst ist voraussetzungslos gegeben.* Demnach ist der Vers von *Goethe* voll gültig:

Den Sinnen darfst du kühn vertrauen,
kein Falsches lassen sie dich schauen,
wenn dein Verstand dich wach erhält.

Im *Seelenkalender* sagt *R. Steiner* dieses mit folgenden Worten:

Wenn Seelenfülle
Sich mit dem Weltenwerden einen will,
Muß Sinnesoffenbarung
Des Denkens Licht empfangen.

In beiden Sätzen wird die korrigierende Kraft des Verstandes angesprochen. Der Verstand kann ein zunächst falsches Urteil über eine Bildwahrnehmung (z.B. eine Sinnestäuschung) wieder korrigieren. Das Grenzgebiet zwischen Sinneswahrnehmung und Philosophie ist von *Herbert Hensel* mit außergewöhnlicher Einsicht und großem Wissen dargestellt worden.

Als ein weiterer auf die Umwelt bezogener Sinn ist der *Wärmesinn* zu nennen. Die Wahrnehmung der Wärme eines Körpers führt uns unter die Oberfläche ins Innere der Substanz hinein. Unsere Haut unterscheidet zwischen Wärme und Kälte, wobei für beide Qualitäten eindeutig getrennt lokalisierbare »Punkte« auf der Haut mit entsprechenden Nervenfaserendigungen bekannt sind. Obwohl bei Testung in den Extrembereichen »heiß« und »eiskalt« diese örtlich leicht zu trennen sind, führt im Zwischenbereich von kühl und lauwarm solche Testung der »Punkte« auf der Haut zu subjektiven Differenzen. Dazu läßt sich ein bekannter Versuch anführen: Man taucht die eine Hand in sehr heißes, die andere in eiskaltes Wasser. Taucht man dann beide Hände gleichzeitig in Wasser von Raumtemperatur, so wird dieses Wasser von der vorgewärmten Hand als kalt empfunden, während die vorgekühlte Hand das Wasser als warm empfindet. Das ist keine Sinnestäuschung! Die Umgebung der Hautnerven ist an eine bestimmte Wärme angepaßt und kann nur einen lokalen Wärmeunterschied feststellen. Außerdem ist es allen Menschen gut bekannt, daß sowohl Hitze als auch starke Kälte zu Schmerzempfindungen und letztere reflektorisch zu einer Ausweichbewegung des Körpers führen.

Eine Besonderheit ist die Wahrnehmung einer erhöhten Körpertemperatur, welche wir als *Fieber* empfinden. Dabei wirken eine Vielzahl von Empfindungen zusammen, der ganze Körper ist bei dieser Temperaturwahrnehmung beteiligt. Der Schüttelfrost älterer Kinder ist dafür ein gutes Beispiel.

Die allgemeine Temperatur unserer Umgebung nehmen wir gesamthaft wahr. Starke Hitze wirkt lähmend, ebenso wie Kälte, die uns frieren läßt. Im allgemeinen schützt sich der Mensch mit Hilfe seines Verstandes vor unangenehmen Temperaturen der Umgebung und wird diese zu verändern suchen. Unser *Wärmeorganismus* agiert hier wie eine wesenhafte Instanz: Er reguliert mit Hilfe eines umfassenden Systems und steuert die Reaktionen im menschlichen Organismus zum Nutzen der Gesamtheit. Diese wesenhafte Instanz für den Wärmeorganismus ist das *Ich*. Das Ich lenkt die Glieder des Wärmeorganismus vergleichbar einem Dirigenten, der sein Orchester leitet. Schon beim Frieren wird unsere Willenskraft gelähmt, und mit weiter absinkender Körpertemperatur kommt es schließlich sogar zu Bewußtlosigkeit. Die bei hohem Fieber auftretenden Empfindungen hat wohl fast jeder schon am eigenen Leibe erfahren, dennoch sind sie bei den einzelnen Menschen recht unterschiedlich (die Empfindungen werden beschrieben z. B. als unwirklich, als Schwindelgefühl, als das Erleben lebhaft farbiger Lichter oder Bilder, usw.). Körpertemperaturen über 42 oder 43 °C bewirken ein Delirium und führen schließlich zu Bewußtseinsverlust. Sie sind lebensbedrohend.

DIE UNTEREN SINNE: Zu den auf den eigenen Organismus, also nach innen gerichteten Sinnen ist nur der *Lebenssinn* von *Rudolf Steiner* den bereits bekannten Sinnen hinzugefügt worden. Der Lebenssinn ist eine elementare, tief im Unterbewußtsein (im Stoffwechselbereich) verankerte Wahrnehmung, die sich als allgemeines Wohlbefinden (man kann sich eines Wohlbehagens bewußt sein), als ein Lebensgefühl positiver oder auch negativer Art, kundtut. Der erwachsene Mensch ist sich im täglichen Leben seines Lebenssinnes nicht bewußt. Störungen oder Veränderungen können jedoch ins Bewußtsein gelangen, wenn wir uns zum Beispiel »nicht wohl fühlen«, aber auch, wenn wir eine Situation »mit Wohlbehagen« genießen.

Die Informationen des *Bewegungssinnes* betreffen Wandlungen und Veränderungen des eigenen Körpers (genauer gesagt: unsere Muskeln und Gelenke), aber auch solche in der Umwelt. Diese Informationen gelangen nur selten und unvollständig in das Wach-Bewußtsein. Das Unterbewußtsein jedoch benötigt Informationen zum Beispiel über die Muskel- und Gelenkbewegungen, um die Bewegungen des Gesamtorganismus koordinieren zu können. Das Resultat der Zusammenarbeit mit den Willensimpulsen, die zu Ortsveränderungen und Handlungen des Menschen führen, gelangt in das Wachbewußtsein; nur die Art, wie sie zustande kommen, verläuft im Unterbewußtsein. Der Bewegungssinn und der die Bewegung des Menschen ausführende Wille arbeiten Hand in Hand. Auch für das Auge spielt der Bewegungssinn eine wichtige Rolle: Wenn unser Auge das Bild eines Gegenstandes erfaßt, folgt der Blick der äußeren Begrenzung, er tastet sozusagen nachahmend die Form ab und bringt die »erfahrene« Gestalt als Vorstellung ins Bewußtsein. Dieser Vorgang ist beim jungen Kind von grundlegender Bedeutung, worauf zurückzukommen sein wird.

Der *Gleichgewichtssinn* vermittelt die Wahrnehmung unseres Körpers in den Dimensionen des Raumes und schafft die Voraussetzung für die notwendigen reflektorischen oder bewußten Korrekturen. Die Wahrnehmung hierfür erfolgt in einem Organsystem, das im Felsenbein des Schädels liegt. Drei in den Raumeskoordinaten zueinander gestellte Bogengänge (Röhren) vermitteln das Gleichgewichtsgefühl; dieses Organ grenzt an das innere Gehörorgan. In den flüssigkeitsgefüllten Bogengängen schwimmen harte Knochenkügelchen, deren Lageveränderungen durch feine Sinneshärchen ertastet und von den Nerven registriert werden.

Als letzter der »unteren« Sinne ist der *Tastsinn* anzuführen, der, wie oben bereits erwähnt, auch als *Hautsinn* angesprochen wurde. Die unteren Sinne sind auf die eigene Leiblichkeit gerichtet. Nun ist die Frage berechtigt, ob denn nicht beim Betasten eines Gegenstandes die Beschaffenheit seiner Oberfläche wahrgenommen wird. Das trifft sicher zu, nur ist für das Erkennen ein Urteil notwendig! Primär vermittelt der Tastsinn nur »Eindrücke« (Druckempfindungen) *in* unsere Haut, also Veränderungen der Oberfläche *unseres*

Leibes. Die Hautwahrnehmungen sind allgemein sehr empfindlich und vielfältig. Man kann Reize unterscheiden, die man zum Beispiel als Kitzel, Jucken oder Vibration bezeichnet. Bei diesen Wahrnehmungen unseres Hautorganes ist meist das Bewußtsein mit Urteil und Auslegung beteiligt.

DIE OBEREN SINNE: Von den in Tabelle 5 genannten Sinnen dieser Gruppe wird nur das Hören in der klassischen Sinnesphysiologie genannt. Die oberen oder Erkenntnissinne eröffnen den *Zugang zum Mitmenschen.* Da sie die Kommunikation des Ich mit dem Du ermöglichen, kann man sie auch als *soziale Sinne* ansprechen.

Das *Hören* umfaßt neben der Aufnahme von Sprachlauten auch das Empfangen von Tönen, Klängen und Geräuschen, welche alle etwas Wesenhaftes über die Objekte aussagen. Aus dem Klang von Metallen oder Holzarten, dem Tönen von Instrumenten und den vielen Geräuschen in der Natur erfahren wir etwas über die innere Beschaffenheit der Objekte; oft sind unsere Empfindungen dabei gefühlsbetont, womit die Nähe des Hörens zu den mittleren (Gefühls-) Sinnen zum Ausdruck kommt. Wie uns das Hören oder Lauschen eine differenzierte Einsicht über die Dinge der Außenwelt vermittelt (man denke nur an den unterschiedlichen Klang von Gold-, Silber- und Kupfermünzen auf einer Marmorplatte), so können wir auch aus den Feinheiten der Sprache Wesentliches über die Person des Sprechers erfahren. Stimmlage, Klangfärbung und Sprachführung sind im allgemeinen bei Menschen so charakteristisch, daß wir die Person sogar am Telefon allein an ihrer Stimme erkennen.

In einem Gespräch äußern wir Worte, die zu unmittelbaren Urteilsbetätigungen beim Gesprächspartner führen und somit »verstanden« werden. *Rudolf Steiner* hat auf die Schwierigkeiten hingewiesen, den *Sprach- oder Wortsinn* als einen gesonderten Sinn abzutrennen, da wir im sozialen Gefüge das Beurteilen des gehörten Wortes nicht vom Aufnehmen des Wortes trennen können. Ein

Wahrnehmungsorgan für den Sprachsinn ist nicht physisch ausgebildet, das Ohr hat aber eine wichtige Vermittlerrolle; es dient der Wahrnehmung von Tönen, Geräuschen und auch der Sprachlaute. Der Gesprächspartner wird aus der Zusammenstellung und dem Klang der Wörter auch den Inhalt des zu vermittelnden Gedankens erfassen. Dieses Erlebnis, einen Begriff oder eine Idee aus dem Gesprochenen zu erfassen, hat oft etwas Erhebendes, ja Wunderbares an sich. Sinngemäß gilt dasselbe für das geschriebene Wort.

Der *Begriffs- oder Gedankensinn* vermittelt Begriffe und Ideen von Mensch zu Mensch. Aus dieser Kommunikation auf gedanklicher Basis (zusammen mit den Wahrnehmungen anderer Sinne, besonders Auge und Ohr), erwacht das Bewußtsein von der Individualität des anderen Menschen. Das Erkennen eines Ichs im Du wird durch den *Ich-Sinn* ermöglicht. Die beiden letztgenannten

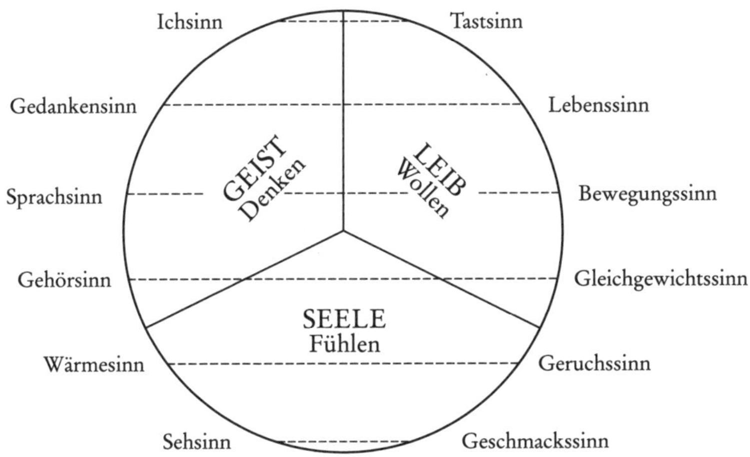

Fig. 1: Die zwölf Sinne in kreisförmiger Anordnung, welche Zuordnungen der Leibessinne zu den Erkenntnissinnen verdeutlicht. Weiteres im Text.

Sinne haben wie der Wortsinn kein gesondertes physisches Organ; das Ohr gehört jedoch zu allen oberen Sinnen gemeinsam. Die Erkenntnissinne sind außerdem an das Wachbewußtsein der Person gebunden.

Zusammenfassend stellen wir fest: Die Erkenntnissinne ermöglichen es uns, des anderen Sprache zu hören und den Sinn der gesprochenen Worte zu verstehen. Indem wir die Gedanken und Ideen des Gesprächspartners aufnehmen, erkennen wir das Ich in der Person des Du.

Die Beziehungen der unteren zu den oberen Sinnen

Bei der tabellarischen Aufstellung der zwölf Sinne (S. 89) wurde eine Gruppierung vorgenommen, die eine schrittweise Erweiterung des Kenntnis-Horizontes aufzeigt. Es beginnt mit den leibbezogenen Sinnen und führt dann zu den umweltbezogenen und schließlich zu den Erkenntnissinnen. Die unteren Sinne sind mit dem Willenselement verbunden; ihre Tätigkeit erfolgt auf der Stufe des Schlafbewußtseins. Die entwicklungsgeschichtlich gesehen sehr »alten«, das heißt sehr früh entwickelten, unteren Sinne sind auf die Erhaltung der körperlichen Integrität und aller Lebensfunktionen gerichtet.

Es wurde bereits ausgeführt, daß die unteren Sinne schon vor der Geburt ausgebildet und vielleicht sogar tätig sind. Erfahrungen mit sehr früh geborenen Säuglingen bestätigen das. So läßt ein 16 Wochen vor dem erwarteten Geburtstermin geborenes Kind mit einem Geburtsgewicht um 1000 g eine erstaunliche Überlebenskraft in seinem Stoffwechselverhalten erkennen. Ein solches sehr unreifes Kind zeigt scheinbar völlig unkoordinierte Körperbewegungen, jedoch ist in seinem Reflexverhalten eine Grundordnung erkennbar. Seine Reaktion bei Lageveränderungen deuten auf das Funktionieren des Gleichgewichtsorgans hin, und die Haut (Tastsinn) zeigt eine starke Empfindlichkeit mit oft sogar überschießenden Reaktionen, meist im Sinne einer Abwehr. Natürlich wissen wir nicht, wie ein Sinnesreiz auf das Bewußtsein eines zu früh geborenen oder auch reifen Säuglings wirkt (es kommen nicht alle Sinneswahrnehmungen in das Bewußtsein); in der Kinderheilkunde jedoch können wir aus dem Gesamtverhalten des Kindes auf das Funktionieren der unteren Sinne schließen.

Rudolf Steiner hat auf die Beziehungen der unteren zu den oberen Sinnen mit Nachdruck hingewiesen, da die Kenntnis dieser Zusammenhänge von großer praktischer Bedeutung ist. Bei diesen Beziehungen handelt es sich um Prozesse der Umwandlung (Transformation) und der Metamorphose der unteren Sinne. Die Umwandlung dieser »Sinnesfähigkeiten« wird vorbereitet durch ausgiebigen und sinnvollen Gebrauch der Willenssinne in den ersten Lebensmonaten und -jahren. Ein gutes »Üben« und Schulen der unteren Sinne schafft die Voraussetzungen für die spätere volle Entfaltung der oberen Sinne. Einige Hinweise mögen im folgenden den Eltern helfen, wenn nötig, die unteren Sinne ihres Kindes in richtiger Weise zu üben.

Zunächst aber sei die allgemeine Feststellung vorausgeschickt, daß ein »normaler« und aktiver Lebensstil der Familie kaum die Notwendigkeit einer besonderen Aufmerksamkeit bezüglich einer Anregung der unteren Sinne erforderlich macht! Dennoch kann ein Bewußtsein für die Wichtigkeit gewisser körperlicher Aktivitäten des Säuglings oder Kleinkindes nur förderlich sein.

Der *Gleichgewichtssinn* bereitet die spätere Ausbildung der *Hörwahrnehmung* vor (vgl. zu diesen Beziehungen die Darstellung der 12 Sinne in Kreisform, Fig. 1). Der Gleichgewichtssinn wird beim Wiegen und Schaukeln des Kindes und natürlich bei allen Lageveränderungen des Körpers in Tätigkeit versetzt. Man sollte allerdings möglichst nur solche Lageveränderungen oder Bewegungen wählen, die dem Alter des Kindes sinnvoll angepaßt sind und dabei abrupte, mechanisch erzeugte oder gar wilde Körperbewegungen bei

Säuglingen vermeiden. Die aktiven Körperbewegungen wie Rennen und Balgen der heranwachsenden Kleinkinder sind im Prinzip »kindgerecht«. Das Gleichgewichtsorgan benutzt ein der Mathematik vergleichbares Element (*A. Baur*), wenn es Lagewinkel und Geschwindigkeiten berücksichtigt. Mathematische Gesetzmäßigkeiten finden wir auch transformiert wieder im Hören, besonders von Musik.

Der *Bewegungssinn* hat kein physisches Organ, es sei denn, wir sprechen den ganzen physischen Leib als solchen an. Der Bewegungssinn bereitet die Ausbildung des *Sprach- oder Wort-Sinnes* vor; diese Transformation ist spiritueller Natur.

Der *Organismus* des wachen kleinen Kindes ist ständig in Bewegung. In den ersten Lebenswochen gewinnt man oft den Eindruck, daß das Kind unter den unkoordinierten Körperbewegungen leidet, weshalb ein festes »Einwickeln« (Pucken) recht hilfreich sein kann. Spätestens mit drei Monaten möchte der Säugling jedoch seine Gliedmaßen bewegen; seine Freude daran ist offenbar. Das Ergreifen von Dingen, das Bemühen um die Erlangung der aufrechten Körperhaltung und dann schließlich das Gehen, Laufen, Klettern und Spielen sind mehr und mehr »gebändigte« und zielgerichtete Bewegungen, welche vom Gehirn und Bewußtsein wahrgenommen werden. Es ist besonders auffällig, daß die anfänglich rhythmischen Bewegungen in koordinierte, fließende und harmonische übergehen. Wie schon das junge Kind die Formen in seiner Umwelt mit den Augen abtastet und damit Bewegungserfahrungen sammelt, so wird bei dem heranwachsenden Kind durch Nachahmung die ganze sich bewegende Umwelt im Nachvollziehen kennengelernt. Der ganze Bewegungsorganismus des Kindes zeigt (aktive) Kompositionen und (passive) Resonanzen; er verhält sich wie ein Musiker, sagte *Alfred Baur* in einem Vortrag. Der Sprachsinn offenbart sich etwa um die Zeit, wenn die letzte Stufe des Aufrichtens erreicht ist.

Der *Lebenssinn* bereitet den *Begriffs- oder Gedankensinn* vor. Aus den geheimnisvollen Tiefen, wo Lebenskräfte die Stoffwechselfunktionen lenken, vermittelt der Lebenssinn dem Gesamtorganismus über die seelische Gefühlswelt Wahrnehmungen von Befinden und Sein. *Alfred Baur* verglich den Lebenssinn mit einem priesterlichen Hüter der Lebensflamme. Diese Kräfte finden wir transformiert im Gedankensinn wieder. Eltern können in ihrem Kind das Vertrauen im Behütet-Sein und in ihrem positiven Lebenswillen stärken.

Der *Tastsinn* wird metamorphosiert im *Ich-Sinn* wirksam. Die Hautsinne haben eine Warnfunktion und schützen damit die äußere Hülle des menschlichen Organismus. Dem Säugling und Kleinkind wird seine eigene Körperlichkeit schrittweise durch Erfahrungen seiner Tastwahrnehmungen bekannt und später bewußt. Aus diesem Grunde sollen Körperkontakte mit dem Säugling und Kleinkind liebevoll gepflegt und auch kräftig ausgeführt werden. So hat zum Beispiel ein festes Umfassen der Füße oft eine wunderbar beruhigende Wirkung auf den Säugling. Das Ich des Menschen will den Leib im Laufe der frühen Kindesentwicklung »ergreifen« und sich in ihm ausbreiten, um ihn zu seinem Instrument zu machen. Die Wahrnehmung der Körperoberfläche ist wie ein ständiges »Üben«, ein fortwährendes Gewahrbleiben der Polarität zwischen Innenwelt und Außenwelt. Nach *Rudolf Steiner* wohnt das Ich des Menschen sowohl im Blut und dem Innern seines Kopfes als auch auf der ganzen Körperoberfläche, der Haut! Der Prozeß der Ich-Inkarnation wird gefördert durch das langsame Bewußtwerden der Gesamt*gestalt* des Leibes, wie diese sich im Hautorgan offenbart. Sobald das junge Kind sein eigenes Ich ins Bewußtsein bekommt, kann es auch beginnen, die Ich-Wesenheit in anderen Menschen wahrzunehmen. So kann man einen Aspekt dieser Metamorphose des Tastsinnes in den Ich-Sinn gewinnen.

Die Schmerzempfindlichkeit der Haut hat etwas mit der wachen Person zu tun. Es besteht kein Grund, dem kleinen Baby die Schmerzempfindung abzusprechen. Aus eigener Erfahrung möchte ich ergänzen, daß die *Schmerzreaktion* bei Neugeborenen deutlich verzögert einsetzt; die Stärke der *Wahrnehmung* des Schmerzes können wir nicht beurteilen. Die allgemeine Schmerzreaktion (erkennbar an dem Ausweichen, Wegziehen und Schreien) ist bei Säuglingen normal ausgebildet.

Über die Reifung des Sehens

Oft bin ich von Müttern gefragt worden, ob ihr gerade geborenes Kind schon sehen könne. Gelegentlich kommt auch die Frage auf, wie frühzeitig während der Schwangerschaft zum Beispiel die Augen Licht wahrnehmen können. Bei sehr frühgeborenen und dementsprechend kleinen Säuglingen sind solche Dinge natürlich von Bedeutung. Ein zehn Wochen vor dem Termin geborener Säugling mit einem Geburtsgewicht von 1500 g kann zum Beispiel ein rotes Wollknäuel in einem Abstand von etwa 20 cm wahrnehmen und folgt einigen Bewegungen des Objekts mit seinem Blick. Allerdings muß das Kind dabei ganz wach sein und die Augen spontan offenhalten. In den letzten Jahren sind Untersuchungsbefunde bekanntgeworden, die darauf hindeuten, daß das Sehen Frühgeborener und reifer Säuglinge bis zum Alter von etwa acht Wochen nicht von der sogenannten »Sehrinde« (dem im Hinterkopf befindlichen Teil des Gehirns, wo das Sehen für das Bewußtsein verarbeitet wird) abhängig sind. Zwar vermutet die Forscherin *L. Dubowitz*, daß tiefer im Gehirn liegende Regionen den Sehvorgang vermitteln, doch spricht kein Befund dagegen zu sagen, daß bis zum Alter von etwa zwei Monaten noch das ganze Gehirn am Sehen beteiligt ist.

Was kann die Wissenschaft, insbesondere die Neonatologie zur Frage des Reifungsgrades der Sinnesorgane zur Zeit der Geburt und in den ersten Wochen des Lebens beitragen?

Das *Sehen des Neugeborenen* sollte man in aller Ruhe bei nicht zu hellem Licht beobachten, wenn das Kind die Augen offen hat und nicht durch irgend etwas abgelenkt wird. Im Blick des Neugeborenen liegt ein wunderbares *Staunen*, mehr eine Erwartungs- als eine

Überraschungshaltung. Es kann oft sehr berühren, mit welcher Ausdauer das Kind etwas betrachtet. Man bedenke auch, daß später das Staunen in Verehrung metamorphosiert wird. Um richtigen »Augenkontakt« mit dem Neugeborenen zu bekommen, muß man Geduld aufbringen. Dann kommt die Frage der Mutter: »Sieht mich denn mein Kind?« oder die Frage nach der Schärfe des Bildes. Man muß nah genug, etwa 20 bis 30 cm herangehen, um dem Kind ein klares Bild zu ermöglichen, und jede Hast vermeiden. Zu hellem Licht weicht das Kind aus, oder es schließt die Lider.

Nach der Geburt prüft der Arzt oder die Hebamme die Reaktion der Pupillen mit einer kleinen Lampe; die Pupille wird bei Lichteinfall kleiner. In der Neugeborenenperiode besteht eine natürliche Kurzsichtigkeit, die in den ersten Lebensmonaten ausgeglichen wird.

Das Kind wird die Mutter schon nach drei bis sechs Wochen mit einem *Lächeln* begrüßen, wenn sie an das Kinderbett herantritt. Die *Fähigkeit des Fixierens,* das heißt des Kreuzens der Sehachsen auf der Ebene des Objektes, kann gelegentlich schon bei ganz jungen Säuglingen beobachtet werden, wird aber erst in der zweiten Hälfte des ersten Lebensjahres häufiger (oder schon bewußt?). Das im Säuglingsalter auftretende reflektorische Fixieren muß von dem erst sehr viel später beginnenden bewußten und zielgerichteten Fixieren des Kleinkindes abgegrenzt werden. Die Intention im Sehen (z.B. das Suchen eines Objektes mit dem Blick) ist eine Aktivität, die mehr Bewußtsein verlangt.

»Strahlende Augen« sind bei Säuglingen häufig zu beobachten. Diese Art des völligen Sich-Öffnens der Umwelt gegenüber zeigt, daß das Kind noch keine Skepsis und keine Kritik entwickelt. In diesem Alter darf man *Rilkes* Dichterwort von den »trinkenden Augen« zu Recht anwenden (siehe Abb. 1). Aufmerksam beobachtenden Eltern fällt gelegentlich auf, daß dieses Strahlen der Kinderaugen tatsächlich etwas wie ein vom Kind ausgehendes Licht ist. Was beim Erwachsenen das bewußte und eingehende Betrachten von Objekten ist, das ist beim jungen Kind das Heraustreten von

Ätherstrahlen aus den Augen. Im Sehvorgang des jungen und selten noch des älteren Kindes liegt ein (noch unterbewußtes) *Ergreifen-Wollen der Dinge,* um Kunde von der Außenwelt zu erlangen. Im Gegensatz zur aktiven (intentionalen) Beobachtung des Erwachsenen, das vom intelligenten Denken begleitet wird, kann das Kind sich mit seinem Ätherleib »wie träumend« Informationen hereinholen.

Ab welchem Alter kann der Säugling *Farben sehen?* Diese Frage wird oft gestellt, und ich habe den Müttern immer positiv geantwortet: Ja, schon das neugeborene Kind nimmt Farben wahr! Deswegen möge man das sterile Weiß in der Umwelt des Kindes vermeiden und diese mit Farben beleben! Das Farbensehen der Neugeborenen und jungen Säuglinge ist inzwischen vielfach nachgewiesen worden.

Von den vielen wissenschaftlichen Untersuchungen zur Frage der Fähigkeit zur *Farbwahrnehmung Neugeborener* und junger Säuglinge sollen hier nur die für den praktischen Bereich bedeutsamen herangezogen werden. Schon am ersten Lebenstag kann das neugeborene Kind Rot und Grün unterscheiden, aber wir wissen natürlich nicht, in welcher Art das Kind diese Farbunterschiede wirklich erlebt; es handelt sich ja beim Wahrnehmen einer Farbe um eine Vorstellung im Bewußtsein und nicht um einen meßbaren Vorgang (erlebt das Kind z.B. die Komplementärfarbe?). Man weiß, daß bereits geringe Farbintensitätsveränderungen im Rot-Grün-Bereich zu Reaktionen beim jungen Säugling führen. Sehr komplizierte Untersuchungen mit Beobachtung der Hirnstromveränderungen beim Betrachten farbigen Lichtes haben im Prinzip zu denselben Aussagen geführt: *Das Kind scheint alle Farben intensiver zu erleben,* wenn man die Meßergebnisse mit denen von Erwachsenen vergleicht. In den ersten Lebenswochen steigt die Fähigkeit zur Unterscheidung von Farbnuancen rasch an, und im Alter von drei bis vier Monaten entspricht das Farbensehen der Säuglinge dem der Erwachsenen.

Über die Reifung des Hörens

Manche Mütter machen gegen Ende der Schwangerschaft die Beobachtung, daß beim Anhören von *Musik* die Bewegungen des Kindes im Mutterleib stärker oder schwächer werden. Während diese Beobachtung allein nicht den Schluß erlaubt, der Fetus könne hören, haben Untersuchungen mit direkter Beschallung des Mutterleibes (ohne Mithören der Mutter) ergeben, daß sich die Herztätigkeit des Kindes synchron mit der Musik verändert; daraus hat man geschlossen, daß der Fetus bereits *Wochen vor dem normalen Geburtstermin hören kann* (*L. W. Sontag*).

Sowohl vor als auch nach der Geburt ist es der Wissenschaft nicht leicht festzustellen, ob das Kind bereit oder *willens ist zu hören,* und ob es auf das Hören zu reagieren in der Lage ist (dieses gilt auch für Untersuchungen der Hirnstromkurven und deren Reaktion auf akustische Reize). Daher gilt für das Säuglingsalter ganz allgemein, daß das Ausbleiben einer reaktiven Antwort auf einen Hörreiz *nicht* auf Hörunfähigkeit zu schließen erlaubt. Auch umgekehrt können leicht falsche Schlüsse daraus gezogen werden, daß ein Kind beim Händeklatschen (oder dem Zuschlagen einer Tür) zusammenzuckt; auch ein taubes oder hörbehindertes Kind reagiert auf den Reiz der Vibration! Ja, es liegen auch Untersuchungsergebnisse bei jungen Säuglingen vor, nach denen sich Lautwahrnehmungen für das Kind mehrfach wie in einem *Echo* wiederholen; auch bezüglich der Lautintensität scheint der junge Säugling *deutlich empfindlicher* (zumindes in bestimmten Frequenzbereichen) zu sein als der Erwachsene. Das Hinwenden des Kopfes zur Quelle des Geräusches oder zum Sprecher beginnt erst nach drei oder vier Monaten. In der Zeit davor kann man gelegentlich ein merklich verzögertes, sehr langsames und meist unvollständiges Wenden des Kopfes zur Quelle des Geräusches beobachten.

Untersuchungen mit definierten Schallfrequenzen haben ergeben, daß der sehr junge Säugling die höheren Frequenzen (über

3000 Hertz) besser hören kann oder »bevorzugt hört«, während Frequenzen unter 1600 Hertz das Kind weniger interessieren, obwohl physiologische Funktionsänderungen ein Hören anzeigen. Man sagt, daß die Stimme der Mutter leichter oder »besser« wahrgenommen wird als die Stimme des Vaters. Das klare und echofreie Hören wird im vierten Lebensmonat erreicht, sehr hohe Frequenzen werden wohl erst im zweiten Lebenshalbjahr wahrgenommen.

Mit sehr spitzfindigen Auslegungen von Reaktionen des Fetus auf Schallreize im allgemeinen und auf Musik und Worte im besonderen hat man Untersuchungen an Feten im Mutterleib angestellt mit dem Ziel, dem Kind bereits vor der Geburt eine Gelegenheit zum Lernen zu geben. Dabei hat man den Mutterleib mit »Lernmaterial« beschallt, und zwar wiederholt über einen Zeitraum von Wochen. Angeblich sollen die so behandelten Feten nach der Geburt gewisse Vorsprünge in der Entwicklung gezeigt haben. Es gibt meiner Meinung nach weder einen Grund, solchen Untersuchungen zu vertrauen, noch diesen Gedankengängen zu folgen. Im Gegenteil: Ich halte solche Dinge für ausgesprochen schädlich für den Feten!

Wenn man vier Monate alten Säuglingen *Akkorde* oder einfache *Harmonien* wiederholt vorspielt, so zeigen sie bereits durch ihr Verhalten an, wenn eine neue oder auch nur eine leicht abgewandelte Tonfolge gespielt wird. Änderungen der Tonhöhe werden in dieser Altersgruppe jedoch noch nicht beachtet; im Alter von sieben bis acht Monaten hingegen können die Kinder Tonlagen erkennen und zum Beispiel durch Verhaltensänderungen kundtun, daß sie einen Grundton vermissen.

Die Untersuchungen mit reinen Schallfrequenzen sind zweifelsohne interessant, doch scheint das *Hören der Sprache* eine *besondere Art der Reifung* zu durchlaufen. Schon in den ersten Lebenstagen können die Kinder einzelne Elemente der Sprache unterscheiden, und es wird vermutet, daß die Laute der Sprache auf direktem Weg zur linken Hemisphäre des Gehirns gelangen. Inzwischen liegen viele Untersuchungen darüber vor, daß der Säugling die kleinsten Grundelemente der Sprache, die man *Phoneme* nennt, bereits im ersten Lebensmonat eindeutig unterscheiden kann. Das erstaunliche Resultat der wissenschaftlichen Forschung ist, daß der junge Säugling diese *Phoneme klarer und besser unterscheiden kann,* also Unterschiede einzelner Phoneme mit größerer Sicherheit erkennt, als Erwachsene! Erst um das zehnte Lebensjahr herum geht diese besondere Lern- und Unterscheidungsfähigkeit verloren, woraus wir schließen, daß die Fähigkeit zum Erlernen der Spracheigentümlichkeiten von Fremdsprachen und Dialekten nach dem 10. Lebensjahr rasch absinkt. Dieses entspricht der allgemeinen Erfahrung. Der Fremdsprachenunterricht in den Schulen sollte deswegen in den ersten drei bis vier Schuljahren beginnen (*Maurer u. Maurer*).

Es entspricht meiner Erfahrung, daß fast alle Säuglinge ab etwa dem dritten Lebenstag auf eine klare Flüsterstimme aus etwa 50 cm Entfernung mit Verhaltensänderungen reagieren; viele Mütter können dies bestätigen. Aus allem hier Dargestellten darf man schließen, daß das Kind bald nach der Geburt die Sprache als Kommunikationsmittel akzeptiert und daß wir uns bemühen sollten, leise aber deutlich mit dem Kind zu sprechen. Die im ersten Lebensmonat etwas begrenzte Hörfähigkeit und der mögliche Echo-Effekt (s. oben) scheinen im jungen Säuglingsalter keine praktische Bedeutung zu haben.

Über die Reifung von Riechen und Schmecken

Wenden wir uns nun den beiden weiteren mittleren Sinnen zu: *Riechen und Schmecken* sind bereits ab Geburt nachweisbar und funktionieren nach zwei Wochen in vollem Umfang. Schon das drei bis fünf Tage alte Neugeborene kann die Milch seiner Mutter von der Milch anderer Mütter unterscheiden. Läßt man das Kind an dem Gazeläppchen von der Brust seiner Mutter im Wechsel mit dem einer anderen stillenden Frau riechen, ist im Verhalten des Kindes das Erkennen des Milchgeruches der eigenen Mutter abzulesen. Der unterschiedliche Geschmack von Milch und Tee wird von wenige Tage alten Kindern deutlich kundgetan; auch ein Tropfen leicht bitterer Medizin bewirkt eindeutige Mimik des Kindes. Die wissenschaftliche Auswertung hat ergeben, daß alle Geschmacksqualitäten, wie sie der Erwachsene kennt, auch vom jungen Säugling erkannt werden. Die Muttermilch verändert ihren Geruch in Abhängigkeit von der Ernährung der Mutter. Man kann zum Beispiel nach Knoblauchgenuß diesen Geruch in der Muttermilch feststellen. Sonderbarerweise scheinen viele gerade Säuglinge diesen Geruch sehr zu schätzen, denn sie trinken unter diesen Umständen mehr Muttermilch!

Hier muß ein Wort zu der Eigenart der Säuglinge gesagt werden, alles Mögliche *in den Mund zu nehmen.* Sobald die Kinder greifen und festhalten können, führen sie den Gegenstand zum Mund. Beim Riechen und Schmecken sowie beim Betasten mit den Lippen des Gegenstandes offenbaren sich dem kleinen Kind die inneren Qualitäten der Substanzen aus der Umwelt. Dieses *»Verinnerlichen der Umwelt«* ist gewiß keine Unart! Wenn das Kind beginnt, bewußt nach den Dingen zu fragen und den Gedanken von der Qualität von Substanzen zu begreifen, dann sollte man es daran erinnern, daß die Zeit des »In-den-Mund-Nehmens« vorüber ist; damit verbindet sich ein wichtiger Entwicklungsfortschritt.

Über die Reifung der unteren Sinne

Der *Tastsinn* wird bereits während der Embryonalentwicklung (etwa in der 9. Woche) soweit ausgebildet, daß Berührung der Haut zu reflektorischen Bewegungen bestimmter Körperpartien führt. Auch bei sehr unreifen Frühgeborenen mit Geburtsgewichten von weniger als 1 000 g lassen sich die bekannten Hautreflexe auslösen.

Die vielen Empfindungen, die der Hautsinn vermittelt – wie Druck, Streicheln, Kitzeln, usw. –, haben von der Geburt an einen hohen Stellenwert für die Kommunikation. Wenn die Mutter mit warmer Hand die Gliedmaßen ihres Kindes umfaßt, wenn sie ihr Kind fest in die Arme nimmt oder wenn sie es mit Streicheln zu beruhigen sucht, immer ist es der Tast- oder Hautsinn, der dem Kind diese intimen Empfindungen vermittelt.

Seit alters her hat man die neugeborenen und jungen *Säuglinge gewickelt* und dabei auch die Arme durch Gebrauch eines Windelbandes fest mit eingebunden (s. Fig. 2). Dieser Bewegungseinschränkung hat wohl das Bedürfnis zugrunde gelegen, dem Kind

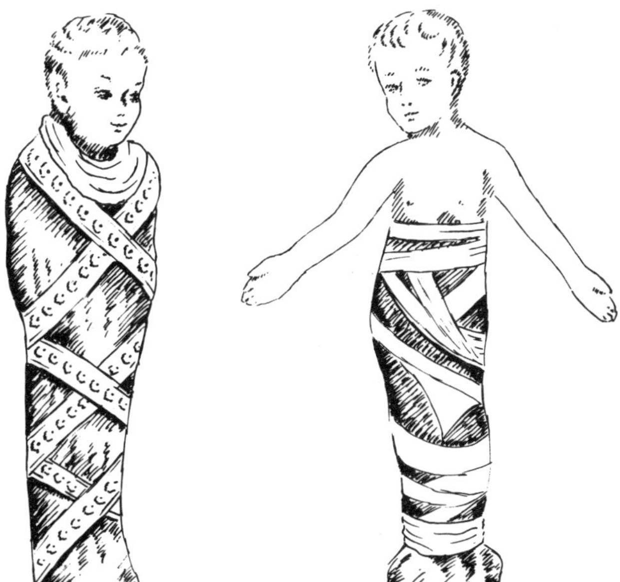

Fig. 2: Mit Bändern gewickelte Säuglinge. Links: Auch die Arme sind fest mit eingewickelt (Chartres, 12. Jahrh.); rechts: Nur der Leib und die Beine sind mit Bändern gewickelt (Della Robbia, 15. Jahrh.).

auch nach der Geburt einen festen äußeren Halt ähnlich wie im Uterus zu geben; außerdem unterstützt eine warme und feste Umhüllung den Wärmeorganismus des Kindes. Auch in der modernen Literatur kann man lesen, daß ein vernünftiges Wickeln das Schreien vermindert und die lebhaft zuckenden, reflektorischen Strampelbewegungen bremst (worin wir eine Hilfe für das Kind sehen). Dieses Einschlagen des kleinen Säuglings in ein Moltontuch (auch »pukken« genannt) kann man für vier bis sechs Wochen beibehalten. Wickelt man den Säugling über den zweiten Lebensmonat hinaus fest in Strecklage (wie man dies in alten Zeiten regelmäßig getan hat, siehe Fig. 2), können sich Schäden auch an sonst gesunden Hüften ausbilden. Bei Kindern mit einer angeborenen Schwäche eines oder beider *Hüftgelenke* ist die erzwungene Strecklage völlig zu vermeiden. Hier muß man dem ärztlichen Rat folgen; in manchen Fällen genügt ein sogenanntes *breites Wickeln.* Es kann aber auch eine *Spreizhose* notwendig sein.

Die Hautsinne werden bei vielen *Handhabungen mit dem Säugling* angeregt. Beim Stillen, beim Aufstoßen-Lassen, beim Wickeln und Baden, beim An- und Ausziehen und beim Spielen sind die Hände und der Körper der Eltern mit dem Kind in Kontakt. Jedes Zufassen ist ein individueller Akt und vermittelt Informationen; ob das mit warmen oder kalten Händen geschieht, ist sicher nicht belanglos. Zudem kann die gesamte Atmosphäre noch dadurch verändert werden, ob und was die Eltern bei diesen Handhabungen sprechen, singen oder summen. Wie bei dieser Erweiterung der Kommunikation durch Laute und das Hören derselben, so kann die Interaktion durch Bewegungen intensiviert werden. Das *Wiegen* der Kinder in den Armen oder auch in der Wiege spielt dabei eine wichtige Rolle; in Rhythmus und Schnelligkeit der Bewegungen drückt sich die Seelenhaltung und das Gemüt des Handelnden aus. Diese frühe Kommunikation zwischen Eltern und Kind muß aus dem Herzen kommen; das Kind hat ein feines Empfinden dafür.

Beim Wiegen und jeder anderen Bewegung mit dem Kind wird ein weiterer der unteren Sinne angeregt, und zwar der *Gleichge-*

wichtssinn, worauf bereits hingewiesen wurde. Diese zu den unteren Sinnen gerechnete Sinneswahrnehmung ist bei Geburt bereits gut ausgebildet, obwohl die vorgeburtlichen Körperbewegungen im Fruchtwasser allgemein verlangsamt und durch Fehlen des Schwerefeldes noch praktisch ohne Beziehung zu den Raumesdimensionen erfolgen. Bei jeder Körperbewegung werden in den Muskeln und den Gelenken Nerven angeregt, die dem Zentralnervensystem (Gehirn und Rückenmark) Informationen über die Bewegung vermitteln. Der *Bewegungssinn* besorgt diese Wahrnehmungen. Die entsprechenden Nervenstrukturen sind bereits in der Embryonalperiode ausgebildet worden. Diese Beobachtung stimmt mit der lebhaften Bewegungsaktivität des Embryos und Feten überein; sie läßt vermuten, daß die Körperbewegungen schon des Embryos nicht nur aus Reflexen und Zufälligkeiten bestehen, sondern schon ganzheitlich, wenn auch noch wenig koordiniert erfolgen. *Rudolf Steiner* spricht oft vom »*Eigen*bewegungssinn« als dem Sinn, der auch die eigenen Körperbewegungen wahrnimmt.

Neben den drei genannten unteren Sinnen bleibt noch der *Lebenssinn* zu besprechen. Das neugeborene Kind scheint diese Sinnesqualität stark ausgeprägt zu haben. Natürlich sind Kenntnisse über diesen Sinn nur indirekt zu erlangen. Das Schreien des Neugeborenen kann zwar als Ausdruck vorübergehenden Unbehagens angeführt werden, aber meist dauert es nicht lange, bis die Eltern die himmlische Ruhe und Zufriedenheit ihres Kindes bewundern können. Es ist von *K. König* vermutet worden, daß der Lebenssinn beim Säugling noch nicht richtig etabliert sei. Meine Beobachtungen aber sprechen dafür, daß dieser im Stoffwechselsystem verankerte Sinn von Geburt an kräftig ausgebildet ist. Ganz allgemein müssen wir feststellen, daß die unteren vier Sinne im Säuglingsalter von eminenter Bedeutung für das Kind sind. Sie vermitteln ihm das Gefühl für den eigenen Körper und liefern Informationen und Warnungen über Zustände und Vorgänge seiner Innenwelt. Der Säugling läßt uns durch sein Verhalten wissen, ob ihm behaglich oder unbehaglich zumute ist. Die Behaglichkeit mündet schnell in Schlaf und die Unbehaglichkeit in Schreien.

Der *Wärmesinn* ist im Grenzbereich zwischen den unteren und oberen Sinnen angesiedelt, da er sowohl Wärmeempfindungen des Körperinnenraumes als auch solche der Umwelt vermittelt. Bei der Geburt wird die Wärmeorganisation des Kindes recht strapaziert. Vorher war eine Wärmebildung wegen der gleichmäßigen Wärme im Uterus nicht notwendig. Es ist daher erstaunlich, daß die Wärmeorganisation nach der Geburt so gut funktioniert. Mit dem Ausdruck *»Wärmeorganisation«* fassen wir alle Vorgänge der Wärmebildung, -verteilung und -regulation zusammen; sinngemäß sind also der Stoffwechsel bei der Wärmeproduktion, der Kreislauf (rhythmisches System) bei der Wärmeverteilung und das Nerven-Sinnessystem bei der Regulation beteiligt. Der Wärmesinn gehört zum Nerven-Sinnessystem und vermittelt die Informationen über die auf der Körperoberfläche ablaufenden Wärmeveränderungen und auch der Kälteempfindungen. Die in der Literatur oft genannten Zeichen der Unreife und damit Unzulänglichkeit der Wärmeorganisation des neugeborenen und sehr jungen Kindes beziehen sich alle auf Fragen der Anatomie (z. B. die im Vergleich zum Körpergewicht viel größere Hautoberfläche) oder der Physiologie (z.B. mangelhafte Schweißabsonderung). Eine Unreife des Wärmesinnes ist meines Wissens ebensowenig erwiesen wie eine solche der Wärmeorganisation.

Zusammenfassend stellen wir fest, daß die *mittleren,* auf die Umwelt bezogenen Sinne bei der Geburt im Rahmen der Notwendigkeiten des neugeborenen Kindes funktionsfähig sind. Eine weitere Reifung und Entwicklung ist nach der Geburt noch notwendig, sie erfolgt für den Wärmesinn am ersten Lebenstag, für Riechen und Schmecken innerhalb von etwa zwei Wochen und für den Sehsinn in drei bis vier Monaten. Die auf den Leib bezogenen, *unteren* Sinne sind im Mutterleib vorgebildet und zum Teil bereits tätig, bei der Geburt funktionieren sie kräftig. Von den *Erkenntnissinnen* können wir nur das Hören beurteilen; für alle praktischen Belange des Säuglings ist der Hörsinn ab Geburt aktiv tätig, die Beschränkungen sind »akademischer« Art.

Bedeutung von Mangel oder Überschuß an Kommunikation im jüngsten Alter

Die Kommunikation ist ein Wechselspiel zwischen dem Organismus und seiner Umwelt. Wir müssen davon ausgehen, daß in beiden Seiten die Möglichkeit liegt, zu wenig oder zu viel zu diesem Wechselspiel beizutragen. Das Problem des Mangels und des Überschusses an Kommunikation soll hier zunächst nur für den Säugling und das Kind im zweiten Lebensjahr besprochen werden, da die noch nicht selbstbewußte Person des sehr jungen Kindes in einem anderen Verhältnis zu seiner Umwelt steht als das bereits ältere Kind. Im jüngsten Alter wird die Umwelt noch stark von den Eltern repräsentiert, geformt und auch manipuliert. Die Umwelt ist daher dem Säugling im allgemeinen mehr oder minder gut angepaßt.

Des weiteren gilt es zu bedenken, daß *die Umwelt auf das Kind im jüngsten Alter den allergrößten Einfluß ausübt.* Die Experten auf dem Gebiet der Kindesentwicklung sind sich darüber einig, daß in den ersten zwei oder drei Jahren, also der Zeit vor dem Erwachen des ersten Selbstbewußtseins, durch die Umwelt der entscheidende Einfluß auf die Formung der Persönlichkeit und die Ausbildung von Fähigkeiten ausgeübt wird (*R. Steiner, B. White u. a.*). So ist es leicht einzusehen, daß ein Mangel an Kommunikation mit der Umwelt für das Kind auch einen Mangel an Gelegenheit zum Lernen bedeutet. Etwas schwieriger ist die Frage zu beantworten, ob eine übermäßige Stimulation (meist handelt es sich um eine Reizüberflutung) auf die Entwicklung des Kindes einen positiven oder negativen Einfluß ausübt. Die Wesenheit der noch nicht Ich-bewußten Person des jungen Kindes und seine noch in der Entwicklung befindliche körperliche Organisation bedingen jedoch zweifelsohne besondere Verhältnisse, für deren Verständnis wir nicht auf den Erwachsenen zurückgreifen können.

Es wurde bereits auf Beobachtungen an jungen Säuglingen hingewiesen, die darauf schließen lassen, daß im jüngsten Alter zwar Informationen aufgenommen werden, also etwas aus der Außenwelt in die Innenwelt des Kindes hineingenommen wird, aber eine Antwort oder Reaktion ausbleibt oder gering ist. Es mag der Fall sein, daß für uns, den Beobachter des Säuglings, die Antwort oder Reaktion nicht erkennbar ist; es kann aber auch sein, daß der Säugling von der Information oder Stimulation überwältigt wurde und sie nicht verkraften oder verarbeiten kann. In beiden Fällen läßt sich nicht ausschließen, daß der kindliche Organismus etwas »Unverdauliches« hat schlucken oder wegstecken müssen. Je mehr Informationen in den Organismus hineinströmen, um so mehr »Ballast« wird sich ansammeln.

Auf den wachsamen Beobachter hat diese Vorstellung eine sehr deprimierende Wirkung. *Rudolf Steiner* hat uns jedoch mit einem wichtigen Hinweis geholfen, das Schicksal dieses Ballasts in der Seele des Kindes zu verstehen. Er sagte (19. 5. 1923; GA 226), daß das Kind im Schlaf nur diejenigen Sinneseindrücke aus seiner Seele in den physischen Leib weiterschickt, die letzterer benötigt, und daß es die unerwünschten Sinneseindrücke in die ätherische Welt hinausschickt. Diese Trennung in nützliche und unnütze Sinneswahrnehmungen erfolgt aus spiritueller Weisheit. Auf diese Weise wird der wachsende Organismus des Kindes geschützt vor den störenden Einflüssen aus der Umwelt. Wenn allerdings die Ätherkräfte des Kindes, zum Beispiel durch sehr widrige Lebensumstände, zu schwach werden, muß man damit rechnen, daß dann langsam *ein Schaden gesetzt wird, über dessen Natur wir zunächst nichts wissen und den wir auch nicht abschätzen können.*

Leider gibt es heute viele Beobachtungen von Verhaltensstörungen *überreizter* oder *»überstimulierter« Kleinkinder.* Neben der Aufgabe, für diese Kinder eine ruhige und harmonische Umwelt zu schaffen, besteht die Notwendigkeit einer Kräftigung des Ätherleibes (und manchmal auch der »Bändigung« des Astralleibes).

Im Säuglingsalter sind Überstimulierungen etwas seltener zu finden, aber sie kommen eindeutig vor. Im Einzelfall ist es schwer, einen Kausalzusammenhang zwischen übermäßiger Stimulierung und später auftretenden Verhaltensstörungen nachzuweisen.

Neben einem Überschuß an Stimulation werden wir auch Säuglinge erleben, die einen *Mangel an Kommunikation und Stimulation* erfahren. Der junge Säugling ist zunächst seiner Umwelt ausgeliefert und lebt in einer Erwartungshaltung, die, wie oben bereits ausgeführt, von großer Liebe zur Umwelt getragen wird. Wenn es auch nach Versuchen des Kindes, seine Umwelt (das sind im wesentlichen die Eltern) zu einer Kommunikation anzuregen, nicht zu einem Wechselspiel von Geben und Nehmen kommt, werden bei dem Kind Enttäuschung und Frustration aufkommen. Je nach dem Temperament des Kindes und seiner Willens- und Durchsetzungskraft können *Mangelsymptome* auftreten. Aktive und aufgeschlossene Säuglinge werden den Mangel an Kommunikation sicher leichter überwinden als passive und verschlossene Kinder. In jedem Fall sind Beurteilungen sehr schwierig, da ja der junge Säugling bereits eine Individualität ist, dessen Ich uns noch weitgehend verborgen ist. Liebe, Zuwendung, Aufgeschlossenheit und ein »gesunder Instinkt« der Eltern sind notwendig, um das richtige Maß an Kommunikation und Interaktion mit dem Kind zu finden. Die Eltern sind für die Umwelt des Kindes verantwortlich.

Es wurden hier zwei Extremsituationen dargestellt, die sich entweder durch Mangel an Kommunikation und Stimulation ausweisen, welche wir *Deprivation* nennen, oder durch anhaltende und übermäßige Stimulation, die wir mit *Reizüberflutung* bezeichnen. Ob eine zu aktiv von seiten der Umwelt betriebene Kommunikation mit dem Säugling auch zu einer Reizüberflutung führt, hängt sicher vom Kind, den Umständen und der Art der Kommunikation ab.

Die *Ausdrucksmöglichkeiten* und die *Kommunikationswege* sind für den jungen Säugling noch ganz andere als für das ältere Kind oder gar den Erwachsenen. Daher ist es wichtig, daß wir die Besonderheiten der Wahrnehmungsprozesse der neugeborenen und jungen Säuglinge kennen und dazu ihre »Sprache« deuten können. Der Umfang der Ausdrucksmöglichkeiten kleiner Kinder ist ungeheuer groß. Vieles spielt sich im jüngsten Alter im Unterbewußten ab, die meisten Eltern-Kind-Hautkontakte erfolgen unbewußt oder ohne besondere Absicht. Auch besteht bei vielen Müttern kein Zweifel daran, daß ihre Gedanken dem Kind unmittelbar zugänglich sind. Säuglinge und auch noch etwas ältere Kinder spüren die Seelenhaltung der Menschen in ihrer Umgebung. Der Erwachsene drückt nicht immer alle seine Stimmungen in seiner Mimik oder in einer »Körpersprache« aus. Es tragen eben nicht alle Menschen »ihr Herz zur Schau«. Zwischen Mutter oder auch Vater und Kind besteht eine Seelenkommunikation, die vielen sicher gar nicht so bewußt ist, die aber für die Entwicklung des Kindes von großer Bedeutung ist und bei deren Fehlen Deprivationssymptome frühzeitig auftreten. Einen sehr aktiven Beitrag zu dieser Art Kommunikation liefert das *Gebet für das Kind.*

Zur Integration von Sinneswahrnehmungen

In der modernen Literatur liest man im Zusammenhang mit der frühen Eltern-Kind-Interaktion viel über die von Geburt an bestehende *integrative Fähigkeit des Kindes.* Was ist damit gemeint, und wie läßt sich diese Fähigkeit verstehen? Man sagt, daß die integrative Fähigkeit die Gesamtheit der Entwicklung betrifft. Die Integration, das heißt die Eingliederung in ein größeres Ganzes, betrifft die Wechselbeziehungen mit der sozialen Umwelt und alle einzelnen Wahrnehmungsprozesse des Kindes, welche insgesamt für das Erfassen der Umwelt notwendig sind. Das Kind entwickelt sich nicht entlang einer Kette chaotischer Einzelwahrnehmungen und zufälliger Kontakte mit der Umwelt, sondern es bemüht sich, die

Weltenordnung zu erfassen. Dieses innere Bemühen erfolgt unterhalb der Bewußtseinsschwelle und ist einem Drang vergleichbar. Auch für uns verlaufen diese Vorgänge im verborgenen, doch offenbaren sich die Ordnungsprinzipien im Erreichen von Entwicklungsstufen und Lernerfolgen. Letztere schaffen, wie die Fähigkeit der Nachahmung, die *Grundvoraussetzungen für den Aufbau der Persönlichkeit.* An dieser Stelle soll nur der Aspekt der Integration der kindlichen Sinneswahrnehmungen besprochen werden. Der Anteil der Eltern, welche an der Schaffung der spezifisch angepaßten Umwelt des Kindes bewußt oder unbewußt Anteil haben, soll in dem Kapitel über Früherziehung (Kap. 11) dargestellt werden. Wie bewerkstelligt der Säugling die Integration seiner Sinneswahrnehmungen, und in welche Ordnung gliedert er seine Sinneserfahrungen ein? Diese Frage läßt sich nicht mit Zweckmäßigkeiten und Notwendigkeiten beantworten.

Eine besondere Ausdrucksform der oben besprochenen Deprivation ist ein *Mangel an Integration der Sinneswahrnehmungen.* Diese klinische Diagnose wird seit etwa zwei Jahrzehnten zunehmend häufiger gestellt. Es ist das Verdienst von *A. Jean Ayres,* einer Beschäftigungstherapeutin, dieses neuro-psychologische Krankheitsbild von der praktischen Seite angepackt zu haben. Sie erarbeitete eine Therapieform, die sie als *»sensorische Integration«* bezeichnete. Durch systematisches Üben von Erfahrungen besonders der unteren Sinne (z. B. Streichmassagen der Gliedmaßen, Gleichgewichtsübungen und Bewegungsspiele zur Förderung der Koordination) wird die Selbstwahrnehmung des Kindes und seine Kommunikation mit der Umwelt langsam verbessert. Man erhofft sich einen zunehmenden Ausgleich der zuvor vernachlässigten Sinneserfahrungen und schließlich eine natürliche Anregung der Funktionen des Nerven-Sinnessystems.

Die Arbeit mit *behinderten* Kleinkindern hat ergeben, daß auch noch in den ersten Lebensjahren die früher vernachlässigte Erfahrung einer Kommunikation mit der sozialen Umwelt zumindest zum Teil nachgeholt werden kann. Kinder mit sogenannten geburtstraumatischen Bewegungsstörungen (Zerebralparesen) reagieren auf die von *A. J. Ayres* ausgearbeitete Stimulation von Bewegungs-, Tast- und Gleichgewichtssinn erstaunlich gut. Solche Patienten, die keine ihrem Zustand und ihrer Krankheit entsprechende Behandlung und Fürsorge erhalten haben, konnten durch Anregung und Üben der drei genannten unteren Sinne erfreuliche Besserungen in der Kontrolle ihrer Körperbewegungen erfahren.

Die *Deprivation durch soziales Elend* (heutzutage oft bedingt durch Alkoholkrankheit und chronischen Drogenmißbrauch bei den Eltern) führt besonders oft zu fehlender Kommunikation auf der Ebene der unteren Sinne (z. B. Hautkontakte). Auch bei den durch komplizierte Geburt oder Gifteinwirkungen (z. B. bei einer Medikation der Mutter unter der Geburt) geschädigten Kindern ist mit Störungen der Wahrnehmungen im Bereich der unteren Sinne zu rechnen.

Bei den Übungen zur sensorischen Integration (damit meinen wir das Üben des richtigen Zusammenspiels aller Sinneswahrnehmungen) wird immer zuerst der Bewegungssinn angeregt; daher spielt bei Kindern mit Lähmungen durch Zerebralparese die *»Bewegungsplanung«* eine besonders wichtige Rolle. Ohne den großen Erfahrungsschatz dieser Arbeit mit der Integration von Sinneserfahrungen einzuschränken, kann diese Therapieform aus dem anthroposophischen Menschenbild heraus noch ergänzt werden. Es hat sich bereits vielfach bewährt, Kindern mit verschiedenen Symptomen einer frühkindlichen Deprivation durch Verordnung von *Heileurythmie* zu helfen (nach dem 3. Lebensjahr). Die Eurythmie regt die verdorrten Kräfte des Lebensleibes an und macht den physischen Leib wieder den aufbauenden Ätherkräften und den formenden Astralkräften zugänglich. So kommen wir durch Einbeziehung der höheren Wesensglieder zu einem wirklich ganzheitlichen Therapieeinsatz. Auch das therapeutische Arbeiten mit Farben, das heißt also mit *Malen*, ist sehr hilfreich. Kurzum, es sollte versucht werden, die Pflege der Sinneswahrnehmungen auf ein wirklich weites Spektrum der Sinne auszudehnen. Deshalb ist für die Behandlung von Bewegungsstörungen die *Kunsttherapie* besonders wichtig (s. z.B. *S. Pressel*).

Sinneserfahrung und Wirklichkeit

Der Säugling nimmt die Umwelt durch seine Sinne als »reine Erfahrung« im Sinne *Rudolf Steiners* (GA 2) wahr, welcher schrieb: »Reine Erfahrung ist die Form der Wirklichkeit, in der diese uns erscheint, wenn wir ihr mit vollständiger Entäußerung unseres Selbstes entgegentreten.« Der Säugling lebt noch im Zustand völliger Entäußerung seines Selbstes. *Rudolf Steiner* erläutert den zitierten Satz weiter und führt aus, daß man *durch seine Sinneswahrnehmungen nur eine Seite der Wirklichkeit* erfährt, die andere muß von dem sich seines Selbstes bewußten Menschen *durch sein Denken hinzugefügt werden.* Das kleine Kind würde durch seine Sinneswahrnehmung nur die eine Seite der Wirklichkeit erfahren (da sein Denken noch ungeübt ist), wenn ihm nicht die Natur ihr Wesen von sich aus offenbaren würde. So erfährt das Kind etwas über die Geistgestalt der Dinge, und zwar so lange, als es noch kein Urteil aus eigenem Bewußtsein fällen kann. *Für das noch nicht sprachbegabte Kind spricht sich das Wesen der Dinge noch selber aus.* Mit *Plato* können wir sagen: Die Natur bringt dem Kind ihre Ideen entgegen. Dieses dem Kind aus der objektiven Umwelt zugängliche Wissen vermittelt ihm Einsichten in die Ordnung der Welt. Die Sinneswahrnehmungen der kleinen Kinder liefern keine chaotischen Informationen, sondern offenbaren ihm Einsichten in die »moralische Weltenordnung« (*R. Steiner, GA 202*); außerdem »erleben« die jungen Kinder das Geistige in den Dingen der Natur als unmittelbare Offenbarung. Man muß das Bewußtsein für diese Wahrnehmungen als ein traumhaftes bezeichnen, denn mit dem Erwachen des Ich-Bewußtseins erlöschen diese Offenbarungen langsam, bis schließlich im Laufe der Kindheit die stofflich-materialistischen

Wahrnehmungen das ganze Bewußtsein ausfüllen (vgl. auch *H.J. Scheurle*). Mit diesen hier dargelegten Überlegungen soll ein Beitrag zu der Frage geliefert werden, wie der Säugling und das kleine Kind aus seinen Wahrnehmungen der Umwelt lernt.

Die obige Darstellung einer im Sinne des Ganzen wirkenden Organisation der Wahrnehmungsprozesse des kleinen Kindes kommt auch in dem oft von *Rudolf Steiner* formulierten Satz zur Geltung: *Der ganze Organismus des Kindes ist wie ein Wahrnehmungsorgan.* Das bewußte Konzentrieren auf eine Sinneswahrnehmung erfolgt erst im Laufe der Kindheitsentwicklung. Beobachtet man junge Säuglinge, so gewinnt man oft das Gefühl, daß diese ihre Wahrnehmungen nicht ausschließlich mittels der entsprechenden Sinnesorgane aufnehmen (sie sehen und hören mehr als ältere Kinder unter gleichen Bedingungen, oder sie schmecken die Milch nicht nur im Mund, sondern im Magen usw.). Es hat den Anschein, daß die einzelnen Sinnesorgane des Säuglings noch nicht völlig voneinander abgegrenzt sind; sie sind in ihren Grenzen noch nicht verfestigt. Ähnlichkeiten mit den Sinneswahrnehmungen der Menschen früher Entwicklungsstufen kann man (nach Angaben von *Rudolf Steiner*) annehmen. Erst die Veränderungen in der Umwelt des Menschen haben im Verlauf der Weltenentwicklung auch zu veränderten Kommunikationsnotwendigkeiten und zur Ausbildung spezifischer Wahrnehmungsorgane geführt.

Unser Sprechen mit dem Säugling

Empfindungsmäßig sprechen wir dem Neugeborenen eine in Gott ruhende Glückseligkeit zu, die sich im Laufe des ersten Lebensjahres langsam verliert. Das Kind beginnt sein Erdenleben mit großer Offenheit und mit der Bereitschaft, aus seiner Umwelt etwas zu empfangen. Viele Eltern machen die Erfahrung, daß sie schon mit dem sehr jungen Säugling mittels der Sprache kommunizieren können; dabei ist ihnen aber klar, daß der Inhalt der Worte eine relativ geringere Rolle spielt im Vergleich zu ihrer Mimik, Körpersprache und der seelischen Zuneigung. Wie bereits oben besprochen, ist die Hörfähigkeit des Säuglings im ersten Lebensmonat noch etwas eingeschränkt. Im folgenden möchte ich Beobachtungen anführen, die alle Eltern machen können, wenn sie unbefangen und vorurteilslos mit ihrem Kind sprechen; Kind und Eltern sollten dabei ruhig und ausgeglichen sein.

Ob die Kinder eine *Hörwahrnehmung* haben, offenbart sich uns nur durch körperliche Reaktionen, wozu unter anderem der Herzschlag, der Blick, der Gesichtsausdruck und die Atmung gehören. Wir erleben dann, wie sich das Kind dem Sprecher – gemäß seinem Alter – mehr oder weniger zuwendet und dabei die Aktivität seiner Gliedmaßen einschränkt. Ab dem vierten Lebensmonat werden viele Säuglinge bereits zu Lauschenden, sie erwarten, etwas zu erfahren. Betrachten wir die seelische Ebene des Hörvorganges beim Säugling, so kann uns die Wissenschaft nicht viel weiterhelfen. Das lauschend aufmerksame Kind erschreckt sich leichter als das spielende. Die von den Eltern zu dem Säugling gesprochenen Worte tragen seelische Empfindungen. Wir sprechen liebevoll oder mitleidig, zärtlich oder grob, beruhigend oder ermunternd zu dem Kind, ja oft ist uns die seelische Komponente wichtiger als die Wortwahl. Mit der begleitenden seelischen Empfindung ändert sich unser Gesichtsausdruck und unser Mienenspiel. So kann ein einzelnes Wort ein großes Spektrum mitschwingender Gefühle des Sprechers zum Ausdruck bringen. Über diese die Worte begleitenden Gefühle strömen dem Kind auch die Grundtöne seelischer Wärme oder Kälte zu. Bedenken wir außerdem, daß das junge Kind insgesamt wie ein Wahrnehmungsorgan reagiert und im jungen Alter ein Art »Gesamtwahrnehmungsorgan« in seiner ätherischen Organisation trägt, dann wird uns klar, daß das Nachempfinden der seelisch eingekleideten Worte des Sprechers für das Kind ein vertrauter, ganz natürlicher Vorgang ist. Dieses Nachempfinden in der Seele entspricht der Nachahmung in den Lernprozessen. Solche Erfahrungen seelischer Art, die man beim Sprechen mit einem jungen Säugling machen kann, weisen die Eltern darauf hin, daß ihr Kind die seelische Qualität der Worte wirklich wahrnimmt.

Betrachten wir die geistige Ebene der Hörwahrnehmung des gesprochenen Wortes, dann haben wir es mit dem Inhalt und dem *Wesen des Wortes* zu tun. Da von den Erkenntnissinnen nur das Hören beim Säugling vorhanden ist, müssen wir feststellen: Neben der Lautwahrnehmung bildet sich beim Säugling eine Empfindung für die Gefühle, die die Worte des Sprechenden begleiten. Was aber wird durch den Inhalt und das Wesen des Wortes bewirkt? Verliert sich dieses im Raum, oder hat es eine andere, über die physische und seelische Empfindung hinausgehende Wirkung?

Um in dieser Frage weiterzukommen, müssen wir wiederum von Beobachtungen ausgehen, die unvoreingenommene Eltern am wachen Säugling gar nicht so selten machen: Das klar gesprochene Wort wird von einem ganz dem Kind zugewandten Denken begleitet, ein Vorgang, den ich nicht selten bei Müttern erlebt habe, die sich in den ersten Lebenstagen ihres Kindes wie selbstverständlich auf dieses konzentrieren. Auch als Kinderarzt habe ich mit dieser Art der Wort-Zuwendung eine intensive und intime Kommunikation mit dem Kind erlebt. Dabei ergibt sich eine Art Verstehen auf höherer Ebene: Wenn sich der sprechend-gebende Mensch dem lauschend-empfangenden Kind zuneigt, kommt ihm eine Resonanz entgegen, die tief ins Herz dringt. Das Kind strahlt etwas von seinem inneren Wesen zurück und bestärkt in uns die Erkenntnis, daß wir einen Abglanz der Entelechie, des später als Ich-Wesenheit angesprochenen Kernes der Seele, erleben durften. Viele Mütter haben mir bestätigt, daß sie dieses Erlebnis hatten und nannten es spontan ihre *erste Begegnung mit der Person* oder dem Ich ihres Kindes. – Natürlich wissen wir, daß das Ich des Kindes noch nicht in die Seele eingezogen ist und noch kein Selbstbewußtsein vorhanden sein kann. Aber schon bevor das Ich des Kindes in die Seele einzieht, wirkt es durch den Astralleib und den Wärme-Organismus an der Gestaltung und Entwicklung der gesamten Organisation des Kindes mit.

Noch ein weiterer Aspekt soll hier angesprochen werden: Die geisteswissenschaftlichen Untersuchungen *Rudolf Steiners* haben ergeben, daß über die Sinnesorgane und ganz besonders den Hörprozeß Ätherkräfte, und zwar *Weltenäthersubstanz*, in den menschlichen Organismus aufgenommen werden. Diese Äthersubstanz ist für den Menschen spirituelle »Bausubstanz«, und zwar auch für den physischen Leib. In diesem Zusammenhang spricht *Rudolf Steiner* auch von »kosmischer Ernährung«, die dem Menschen durch die Sinneswahrnehmungsprozesse zuströmt und die den Organismus des Menschen kontinuierlich aufbaut und erneuert (*R. Steiner, GA 327*).

In der frühen Kindesentwicklung sind diese Ätherkräfte für den Aufbau und für die Ausgestaltung der ganzen menschlichen Organisation von großer Bedeutung. Es ist eine Hilfe, sich das Bild eines vollgestillten Säuglings vorzustellen, um dieses Einströmen kosmischer Nahrung und deren Wirksamwerden in allen Bereichen des kindlichen Organismus erfassen zu können. Unter den Sinnes-Toren des Kindes zu seiner Umwelt hat *Rudolf Steiner* dem Hörprozeß eine hervorragende Rolle für dieses Einströmen kosmischer Ätherkräfte eingeräumt. Ob wir mit unserem ganz dem Kind zugewandten, liebegetragenen Sprechen zu diesem Prozeß beitragen, darf hier nur als Hoffnung geäußert werden. Leider muß aber auch die Befürchtung ausgesprochen werden, daß viele der heute in den Wohnungen und Häusern der Menschen üblichen Geräusche durch Radio, Fernseher, Straßenlärm usw. sicher für die genannten Prozesse in der frühen Kindheit nicht gleichgültig sind, wahrscheinlich sogar sehr hinderlich.

Die hier dargelegten Gedanken zur Frage der Wirkung der menschlichen Sprache auf den jungen Säugling leiten zu folgender *Empfehlung:*

> *Sprecht gut und intensiv mit euren Kindern und sucht die echte Kommunikation. Dazu im besonderen sollte man versuchen, den jungen Säuglingen eine ruhige und mit wenig Geräuschen verpestete Umgebung zu schaffen.*

Das Hören und das Problem der chronischen Mittelohrerkrankung im Säuglings- und Kleinkindalter

Abschließend möchte ich einen Verdacht äußern, der das Problem der Geräuschverpestung in der Umwelt des Säuglings und Kleinkindes der Lebenspraxis näherbringt. Nach meinen Erfahrungen kann man einen negativen Einfluß von lauten, grob gesprochenen und »boshaft-groben« Worten auf die Hörfähigkeit einiger Kleinkinder feststellen, besonders wenn dieses oft oder gar gewohnheitsmäßig erfolgt. Ein Zusammenhang zwischen solchen »boshaften« Worten zusammen mit aggressivem Sprachgebrauch auf der einen Seite und auf der anderen mit Erkrankungen des Hörorganes und Einschränkung der Hörfähigkeit kann wegen des zeitlichen Abstandes dieser Ereignisse zwar leicht behauptet, aber nur schwer bewiesen werden. Hinzu kommt die epidemiologische Tatsache, daß die Mittelohrerkrankungen im Kindesalter erheblich zugenommen haben. Wir rechnen damit, daß etwa zwei Drittel aller dreijährigen Kinder mindestens eine Mittelohrerkrankung durchgemacht haben. Über mögliche Ursachen dieser Häufung wird in der wissenschaftlichen Literatur wenig berichtet, meist vermutet man zunehmend häufigere Allergien oder Schwächen in der Immunabwehr des Organismus. Die gleichzeitige Häufung von entzündlichen Erkrankungen der oberen Luftwege (Erkältungen) und der Ohren hilft uns kaum weiter bei der Suche nach den wahren Ursachen beider Erscheinungen (ein gewisser Zusammenhang zwischen chronisch-entzündlichen Erkrankungen im Rachen mit Mittelohrergüssen oder -entzündungen kann nicht geleugnet werden).

Neben der akuten *Mittelohrentzündung* sind es auch häufig die in der Paukenhöhle mit Ansammlung von klebrig-dickflüssiger Ausschwitzung einhergehenden Erkrankungen (seröse Otitis), welche zu chronischen Hörstörungen führen. Diese mit nur sehr geringgradigen Entzündungserscheinungen einhergehenden Prozesse im Mittelohr kann man auch als katarrhalische Erkrankungen ansprechen. Allergien lassen sich bei Mittelohrentzündungen nur relativ selten nachweisen. Sicher ist aber, daß wir den Blick für den ganzen Menschen aus dem Auge verlieren, wenn wir nur auf die Ohren und den Rachen schauen. Der *Wärmeorganismus* ist bei Erkältungen durch äußere Kälteeinwirkungen »vergiftet«. Bei Erkältungskrankheiten und gewiß auch bei Mittelohrerkrankungen besteht eine erhebliche Störung im Wärmeorganismus des Kindes.

Die ganze Frage einer sinnvollen Bekleidung der kleinen Kinder muß hier bedacht werden (Einzelheiten s. Kap. 14). Für unsere Problematik spielen hier besonders die Wärmepole des kindlichen Organismus eine Rolle. Diese müssen in rechter Weise unterstützt werden, und zwar so, daß die *Wärmeströmungen* wieder richtig fließen können. Denken wir nur an die vielen Bedingungen, unter denen die Kinder kalte Füße und/oder kalte Beine haben. Beim gesunden Kind sind *die Füße der warme und der Kopf der kühle Pol!* Wohl schützen wir den Kopf des jungen Kindes vor zu starken Temperaturschwankungen, aber vor einer Überwärmung des Kopfes muß ebenfalls gewarnt werden. *Warme Füße und Waden sind ein Zeichen der Gesundheit!* Kalte Füße lassen sich durch heiße Fußbäder (intensiviert durch Zugabe einer Abkochung von Senfmehl) wieder in den Wärmeorganismus eingliedern. Bei allen entzündlichen und katarrhalischen Erkrankungen der oberen Luftwege, einschließlich der Ohren, müssen wir den Wärmepol, und das sind Füße und Waden, durch heiße Fußbäder unterstützen!

Kommen wir zurück zur Frage der auslösenden Ursachen besonders der chronischen Mittelohrerkrankungen im Säuglings- und Kleinkindalter. Die Wirkung eines unguten, »boshaft-groben«, lauten oder gar geschrieenen Wortes in der Umgebung des jungen Kindes löst eine Reaktion bei ihm aus, die man wie ein inneres Erzittern beschreiben muß (dabei ist nicht der Schreckreflex gemeint). Es geht dabei auch um den fortwährenden Gebrauch von Schimpfwörtern, Kraftausdrücken und anderen Unarten »moderner« Ausdrucksweisen; dabei spielt es keine Rolle, ob dieses im Raum mit dem Kind oder im Nebenzimmer geschieht. Wie schon oben erwähnt, ist natürlich auch die Seelenstimmung der Erwachsenen von großem Einfluß auf die kindliche Seele. Wenn es sich um streitende Geschwisterkinder handelt, fehlt es an echter Boshaftigkeit (und Dauer). Der Inhalt des Geschimpfes wird als solcher nicht wirksam. Jedoch fehlt dem jungen Kind der Schutz des kritischen Denkens, das die wahren Boshaftigkeiten abweisen könnte. Nur die Empfindungen, die Seelenstimmung des Sprechers, strömen in das Kind hinein und wirken im kindlichen Organismus vergiftend im Sinne einer *Schwächung von Ätherkräften.* Der Lebensleib als Träger der biologischen Abwehr wird schließlich dieser Einwirkungen nicht mehr Herr, so daß katarrhalische und schließlich entzündliche Prozesse statthaben können. Die resultierenden anatomischen Veränderungen im Mittelohr, welche zur Schwerhörigkeit führen können, sind letztendlich auch als ein *Schutz* zu verstehen. Zumindest scheint die Schwerhörigkeit des Kindes einen gewissen Schutz vor der äußeren Boshaftigkeit der Worte zu gewähren. Man denke hier an die elterlichen Auseinandersetzungen, die beispielsweise einer Trennung (Scheidung) vorausgehen.

Wird auch das Einströmen der aufbauenden Ätherkräfte durch den behinderten Hörprozeß des Kindes gestört? Diese Frage möchte ich bejahen! Leider bleibt jedoch die Sorge bestehen, daß dieses Phänomen einer Erkrankung des Sinnesorganes Ohr durch »Wortverpestung« immer häufiger zu beobachten ist und sein wird. Mögen viele Eltern beherzigen, daß für das Wohlergehen ihrer Kinder der *»Hörraum« als wichtiger Teil der Umwelt des Kindes saubergehalten werden muß.*

6. Die Atmung und andere Lebensrhythmen

Die Atmung

Unter den Rhythmen des lebendigen Organismus ist uns die Atmung besonders gut vertraut. Im allgemeinen identifizieren wir die Atemtätigkeit mit dem Leben, indem wir den Beginn der Biographie eines Menschen mit seinem ersten Atemzug oder dem ersten Schrei gleichsetzen und das Ende im letzten Atemzug sehen. Die Atmung stellt einen kontinuierlichen Stoffaustausch zwischen dem Innern des Organismus und seiner Umwelt dar. Das regelmäßige Ein- und Ausatmen vermittelt uns zu jeder Zeit ein Gefühl der innigen Verbindung mit der Luft unserer Umwelt (und auch das einer Abhängigkeit unseres Organismus von ihr). *Rudolf Steiner* (GA 233, 28.12.1923) beschrieb diesen Vorgang mit den Worten: »In der Atmung ist der Mensch ganz im lebendigen Zusammenhang mit der großen Welt, dem Makrokosmos.« Während die Sinnesorgane uns nur dann die Umwelt wahrnehmen lassen, wenn wir wach sind, das heißt unser Bewußtsein aufnahmebereit ist, sehen wir in der Atemtätigkeit ein untrügliches Zeichen für das Leben überhaupt. Unter diesem Aspekt können wir die Atmung als die den Mikrokosmos (Mensch) mit dem Makrokosmos (Welt) verbindende Lebensaktivität bezeichnen (vergl. *W. Hoerner*).

Die Atmung ist mit aktiven Bewegungsvorgängen verbunden, die in mehr oder minder regelmäßigen Zeitabständen erfolgen. Die für die Atmung notwendige Muskeltätigkeit des Brustkorbes, des Zwerchfelles und der Bauchdecken unterliegt Steuerungsvorgängen, von denen wir kein Bewußtsein haben. Die Steuerung der Atemfrequenz und -tiefe erfolgt aus der Lebenssphäre heraus, wobei das Atemzentrum im obersten Abschnitt des Rückenmarks eine wichtige Rolle spielt.

Wir können den Atem eine kurze Zeit anhalten oder zeitweilig bewußt die Atmung verändern, aber wir können nicht bewußt die Menge Sauerstoff bestimmen, die unser Organismus braucht; der Stoffwechsel fordert eine Lungentätigkeit, die auf die Bedürfnisse des ganzen Körpers abgestimmt ist. Ein zu langes Anhalten der Luft oder eine besonders tiefe und beschleunigte Atmung verändern über kurz oder lang unser Bewußtsein, wobei die vermehrt abgeatmete Kohlensäure eine wichtige Rolle spielt. Besonders im Schlaf besteht die Notwendigkeit, daß die Atmung zur Sicherung der Lebensfunktionen des Gesamtorganismus gewährleistet ist.

Die Tätigkeit der Lunge ist eng mit der Funktion von Herz und Kreislauf verbunden. Der durch die Lunge aufgenommene Sauerstoff wird den roten Blutkörperchen übergeben und mit dem Blut-

Auf den *Organismus* bezogene Rhythmen	Auf die *Umwelt* bezogene Rhythmen
Nerventätigkeit Rhythmik ca. 0,1 Sek.	*Tagesrhythmen* Schlafen – Wachen
Blutkreislauf Sekundenrhythmik	*Heilungsprozesse* 7-Tage-Rhythmik
Atmung ca. 20 Atemzüge pro Min.	*Reproduktion* Monats-Rhythmik
Stoffwechsel ca. 4-Stunden-Rhythmik (Hunger)	*Wachstum* Rhythmik über Jahre

Fig. 3: Auf den Organismus und auf die Umwelt bezogene Rhythmen. Die Atmung hat eine zentrale, verbindende Funktion. Die sich gegenüberstehenden Rhythmen haben eine enge Beziehung (nach *G. Hildebrandt*).

strom allen Zellen des Organismus zugeführt. Nachdem die Erythrozyten den Sauerstoff abgeliefert haben, beladen sie sich mit der im Zellstoffwechsel anfallenden Kohlensäure und transportieren diese zur Lunge, wo sie mit der ausgeatmeten Luft an die Umwelt abgegeben wird. Das rhythmische Schlagen des Herzens und das Pulsieren des Blutes in den Arterien (der Pulsschlag) ist uns ebenso vertraut wie die rhythmische Atemtätigkeit.

Lebensrhythmen

Während sich das rhythmische System mit der Atmung der Umwelt öffnet, ist die Kreislaufaktivität des Blutes ganz auf das Innere des Organismus hin orientiert. So sind Atmung und Blutkreislauf die Grundlage der Lebensprozesse des Organismus. *Das Leben drückt sich in Rhythmen aus. H. Sieweke* erläutert dazu: »Die Erscheinung ›Rhythmus‹ ist eine Urform oder Urgeste organischen Bildens.« Die Atmung und das Pulsieren im Herz-Kreislaufsystem vermitteln uns ein besonders starkes Empfinden dafür.

Lebensrhythmen lassen sich nicht in mathematischen Formeln ausdrücken. Sie gleichen keiner physikalisch definierten Wellenform und zeichnen sich durch das Fehlen der in der Mathematik üblichen Exaktheit aus. Die *Zeitstruktur des Rhythmus* läßt Gleichförmigkeit in ähnlicher Art vermissen, wie diese der Form und Gestalt unseres physischen Leibes fehlt. Letzterer weist, wie bekannt, keine absolute Symmetrie auf (z. B. der Gesichtshälften, der beiden Hemisphären des Gehirns, der Lage des Herzens im Brustkorb und der Organe im Bauchraum).

Als *Puls-Atem-(PA)Quotienten* bezeichnen wir das Verhältnis von Pulsschlägen zu Atemzügen. Bei Erwachsenen beträgt dieser in Ruhe etwa 4 : 1 (oder 4,0), wenn man von einer Pulszahl von 72 und 18 Atemzügen pro Minute ausgeht. Bei *Kindern* ist der PA-Quotient bedeutend niedriger: Im Säuglingsalter liegt er um 2 : 1 und im

Kleinkindalter um 3 : 1. Im Verlauf von Tag und Nacht bestehen erhebliche Schwankungen des PA-Quotienten (*G. Hildebrandt*). Betrachten wir Aufzeichnungen von Puls- und Atemrhythmus eines Menschen über einen Zeitraum von 24 Stunden, so werden wir keinen zweiten Tag und auch keinen anderen Menschen finden, mit welchem sich die Aufzeichnungen absolut decken. Im Prinzip gilt dieses für alle Lebensrhythmen, gleichgültig ob sie eine hohe Frequenz, wie zum Beispiel die Schwingungen der Hirnstromkurven, haben oder ob es sich um wellenförmig verlaufende Stoffwechselaktivitäten beispielsweise der Leber handelt.

Bei der Darstellung des Menschenbildes in Kapitel 1 wurde auf das *verbindende Element der Rhythmik* im Lungen-Herz-Kreislaufsystem besonders hingewiesen. In Wirklichkeit ist jedoch die Aufgabe des rhythmischen Systems eine zweifache: Neben der kommunikativen Verbindung von Nerven-Sinnessystem und Stoffwechselsystem besteht die Notwendigkeit des *Getrennthaltens gewisser Aktivitäten der im Kopf und im unteren Menschen zentrierten Bereiche.* In dieser Dualität sind harmonisierende Prinzipien wirksam, die einmal verbinden und einmal trennen. Bei solcher Betrachtung wird in den Lebensrhythmen der menschlichen Organisation ein neues Prinzip erkennbar, das sich bisher jeder Erklärung entzogen hat, jedoch in der Medizin wie selbstverständlich hingenommen wird: die *Selbstheilung.* Im Rhythmus werden die heilenden Wirkungen der ätherischen Bildekräfte physisch erkennbar. Rhythmus ist aus sich heraus gesund und als ein heilendes Prinzip anzusehen. Rhythmus entsteht durch das Hineinwirken eines Geistigen in das Materielle und durch dessen Zurücktreten in das Übersinnliche, schrieb *Rudolf Steiner.* Das rhythmische System befindet sich nicht nur leiblich in der Mitte zwischen oberem und unterem Menschen, es ist auch in der Mitte zwischen Leib und Seele bzw. Geist.

Rhythmische Prozesse charakterisieren gesunde und krankhafte Lebensvorgänge des Individuums

Für den Arzt ist die Aussage des Herz- und Pulsrhythmus für Einsichten in das Krankheitsgeschehen oder als Zeichen einer gesunden Funktion des Kreislaufes sehr wichtig. Dasselbe gilt für die Beobachtung des Atemrhythmus. Für die Diagnose und den Krankheitsverlauf liefern Veränderungen im rhythmischen System wichtige Hinweise. Auch der Patient selbst empfindet Unregelmäßigkeiten seiner Atmung oder seiner Herztätigkeit als Zeichen für krankhafte Vorgänge in seinem Organismus. Die Beschleunigung von Puls und Atmung beim Fieber sind uns allen wohlbekannt. Bestimmte Stoffwechselerkrankungen können die Atmung erheblich verändern. Fehlen oder verschwinden solche Beschwerden, bewerten wir dieses als Maß für unser Wohlergehen.

Beim neugeborenen und heranreifenden *Säugling* können Beobachtungen rhythmisch verlaufender Lebensvorgänge Einsichten in den Fortgang der Entwicklung liefern. Viele Mütter haben mich besorgt gefragt, warum ihr neugeborenes Kind so oft den Atem anhält und ob das nicht gefährlich sei. Im allgemeinen und bei ansonsten unauffällig gedeihenden Säuglingen darf man unbesorgt sein, wenn das An- und Abschwellen der Atemtiefe mit Atempausen verbunden ist, die nicht länger als 15 Sekunden dauern. Man spricht dann von einer *Periodenatmung*. Bei dieser Form periodisch schwankender Atemfrequenz und -tiefe verändern sich weder die Hautdurchblutung noch die Herzfrequenz. Besonders bei zu früh geborenen Säuglingen kann man diesen Atemtyp über längere Zeit beobachten; erst mit zunehmendem Alter und Reifungsgrad verliert sich die Periodenatmung. Sorgfältig von dieser abzugrenzen ist natürlich der echte Atemstillstand, der 20 Sekunden oder länger dauert. Wird solcher beobachtet, ist sofortige ärztliche Hilfe notwendig.

Die im Beginn des Lebens noch unregelmäßige Atmung (die man am besten beim schlafenden Kind beurteilen kann) wird über immer längere Zeiträume zunehmend rhythmischer. Im Wachzustand kann man das Gegenteil beobachten: Mit fortschreitender Reifung und Entwicklung wird die Atmung durch körperliche und seelische Aktivitäten moduliert und *erscheint* damit unregelmäßiger. Mit zunehmendem Alter wird die Frequenz der Atmung in Ruhe (Schlaf) geringer. In den ersten Lebenstagen zählt man zwischen 30 und 80 Atemzüge pro Minute; bei Kindern im Alter von 12 Monaten findet man eine Ruhe-Atemfrequenz um 20 pro Minute. Faßt man diese Beobachtungen zusammen, so besteht eine Beziehung zwischen dem Prozeß der Reifung des Kindes nach der Geburt und einer zunehmenden Rhythmisierung von Atmung und Kreislauf.

Der Mensch und seine Lebensrhythmen

Das rhythmische Pulsieren im Herz-Kreislauf-System spiegelt in besonderem Maße den Funktionszustand des Organismus wider, während die Atmung etwas über die intime Kommunikation zwischen dem Inneren des Organismus und seiner Umwelt offenbart. Figur 3 zeigt schematisch die Stellungen einiger wichtiger Lebensrhythmen zueinander und benutzt die Frequenz der Rhythmen als Ordnungsprinzip. Die ganz auf den Organismus bezogene etwa 0,1-Sekunden-Rhythmik des Nervensystems kann hier nicht näher erörtert werden.

Fig. 4: Wochenrhythmen von Heilungsprozessen (nach *Hildebrandt*).
OBEN: Mittlere Verläufe der Rektaltemperatur bei scharlachkranken Kindern ohne antibiotische Behandlung.
Obere Kurve: Bei komplikationslosem Verlauf
Mittlere Kurve: Bei Auftreten einer Scharlach-Mittelohrentzündung
Untere Kurve: Bei Auftreten einer Scharlach-Nieren-Entzündung
UNTEN: Zwei Beispiele für Siebentagsperioden zweier Heilungsprozesse

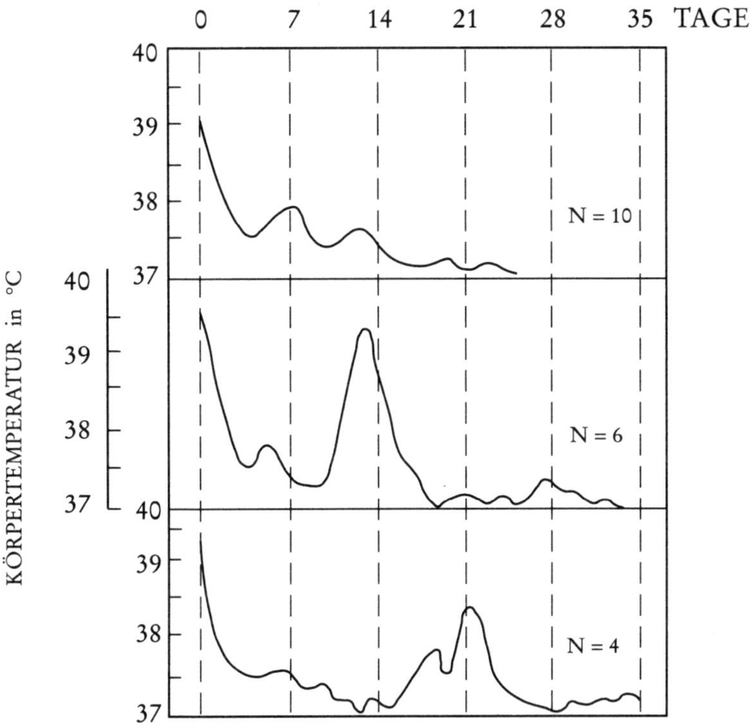
0
7
14
21
28
35
TAGE
KÖRPERTEMPERATUR in °C
40
39
38
37
N = 10
N = 6
N = 4

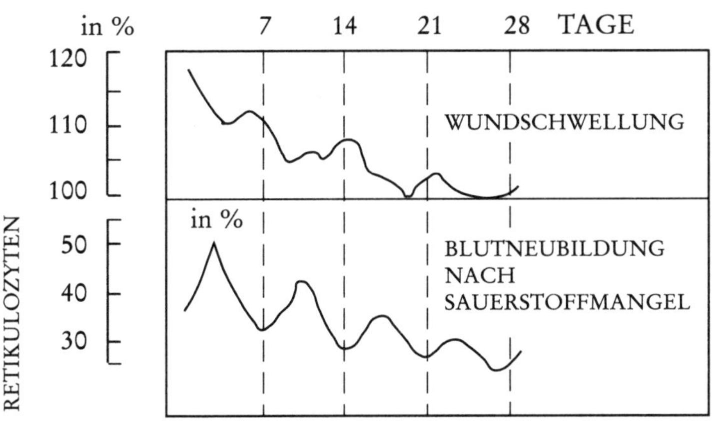
in %
7
14
21
28
TAGE
120
110
100
WUNDSCHWELLUNG
RETIKULOZYTEN
in %
50
40
30
BLUTNEUBILDUNG
NACH
SAUERSTOFFMANGEL

Unter den *umweltbezogenen Rhythmen* ist zunächst die 4-Stunden-Periodik der Nahrungsaufnahme zu nennen; andere Rhythmen im Stoffwechselgeschehen (Organfunktionen, Verdauung und Ausscheidung) sind von ihr abhängig. Obwohl die *Schlaf-Wach-Periodik* nur selten im strengen Sinne rhythmisch zu sein scheint, ist diese doch eine periodisch ablaufende Lebensnotwendigkeit. Die eine *Wochenperiodik offenbarenden Heilungsprozesse* sind von *G. Hildebrandt* beschrieben worden; Abbildung 5 A und B zeigen einige Beispiele dafür. Der 4×7-Tagesrhythmus im Organismus der geschlechtsreifen Frau erinnert noch an die Umlaufperioden des Mondes, der moderne Mensch hat sich jedoch weitgehend von diesem kosmischen Rhythmus emanzipiert.

Das Wachstum im Kindesalter ist abhängig von den Jahreszeiten, die Zunahme des Körpergewichtes ist größer im Winter als im Sommer; diese *Jahresperiodik* ist in Figur 5 dargestellt. Außerdem zeigt das Wachstum auch Rhythmen, deren Perioden in Jahren zu erfassen sind und unter denen Streckung und Fülle in den ersten 12 Lebensjahren recht gut bekannt sind. Die großen Siebenjahres-Rhythmen der menschlichen Entwicklung sind weniger gut in Zahlen zu erfassen, da es sich um Wandlungsvorgänge der Persönlich-

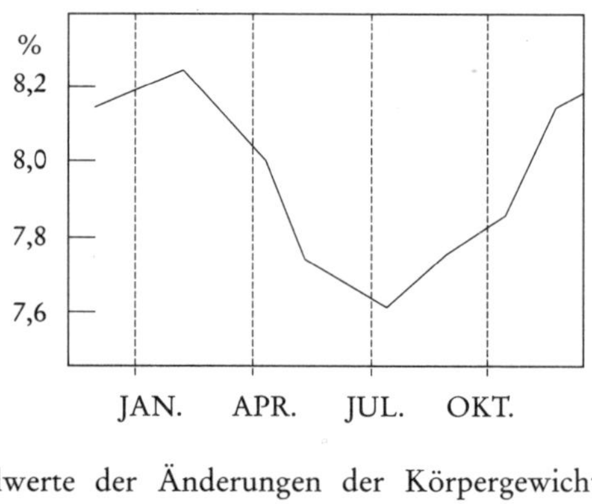

Fig. 5: Mittelwerte der Änderungen der Körpergewichtszunahme bei Schulkindern, die in einem Sanatorium an der Nordsee waren (vereinfacht nach *Schultze*, zit. nach *Hildebrandt*).

keit handelt. Die ersten beiden Entwicklungsperioden des Kindes sind durch den Beginn des Zahnwechsels im 6./7. Lebensjahr getrennt und werden durch die Pubertät abgeschlossen. Eine an den Jahreslauf gebundene Periodizität der Häufigkeit des Auftretens verschiedener *Kinderkrankheiten* ist vielen gut bekannt und beispielhaft in Fig. 6 gezeigt.

Die Spiegelung kosmischer Gesetze im rhythmischen Geschehen des Menschen läßt sich auch an der Tatsache ablesen, daß der erwachsene Mensch an einem Tag durchschnittlich 25920 Atemzüge vollführt; die gleiche Zahl hat das platonische Jahr (Dauer der Wanderung des Frühlingspunktes der Sonne durch alle Tierkreiszeichen in Jahren).

Die *Wach-Schlaf-Periodik* des Menschen ist nicht mehr streng an den Gang der Sonne geknüpft, aber die Emanzipierung ist nicht uneingeschränkt möglich. Wir können nicht umhin einzugestehen, daß Leistungsabfall und Müdigkeit zu Schlafbedürfnis und Schlafnotwendigkeit führen. Im allgemeinen findet jeder Mensch den ihm von seiner Natur vorgegebenen Schlafrhythmus; wenn dieses nicht

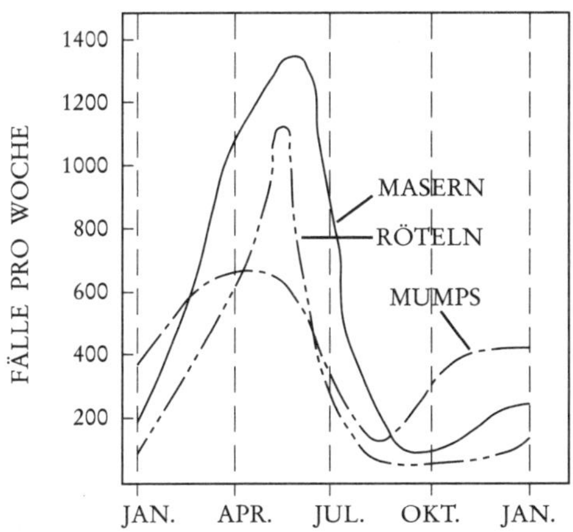

Fig. 6: Saisonbedingte Häufigkeit des Auftretens von drei Kinderkrankheiten (nach *Hildebrandt*).

möglich ist oder fortdauernd mißachtet wird, treten bei vielen Menschen Störungen des Allgemeinbefindens und schließlich Krankheiten auf. Wie ist das bei Kindern und Säuglingen?

Der neugeborene und junge *Säugling hat ein großes Schlafbedürfnis.* Er schläft praktisch zwischen allen Mahlzeiten. Es ist offenbar, daß die Schlafzeiten in der ersten Lebenszeit noch sehr durch das Nahrungsverlangen und die damit verbundenen Stoffwechselvorgänge bedingt werden. Hierbei überwiegen die etwa 4-Stunden-Intervalle. Die Summe der Schlafzeiten kann 20 Stunden pro Tag erreichen, aber auch erheblich geringer sein. Es gibt keine allgemein gültigen Zeiten, die ein Säugling pro Tag schläft oder schlafen sollte. Viele Eltern erleben, daß ihr Kind seine Schlafzeiten sehr eigenwillig wählt. Auf die praktische Seite der Schlafrhythmik und ihre Störungen im Säuglingsalter wird im letzten Abschnitt dieses Kapitels eingegangen.

Zur Bedeutung der Rhythmik

Die bisherigen Ausführungen machen eine Besprechung der *Bedeutung rhythmischer Funktionen* notwendig. Daran knüpft sich die Frage nach den Hilfen an, die wir den Kindern eventuell geben können, um in einen »gesunden« Rhythmus hineinzufinden. Da oben bereits über die *gesundende Wirkung der rhythmischen Funktionen* an sich gesprochen worden ist, mag es genügen, das Einpendeln auf einen Rhythmus und das Einhalten einer solchen Funktion als wünschenswert zu bezeichnen.

Man kann dieses Problem auch von der praktischen Seite her angehen und fragen: Gibt es *Unterschiede im Gedeihen* von Kindern, die frühzeitig einen Schlaf- und Eßrhythmus ausgebildet haben, und solchen, die durch äußere Umstände gezwungen oder ohne ersichtlichen Grund sich nicht in einen Tagesrhythmus gefügt haben? Diese Frage ist meines Wissens niemals wissenschaftlich untersucht

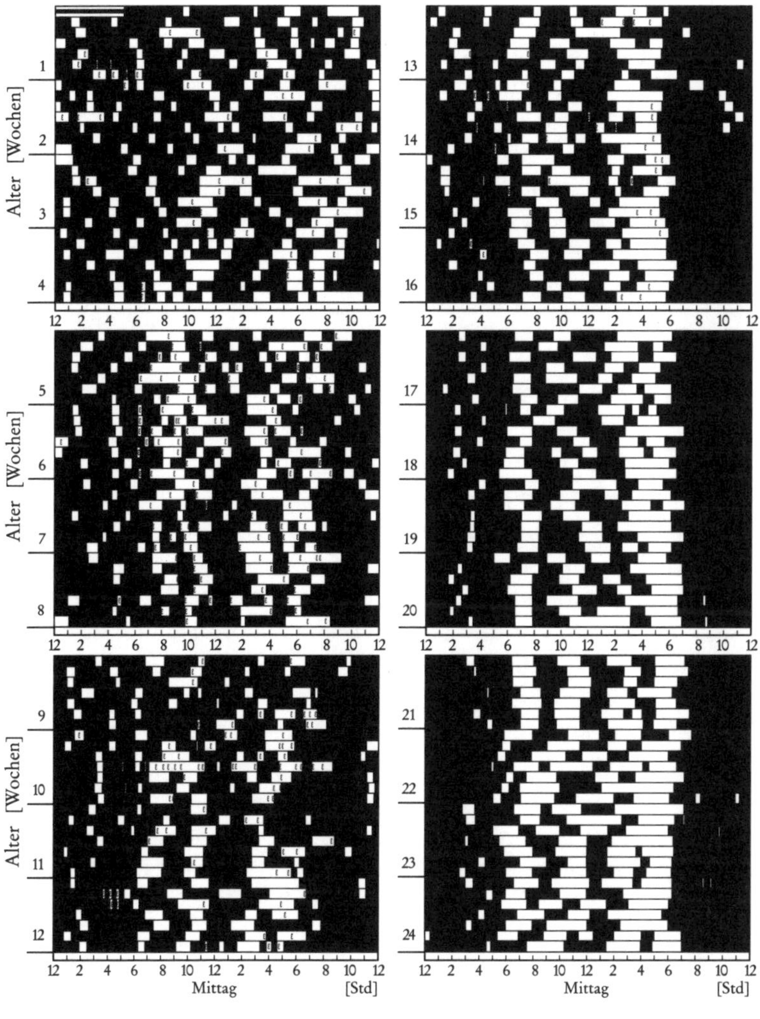

Fig. 7: Schlaf- (dunkel) und Wachzeiten (hell) junger Säuglinge von der ersten bis zur 24. Lebenswoche. Besonders beim Vergleich des ersten und letzten 4-Wochen-Blockes erkennt man die Häufung der Wachzeiten über Tag (nach *Stave/Parmelee*).

worden. Viele Eltern haben mir aber spontan berichtet, daß sich frühzeitig und »gern« in eine Tagesrhythmik einfügende Kinder auch später ihr Leben gut organisiert haben. Anekdotische Erfahrungen solcher Art mögen zwar die positive Einwirkung und gar Notwendigkeit einer Tagesrhythmik im Säuglings- und Kindesalter bestärken, lassen aber die Frage nach den Zusammenhängen weiter offen. Kann uns das allgemeine Gedeihen und die Gesundheit ein Maßstab sein? Es kann gut sein, daß wir für die Beantwortung dieser Frage den seelischen Bereich stärker beachten müssen und zum Beispiel Ausgeglichenheit und Lernfreude bei solchen Menschen finden können, die sich in ihrer Jugend gut und leicht in Lebensrhythmen eingefügt haben.

Die *Auswirkungen von Unregelmäßigkeiten* im sonst rhythmischen Tageslauf der Kinder sind den Wirkungen von Streß bei Erwachsenen vergleichbar. Bei letzteren führt andauernde Streßeinwirkung zu Allgemeinstörungen oder gar Krankheiten im rhythmischen System. Welche Symptome zeigt uns ein Säugling, der fortwährend durch stark wechselnde Eß- und Schlafzeiten gestreßt wird? Solche Unregelmäßigkeiten und ähnlich auch die Reizüberflutung (s.S. 353) führen im Säuglingsalter zu Unruhe, Unlust, Schreiphasen, Schlafstörungen und schließlich sogar zu Gedeihstörungen. Letztere beruhen natürlich oft auf Eßunlust. Das Füttern solcher aus dem Gleichmaß gebrachter und überreizter Kinder wird zu einer erheblichen Qual für die Eltern. Auch längere Reisen können bei empfindlichen Kindern eine ähnliche Wirkung haben. Es ist immer wieder erstaunlich und tröstend festzustellen, wie unser Bemühen um Ausgleich und Besserung durch die harmonisierenden Selbstheilungsprozesse wirksam unterstützt wird. Da wir uns aber auf diese nicht verlassen dürfen, muß auch etwas über Vorsorge und Hilfe gesagt werden. Viele Eltern kennen die Eigenschaften ihrer Kinder schon im Säuglingsalter so gut, daß sie vorhersagen können, ob bestimmte Situationen für ihr Kind einen Streß bedeuten und auch, ob ihr Kind damit fertig werden kann.

Unregelmäßigkeiten im Rhythmus der Nahrungsaufnahme und

des Schlafens lassen sich gewiß nicht immer vermeiden, aber das Bewußtsein für diese Abweichungen genügt schon, um solche Geschehnisse der Unruhe in der Familie seltener werden zu lassen. Werden unvermeidliche Verschiebungen der Mahlzeiten und Schlafzeiten des Kindes von den Eltern mitgetragen (ein Bewußtsein der Unabänderlichkeit und ein Mitempfinden ohne viel Worte zu machen), so wird das Kind in der Seelenhaltung der Eltern eine Stütze finden und Abweichungen von der Routine besser verkraften. Ist es den Eltern aber nicht bewußt, daß eine Mißachtung der Tagesrhythmik zu Störungen beim Kind führen kann und ist eine Chaotisierung der Tagesabläufe mehr die Regel als die Ausnahme, werden die harmonisierenden Kräfte des Kindes bald erlahmen und Krankheiten entstehen. Werden diese Dinge ins Bewußtsein aufgenommen, lassen sich viele Belastungen für das kleine Kind auschalten. Allerdings muß auch der Wille bei den Eltern vorhanden sein, die eigene Bequemlichkeit und persönliche Wünsche zurückzustellen, wenn es zum Wohl des Kindes notwendig ist.

Die beste Hilfe ist mit dem Einhalten eines kindgerechten Tagesrhythmus gegeben.

Es wurde bereits dargestellt, wie das rhythmische System des Menschen zwischen dem oberen oder Bewußtseinspol und dem unteren oder Stoffwechselpol ständig ausgleichend wirken muß. Zusätzlich zu einer Mißachtung der Tagesrhythmik können wir leider im Säuglingsalter häufig eine Reizüberflutung beobachten, also ein übermäßiges und unkontrolliertes Einströmen verschiedener Umweltreize. Die Überforderung des Nerven-Sinnessystems kann dann auch nicht vom rhythmischen System abgefangen werden, und so »schlagen die Reize durch« bis in das Stoffwechsel-Gliedmaßen-System; diese Problematik ist in Kapitel 5 vom Nerven-Sinnessystem her dargestellt worden. Diese Kinder mit übermäßigen Reizeinflüssen sehen meist blaß und abgespannt aus, werden weinerlich oder schreien viel; die Gliedmaßen zappeln unruhig, und das Verdauungssystem reagiert mit Verlust des Appetites, gelegentlich auch mit Erbrechen und Durchfall. Die Art der Reaktion des einzelnen Kindes hängt sehr von seiner Persönlichkeit, seinem Temperament und der Seelenstimmung der Eltern ab. Unsere Hilfe liegt im *Vermeiden der Überreizung* und im Schaffen einer ruhigen und *kindgerechten Umwelt.*

Rhythmik und Individuation

Als Prozeß der Individuation bezeichnen wir Reifungs- und Entwicklungsprozesse, die zur Prägung und Ausgestaltung der Einzelpersönlichkeit führen (U. Stave). Es soll hier der Versuch gemacht werden, zu zeigen, daß sich der Prozeß der Individuation in dem *Erfassen der individuellen Lebensrhythmik* spiegelt. Es wurde bereits darauf hingewiesen, daß die Etablierung des individuellen Puls- und Atemrhythmus die Persönlichkeit des Säuglings charakterisiert; ähnliches kann auch für die Einstellung der verschiedenen Tages- und Stoffwechselrhythmen gesagt werden. Auch wenn die Tag-Nacht-Periodik und die regelmäßigen Einflüsse der Jahreszeiten alle Kinder gleichmäßig trifft, so reagiert doch jedes Kind in seiner Weise auf diese Umwelteinflüsse. Und so können wir fragen, wie sich der einzelne Säugling oder das Kind zu seiner Umwelt eingestellt hat. Beim Erwachsenen unterscheiden wir zum Beispiel die Morgen- und Abendtypen, also Menschen, die ihre größte Aktivität am Morgen oder am Abend entfalten (vergl. *G. Hildebrandt*). Auch gibt es noch Unterschiede, wie Menschen sich bei verschiedenen klimatischen Bedingungen verhalten; denken wir nur an solche, die das warme Klima lieben, und solche, die nur bei kühler Umgebung produktiv sein können. Diese Unterschiede, mit den klimatischen Umweltbedingungen fertigzuwerden, kennen wir auch bei Säuglingen, und wir sollten, wenn immer möglich, deren jeweilige Akklimatisationsfähigkeit auch berücksichtigen (z. B. in der Art der Bekleidung, wie in Kap. 13 beschrieben wird).

Für jeden Menschen stellt sich die Frage, wie sich der individuelle Organismus an die jeweils gegebenen Umweltbedingungen anpaßt. Ganz allgemein kann dazu gesagt werden, daß sich der Säugling hierin besonders leichttut. Aber es gibt auch Kinder, bei denen die Umgebung nicht zu häufig und zu drastisch gewechselt werden darf. In gleicher Weise gilt, daß schon der junge Säugling bestrebt oder gewillt ist, sich auch den *kosmischen Rhythmen anzupassen.* So wird der Prozeß der Individuation durch die auf den eigenen Organismus gerichteten Rhythmen wie Puls und Atmung charakterisiert. Die Einordnung des Organismus in die kosmische (Sonnen-) Rhythmik macht das Kind einerseits zum Weltenbürger und ermöglicht ihm andererseits die Entfaltung seiner Persönlichkeit. Das Rhythmisieren seiner Lebensprozesse wird damit zum »intimsten Ausdruck seines individuellen Daseins« (*H. Sieweke*). Dieser Prozeß kann von den Eltern gut beobachtet werden, denn *das Kind zeigt mit jedem Etablieren eines Lebensrhythmus einen neuen Schritt auf dem Weg seiner Inkarnation.* Wieviel zufriedener und aufnahmebereiter ist doch der Säugling, wenn er seinen eigenen Schlaf- und Eßrhythmus gefunden hat. Oder man stellt einen neuen *Schritt zur Verselbständigung* fest, wenn keine Windeln mehr gebraucht werden, wenn also die Ausscheidung rhythmisiert worden ist.

Je klarer das *Profil der Lebensrhythmen* bei einem Kind erkennbar wird, um so deutlicher sehen wir auch den Prozeß der Inkarnation voranschreiten. Die Inkarnation des Ichs wird in den als Individuation angesprochenen Erscheinungen sichtbar. Die Chronologie der Rhythmisierung von Lebensprozessen hilft uns die Persönlichkeit des Kindes zu verstehen. Damit verbunden ist natürlich auch das Verständnis für individuelle Abweichungen und manchmal sogar für das Auftreten von Krankheiten.

Der Schlafrhythmus und seine Störungen

Die noch scheinbar regellose Schlafaktivität des neugeborenen und jungen Säuglings ist oben bereits angesprochen worden. Für eine Besprechung von realen Schlafproblemen ist es notwendig, auch die Dauer und die Uhrzeiten der Nachtruhe zu berücksichtigen. Geht man davon aus, daß bei Bestehen des überwiegend anzutreffenden 4-Stunden-Rhythmus des Stillens eine Nachtmahlzeit überschlagen wird, so ist es sinnvoll zu sagen, daß ein Nachtschlaf etwa acht Stunden dauern sollte. Außerdem erwartet man, daß ein Nachtschlaf auch wirklich in die Nachtstunden fällt.

Die Beobachtung vieler gesunder Säuglinge hat ergeben, daß von diesen etwa die Hälfte im Alter von sechs Wochen bereits etwa acht Stunden in der Nacht durchschlafen. Die Figur 7 ist der Literatur entnommen und zeigt graphisch die Wach- und Schlafzeiten von Geburt bis zum Alter von 34 Wochen. Solche Beobachtungen sind von verschiedenen Autoren zu sehr verschiedenen Zeiten mit unterschiedlichen Methoden gemacht worden; im Prinzip stimmen alle diese Beobachtungen recht gut überein. Wie bei allen statistischen Aussagen können uns solche Ergebnisse jedoch wenig über das individuelle Kind sagen. *Jedes Kind wählt sich seinen Schlafrhythmus;* im allgemeinen helfen die Eltern ihrem Kind instinktiv dabei.

Fragen zum Schlafrhythmus werden mir oft von den Eltern gestellt, etwa mit den Worten: »Was können wir bei einem ›vorgezogenen‹ Nachtschlaf tun, wenn unser Baby von 17 Uhr bis 1 Uhr nachts schläft, dann aber hungrig ist und spielen möchte?« Den Eltern ist solch ein Schlafverhalten sehr unbequem, und meist spüren die Kinder die Unlust der Mutter in der Nacht; dann kann man sich gar nicht über das Schreien des Kindes wundern. Wenn sich ein solches Schlafverhalten einzuspielen droht, muß man das Kind etwa vier Stunden nach der letzten Mahlzeit (in unserem Beispiel also um 21 Uhr) wecken. Nicht immer läßt sich das so geweckte Kind dann auch füttern, aber mit Liebe und Geduld schafft man es meist doch, daß sich das Kind an eine Mahlzeit zwischen 21 und 22 Uhr gewöhnt. Im allgemeinen folgt dann ein ruhiger 8-Stunden-Schlaf.

Schlaf- und Eßrhythmen sind eng miteinander verknüpft. Es stimmt schon, daß ein satter Säugling besser schläft als ein hungriger, nur sollte man nicht den Schluß daraus ziehen, daß die letzte Mahlzeit vor dem Schlafen eine besonders reichliche und sättigende sein muß. Für gestillte Kinder ist oft die letzte Mahlzeit geringer in der Menge und »dünner« in der Qualität. Diese Tatsache kann es bei etwas älteren Säuglingen schon nötig machen, am Abend zum Beispiel etwas fein zerdrückte Banane nachzufüttern. Man möge jedoch bedenken: *Abendliches Überfüttern hat sicher Nachteile!* Wird die Verdauung überfordert, können Blähungen und andere Störungen auftreten und den Nachtschlaf stören. Man sagt, daß zuviel Nahrung am Abend zu Übergewicht führt. Im Schlaf findet ein Stoff- und Gewebe-Aufbau statt, der, so scheint die Erfahrung zu lehren, nicht durch reichliche Ernährung »verbessert« werden kann. Es ist auch nicht erwiesen, daß Säuglinge nach zum Beispiel acht Stunden Schlaf vor Hunger aufwachen. Aber viele Kinder haben morgens einen gesegneten Appetit. So erwartet ja auch den gestillten Säugling am Morgen eine besonders fettreiche Muttermilch. Von Einsichten in die Stoffwechselvorgänge des Menschen her gesehen, sind eine *reichliche Morgenmahlzeit und ein sparsames Nachtmahl* anzuraten. Nach meinen Erfahrungen kann man das auch für junge Kinder so handhaben.

Eine andere häufig gestellte Frage betrifft mögliche *Schlaf-Hilfen* für Säuglinge. Für die jüngsten Kinder sei hier gesagt, daß Ruhe und Frieden sowohl in den Seelen der Eltern als auch im Kinderzimmer wichtige Voraussetzungen für ein gutes Einschlafen des Kindes schaffen. Ein Gebet und ein Lied am Kinderbett bereiten eine besonders schöne Atmosphäre, wozu außerdem ein rhythmisches Wiegen (wenn möglich) beiträgt. Auch im Hintergrund sollte kein Video, Fernseher oder Radio hörbar sein; das Gespräch der Eltern und das Lachen älterer Geschwister im Nebenzimmer stören das Baby im allgemeinen nicht.

Das *Baden des Kindes am Abend* fördert die Schlafbereitschaft, wenn es nicht gerade ein ausgelassenes Plantschvergnügen war. Dem Bad kann man etwas *Lavendel*-Badeöl zusetzen, oder man macht nach dem Bad eine leichte Ganzkörper-Streichmassage mit Lavendel-Öl. Der Gebrauch von innerlich verabreichten Medikamenten sollte eine große Ausnahme sein und nur vom Arzt verordnet werden. Bei manchen Säuglingen hat ein wenig Kamillentee am Abend eine beruhigende Wirkung.

Für die älteren Säuglinge und Kleinkinder kommt immer wieder die Frage auf, ob man mit der *Bettzeit* sehr strikt sein muß und ob Jahreszeiten-abhängige Veränderungen ratsam sind. Wie bereits oben ausgeführt, ist es sicher für Kinder besser, eine bestimmte Bettzeit einzuhalten. Je jünger die Kinder sind, um so mehr sollte man sich daran halten! Die Schlaf-Rhythmik ist für die »Qualität« des Schlafes und die allgemeine Gesundheit von großem Nutzen. Je älter der Säugling und um so wärmer die Jahreszeit, um so sinnvoller ist eine etwas spätere Bettzeit. Die durch die Sommerzeit um eine Stunde verschobene Tageszeit stört den Schlafrhythmus, wenn überhaupt, nur sehr kurzfristig. Die Empfindlichkeit der Kinder gegenüber Rhythmusstörungen ist sehr unterschiedlich; Eltern sollten ihre Kinder in dieser Beziehung gut kennen und Unregelmäßigkeiten bei sehr empfindlichen Kindern, wenn irgend möglich, vermeiden.

Abschließend noch ein Wort zu der Frage, ob die Mutter den Säugling mit in ihr Bett nehmen soll oder darf; diese Frage führt zur Problematik des *Familienbettes.* Viele Mütter haben mich gefragt, was sie tun können, damit sich ihr Baby zur Nacht wieder in die Wiege legen läßt. Es ist wohl kaum zu bestreiten, daß Säuglinge und Kleinkinder sehr gern im Bett mit einem oder beiden Elternteilen schlafen; und dort schlafen sie meist gut und lange. Bei noch gestillten Säuglingen unterbricht das nächtliche Stillen den Schlaf der Mutter nur kurzzeitig; das wird natürlich als angenehm empfunden. Das Gefühl der *Geborgenheit* schafft dem Kind Ruhe zum Schlafen. Die gemeinsame Ätherhülle der Mutter und ihres Säuglings ist auch ein Grund für das Kind, sich zufrieden und beschützt zu fühlen. Wenn es sich um Säuglinge handelte, brachte ich es oft nicht übers Herz, der Mutter vom gemeinsamen Schlafen abzuraten. Die Mutter (und im Falle des Familienbettes auch der Vater) muß den Schritt zur nächtlichen Trennung schon innerlich wollen und rechtfertigen können. Natürlich werden zunächst nur positive Argumente und Beobachtungen angeführt, und es fällt den meisten Ärzten schwer, die Gegenargumente richtig zu gewichten. Dennoch muß gesagt werden, daß die Mutter vom Zusammenschlafen mehr profitiert als das Kind. Ich hatte oft das Gefühl, daß die Mutter dem Kind regelrecht Ätherkräfte weggezogen hat. Viele Mütter berufen sich sogar auf einen »gesunden Egoismus«. Daher ist es mir sehr wichtig zu betonen, daß dieser egoistische Faktor und der, daß das *Kind seine Selbständigkeit für seine Entwicklung benötigt und erlangen muß,* von den Eltern wirklich verstanden und eingesehen werden muß. All dies gilt im zweiten Lebensjahr in noch stärkerem Maße. Für viele Kinder ist das *gelegentliche* Schlafen im Bett der Eltern eine Art Belohnung und besondere Freude; dagegen soll auch nichts gesagt werden.

Ernährung

7. Der Säugling

Das vollgestillte Kind

Als Überleitung zur dritten Ebene der Kommunikation zwischen dem Organismus und seiner Umwelt – das ist die Ebene der *Ernährung und Ausscheidung* – wollen wir den vollgestillten Säugling betrachten. Nachdem wir bereits den Geburtsvorgang mit seinen Umstellungen der Lebensfunktionen vom vorgeburtlichen zum nachgeburtlichen Leben im Kapitel 4 besprochen haben, schauen wir jetzt auf das abgenabelte Kind. Zunächst ist die Umwelt für das Neugeborene sehr klein: Durch seine Sinnestore dringen vornehmlich die mit Hautkontakt verbundenen Empfindungen; die Augen scheuen helles Licht und geben nur brauchbare Bilder der nächsten Umgebung; die Ohren sind im wesentlichen auf Wahrnehmungen aus der Nähe eingestellt; Geruch und Geschmack sind zunächst nur auf die Nahrung gerichtet; die lebhaften Wahrnehmungen der unteren Sinne sind auf den eigenen Organismus bezogen (Kap. 5). Die *kleine Welt des Säuglings* wird von der Mutter oder in ihrem Auftrag kontrolliert. So wird der vorgeburtliche Schutz mit völlig neuen Mitteln fortgesetzt. Man kann auch sagen, daß *die Mutter dem Kind Freiräume schafft,* indem sie durch Ernährung und Pflege für die leiblichen und seelischen Bedürfnisse des Kindes sorgt und außerdem Schaden von ihm fernhält. In diesen Freiraum hinein wächst und gedeiht das Kind; die gesamtmenschliche Entwicklung erfolgt durch zunehmende Kommunikation mit der noch kleinen und behüteten Umwelt.

Die Ernährung des Säuglings mit *Muttermilch* muß auch unter dem Aspekt des Schutzes und der Vermittlung gesehen werden. Die Mutter macht damit für ihr Kind eine Nahrung verfügbar, die nicht individueller und nicht besser bekömmlich sein kann. So lassen wir vor uns dieses Bild des noch ganz in seiner kleinen Welt lebenden, von der Mutter umhüteten, vollgestillten Säuglings entstehen. Unter solchen Lebensbedingungen sind die aufbauenden Bildekräfte optimal wirksam, und die Seele (Astralleib) des Kindes kann im Schutze der elterlichen Fürsorge reifen. Im folgenden soll auf die praktische Seite des Lebens in diesem frühen Alter näher eingegangen werden.

Glücklicherweise hat sich heute die Erkenntnis wieder weitgehend durchgesetzt, daß die *Muttermilch uneingeschränkt die beste Nahrung für den Säugling* ist (die außerordentlich wenigen Ausnahmen von dieser Regel sind dem Kinderarzt natürlich bekannt). Schon Geburtshelfer und Hebamme sorgen dafür, daß das Neugeborene an die Mutterbrust gelegt wird, sobald dieses nach Beendigung der Geburt möglich ist. Das neugeborene Kind wird gar nicht immer etwas trinken oder trinken können, da die Menge an *Kolostrum* (Vormilch) zunächst sehr gering ist; die eigentliche Milchbildung setzt erst langsam ein, meist am dritten Tag. Aber auch ein paar kleine Schlucke dieses Kolostrums, das viele, den weißen Blutkörperchen verwandte Immunzellen enthält, sind für das Baby von großer Bedeutung. Mit dem Kolostrum gelangen nicht nur überlebensfähige Zellen, sondern auch wichtige Immunstoffe (z.B. Globuline) in den Organismus des Kindes. Die Zusammensetzung der Vormilch unterliegt starken individuellen Schwankungen; Tabelle 6 (s. S. 163) zeigt Zahlen zum Vergleich der Milcharten, die Schwankungen sind jedoch für alle diese Daten sehr groß. Der hohe Anteil an Eiweiß im Kolostrum ist durch den Gehalt an Zellen bedingt, wodurch auch die gelbliche Färbung hervorgerufen wird.

Wenn das Neugeborene in den allerersten Lebenstagen nur unzureichende Mengen bei der Mutter trinken kann, so ist es gut zu wissen, daß sich das Kind vor der Geburt einen *Vorrat an Nahrungssubstanzen* angelegt hat (der um so geringer ist, je früher vor dem erwarteten Geburtstermin das Kind geboren wird). Bei diesem Vorrat handelt es sich um *Glykogen*, ein komplexes Kohlenhydrat, das im Stoffwechsel des Babys völlig in Zucker zurückverwandelt und verwendet werden kann. Außerdem hat das Kind vor der Geburt *Fette* gespeichert, die allerdings nur langsam und erst in zweiter Linie abgebaut werden, wenn Energie- und Wärmebildung aus des Kindes eigenen Vorräten heraus notwendig sind. Diese Bevorratung macht das neugeborene Kind für eine beschränkte Zeit von der Nahrungszufuhr weniger abhängig; man kann darin auch eine Überbrückung der Zeit bis zum Beginn des ausreichenden Stillens sehen.

Der *Flüssigkeitsbedarf des Neugeborenen* kann in den ersten Lebenstagen nicht immer voll durch die Muttermilch gedeckt werden. Daher kann es notwendig sein, zum Beispiel etwas Fencheltee mit einem Löffel zuzufüttern. Ist der Flüssigkeitsbedarf größer oder tritt gar Durstfieber auf, so muß der Tee mit Traubenzucker (5 g = 1 Teelöffel pro 100 ml Tee) gesüßt werden; bei manchen Kindern muß man den Tee mit einem Fläschchen geben.

Nach einer Brustmahlzeit wird der Säugling in drei bis vier Stunden wieder hungrig sein und möchte erneut angelegt werden. Wenn eine *Babywaage* verfügbar ist, kann man in den ersten Lebenstagen und Wochen das gewickelte Baby gelegentlich vor und nach dem Anlegen wiegen, um so die Trinkmenge zu bestimmen. Das soll aber nicht zur Gewohnheit werden, da uns solche Zahlen nur einen Anhalt geben können. Das Wohlbefinden, die zufriedene Stimmung der Sättigung und eventuell die wöchentlich einmal kontrollierte Gewichtszunahme reichen im allgemeinen aus, um Gedeihen und Ernährungszustand des Säuglings zu verfolgen.

Das *Schreien des Säuglings* schon ein bis zwei Stunden nach einer Brustmahlzeit ist meist ein Zeichen dafür, daß sich das Kind nicht sattgetrunken hat. Letzteres kann wegen Mangel an verfügbarer Muttermilch der Fall sein oder auf einer Ermüdung beim Trinken an einer »schwergehenden« Brust beruhen (*»Hunger an der Brust«*). Wenn das Schreien nur gelegentlich und schon bald nach der letzten Mahlzeit auftritt, können natürlich auch ganz andere Gründe als Hunger bestehen. Diese Ursachen herauszufinden, ist nicht leicht, und daher sollte die junge Mutter sich nicht scheuen, den Rat einer erfahrenen Hebamme oder eines Kinderarztes einzuholen.

Auch wenn sie in ausreichender Menge verfügbar ist, enthält die Milch der Mutter gelegentlich Spuren von Nahrungssubstanzen aus ihrem Essen, die beim Kind Verdauungsstörungen hervorrufen. Dann kann das Schreien des Kindes auf Blähungen oder gar auf krampfartige Leibschmerzen (*»Nabelkoliken«*) zurückzuführen sein. Diese Erfahrung zeigt: Auch die ganz individuell für das Kind von der Mutter bereitete Milch kann noch »Außenwelt« enthalten, welche für den Säugling den Charakter von Fremdsubstanz hat. Für die Verdauung und den Stoffwechsel des Kindes ist es ein langer Weg des »Lernens« und des Sich-Anpassens, bis nach und nach die *Nahrungssubstanzen nicht mehr Fremdstoffe, sondern »Lebensmittel« werden.* Dieser Prozeß verläuft über die ersten Lebensjahre!

Zu dieser Problematik sei ein *Beispiel* gegeben:

Eine Mutter folgte dem oft gehörten Rat, in der Schwangerschaft reichlich Milch zu trinken und dies dann auch während der Stillzeit fortzuführen. Schon nach einer Woche schrie das Kind häufig nach dem Stillen, obwohl es reichlich Muttermilch zur Verfügung hatte. Im Gespräch mit der Mutter fand ich zunächst keinen Grund, die Ursache für die Nabelkoliken ihres Kindes in ihrer Ernährung zu sehen. Dann aber gestand sie mir, daß sie eigentlich gar keine Kuhmilch mochte und diese auch in ihrer Jugend weitgehend gemieden habe; wegen des Kindes bemühe sie sich sehr, ihre Abneigung zu überwinden. Mein Rat, die Kuhmilch völlig wegzulassen, wurde befolgt, und in zwei Tagen waren die Nabelkoliken überwunden.

Man hat übrigens in solchen Fällen die Muttermilch untersucht und *Antikörper gegen Kuhmilch* nachweisen können. Die »Außenwelt« war auch substantiell bis in die Muttermilch und damit zum Kind vorgedrungen. Es ist aber auch gut zu wissen, daß bei Nichtbeachtung solcher Umstände, also weiterem Milchgenuß der Mutter, die meisten Kinder (aber nicht alle!) langsam die Fähigkeit entwickeln, auch diese Art Fremdsubstanz anzunehmen, das heißt zu verdauen. Die Frage der Kuhmilchallergie des Kindes wird weiter unten besprochen.

Das Beispiel der Übertragung von Kuhmilchantikörpern durch die Muttermilch auf das Kind leitet über zu den einfacheren Formen des *Übertretens von Substanzen aus der mütterlichen Ernährung in die Muttermilch.* Das ist bekannt, und diesbezüglich wird manch guter Rat für stillende Mütter verbreitet (auf den Übergang von kleinen Mengen Knoblauch in der Muttermilch wurde oben bereits hingewiesen). Es heißt, daß stillende Mütter Kohl, Hülsenfrüchte und Zwiebeln meiden sollen. Die Liste ist mal länger, mal kürzer, doch kann ich aus meiner Erfahrung raten, daß die Mutter am besten selbst herausbekommen soll, was sie, oder besser ihr Kind, vertragen kann. Leichtere Unverträglichkeiten von zum Beispiel bestimmten Gemüsen, können oft schon durch den Zusatz von *Küchenkräutern* überwunden werden. Dieses allmähliche Kennenlernen von Nahrungssubstanzen durch die vermittelnde und so dem Kind sehr hilfreiche Darreichungsform der Muttermilch und ihren feinen Beimengungen ist doch eine wunderbare Art, den Organismus des Kindes mit der substantiellen Umwelt vertraut zu machen.

Über den *Rhythmus der Nahrungsaufnahme* und wie wir dem Kind helfen können, seinen individuellen Rhythmus zu finden, ist oben bereits gesprochen worden. Bei einem gut gedeihenden und zufriedenen Säugling wird die Frage nach der *Trinkmenge* pro Mahlzeit kaum aufkommen, außerdem können die nach Körpergewicht berechneten Trinkmengen immer nur einen Anhalt geben. *Entscheidend ist das gute Gedeihen und die Zufriedenheit des Kindes!* Auf die unterschiedliche Konzentration der Muttermilch am Morgen und am Abend (fettreichere Milch am Morgen) wurde oben bereits hingewiesen. Etwa ab der dritten Lebenswoche trinken viele Säuglinge in 24 Stunden eine Milchmenge, die ⅕ bis ⅙ ihres Körpergewichtes entspricht. Bei sechsmaligem Anlegen trinken sie dann pro Mahlzeit etwa ein sechstel der Tagesmenge.

Dazu ein *Zahlenbeispiel:* Das Körpergewicht eines 4 Wochen alten Säuglings beträgt (mit Hemdchen, aber ohne Windel gewogen) 3600 g; davon ⅙ ergibt die Tagestrinkmenge von 600 g. Wird das Kind fünfmal in 24 Stunden angelegt, so könnte es jedesmal etwa

120 g trinken; wird es sechsmal gestillt, wird es nur um 100 g nehmen. Vollgestillte Kinder lassen sich durch solche Richtzahlen nicht beeindrucken. Nach meiner Erfahrung können die Tagestrinkmengen gut gedeihender Kinder um 100 bis 200 g von den Tagesrichtwerten abweichen.

Das *Gedeihen, womit wir nicht nur das Wachstum, sondern die Gesamtentwicklung zusammenfassen wollen, wird überwiegend nach dem Befinden* (das Verhalten ist vom Befinden abhängig) *und erst in zweiter Linie nach der Gewichtszunahme beurteilt.*

Wöchentliche Kontrollen des Körpergewichtes sind nur bei berechtigten Zweifeln am Gedeihen der Kinder notwendig. Viele Mütter sehen in der Zunahme der Rundungen ihres Kindes ein gutes Zeichen des Gedeihens. Vollgestillte Säuglinge zeigen nur selten eine übermäßige Gewichtszunahme. Nur wenige erreichen doch ein Stadium, das wir mit *Übergewicht* bezeichnen (d.h. sie wiegen 20 % über ihrem Soll, das nach der Körperlänge und nicht nur nach Alter bestimmt wird). Nun ist auch bekannt, daß ein bei voller Muttermilchernährung auftretendes Übergewicht meist schon im zweiten Lebensjahr wegschmilzt. Bei künstlicher Ernährung (so nennen wir jede Ernährung außer der Muttermilch) sind diese Verhältnisse anders (s. S. 172). Der Vollständigkeit halber seien auch die meistgebrauchten *Richtzahlen* für die Gewichtszunahme im ersten Lebensjahr genannt:

Die durchschnittliche tägliche Gewichtszunahme beträgt:
im 1. bis 3. Monat: 25 g,
im 4. bis 6. Monat: 20 g,
im 7. bis 9. Monat: 15 g und
im 10. bis 12. Monat etwa 10 g.

Zur Frage der *Dauer der Muttermilchernährung* gibt es leider sehr unterschiedliche Meinungen. Nach allgemeiner Übereinkunft endet das Säuglingsalter mit dem ersten Lebensjahr, und auch das Stillen sollte dann *spätestens* aufhören. Mit dem Abstillen vollzieht sich ein wichtiger *Schritt zur Verselbständigung des Kindes.* Dieser Schritt ist oft sehr schmerzlich für die Mutter, selten für das Kind. Was nützen aber alle Zeitpläne, wenn die Mutter keine Milch mehr hat oder auch, wenn das Kind plötzlich die Brust verweigert? Nur das persönliche Gespräch – am besten mit dem Kinderarzt oder einer Kinderschwester – kann helfen, die individuellen Probleme zu lösen. In den ersten drei bis fünf Lebensmonaten ist das vollgestillte Kind rundherum zufrieden. Nach Beginn des Zufütterns einer Löffelmahlzeit werden viele Mütter noch zwei bis dreimal am Tag stillen können oder wollen. Ab 9. Lebensmonat beginnen mehr und mehr Kinder die Brust zu verweigern. Wenn das nicht geschehen ist, sollte man vor dem Ende des ersten Lebensjahres abstillen.

Ein Wort über die *Brustpflege* sei hier eingefügt, da der Säugling in seinem Trinken durch Schmerzen der Mutter leicht beeinträchtigt wird. Gelegentlich sagte mir mal eine Mutter, daß ihr bei den starken Schmerzen durch das Saugen der Gedanke kam, vielleicht doch besser abzustillen. Obwohl solche Gedanken meist gar nicht gewollt sind, empfindet das Kind doch die innere Not der Mutter. Bei empfindlicher Haut ist *Vorsorge anzuraten: Bereits Wochen vor der Entbindung sind tägliche Trockenbürstungen der Brustwarzen durchzuführen* (mit weichen Naturborsten!). Eine stärkere Wirkung kann man durch Bürstung mit Zitronenwasser oder einem milden Bittermittel (z.B. Salbeitee) erreichen. Tritt nach Beginn des Stillens ein Wundsein der Brustwarzen auf (gelegentlich wird dieses erst durch Blut in der durch Spucken wieder hervorgebrachten Nahrung entdeckt), so sollte sich die Mutter ärztlichen Rat holen, bevor die Schmerzen zu arg werden. Von einer Behandlung mit fetten Salben ist abzuraten.

Viele vollgestillte Säuglinge beginnen etwa in der Mitte des ersten Lebensjahres immer seltener *Stuhlentleerungen* zu haben. Da gibt es zuweilen Pausen von einer Woche oder sogar länger. Es ist dann schon verständlich, daß der Arzt um Rat gefragt wird, und im Zweifelsfall muß das Bäuchlein auch mal untersucht werden. Die seltenen Entleerungen sind nicht als Verstopfung anzusehen, sie beruhen vielmehr auf einem Mangel an Substanz im Dickdarm, da die Muttermilch fast vollständig vom Körper aufgenommen wird. Der selten erscheinende Stuhl besteht aus Schleim und Abschuppungen aus dem Darm. Die Gallenabsonderungen färben ihn gelblich. Kurzzeitig grüne Färbungen sind harmlos. Der Geruch ist ähnlich einer gesäuerten Milch (wegen der im Stuhl überwiegenden Milchsäurebakterien).

Nach Beginn der *Zufütterung* von Obst, Gemüse oder gar Kuhmilch verändert sich der Geruch des Säuglingsstuhles, und meist kommt es auch wieder zu täglichen Entleerungen. Die dann vorherrschenden Coli-Bakterien verursachen einen fäkalen Geruch und oft dunklere Färbung. Es ist in diesem Alter sehr typisch, daß man im Stuhl scheinbar unverdaute Teilchen von Gemüse oder Obst findet. Wie bei jedem Wechsel der Ernährung und bei der Einführung neuer Nahrungssubstanzen können leicht Verdauungsprobleme auftreten. Besonders die Gasbildung ist vermehrt, aber auch Bauchschmerzen bis zu Nabelkoliken werden beobachtet. Eine Besprechung über die möglichen Komponenten der Beikost im ersten Lebensjahr erfolgt in Kapitel 8.

Wieder erleben wir, daß die Nahrungssubstanzen aus der Umwelt zunächst alle wie Fremdkörper wirken. Der Stoffwechsel des Kindes kann die *Fremdnatur in den Nahrungsmitteln* nicht so rasch überwinden. Die für die Verdauung notwendigen Enzyme (Wirksubstanzen für Stoffumwandlungen) werden erst langsam und in Abhängigkeit von den durch die Nahrungssubstanzen bewirkten Anregungen (Reize) im Darm der Säuglinge gebildet. Diese Reifungsprozesse dienen alle der Anpassung des Organismus an die für die Umwelt typischen Lebensbedingungen. Bei diesen Überlegungen gilt es immer wieder zu bedenken, daß die Muttermilch eine unübertroffen leichte Verdaulichkeit hat; sie kann sich fast selbst verdauen! Überlastungen des Verdauungssystems und zu frühe Belastungen durch neue und für das Kind noch unverdauliche Nahrung müssen daher zu Störungen in seinem Stoffwechsel führen.

Jede neue Kost für das Baby muß langsam eingeführt werden, damit der Organismus seine Reifungs- und Entwicklungsprozesse in Gang bringen kann. Insgesamt gesehen ist die Fähigkeit der Anpassung an die Verdauungserfordernisse im ersten Lebensjahr (manchmal bis in das zweite Jahr hinein) *sehr groß, jedoch bei den einzelnen Säuglingen sehr unterschiedlich.*

Man hüte sich davor, von einem Kind auf das andere zu schließen, da sich in der Verdauungsfähigkeit des Kindes bereits viel von der Individualität ausdrückt. Überempfindlichkeiten gegenüber Nahrungssubstanzen und die sogenannten Nahrungsmittelallergien werden unten gesondert diskutiert (s. S. 170).

Es läßt sich wohl kaum objektivieren: Aber die *Wärme und der Geruch eines vollgestillten Säuglings* hat etwas ganz Besonderes an sich! Das Bedürfnis der Mutter, ihr Kind warm zu halten, ist sehr natürlich, ja instinktiv. Leider erleben wir heute so oft, daß Säuglinge gegen Kälte nicht ausreichend geschützt werden. Ganz besonders nachteilig für die Gesundheit wirkt sich die Kälte an Füßen und Beinen aus, da der Wärmeorganismus seinen *Wärmepol im unteren Menschen* hat, worauf bereits hingewiesen wurde.

Bei manchen Tragegestellen für Säuglinge hängen die Beinchen herunter, und oft deutet deren Hautfarbe bereits auf eine schlechte Durchblutung hin. Daher: *Bedeckt die Beine mit Wolle und prüft die Wärme der Waden!* Man sollte Tragegestelle für Säuglinge so wenig wie möglich benutzen (vergl. auch Kap. 14).

Der Kopf bildet den kühlen Pol des Wärmeorganismus. Die *Stirn* darf nur bei besonders ungünstigen Witterungsbedingungen bedeckt werden, da sie für die Wärmeregulation des gesamten Körpers eine Wahrnehmungsfunktion (wie ein Thermostat) ausübt. Der Kopf des jungen Säuglings braucht Schutz vor Wind und Kälte, aber es darf kein Schwitzen unter der Mütze auftreten. Ganz allgemein muß man Wärmestauungen ebenso vermeiden wie unnötige Abkühlungen. Die Wärme ist im Organismus des Kindes in ständigem Fließen begriffen.

Beim *Baden* kommt es immer zu einer *Abkühlung der Haut*, auch wenn die Wassertemperatur optimal ist. So ein geringer Kältereiz ist keineswegs gefährlich; Frottieren mit dem Badehandtuch sorgt für gute Hautdurchblutung und rasche Erwärmung nach dem Bad. Seife und Detergentien sollte man beim Baden der Säuglinge weitgehend vermeiden; diese Mittel zerstören den Fettfilm der Haut, der sie schützt und auch für den Wärmeorganismus hilfreich ist. Es genügt, den kleinen Säugling zweimal wöchentlich und den größeren jeden zweiten Tag zu baden, möglichst am Abend.

Frühe Bindung zwischen Mutter und Kind

Abschließend soll die Mutter-Kind-Beziehung angesprochen werden, da man heute so viel über die »frühe Bindung« (das *Bonding*) liest und hört. Die meisten wissenschaftlichen Untersuchungen (*Klaus u. Kennel*) gehen von der These aus, daß der Prozeß der seelischen Bindung zwischen Mutter und Kind zwar in der Schwangerschaft vorbereitet, aber erst nach der Geburt praktisch durchgeführt wird. Zunächst war den Ärzten und Psychologen der negative Aspekt aufgefallen, und so suchte man die *Folgeerscheinungen des Mangels einer frühen Mutter-Kind-Bindung,* die sich in mehr oder weniger stark ausgeprägten Gedeihstörungen äußerten. Das bekannteste *Beispiel* für eine erzwungene Trennung von Mutter und Kind nach der Geburt ist die Notwendigkeit einer längeren Verweildauer eines zu früh geborenen Kindes im Inkubator. Aus Angst vor Infektionen durfte die Mutter früher nicht an der Pflege ihres so isolierten Kindes teilnehmen. Dabei wurden erhebliche »Entfremdungen« und Kontaktschwierigkeiten nach der Entlassung des Kindes aus dem Krankenhaus festgestellt.

Im Vorwort des grundlegenden Buches zum Thema »Bonding« (*Klaus u. Kennel*) wird gesagt, daß dieses Buch die Frage behandelt, »wie man ein menschliches Wesen zum Menschen macht«. Diese im Watsonschen Behaviorismus begründete geistige Überheblichkeit sieht in dem Prozeß der frühen Bindung zwischen Mutter und Kind den Ursprung oder gar die Ursache der Menschwerdung. Es kann kein Zweifel an der großen Freude und positiven Auswirkung eines ersten engen Hautkontaktes zwischen Mutter und Kind nach der Geburt bestehen und auch nicht an dem Sinn des frühen Anlegens des Säuglings an die Mutterbrust, aber statt in diesen Vorgängen (dem Bonding) die Ursache der Menschwerdung zu sehen, deute ich dieses Verhalten der Mutter gegenüber ihrem Kind als Ausdruck für eine bereits bestehende, elementare, physisch-seelische Bindung. Auf die gemeinsame Ätherhülle wurde bereits hingewiesen (s. S. 72). Mit dem ersten Hautkontakt beginnt das soziale Miteinander, wobei gleichzeitig die *Verantwortung für das Kind* zu entstehen beginnt.

Wann hat die Mutter eine *Wahrnehmung von der geistigen Wesenheit des Kindes?* Manche Mütter berichten, daß ihnen das Kind oder seine geistige Wesenheit im Traum erschienen ist; gelegentlich offenbart das Kind der Mutter seinen gewünschten Namen. Meine Erfahrungen und Gespräche mit Müttern nach der Geburt weisen darauf hin, daß es unterschiedlich lange (Stunden bis Tage) dauert, bis die Mutter die erste »Begegnung« mit der »Person« in ihrem Kind erlebt. Im allgemeinen ist der seelisch-physische Kontakt mit dem Kind nach der Geburt so überwältigend, daß die geistige Begegnung erst etwas später möglich ist.

Die *vorgeburtlichen Beziehungen der Mutter zu ihrem Kind* sind sicher zu einem großen Teil durch physiologische Gegebenheiten geprägt. Die Mutter nährt und schützt ihr Kind in ihrem Leib; im Uterus hat sie einen Innenraum für seine Entwicklung bereitet, in den das Hineinwirken kosmischer Kräfte möglich ist. *W. Hassauer* sagt dazu, daß »der Uterus die individuellen Kräftewirkungen des Menschenwesens aus dem Überirdisch-Unsichtbaren aufzunehmen« vermag. Die seelische Bindung vollzieht sich – wie Aussagen von Schwangeren zu entnehmen ist – individuell sehr unterschiedlich. In Kapitel 2 wurde von der geistigen Individualität des Kindes und ihrer Mitwirkung bei Wachstum und Entwicklung gesprochen.

Wir gehen davon aus, daß ein *karmischer Zusammenhang zwischen den Entelechien von Mutter und Kind besteht.* In Kapitel 3 wurde dargelegt, daß der Lebensleib (Ätherleib) des Kindes im Mutterleib aus den Ätherkräften der Umwelt heraus gebildet wird und dazu die mütterlichen Ätherkräfte entscheidend beitragen. Als Bild können wir uns vor Augen stellen, daß die mütterlichen Bildekräfte eine Art umfassenden, größeren Uterus bilden; sie schaffen eine kreative Ätherhülle.

Bei der physischen Geburt löst sich das Kind nur aus dem physischen Leib der Mutter, *eine Ätherhülle bleibt zunächst bestehen;* sie umschließt Mutter und Kind! Die von der Mutter dem Kind zuströmenden Ätherkräfte sind für den Beginn des nachgeburtlichen, physisch schon recht selbständigen Lebens des Kindes von großer Bedeutung. Jede räumliche Trennung von Mutter und Neugeborenem erschwert das Wirken dieser Bildekräfte im kindlichen Organismus. Auf die Gefahren einer erzwungenen Trennung durch Inkubatorpflege wurde bereits hingewiesen. Seitdem das »Rooming-in« auf Entbindungsstationen eingeführt worden ist (*W. Hassauer*), sind viele Säuglinge ruhiger und zufriedener geworden. Im allgemeinen haben Mütter ein feines Gefühl für das, was hier als gemeinsame Ätherhülle angesprochen wurde. Eine durch Konditionierung herbeigeführte Bindung (Bonding) ist eine vom Intellekt erdachte Ersatzvorstellung. Glücklicherweise sind die von den Vertretern des Behaviorismus vorgeschlagenen und heute sehr üblichen Maßnahmen nach der Geburt auch nach dem hier vertretenen Menschenbild richtig und hilfreich.

Die Muttermilch

Aus geisteswissenschaftlicher Sicht ist der Stillvorgang der äußere Ausdruck einer vielstufigen Hilfe, die der mütterliche Gesamtorganismus dem Kinde zuströmen läßt. Die *Milchbildung* im Drüsenorgan der Brust steht zunächst ganz unter dem Einfluß der ätherischen Bildekräfte. Ein weiterer Aspekt für die Milchbildung sei hier mit den Worten *Rudolf Steiners* (GA 27) zitiert: »Wenn das Fett in der menschlichen Milch erscheint, so weist dieses auf eine sehr bemerkenswerte Tätigkeit des Organismus hin. Der Körper zehrt dieses Fett nicht in sich auf; er läßt es in ein Absonderungsprodukt übergehen. Es geht damit aber auch die Ich-Organisation in *dieses* Fett über. Darauf beruht die bildsame Kraft der Muttermilch. Die Mutter überträgt dadurch ihre eigenen bildsamen Kräfte der Ich-Organisation auf das Kind und fügt damit den Gestaltungskräften, die schon durch die Vererbung übertragen worden sind, noch etwas hinzu.«

In den geisteswissenschaftlichen Darstellungen der Menschheitsevolution durch *Rudolf Steiner* (GA 57) lassen sich weitere Aspekte zur Milchernährung des Kindes anführen: Ganz allgemein ist die Milch die *Nahrung der Götter* gewesen, und sie war in einem frühen Entwicklungsstadium der Erde wie ein universelles Blut, das alle lebende Substanz der Erde ernährt hat. Milch ist unter dem Einfluß des Mondes gereift und kann heute noch als Mondennahrung angesprochen werden.

Die *Milchbildung erfolgt im Schutz des Wärmeorganismus* der Mutter. Stillende Mütter machen immer wieder die Erfahrung, daß die Brüste warm gehalten werden müssen und darüber hinaus auch die Arme gut bekleidet sein sollen. So wie die Wärme die Milchbildung fördert, so wird diese durch Kälte vermindert oder gar unterbunden (z. B. durch Eisauflagen).

Bei *Stauungen des Milchflusses* kommt es rasch zu einer entzündlichen, sehr schmerzhaften Verhärtung und Schwellung in dem betroffenen Sektor der Brust. Bis der Arzt die notwendigen Maßnahmen einleiten kann, ist es möglich, daß sich die Mutter mit warmen Quarkauflagen hilft.

Im weiteren sollen *praktische Gesichtspunkte der Muttermilchernährung* in einer Übersicht dargestellt werden:

1. Muttermilch ist *immer für das Kind bereit,* ist frisch und praktisch frei von Krankheitskeimen; sie hat immer die richtige Temperatur und verhindert weitgehend Darminfektionen des Kindes. Stillen ist zeitsparend.
2. *Allergien und Überempfindlichkeiten* treten beim Stillen außerordentlich selten auf; damit werden auch die auf diesen Krankheiten beruhenden Sekundärphänomene, wie zum Beispiel übermäßig starkes und gehäuftes Spucken, Erbrechen, Nabelkoliken und Darmblutungen (mit Blutarmut als Folge), vermieden; Säuglingsekzeme treten deutlich seltener auf.
3. *Antikörper und unspezifische Schutzstoffe* gegen Viren und viele andere Mikroorganismen werden dem Kind über die Muttermilch zugeführt; dieses zeigt sich in der eindeutig verminderten Erkrankungshäufigkeit, besonders an Infektionen des Verdauungstraktes, der oberen Luftwege und der Bronchien.
4. *Riesenzellen* (Makrophagen) werden besonders reichlich in der Vormilch, vereinzelt aber auch später in der reifen Muttermilch auf das Kind übertragen. Diese Zellen können noch im Organismus des Kindes sogenannte Komplementfaktoren produzieren, die für die Infektabwehr und für den Eisenstoffwechsel des Kindes hilfreich sind.
5. Muttermilch verursacht einen *sauren Stuhl,* in dessen Milieu ein Milchsäurebazillus (*lactobacillus bifidus*) besonders gut gedeiht. Viele Krankheitserreger können sich in dem Darm-Milieu des mit Muttermilch ernährten Säuglings aus diesem Grund nicht ansiedeln.
6. Die Versorgung des Kindes mit *Vitaminen* (auch Vit. C!) ist bei vollgestillten Säuglingen und ausgewogener Ernährung der Mutter sichergestellt. Man beachte jedoch, daß Frühgeborene und selten auch reif geborene Säuglinge am ersten Lebenstag einen Mangel an Vitamin K haben können (der ärztliches Handeln erfordert) und daß in sonnenarmen Gegenden die Versorgung mit Vitamin D unzureichend sein kann. Der Kinderarzt wird Rat geben.

7. *Spurenstoffe und Eisen* sind in der Milch von Müttern, die eine gut ausgewogene und qualitativ gute Diät einhalten, ausreichend vorhanden. Sobald das Kind jedoch eine Beikost erhält, ändert sich die Resorption besonders für Eisen, und es kann zu einem Mangel kommen. Die relativ niedrigen Blutwerte für Erythrozyten und Hämoglobin im zweiten und auch noch im dritten Trimenon (Trimenon ist eine 3-Monats-Periode) sind eine natürliche Erscheinung und keine Krankheit. Wo jedoch echter Mangel beginnt, muß der Kinderarzt entscheiden.
8. Die *seelische Komponente* beim Stillen darf nicht unterschätzt werden! Die Frage der »frühen Bindung« wurde oben behandelt. Gestillte Säuglinge sind im allgemeinen ruhiger und ausgeglichener. Es ist eine kinderärztliche Erfahrung, daß gestillte Kinder von ihren Müttern anders »gehandhabt« werden als sogenannte »Flaschenkinder«. Stillende Mütter entwickeln schneller ein natürliches Empfinden für die physischen und seelischen Bedürfnisse ihres Kindes, woraus folgt, daß gestillte Kinder sehr selten einen Mangel an multisensorischer Stimulation aufweisen (vergl. S. 111).

Gelegentlich fällt einer Mutter das *Abstillen* sehr schwer. Dieser erste *Schritt zur Verselbständigung* des Kindes ist eine, wenn auch gelegentlich schmerzhafte *Notwendigkeit.* Manche Mütter brauchen zu dieser Zeit seelische Unterstützung, um das Kind wirklich »loslassen« zu können. Wenn der Säugling beginnt, die Brust zu verweigern, sollte die Mutter diese »Hilfe« vom Kind annehmen! Schwerwiegende Gründe können ein rasches Abstillen erforderlich machen. Meist wird der Arzt individuell dazu Anweisungen geben. Allgemein gilt, daß das Hochbinden der Brüste und starke Einschränkung der Trinkmenge die Milchbildung rasch vermindert. Kühlende Brustauflagen können zusätzlich verordnet werden.

Die wenigen *Gegenanzeigen* für das Stillen müssen der Vollständigkeit halber auch genannt werden:

1. Schwere, sogenannte *konsumierende Infektionen der Mutter.* Dabei stellt oft die dabei notwendige medikamentöse Therapie mit zum Beispiel Antibiotika eine zusätzliche Gegenanzeige dar.
2. *Chronische Unter- und Fehlernährung* der Mutter, zum Beispiel extreme Magersucht.
3. Bestimmte Formen von *Neurosen* und *Psychosen.*
4. Mütterliche Erkrankungen, die eine *medikamentöse Behandlung* mit Mitteln erforderlich machen, die in die Muttermilch übergehen und so auch in den Organismus des Kindes gelangen würden.
5. Während eine erneute Schwangerschaft kein Grund zum Abstillen ist, so wird jedoch die Milchbildung langsam versiegen.
6. *Unzureichend ausgebildete Brustwarzen* der Mutter, zum Beispiel Hohlwarzen, können Schwierigkeiten bereiten. Bei fachkompetenter Beratung findet sich jedoch meist ein Weg, dem Kind die Milch der Mutter zukommen zu lassen (Saughütchen, evtl. auch Pumpe).

Der heute viel diskutierte *Gehalt der Muttermilch an Pestiziden* und anderen Schadstoffen wird bewußt an letzter Stelle genannt, da generell die Vorteile der Muttermilchernährung die möglichen Nachteile für das Kind durch Schadstoffe aufwiegen. Selbstverständlich muß jede Mutter für sich entscheiden, wie sie sich zu dieser Frage einstellt. Mein Rat ist: *Das Stillen darf aus diesem Grund nicht aufgegeben werden,* es sei denn, völlig neue Erkenntnisse oder neue Schadstoffe (z.B. bei einer Verseuchung von Nahrungsmitteln mit radioaktiven Substanzen) werden bekannt. Einzelheiten zu den Schadstoffen werden in Kapitel 15 dargestellt.

Als Übergang zur Besprechung der sogenannten künstlichen Ernährung des Kindes seien die *Inhaltsstoffe* von Kolostrum, reifer Muttermilch und Kuhmilch verglichen. Tabelle 6 zeigt jeweils nur eine repräsentative Zahl. Letztere ist ein *Mittelwert* aus vielen Einzelmessungen. Man muß sich einen Fächer von vielen kleineren und größeren Zahlen um diesen Mittelwert gruppiert vorstellen, um den

Schwankungsbereich individueller Milchproben richtig ermessen zu können. Wie bereits gesagt, sind bei jeder Mutter tageszeitlich bedingte Schwankungen der Milchzusammensetzung vorhanden.

Tabelle 6

Hauptbestandteile der Milch (Mittelwerte)

	Kolostrum	Reife Muttermilch	Kuhmilch
Eiweiß	2–5 %	1,1 %	3,5 %
Kohlenhydrate	4,0 %	7,0 %	4,0 %
Fette	3,0 %	3,5 %	3,5 %
Mineralien (Salze)	0,3 %	0,2 %	0,7 %

Flaschennahrung für den Säugling

Wie die Muttermilch für den menschlichen Säugling, so ist die Kuhmilch für das Kalb die optimale, weil artgerechte Ernährung in der ersten Lebenszeit. Die Verträglichkeit nicht artgerechter Milch ist aus sehr verschiedenen Gründen schlechter als die der Milch der eigenen Mutter. Besonders das Eiweiß der Milch tritt bei den verschiedenen Tierarten in sehr unterschiedlichen Konzentrationen auf und hat außerdem erhebliche Strukturdifferenzen im Aufbau des Eiweißmoleküles. Während man eine höhere Konzentration des Eiweißes durch Verdünnung mit Wasser aus- oder angleichen kann, muß die Verdauung des Kindes mit der Besonderheit fremden Eiweißes fertig werden. Die Tabelle 7 zeigt einen Vergleich der unterschiedlichen Konzentration von Eiweiß in den Milchen von Mensch, Kuh und Kaninchen zusammen mit Angaben über die Zeit der Verdoppelung des Geburtsgewichtes.
Bei einer Betrachtung des *Salzgehaltes* der verschiedenen Milcharten (man spricht auch von dem Gehalt an Asche oder Mineralien)

Tabelle 7

Eiweißgehalt der Milch und Wachstum nach der Geburt

	Geburtsgewicht verdoppelt nach	Eiweißgehalt der Muttermilch
Mensch	ca. 150 Tagen	1,1 %
Kuh	ca. 47 Tagen	3,5 %
Kaninchen	ca. 6 Tagen	10,5 %

sieht es ähnlich aus: Die Milch des Kaninchens hat einen 12fach höheren Salzgehalt als die Milch des Menschen. Die Fettanteile bei den hier genannten Tieren zeigen nur geringe Unterschiede.

Zu den schnell wachsenden Tieren gehört ein höherer Eiweiß- und Mineralgehalt in der jeweiligen Muttermilch, und wir können dann auch die für die Tierart schnellere Verhärtung der Knochen beobachten.

Der menschliche Säugling hat das Privileg, langsam wachsen zu dürfen! Wenn wir sein Wachstum durch ein vermehrtes Angebot an Eiweiß und Salzen antreiben, so behindern wir die Reifung und volle Entfaltung seiner Organfunktionen durch vorzeitige Verhärtungen und vermindern gleichzeitig die für die Entwicklung der menschlichen Organisation notwendige Plastizität.

Bei der Mehrzahl der Säuglinge können wir davon ausgehen, daß Kuhmilch keine allergischen Erscheinungen auslöst. Nach den in Tabelle 6 gezeigten Analysenwerten von Kuhmilch und Muttermilch ist die Notwendigkeit offensichtlich, daß wir dem menschlichen Säugling die *Kuhmilch nur in verdünnter Form als Nahrung anbieten können.* Selbst bei einer Mischung von gleichen Teilen Kuhmilch mit Wasser ist der Eiweißgehalt und auch der der Mineralien immer noch zu hoch. Der Fettanteil jedoch sinkt auf die Hälfte des Wertes der Muttermilch, und der Anteil an Kohlenhydraten

(Zucker) fällt in der verdünnten Kuhmilch auf fast ein Viertel der Konzentration in der Muttermilch ab. Diese Betrachtung möge das Verständnis für die Notwendigkeit sowohl einer Verdünnung der Kuhmilch als auch der Zugabe von Kohlenhydraten (Zucker und Mehlen) erhöhen.

Immer wieder wird deutlich, daß der entscheidende Unterschied von Muttermilch und Kuhmilch in der *artbedingten Strukturdifferenz der Eiweiße* begründet liegt. Da wir aus biochemischen Daten hier keinen wesentlichen Informationsgewinn erwarten können, wollen wir einige Eigenschaften der beiden Milcharten im Verdauungssystem des Säuglings vergleichen. Diese Informationen haben große praktische Bedeutung (Tab. 8).

Tabelle 8

Vergleiche von Muttermilch und Kuhmilch bei der Verdauung

	Muttermilch	Kuhmilch
Zeit des Verbleibs im Magen in Stunden:	1½–2	3–4
Schicksal der Immunsubstanzen in der Milch:	bleiben erhalten	werden zerstört
Art der Koagulation im Magen:	fein	grobklumpig
Art der Zersetzung im Darm:	oxidativ (Fermentation)	reduktiv (Zersetzung)
Stuhlbeschaffenheit:	sauer gelb-grün breiig	alkalisch braun fäkal

Erst um die letzte Jahrhundertwende ist es gelungen, eine für Säuglinge verträgliche Nahrung auf Kuhmilchbasis herzustellen. Bis dahin war die Verwendung von Ammenmilch die einzig sichere Methode, junge Säuglinge zu ernähren. Über viele Jahrzehnte zogen sich die Untersuchungen hin, bis man schließlich die *Prinzipien der Zubereitung von Flaschennahrung* erarbeitet hatte. Erst langjährige Erfahrungen haben zu brauchbaren Ergebnissen geführt. Es wird nicht als eine Aufgabe dieses Buches angesehen, verschiedene Zubereitungen von Flaschennahrungen für Säuglinge zu erörtern (vergl. *Goebel und Glöckler, P. Kühne u. a.*). Es sollen aber die Substanzen der Umwelt betrachtet werden unter dem Gesichtspunkt, wieviel *»Fremdwirkung«* über sie in den Organismus gelangt.

Die im folgenden aufgelisteten *Prinzipien* sind als eine Hilfe gedacht, *Fehlernährung zu vermeiden* und Voraussetzungen für eine bessere Gesundheit im Kindes- und (indirekt auch im) Erwachsenenalter zu schaffen.

1. *Kuhmilch muß für die Flaschennahrung des Säuglings verdünnt werden.* Halbmilch (also gleiche Teile Milch und Wasser) ist *nur* mit entsprechenden Zusatzstoffen als Anfangsnahrung geeignet. Sogenannte Drittelmilch ist nur mit genau bemessenem Zusatz von Mandelmus brauchbar.
2. Das zu Milchverdünnungen benutzte *Wasser muß abgekocht* werden und sollte *salzarm* sein.
3. Jede Kuhmilch-Verdünnung benötigt *Zuckerzusatz.*
4. In den ersten 3 Lebensmonaten sind *Getreidezubereitungen zu vermeiden;* ausgenommen reine Stärke und »instant«-Reis. Der Gebrauch von Mandelmus erübrigt Getreidezusätze.
5. Ab 4. Lebensmonat sind *Getreidezusätze und Zucker* für die dann zu verwendende *Zweidrittelmilch* (2 Teile Vollmilch und 1 Teil Wasser) notwendig, um die Verdaulichkeit der Kuhmilch zu fördern.
6. Der Zusatz von *Apfelsinensaft* (oder dem frischen Saft einer anderen geeigneten Frucht) und *Möhrensaft* zum Ausgleich

der in der Kuhmilch fehlenden Vitamine A und C ist ab 6. Lebenswoche angezeigt.

7. Bei ausschließlicher Flaschenernährung, die nicht länger als bis zum 6. Lebensmonat durchgeführt werden darf, sollte man ab 3. oder 4. Lebensmonat täglich einen Teelöffel gutes *Pflanzenöl* zusetzen (gut verschütteln!); neben Olivenöl eignen sich auch Weizenkeim-, Diestel-, Sonnenblumen- und Baumwollsaatöl.
8. Die *Gesamtmenge an Vollmilch pro Tag* darf 600 ml nicht überschreiten; bei manchen Kindern ist sogar besser, als obere Grenze 500 ml (halber Liter) zu wählen. Diese Menge gilt auch noch für das Schulkind!
9. Fettreduzierte *(Mager-) Milch* darf für die Ernährung des Säuglings und Kleinkindes *nicht verwendet werden.*
10. Wenn *Milch direkt vom Bauernhof* bezogen wird (zum Teil ist solche Qualität auch als Vorzugsmilch erhältlich) muß diese für die Säuglingsernährung wegen der in frischer Milch immer vorhandenen Bakterien kurz *aufgekocht* werden. Solche Milch ist niemals zu fett.

Zur Frage der Verwendung von *Zucker und Getreide* in der Säuglingsernährung ist folgendes zu bedenken: Während alle einfachen Zucker (Traubenzucker, Milchzucker, Kochzucker, Fruchtzucker etc.) schnell ins Blut übergehen und damit zur schnellen Sättigung führen, müssen alle Getreidezubereitungen (Mehle, Grieß, *Holle*-Getreideschleim usw.) erst einen Verdauungsprozeß durchmachen, das heißt durch Verdauungsenzyme in einfache Zucker abgebaut werden. Die Getreidezubereitungen enthalten außerdem *Schleimstoffe,* die eine allzu grobe Ausflockung der Milch im Magen des Säuglings verhindern und damit die Verträglichkeit der Kuhmilch deutlich verbessern. In den ersten drei Lebensmonaten wird neben Zucker nur (eiweißfreie) Stärke oder Reisschleim empfohlen; leider fehlen dann die Schleimstoffe. Im Getreide sind Eiweiße (Gliadine) enthalten, die relativ häufig zu krankhaften Veränderungen der Darmschleimhaut führen; diese allergischen Prozesse können zu Schrumpfungen (Atrophie) der Zellen führen, die für die Aufnahme der Nahrungssubstanzen ins Blut verantwortlich sind. Man sollte diese hier gegebenen allgemeinen Richtlinien unbedingt beachten, da solche chronische Störung der Verdauung nicht nur Gedeihstörungen im ersten Lebensjahr, sondern auch Spätschäden im Erwachsenenalter verursachen kann.

Zur *Temperatur der Flaschennahrung* ist zu sagen, daß im allgemeinen der gesunde Instinkt der Mutter dafür sorgt, daß die Flaschennahrung *körperwarm* verabreicht wird. Nur gelegentlich hört man noch, daß bei längerer Verabreichung Kühlschrank-kalter Flaschenmilch keine Nachteile bei den Kindern beobachtet worden sind. Leider waren die Beobachtungszeiten viel zu kurz für eine kritische Beurteilung. Gerade der *Wärmeorganismus* des Säuglings und Kleinkindes ist außerordentlich empfindlich, zeigt aber Schäden erst viel später. Der Wärmeorganismus des Kindes bereitet in den ersten zwei Lebensjahren die Aufnahme der Ich-Organisation in die physische Organisation vor. Störungen dieses Vorganges werden meist erst erkennbar, wenn das Kind die Stufen der Ich-Inkarnation durchläuft. Es besteht ja auch gar kein triftiger Grund, warum man von der durch die Natur (beim Stillen) vorgegebenen Verabreichung körperwarmer Nahrung abweichen sollte. Im zweiten Lebenshalbjahr kann man langsam beginnen, Löffelmahlzeiten lauwarm oder mit Raumtemperatur zu verabreichen (z.B. Quark-Obst-Speisen, Kompotte, Zwieback mit Milch, Apfelmus usw).

Es gibt die Situation, daß *keine Muttermilch* verfügbar ist und schon der neugeborene Säugling mit einer Zubereitung aus verdünnter Kuhmilch ernährt werden muß. Für diese Fälle haben sich uns in der Kinderklinik des Gemeinschaftskrankenhauses Herdecke Zubereitungen aus *verdünnter Kuhmilch mit Mandelmus* über Jahre bewährt. In dieser von uns verwendeten Zusammensetzung entspricht der Gehalt an Kohlenhydraten, Eiweiß, Fetten und Mineralien den sogenannten volladaptierten Fertigmilchpräparaten oder sind diesen sogar überlegen, wenn wir die Muttermilch als Maßstab verwenden (Laboranalysen haben das bestätigt). Rezepte und ausgezeichnete Beschreibungen für die Herstellung findet man in dem Buch von *W. Goebel* und *M. Glöckler* »Kindersprechstunde« und bei *P. Kühne* über »Säuglingsernährung«. Die Verträglichkeit dieser Kuhmilchverdünnung mit Mandelmus-Zusatz (sowie Milchzucker und Schleimpulver) ist hervorragend, und die so ernährten Kinder gedeihen sehr gut. Man sollte *Rezeptangaben genau befolgen* und die Zugabe von Obst- und Möhrensaft ab sechster Lebenswoche nicht vergessen. Der Mandelbaum wächst im warmen Klima des Mittelmeeres; die Mandel ist der Kern einer nicht genießbaren Frucht.

Bei unzureichend vorhandener Muttermilch kann der gesüßte *Fencheltee* nur sehr kurzzeitig eine Hilfe sein. Dann wird man entweder, solange die benötigte Menge relativ gering ist, mit einer *Mandellösung* (7 % Mandelmus mit 6 % Milchzucker in Wasser) zufüttern oder eine Kuhmilchverdünnung mit Mandelmuszusatz einführen müssen; im letztgenannten Fall spricht man von einer *Zwiemilchernährung* (Verabreichung von zwei Milcharten). Bei jeder Art der Zufütterung einer Fremdmilch wird sich der Stuhl des Kindes verändern, er verliert den säuerlichen Geruch, färbt sich meist dunkler, wird seltener entleert und festigt sich. Wir sehen darin ein Zeichen der andersartigen Verdauung. Mit zunehmender Menge von Fremdsubstanz wird sozusagen die Grenze zwischen der Umwelt und dem Kind vom Mundbereich bei der reinen Muttermilchernährung in den Darmbereich verlegt; im Darm machen sich die Coli-Bakterien breit und verdrängen die Milchsäurebakterien. Unter anderen Besonderheiten haben die *Colibakterien* einen großen *Bedarf an Eisen;* sie nehmen das Eisen fest in sich auf. Für das Kind bedeutet dies, daß wesentlich mehr Eisen mit der Nahrung angeboten werden muß, um dem Bedarf des Kindes gerecht zu werden. Man hat gefunden, daß bei einer Coli-Flora im Darm nur 10 % des Eisens der Nahrung dem Kind zugute kommt, während bei einer Flora mit Milchsäurebakterien um 70 % resorbiert werden können. Das Wissen um solche Ernährungsbedingungen sollte uns um so mehr an die Notwendigkeit denken lassen, für die Säuglings- und

Kleinkinderernährung Nahrungsmittel bester Qualität und mit hohem Eisengehalt zu verwenden (z.B. Getreide der »Demeter«-Qualität).

Probleme und Nachteile der künstlichen Ernährung

Welches sind die *möglichen Nachteile oder nicht erwünschten Späteffekte der Flaschenernährung?* Zuerst muß natürlich die Kuhmilchallergie genannt werden. Wie kann man diese erkennen? Besonders in den ersten drei Lebensmonaten macht eine *Kuhmilchallergie* nur selten Hauterscheinungen und wenn, dann sind diese gar nicht spezifisch. Symptome des Magen-Darm-Kanals sind dagegen recht häufig und reichen vom Erbrechen über Durchfall bis zu den schwer beurteilbaren Nabelkoliken und Blutarmut. Die Häufigkeit der Kuhmilchallergie hat sicher in den letzten Jahrzehnten stark zugenommen. Aus der anthroposophischen Menschenkunde heraus betrachtet, besteht ein starkes Engagement des Astralleibes (Schmerzen und Juckreiz) und der Ich-Organisation (welche über den Astralleib wirksam ist) und ein über die Grenzen hinausschießender Ätherleib (die chronisch entzündete Haut, besonders wenn sie näßt, ist ein Bild dafür). Diese überschießende Reaktion findet physisch im immunologischen Abwehrsystem statt, welches das »Fremde« der Außenwelt mit Vehemenz »erkennt« und heftig abzuwehren sucht. Das Kind braucht ärztliche Hilfe!

Wird wegen einer erwiesenen Kuhmilchallergie auf ein anderes Nahrungs-Eiweiß umgestellt, so gibt es leider die Möglichkeit, daß das Kind auch gegen das andere Eiweiß eine Allergie entwickelt. Das hat man besonders häufig bei Säuglingen erlebt, die auf eine *Sojabohnen-Eiweiß-Zubereitung* (meist als Fertignahrung verwendet, da sich das Sojamehl nicht unbehandelt als Säuglingsnahrung eignet) umgestellt wurden; nach zwei bis vier Wochen traten erneut allergische Krankheitssymptome auf. Dasselbe gilt prinzipiell auch bei Umstellungen auf Milch anderer Tiere. In Herdecke haben wir allerdings mit *Stutenmilch* gute Erfahrungen sammeln können. Milchzubereitungen aus Ziegen- oder Schafsmilch sollten nur unter ärztlicher Überwachung verwendet werden.

Ganz selten gibt es verzweifelte Situationen, wo kein Nahrungseiweiß (außer Muttermilch und gespendeter Frauenmilch) vom Stoffwechsel des Kindes angenommen wird; dann muß ein Versuch mit *Eiweißhydrolysaten* gemacht werden, das heißt, der Arzt gibt dem Kind ein bereits »vorverdautes« (in seine Bausteine aufgespaltenes) Eiweiß.

Ein anderer Nachteil der ausschließlichen Ernährung aus der Flasche wird leider oft als Vorteil gedeutet: die im Vergleich mit Muttermilchernährung oft erlebte *raschere Gewichtszunahme* bei »Flaschenkindern«. Dafür gibt es mehrere Gründe: Mit Ausnahme der volladaptierten Fertignahrungen für junge Säuglinge hat praktisch alle Flaschenkost einen zu *hohen Salzgehalt.* Mit dem Salz wird Wasser in die Gewebe eingelagert und ein Gewichtszuwachs nur vorgetäuscht. Der meist *zu süße Geschmack* (der überwiegend gebrauchte Kochzucker ist süßer als der Milchzucker!) verführt zu größeren Trinkmengen. Der gute Appetit des Kindes wird im allgemeinen als etwas Positives gewertet; wenn erst einmal ein Übergewicht besteht, ist dieses schwer zu revidieren. Es gibt keine Kost zur Reduktion des Körpergewichtes bei Säuglingen!

Wird eine Kost mit zu hohem Gehalt an Kohlenhydraten (also zu viele Produkte aus weißem Mehl mit zuviel Zucker) über längere Zeit gefüttert, so bildet sich das heute nicht mehr häufig zu sehende Krankheitsbild des *Mehlnährschadens* aus. Diese Säuglinge werden blaß, sehen etwas aufgeschwemmt aus, entwickeln Durchfälle und werden sehr anfällig für Infektionskrankheiten. Solche Kinder brauchen eine ärztliche Behandlung.

Es gibt auch eine Überfütterung mit Milch, bei der die *erhöhte Eiweißzufuhr* vom Stoffwechsel des Kindes nicht mehr bewältigt werden kann. Solch ein »Milchnährschaden« geht mit relativem Mangel an Kohlenhydraten einher. Diese Form einer Fehlernährung tritt zum Beispiel auf, wenn statt einer verdünnten Kuhmilch Vollmilch für die Flaschennahrung verwendet wird. Diese Kinder werden blaß und verlieren an Gewicht, der Stuhl wird hart und selten (man nennt diese Stühle dann »Kalkseifenstühle«).

Diese Ausführungen mögen zeigen, daß Säuglinge auch mit ausschließlicher Ernährung aus der Flasche gedeihen können, nur ist diese Form der »künstlichen« Ernährung im Vergleich zur Muttermilchernährung mit viel mehr Gefahren verbunden. Die *Gefahren* liegen im Auftreten von Allergien, in der geringeren Infektabwehr, in Fehlern bei der Herstellung der Milchzubereitungen und in der Überfütterung. Außerdem werden die *Säuglinge bei künstlicher Ernährung den Fremdwirkungen der Umwelt sehr frühzeitig ausgesetzt;* eine besonders liebevolle Zuwendung beim Füttern mag den Kindern eine Hilfe sein.

Die heute vielgepriesene und überall erhältliche *Fertignahrung für Säuglinge* ist zweifellos sehr konstant in der Zusammensetzung und bei richtigem Gebrauch in vieler Beziehung sicher. Ich möchte auf die Nachteile von fabrikmäßig und in großen Mengen hergestellten Nahrungen hier nicht näher eingehen. Beim Vergleich von Muttermilch, einer von der Mutter liebevoll zubereiteten Nahrung und einer gekauften Fertignahrung spielen subjektive Ansichten und persönliche Erfahrungen eine große Rolle. Die Mutter hat das letzte Wort.

8. Grundlegendes zur Ernährung

Einleitung

Die Kommunikation zwischen Organismus und Umwelt findet auf drei Ebenen statt, die sich aus der Dreigliederung des menschlichen Organismus ergeben. In Kapitel 5 wurde besprochen, wie das Nerven-Sinnessystem den Informationsaustausch bewerkstelligt, und in Kapitel 6 wurde dargestellt, wie zwischen dem Organismus und seiner Luftumwelt ein feiner, bereits substantieller Stoffaustausch stattfindet. Sowohl die Atmung als auch der Gastransport im Herz-Kreislauf-System offenbaren ihre Aktivitäten in Rhythmen. Diese rhythmischen Funktionen des Gasaustausches mit der Luftumwelt erfolgen kontinuierlich über Tag und Nacht; sie werden durch Wachen und Schlafen nur moduliert. Die kontinuierliche Sauerstoffversorgung des Organismus ist eine Lebensnotwendigkeit.

Betrachten wir den *Stoffaustausch* auf der Ebene des Stoffwechsel-Gliedmaßensystems, so wissen wir, daß die Aufnahme von Nahrungssubstanzen und die Ausscheidungsprozesse ebenfalls lebensnotwendig sind. Im Vergleich zum kontinuierlich rhythmischen Gasaustausch mit der Luft erfolgt die *Nahrungsaufnahme periodisch* und unterliegt erheblichem Wechsel in der stofflichen Zusammensetzung. Sie wird durch viele Faktoren sehr individuell gestaltet, das Spektrum reicht von der relativ gleichförmigen Muttermilchernährung bis zum Menü in einem französischen Restaurant; auch der Zeitplan bei der Nahrungsaufnahme zeigt große Unterschiede bei den Menschen.

Aus mechanistisch-positivistischer Gesinnung heraus haben viele die Frage, ob die *materielle Zusammensetzung ihres Organismus völlig* oder in entscheidender Weise *durch die Zusammensetzung ihrer täglichen Nahrung bestimmt* wird. Dieselbe Frage wird oft noch intensiver mit Bezug auf das junge Kind gestellt. Dem materialistischen Denken ist kaum eine andere Art und Weise des Aufbaues und der Erhaltung des menschlichen Körpers vorstellbar als diese »direkte« Übertragung von Materie der Umwelt auf oder in den Organismus. Auch die Wissenschaft bezweifelt heute nicht, daß die mit der Nahrung aufgenommenen Substanzen den Körper aufbauen und ihn unterhalten, Überschuß und Unverdauliches wird wieder ausgeschieden. Im Jahre 1908 zitierte *Rudolf Steiner* in einem Vortrag (17.12.1908; GA 57) den Philosophen *Ludwig Feuerbach* (1804–1872, Begründer der modernen materialistischen Weltanschauung) mit dem inzwischen sehr bekannten Ausspruch: »Der Mensch ist, was er ißt.« In diesem Zusammenhang wählen viele geisteswissenschaftlich arbeitende Menschen ihre Ernährung sehr kritisch aus, damit ihre Erkenntnisfähigkeit nicht beeinträchtigt werden möge, oder sie erhoffen sich sogar eine bessere geistige Leistungsfähigkeit durch Wahl einer bestimmten Ernährung. Diese und ähnliche Auffassungen sind von *Rudolf Steiner* als Irrtümer bezeichnet worden (*R. Steiner, a.a.O.*).

Obwohl der materialistische Aspekt des Ausspruches von *Feuerbach* gar nicht so schwer zu widerlegen ist, wie unten gezeigt werden soll, mag es viele Menschen erstaunen, wenn *Rudolf Steiner* schreibt (*a.a.O.*), daß »in gewisser Weise ... gerade die Geisteswissenschaft diesen Satz für sich in Anspruch nehmen« kann, denn die Nahrung ist wie alles in unserer Umwelt der »Ausdruck eines Geistigen« und das Ergebnis der Tätigkeit geistiger Wesenheiten. Die von uns verzehrten Nahrungssubstanzen sind überwiegend pflanzlicher Herkunft. Die Aufbauprozesse in den Pflanzen dürfen nicht nur materiell, sondern müssen auch in ihrer geistigen Bedeutung verstanden werden. Die Synthese pflanzlicher Substanzen ist das Ergebnis der Wirksamkeit der Ätherkräfte der Pflanze. Zunächst hebt die Pflanze Salze aus dem Bereich des Irdisch-Physischen heraus und besorgt dann in ihren Blättern eine Art Verdichtung gasförmiger Stoffe (Kohlensäure und Stickstoff) unter Mitwirkung des Lichtes und der Wärme der Sonne. Wir nehmen mit der Nahrung eben nicht nur das auf, was sich »vor unseren Augen ausbreitet, sondern wir essen mit das, was Geistiges dahinter ist« (*R. Steiner, a. a. O.*).

Natürlich kann man nun auch die Frage stellen, ob denn das, was wir über das Materielle hinaus in uns aufnehmen, uns nicht auch schädigen kann. Alle *Nahrungssubstanzen* sind ja zunächst für unsere menschliche Organisation *Fremdkörper;* und das Geistige hinter dem Materiellen braucht keinesfalls generell für uns brauchbar und hilfreich zu sein. Können wir uns gegen die materiellen Wirkungen und geistigen Kräfte, die durch die Nahrung in unseren Organismus gelangen, wehren? Und können wir uns von diesen befreien, wenn sie bereits in uns wirksam sind? Man kann auch fragen, ob diese Art der *Befreiung von den Zwängen der Umwelt* etwas zu tun hat mit der Auswahl unserer Nahrungsmittel. Beim Durchdenken solcher Fragen muß uns bald die Erkenntnis kommen, daß es keine für jedes Kind, für jeden Menschen generell *richtige Ernährung* geben kann. Dafür sind die individuellen Bedürfnisse und Notwendigkeiten zu unterschiedlich! Daraus folgt eindeutig, daß es *in der Ernährung keinen Dogmatismus geben darf!* Dementsprechend sind auch die in den folgenden Abschnitten beschriebenen Ernährungsformen nur Empfehlungen und Hinweise. Bei der Besprechung einzelner Nahrungsmittel bedürfen die vielfältigen Wechselwirkungen zwischen Organismus und Umwelt einer Illustration durch Beispiele.

Es bleibt die Frage zu beantworten, warum der Satz: »Der Mensch ist, was er ißt«, auch aus materialistischer Sicht nicht einfach als richtig angenommen werden kann. Da alle Nahrungssubstanzen für den Menschen zunächst Fremdsubstanzen sind (man denke an die katastrophalen Folgen von direkt ins Blut oder den Muskel eingespritztem »Fremdeiweiß«), müssen sie erst *zerkleinert,* durch die Verdauungsprozesse *abgebaut* und dann im Stoffwechsel des Menschen *umgewandelt* und in den Organismus *eingegliedert* werden. Das Argument, daß die kleinsten materiellen Teile der Nahrung (Moleküle und Atome) dennoch unzerstört in den menschlichen Organismus gelangen, trägt nicht, da wir uns nicht von Atomen, sondern von spezifischen Nahrungssubstanzen mit recht besonderen Strukturen ernähren. Wir können nur das als Ernährung bezeichnen, was der Mensch in seine Körpersubstanz umwandeln kann.

Die Transformation von Umwelt-Substanz in Menschen-Substanz macht uns zu wahren Individualitäten und Bürgern dieser Erde.

In diesem Kapitel soll uns besonders die Frage beschäftigen, in welcher Art und Weise die *Ernährung im jungen Kindesalter* Gesundheit, Wohlbefinden und Krankheit sowohl in der Jugend als auch im späteren Leben beeinflußt. Diese Formulierung setzt bereits voraus, daß die Befindlichkeit des Kindes und vielleicht sogar seine Krankheitsanfälligkeit und sein Verhalten von der Ernährung abhängig sind oder sein können. Außerdem wird bei der Postulierung eines Bezuges zwischen der Ernährung im Kindesalter und dem Befinden im späteren Leben die Existenz oder Möglichkeit einer Zeit-Brücke vorausgesetzt, welches zu beweisen nicht ganz einfach ist.

Besonders *Ernährungsgewohnheiten* und durch das Land und das Klima bedingte *Gegebenheiten der Ernährung* lassen neben den unmittelbaren Auswirkungen auch *Langzeitwirkungen* erwarten. Hier sei nur an die Entwicklung von Übergewicht (Fettsucht) und Untergewichtigkeit (Magerkeit) erinnert oder an den ernährungsbedingten Bluthochdruck und Herzkrankheiten.

Die *Qualität der Nahrungsmittel* muß in diesem Zusammenhang betrachtet werden, wobei der eminent wichtige Faktor von *Giftstoffen* gesondert in Kapitel 15 zur Darstellung kommen soll. Um der Klarheit der Darstellung willen sei hier von der – praktisch kaum noch möglichen – Annahme ausgegangen, daß wir »reine« und »gesund belassene« Lebensmittel essen. Zum besseren Verständnis der unterschiedlich im menschlichen Stoffwechsel wirkenden Grundnahrungssubstanzen sollen neben den bekannten auch solche aus der Geisteswissenschaft *Rudolf Steiners* heraus erarbeitete Aspekte zur Darstellung kommen. Auch die Besprechung der Verdauungsprozesse soll im Sinne der anthroposophischen Menschenkunde erweitert werden.

Es wird allgemein angenommen, daß die Gestaltung der Ernährung unserem *freien Willen* (oder dem der Eltern) unterliegt. Jedoch wissen wir auch, daß Instinkte, Begierden und die verschiedenartigsten psychologischen Bedingungen neben Traditionen und äußeren Gegebenheiten die Auswahl der täglichen Nahrung beeinflussen. Für das Heranwachsen und die Entwicklung der Kinder sowie für ihre Gesundheit im Erwachsenenalter ist die *Ernährung*, wie im folgenden zu zeigen sein wird, *von schicksalhafter Bedeutung*.

Wasser, Mineralien, Spurenelemente und Vitamine sind natürliche Bestandteile unserer Ernährung und unterliegen nicht den Abbauprozessen im Verdauungskanal. Ihr Anteil an der Ernährung besonders des wachsenden Kindes ist sicherlich bedeutsam.

Die Pflanze: Unser Hauptnahrungsmittel

Die Anwendung des Organismus-Begriffs auf die menschliche Organisation und darüber hinaus auf den Menschen als physisch-seelisch-geistiges Wesen ist für die hier gemeinte Betrachtung unentbehrlich. Damit lassen sich die Zusammenhänge zwischen den Vorgängen innerhalb des Organismus mit denen der Außenwelt sinnvoll aufzeigen. Die Lehre der *Ökologie* beinhaltet die Beziehungen der Lebewesen zur Umwelt, aber erst langsam erobert sich der Begriff »Organismus« einen Platz im Fachgebiet. So wird vom Organismus eines Tieres oder einer Pflanze gesprochen oder sogar eine Landschaft als Organismus betrachtet. *Rudolf Steiner* (GA 6) hat den Begriff des Organismus aus *Goethes* naturwissenschaftlichen Schriften übernommen und denselben häufig verwendet, so zum Beispiel auch in bezug auf einen landwirtschaftlichen Betrieb

(16.6.1924, GA 327). Gehen wir noch einen Schritt weiter und betrachten die Erde als ganzes wie einen Organismus, so sind die Organismen von Pflanze, Tier und Mensch wie auch der unbelebten Materie (Mineralien) darin aufgenommen. Diese Naturreiche haben untereinander nicht nur lebhafte Interaktionen, sondern sind auch voneinander abhängig. So erfordert die Frage nach der Ernährung des Menschen eine Untersuchung seiner *Beziehungen zur Pflanzenwelt.*

Weltweit ernähren sich die Menschen direkt oder indirekt zu etwa 95 % von Nahrungsmitteln, die aus dem Pflanzenreich stammen. Das Getreide spielt dabei die bedeutendste Rolle, denn 60 % aller Nahrungsenergien (Kalorien) stammen vom Getreide.

Außerdem liefert das Getreide 50 % des *Eiweißes* der menschlichen Ernährung, 20 % stammen von den Leguminosen (Bohnen, Erbsen, Linsen etc.). Die Tiere liefern mit ihrem Fleisch 25 % und die Fische 5 % des Eiweißes. Diese statistischen Daten ändern sich geringfügig von Jahr zu Jahr und sollen hier nur als Beispiel dienen (*S.H. Wittwer*).

Ein weiteres Zahlenbeispiel soll verdeutlichen, wie unterschiedlich man Getreideanbau und Tierhaltung in der Landwirtschaft in den sogenannten »reichen« Industrieländern und den Ländern der »dritten Welt« betrachten muß. In den »reichen« Ländern werden jeweils etwa 7 kg Getreide an Tiere verfüttert, um 1 kg Fleisch zu »erzeugen« (das Weiden der Rinder erfolgt zusätzlich). Würde man die fast 400 Millionen Tonnen an Tiere verfüttertes Getreide den Menschen als Nahrungsmittel zukommen lassen, so könnten damit 2 Billionen Menschen ein Jahr lang gesättigt werden (Zahlen von 1980). Oder wir stellen uns vor, daß die Menschen der »reichen« Länder ihren Fleischverbrauch halbieren und mit dem so verfügbar gewordenen Getreide etwa eine Billion Menschen vor Hunger und Tod bewahrt werden könnten. Insbesondere ließe sich die Zahl der 14,5 Millionen Kinder reduzieren, die jedes Jahr an Hunger sterben. Als Tatsache bleibt aber leider doch bestehen, daß die pflanzlichen Nahrungsmittel der Armen von den Schlachttieren der Reichen verzehrt werden.

Die pflanzlichen Nahrungsmittel stammen von unterschiedlichen Teilen der Pflanze. Betrachten wir den Organismus der *Pflanze als ein dreigliedriges Wesen*, so kommen wir zu der sehr sinnfälligen Einteilung in *Wurzel, Blätter-Stengel-Bereich und die Region der Blüte, Frucht und Samen*. Bei einer vergleichenden Betrachtung der Organisation von Mensch und Pflanze ist es für den phänomenologisch geschulten Beobachter nicht schwer, die Zuordnung Nerven-Sinnessystem und Wurzelbereich der Pflanze herzustellen. Schon *Darwin* hat den Kopf des Menschen mit den Wurzelspitzen der Pflanzen verglichen. Eine in die menschliche Gestalt hineingedachte Pflanze steht auf dem Kopf! So sehen wir eine interessante Verwandtschaft zwischen dem Nerven-Sinnessystem des Menschen und dem Wurzelprinzip der Pflanzen. Das mittlere Glied ist das verbindende Element in beiden Organismen, wobei interessanterweise die der menschlichen Atmung vergleichbare Aktivität der Pflanze in den Blättern stattfindet. Die Blüten-Frucht-Samen-Region der Pflanze ist dem Stoffwechsel und damit dem unteren Menschen zuzuordnen; die Fortpflanzungsorgane sind bei Mensch und Pflanze in dieser Region zu finden.

Die Dreigliederung der Erde beruht auf alten Weisheiten. Sie war den Griechen und den Menschen im Mittelalter vertraut und wurde von *Rudolf Steiner* mit den Methoden der modernen Geisteswissenschaft neu fundiert. Im Erdorganismus kann man die Prinzipien des Salzhaften, des Quecksilbrigen (Merkurialen) und des Sulfurigen unterscheiden; die Alchimisten benutzten die lateinischen Worte: Sal, Merkurius und Sulfur. Mit dem Sulfurigen wird das Wärmeprinzip angesprochen, das im Phosphor durch das Licht ergänzt wird. Tabelle 9 zeigt eine Übersicht dieser Dreigliederungen.

Tabelle 9

Die Dreigliederung von Mensch, Pflanze und Erde

Mensch	Pflanze	Erde
Nerven-Sinnessystem	Wurzel	Salz
Rhythmisches System	Blatt – Stengel	Quecksilber
Stoffwechsel-Gliedmaßensystem	Blüten – Samen	Schwefel

Da wir uns hier mit der *Pflanze als Nahrung* beschäftigen wollen, liegt es nahe zu fragen, ob denn die als Nahrung verwendete Wurzel, zum Beispiel die Karotte, wirklich etwas mit dem Nerven-Sinnessystem zu tun hat. Es gilt zu zeigen, daß die Glieder der Pflanze unterstützend, also gleichsinnig auf das korrespondierende Glied des Menschen wirken. In der Heilkunde ist diese Zuordnung seit alters her bekannt: So werden die Baldrian-Tropfen zur Beruhigung der Nerven und zur Förderung des Schlafes aus der *Wurzel* der *valeriana officinalis* gewonnen. Das bekannteste Mittel zur Behandlung der Herzschwäche wird aus den *Blättern* des Fingerhutes (*digitalis*) hergestellt, und für die Anregung des Stoffwechsels im Verdauungstrakt dienen vornehmlich ätherische Öle aus den *Samen* von *carum carvi* (Kümmel), *foeniculum vulgare* (Fenchel) und Senfkörner neben vielen anderen. Nicht bei allen pflanzlichen Arzneimitteln sind die Anwendungen mit diesem einfachen Schema zu erklären, da den Heilungsprozessen auch noch andere Wirkungsweisen zugrunde liegen.

Die Wirkung der Samen (insbesondere der Getreidearten), der Früchte und vielen Gemüsearten auf die Regionen des dreigliedrigen Organismus des Menschen sind gewiß nicht leicht zu beobachten oder gar zu beweisen. Es liegt in den Eßgewohnheiten der Menschen begründet, daß sie ihre Mahlzeiten aus den verschiedenen Teilen der Pflanze sehr unterschiedlich zusammenstellen. In der Tabelle 10 sind einige bekannte pflanzliche Nahrungsmittel beispielhaft gemäß ihrer Zugehörigkeit zu Wurzel, Blatt und Blüte zusammengestellt.

Tabelle 10

Blüte-Samen	*Blätter-Stengel*	*Wurzel*
Brot (Mehle)	Kopfsalat	Möhren
Nudeln	Spinat	Teltower Rübchen
pflanzliche Öle	Kohlarten	Rote Bete
Obst	Mangold	Knollensellerie
Blumenkohl	Rhabarber	Schwarzwurzeln
Leguminosen	Fenchelknolle	Zwiebeln

Man müßte schon auf jede einzelne Pflanze, auf jede Obstart und die vielen verschiedenen Samen eingehen, um ihren *Wert in der Ernährung* voll beurteilen zu können. Da dieses nicht in der Absicht dieses Buches liegt, muß für solche Fragen auf Literatur zum Thema Ernährung verwiesen werden (z.B. *H.Glatzel, U.Renzenbrink, U.Wachtel u.a.*). Auch dürfte es den meisten Menschen klar sein, daß die hier aufgezeigten Zuordnungen besonders bei vielen Gemüsearten nicht immer eindeutig sind oder die Zubereitungsform mehr als ein Pflanzenglied umfaßt. Letzteres gilt z.B. für Blumenkohl und Broccoli, denn bei beiden werden üblicherweise Blüten und Stengel verwendet. Oder man muß schon botanische Kenntnisse haben, um zu wissen, daß die Kartoffel eine knollige Erweiterung des Stengels ist, auch wenn sie unter der Erdoberfläche wächst. Zur Kartoffel sei bemerkt, daß sie heutzutage im Feldanbau Degenerationserscheinungen zeigt (*O.Hitschfeld*); sie sollte in der Ernährung der Kinder nur untergeordnete Bedeutung haben.

Tabelle 11

Beispiele für die Zusammensetzung von Pflanzenprodukten
(in g/100 g eßbarer Substanz)*

	Wasser-gehalt	Kohlen-hydrate	Eiweiß	Fett	Eisen in mg/100 g
Wurzel					
Karotte	88	9,1	1,1	0,2	0,7–5**
Rote Bete	87	9,6	1,6	0,1	1,0
Blatt					
Kopfsalat	95	2,8	1,3	0,2	1,1–3**
Kohl	92	5,7	1,6	0,1	0,6
Same – Frucht					
Hafer	10	67	13	7,5	5,2
Weizen	12	72	12	2,3	2,3–15**
Apfel	84	15	0,3	0,4	0,3

* nach verschiedenen Quellen zusammengestellt
** nach Angaben von *U. Renzenbrink*

Tabelle 12

Vergleich wasserfreier Pflanzenprodukte
(berechnet auf 100 g Trockensubstanz)

	Kohlen-hydrate	Eiweiß	Fett
Wurzel			
Karotte	76	9,2	1,7
Rote Bete	74	12,3	0,8
Blatt			
Kopfsalat	56	26	4,0
Kohl	71	20	1,2
Same – Frucht			
Hafer	74	14,4	8,3
Weizen	82	13,6	2,6
Apfel	93	1,9	2,5

Die *Zusammensetzung der Nahrungsmittel* (Tab. 11), die aus den drei verschiedenen Regionen der Pflanze stammen, kann aus den *Prozentzahlen der Analysedaten* nicht so leicht als charakteristisch für jede Region betrachtet werden. Zunächst erschwert der hohe Wasseranteil jeden Vergleich. Die trockenen Getreidekörner beeindrucken durch ihre hohen Werte. Berechnen wir aber das *Trockengewicht* von je 100 g Pflanzenprodukt, ergibt sich ein neues Bild. Tabelle 12 zeigt, daß der Gehalt an Kohlenhydraten in allen drei Regionen erstaunlich ähnlich ist. Auch der Eiweißgehalt in Wurzel- und Blattregion liegt in relativ engen Grenzen, jedoch finden wir in der Frucht (Apfel) einen um eine Größenordnung niedrigeren Wert. Die Daten der Gesamtfette schwanken innerhalb einer Größenordnung mit den höchsten Werten im Salatblatt und dem Haferkorn. Die Fette werden in den Blättern gebildet und sekundär in Frucht und Samen abgelagert. Natürlich krankt die Betrachtung von dieser Art Analysenwerte an der Tatsache, daß solche Daten starken Schwankungen unterliegen. Letztere sind durch Sortenunterschiede, klimatische Bedingungen, Bodenbeschaffenheit und Düngung verursacht. Die hier beispielhaft gebrachten Zahlen sollen lediglich Anregungen geben. Eine weiterführende Betrachtung zur Frage der Bedeutung der Grundnahrungsmittel findet man gegen Ende dieses Kapitels.

Wo und wann immer Kinder die Möglichkeit haben, Gemüse, Beeren, Kräuter, Früchte und natürlich Getreide *wachsen zu sehen*, sollte man die Gelegenheit nutzen und sich mit ihnen daran erfreuen. Mit welch anderen Augen und Gedanken wird doch ein Salatgericht bei Tisch bewertet, wenn die Kinder den grünen Salat, die Gurke und die Tomate haben wachsen sehen! Wenn das sogar im eigenen Garten beobachtet werden kann, läßt sich sogar der ganze Prozeß vom Säen bis zur Ernte verfolgen. Bei Spaziergängen betrachte man mit dem Kind doch einmal die dicken Ähren des Weizens, die vielen Glöckchen am Haferhalm und die garstigen Grannen des Roggens und der Gerste. Nach solchen Erfahrungen wird das Kind möglicherweise seine Einstellung zu manchen Speisen ändern und wird vielleicht sogar Freude an der Entdeckung von Zusammenhängen zwischen dem Wuchs der Pflanzen und dem Geschmack finden.

Zum fertig abgepackten Mehl, das man im Supermarkt kauft, läßt sich keine lebendige Beziehung finden; es ist und bleibt Ware. Das wachsende und schließlich golden reifende Korn auf den Feldern kann – mit Hilfe der Eltern – bei den Kindern Bewunderung und Ehrfurcht erwecken. Kinder benötigen das *Erlebnis der wachsenden Pflanze,* die nun einmal unsere wichtigste Nahrungsquelle ist. Wenn es gelingt, das Kind so an die Pflanze heranzuführen, dann wird es auch möglich sein, auf ganz positive Weise das Interesse an der Ökologie zu wecken. Kinder können in solche Einstellungen zur Natur eingeführt werden. Wie später noch zu zeigen sein wird, ist das eine Frage der Erziehung! Wie oft bin ich Studenten begegnet, die klagten, daß sie in ihrer Kindheit nie diese Verbindung zum Pflanzenreich gehabt haben. Im Erwachsenenalter läßt sich das Bewußtsein für die Beziehungen unseres Organismus zur Natur viel schwerer erwerben. Wenn es den Eltern gelingt, in den Seelen ihrer Kinder Verständnis, Bewunderung und Ehrfurcht für die Nahrungspflanzen zu erwecken, ist der Grundstein für das Verständnis einer gesunden Ernährung gelegt.

Wir müssen noch einen weiteren, sehr ökologischen Aspekt in der Beziehung des Menschen zur Pflanzenwelt hinzufügen und der hat zu tun mit dem Vorgang der *Assimilation der Kohlensäure in den grünen Pflanzen.* Dieser wurde von dem Biochemiker *P. Karlson* als der »qualitativ wie quantitativ wichtigste biochemische Vorgang auf dieser Erde« angesprochen. Mit Hilfe der Assimilation werden schließlich lange Kohlenstoffketten gebildet (Stärke) und dabei Sauerstoff von der Pflanze abgegeben. Betrachten wir den ökologischen Zusammenhang zwischen dem Stoffwechsel der Pflanze und dem des Menschen, so wird uns klar: Der Mensch entnimmt seiner Umwelt Sauerstoff und gibt Kohlensäure ab, während die Pflanze die Kohlensäure aufnimmt und Sauerstoff abgibt. Die überaus komplizierten Vorgänge der *Photosynthese* machen die Sonnenenergie mit Hilfe des grünen Blattfarbstoffes Chlorophyll nutzbar. Am Ende dieser Prozesse hat die Pflanze »Bausteine« für Kohlenhydrate, Fette und Vitamine synthetisiert. Auch ohne biochemische Formeln zu verstehen und ohne Spezialkenntnisse auf dem Gebiet der Photosynthese sollten wir diese das Leben des Menschen ermöglichenden Vorgänge in den Pflanzen einfach bewundern können. Aus dieser Haltung heraus kann man auch mit den Kindern je nach Alter über diese Prozesse sprechen. Das Licht und die Wärme der Sonne lassen die Pflanzen wachsen, und diese wiederum bieten sich uns als Nahrung an. Die Biochemie wird später mit dem Verstand hinzugelernt, lange nachdem das Herz die Dankbarkeit den Pflanzen gegenüber erlernt hat.

Auch die Tiere, deren Fleisch wir verzehren, leben von Gräsern, Körnern und Blattpflanzen. Kinder sehen die Kühe grasen und sollten die Quelle der Milch kennen. Das Kind wird auch verstehen lernen, daß die Hühner Eier in großer Zahl legen, daß nicht alle Eier ausgebrütet werden können und daher Eier auch für die Ernährung des Menschen gebraucht werden dürfen.

In diesem Abschnitt sollte gezeigt werden, daß der *Mensch und die Pflanze eine Lebensgemeinschaft bilden.* Wenn wir die Kinder bereits früh an solche Gedanken heranführen, werden sie als Erwachsene leichter einen Zugang zur Ökologie finden.

Der Verdauungsprozeß

Der Stoffaustausch mit der Umwelt ist eine Lebensnotwendigkeit. Im Gegensatz zur Atmung, bei welcher der Sauerstoff unverändert von den Zellen des Körpers aufgenommen und verwendet wird, müssen die als Nahrung aufgenommenen Substanzen durch die Verdauungsprozesse umgewandelt werden. Die Verdauung beginnt mit dem Prozeß der Zerkleinerung und ersten Verdünnung mit Speichel im Mund. Dann folgen viele Schritte der chemischen Aufspaltung der Grundnahrungsmittel im Magen-Darm-Kanal. Diese

Abbauprozesse werden mit Hilfe von spezifischen Verdauungssäften, die *Enzyme* enthalten, bewerkstelligt. Die Bereitstellung spezifischer Verdauungsenzyme ist ein ganz auf die Bedürfnisse des Menschen ausgerichtetes Vermögen. Die Menge an Enzymen entspricht im allgemeinen auch dem Umfang der Fähigkeit zum Abbau bestimmter Nahrungssubstanzen. Die Verdauungsenzyme können aus Gemischen verschiedenster Nahrungsmittel gerade diejenigen abbauen und für den Übertritt in Darmwandzellen vorbereiten, die zur Lebenserhaltung notwendig sind. Mit dem Prozeß des Abbaues im Verdauungskanal erfolgt gleichzeitig eine erhebliche *Verflüssigung des Speisebreies.* Chemische Prozesse erfordern ein wäßriges Milieu, welches ebenfalls für das Eingreifen der Ätherkräfte erforderlich ist.

Auch bezüglich der Ernährung beginnt die Kommunikation mit der Umwelt durch die Sinnesorgane. Der Mensch sieht, riecht und betastet die ihm als Nahrung dienlichen Produkte der Natur (heutzutage braucht er seinen Verstand und viel Erfahrung, um die richtigen Nahrungsmittel einzukaufen). Der Prozeß des Aussuchens der Nahrung wird durch *Hunger* angeregt oder verstärkt. Hunger zeigt ein elementares Bedürfnis des Stoffwechsels an, sich Nahrungssubstanzen über den Verdauungsapparat einzuverleiben. Je älter das Kind ist, um so mehr Erfahrung spricht mit beim *Verlangen oder Ablehnen* einer bestimmten Speise oder Nahrung. Beim gedanklichen »Vorkosten« kommen Erinnerungen und Empfindungen auf, welche die Absonderungen der Verdauungssäfte anregen. Wer kennt nicht die Situation, wo einem »das Wasser im Munde zusammenläuft« oder sich der Magen knurrend bemerkbar macht bei dem Duft oder allein bei dem Gedanken an eine geliebte Speise? Schon bei jungen Säuglingen erleben wir, daß sich beim Anblick der Speise die Ärmchen heftig strecken und die Hände erregt wedeln, oft begleitet von begeisterten Lauten des Entzückens. Wenn dann das Füttern nicht bald geschieht, werden die Finger oder ein weicher Gegenstand als »Ersatz« in den Mund geführt. Es ist auch typisch für den Säugling, daß er kaum die Nahrung im Mund schmeckt, sondern erst im Magen. Das können wir besonders gut beobachten, wenn man einem Säugling eine »bittere Medizin« verabreichen muß: Diese wird erst mal geschluckt, und die »saure Miene« folgt deutlich verzögert. Diese Verzögerung in der Wahrnehmung des Geschmackes und Geruchs ist auch noch bei Kleinkindern zu beobachten: Das kann dazu führen, daß die Kleinen beim unüberwachten Spielen auch giftige Substanzen trinken oder essen, wenn solche zugänglich sind. So wird Petroleum, Fleckenwasser oder Lauge geschluckt, bevor die Wahrnehmung im Mund den Organismus vor dem Schlucken warnen kann (vgl. Kap. 15).

Es ist ein langer Weg zur diätetischen Erziehung des Kindes! Der gesunde junge Säugling nimmt die Speisen von den Eltern kritiklos an (die Ernährung an der Mutterbrust steht hier nicht zur Diskussion). Erst langsam beginnt er sie mit Augen und Nase wahrzunehmen und sich dann entsprechend seiner Erfahrung auf den Genuß zu freuen oder seine Abneigung kundzutun. Die Kritik durch den Geschmack kommt erst etwas später. Die Eltern sollten schon von Beginn des Zufütterns an die dem Schlucken vorangehenden kindlichen Seelenregungen beobachten. Je besser diese dem Eßvorgang vorausgehenden Aktivitäten des Kindes bekannt sind und verstanden werden, um so leichter können die Eltern die richtige Speise wählen und die Nahrungsaufnahme sinnvoll gestalten.

Das Essen und die Wahl der Speisen ist eine wichtige Erziehungsaufgabe. Das Füttern des Kindes soll mit liebevoller Konsequenz erfolgen, wobei alle Handlungen, Gesten und Gedanken des Erwachsenen diesen Prozeß begleiten sollen.

Wenn der Fütternde mit seinen Gedanken anderweitig beschäftigt ist, wird das Essen für das Kind eine mechanische Angelegenheit und verliert an Bedeutung, das heißt, es beginnt zu spielen oder versucht, die Aufmerksamkeit des Fütternden durch »Unsinn«, zum Beispiel Zukneifen des Mundes oder Prusten mit vollem Mund, zu erlangen.

Will das Kind nicht mit Freude essen, sagt man so leicht »Zureden hilft«; das ist richtig, aber der Erfolg wird nur dadurch erreicht, daß sich das Kind die volle Aufmerksamkeit »erzwingt« und sich der Erwachsene erst dann dem Kind voll zuwendet. Es ist wichtig, wirklich zu erkennen, ob das Kind satt ist oder die Speise aus gutem Grund ablehnt (z. B. kann das Essen zu kalt geworden sein).

Das *Essen soll dem Kind Freude bereiten.* Je jünger das Kind ist, um so mehr wird die Freude der Person, die das Kind füttert, auf das Kind übergehen. Das ist wichtig, da eine *freudige Stimmung die Verdauung fördert!* Je älter die Kinder werden, um so größer wird auch die Gefahr, daß sie ihre Grenzen noch nicht abschätzen können, woraus leicht folgt, daß sie zu viel und zu schnell (hastig) essen. Sobald sich die Kinder ihrer eigenen Person stärker bewußt sind, geht ja auch der Handlungsimpuls zum Essen von ihrem Ich aus. Solange das Kind die Folgen des »Überessens« oder des »Herunterschlingens« jedoch noch nicht übersehen kann, müssen die Eltern die Nahrungsaufnahme lenken. Das Essen erfordert ein waches Bewußtsein. Sowohl das Zerkleinern der Speisen im Mund, das Kauen, als auch das Schlucken sind bewußte Handlungsvorgänge. Der gute oder gar geliebte Geschmack und Geruch der Speisen erwecken die rechte Freude am Essen. So können wir sagen: Das Ich mit seinen zur Nahrungsaufnahme führenden Handlungsimpulsen und die Seele mit ihren Stimmungen der Zu- oder auch Abneigung besorgen den ersten Teil des Verdauungsaktes.

Im Mund beginnt bereits der enzymatische Abbauprozeß. Beim Kauen wird der Speichel den Speisen beigemischt und das darin enthaltene Enzym (Ptyalin) beginnt die großen Moleküle der Kohlenhydrate zu zerkleinern. Diesen ersten Abbauprozeß kann man leicht beobachten: Wenn man Brot länger als eigentlich notwendig im Mund kaut, wird es süßer im Geschmack; aus den großen Kohlenhydratmolekülen der Mehle werden bereits einfache Zucker abgespalten, die man dann schmeckt. Der im Mund begonnene Abbau der Kohlenhydrate wird *im Magen fortgesetzt.* Der Mageninhalt ist sehr sauer (Was man beim Aufstoßen und »Sodbrennen« erleben kann), und zwar durch die dort gebildete Salzsäure. In diesem sauren Milieu des Magens werden die Eiweißkörper durch das Enzym »Pepsin« aufgespalten (diese Spaltprodukte heißen dann Polypeptide).

Der saure Speisebrei wird in kleinen Portionen vom Magen in den *Zwölffingerdarm* geleitet, wobei eine weitere Verdünnung und schnelle Alkalisierung erfolgt. Im *Darm* wirken dann insbesondere die Enzyme aus der *Bauchspeicheldrüse* auf den Speisebrei ein; dort werden die Kohlenhydrate vollständig zu den einfachen Zuckern (z.B. Traubenzucker und Fruchtzucker) und die bereits deutlich verkleinerten Eiweiß-Spaltprodukte zu Aminosäuren (den Bausteinen der Eiweiße) abgebaut. Die Fette werden erstmalig im Darm in den Verdauungsprozeß einbezogen und dafür durch die Galle vorbereitet und durch das Enzym »Lipase« aufgespalten; aus den sogenannten Neutralfetten entstehen Glycerin und Fettsäuren. Natürlich spielen noch andere Enzyme und Verdauungsschritte eine Rolle, für uns mag jedoch diese Darstellung genügen. Tabelle 13 faßt den Verdauungsprozeß noch einmal als Übersicht zusammen. Der Anteil in der Nahrung an Wasser, Salzen (Mineralien), Spurenelementen und Vitaminen unterliegt keinen Abbauvorgängen im Magen-Darm-Kanal.

Die physikalisch-chemischen Abbauprozesse sollen nun durch eine Betrachtung der *Wirksamkeiten der höheren Wesensglieder* erweitert werden. Wir haben bereits besprochen, daß das Ich und die Seele stark an den Prozessen, die zur Aufnahme der Speisen in den Mund führen, beteiligt sind; auch das Kauen und Schlucken sind bewußte Tätigkeiten. Das stark saure Milieu des Magens deutet auf die Wirksamkeit des Astralleibes hin. Das alkalische Milieu im Darm und der dort sehr hohe Wassergehalt des Speisebreis weist auf die Aktivität des Ätherleibes hin. So vorbereitet und aufgeschlossen gelangen von den Grundnahrungsmitteln die kleinsten Bausteine an die Zellen der Darmwand. Noch auf der Oberfläche der Darmendothels ist die Nahrung für den Organismus eine Fremdsubstanz, wenn auch sehr zerkleinert und verflüssigt. Mit dem *Eintritt in die Darmwandzellen* verläßt die Nahrungssubstanz den Bereich »Umwelt« und tritt in den Organismus ein, wo die Ich-Organisation regiert. *Rudolf Steiner* weist darauf hin, daß alle Fremdsubstanz, die in den *Bereich der Ich-Organisation* gelangt, einen *Todesprozeß* durchmachen muß; auch letzte Spuren von Fremdstrukturen und fremden Ätherkräften werden dadurch zerstört. Außerdem werden diese nun in den Darmwandzellen aufgenommen, ihrer Eigenkräfte entblößt und als nur noch physische Substanzen durch die Ich-Organisation für einen Moment »entmaterialisiert«, bevor sie nach Durchtritt durch die Darmwandzellen in die Lymphe und das Blut als »vermenschlichte« und ätherisierte (d. h. Substanzen des lebendigen Organismus) Substanz weitergeleitet werden (*Steiner und Wegman, GA 27*). In diesem mit dem Verstand schwer aufzunehmenden letzten Schritt der Verdauung liegt das Geheimnis der Sub-

Tabelle 13

Übersicht der Verdauungsprozesse

Organ	Nahrungssubstanz	Enzym	Wesensglied
Mund	Kohlenhydrate	Ptyalin	Ich und Seele
Magen	Eiweiße	Pepsin + HCl	Astralleib
Darm	Fette	Lipase + Galle + Enzyme für den völligen Abbau der Eiweiße und Kohlenhydrate	Ätherleib
Darmwandzellen:	Nehmen alle Bausteine der Nahrungssubstanzen auf		Ich

stanz-Umwandlung von Außenwelt-Nahrungsmitteln in lebenserhaltende und aufbauende Menschen-Substanz. *Durch die Nahrungsaufnahme wird der Mensch zum Erdenbürger; er wandelt Erdensubstanz in menschliche um* (*R. Steiner*, 21.3.1913; GA 145).

Eiweiß

Unter den Hauptbestandteilen der Nahrung kommt dem Eiweiß wegen seiner strukturellen Spezifität eine besondere Rolle zu. Jeder lebende Organismus, sei es Mensch, Tier oder Pflanze, baut sich seine ganz *individuellen Eiweißsubstanzen* auf, und zwar solche, die Träger der Form und Struktur sind (z. B. die Zellwände), und solche, die dem Stoffwechsel dienen (z. B. Enzyme, Hormone, Immunstoffe und andere Wirkstoffe). Der menschliche Organismus besteht zu etwa 20% aus Eiweißen (Proteine werden sie oft in der Wissenschaft genannt). Die Eiweißmoleküle zeichnen sich durch ihre zum Teil enorme Größe und die Strukturvielfalt aus; theoretisch ist es möglich, daß jedes Lebewesen, das je auf dieser Erde existiert hat, sein individuelles Eiweiß hat oder gehabt hat. Natürlich gibt es bestimmte Eiweißarten, die immer wieder in gleicher Form gebildet werden, zum Beispiel das Casein der Kuhmilch, das Eiweiß (Eiklar) des Hühnereies, das Gliadin im Getreide und viele andere mehr. Aber wir wissen auch, daß die Kuh viele andere und sehr artspezifische Eiweiße hat und daß Casein nur eines ihrer Milcheiweiße ist. Mit den modernen Methoden der Eiweißchemie ist es bereits möglich, viele einzelne Proteine im menschlichen Blut und Gewebe zu analysieren und zu identifizieren, die für jeden Menschen individuell unterschiedlich sind. Diese Methoden der mikrochemischen Analyse werden noch ständig verbessert mit dem Ziel, einzelne Körperzellen (z. B. Blutzellen oder Zellen an den Haarwurzeln) als zu einer menschlichen Individualität gehörig zu identifizieren (durch Analyse der DNS).

Nur die Pflanze kann ihre Eiweißkörper aus den Elementen der unbelebten Natur aufbauen. Die vergleichsweise komplizierten Eiweiße der Tiere und des Menschen können nicht vollständig aus Grundelementen synthetisiert werden. Von den 24 Bausteinen für das menschliche Eiweiß (den Aminosäuren) müssen wir neun mit der Nahrung aufnehmen; wir nennen diese die *»neun essentiellen Aminosäuren«.* Für den Menschen können diese sowohl aus den Eiweißen der Pflanzen als auch aus denen der Tiere stammen. Natürlich deckt die *Muttermilch* den Eiweißbedarf des Kindes voll. Auch die *Kuhmilch* enthält sämtliche für den Menschen notwendigen (essentiellen) Aminosäuren. Jedoch enthält kein einzelnes Eiweiß aus der Pflanzenwelt sämtliche neun essentiellen Aminosäuren, aber eine gut durchdachte Mischung aus *Getreide und Leguminosen* (Bohnen, Linsen, Erbsen) kann den Eiweißbedarf des erwachsenen Menschen decken; für das junge Kind ist diese Ernährungsweise riskant und nicht zu empfehlen.

Durch seine für jeden Menschen spezifische Struktur trägt das *Eiweiß unseres physischen Leibes die Signatur der Persönlichkeit, des Ichs,* und die Merkmale des Bildekräfteleibes (Ätherleibes). Die organischen Bildekräfte, die das Eiweiß aus den Bestandteilen der unbelebten Natur aufgebaut haben, sind auch jederzeit bereit, am Zerfall der Eiweißkörper mitzuwirken. Jedes aus einem lebendigen Organismus herausgenommene Eiweiß unterliegt nach einer gewissen Zeit dem Zerfall, nur der lebendige Organismus mit seinen Bildekräften kann das verhindern, wobei dieses »Erhalten« im Verband des Organismus ein fast kontinuierliches »Ersetzen« der Substanz darstellt. Betrachten wir zum Beispiel unsere weißen Blutkörperchen, so haben diese unter normalen Umständen eine »Lebenszeit« von 5 bis 7 Tagen, durch die Bildung von neuen weißen Zellen sorgt der Organismus dafür, daß immer genug vorhanden sind. Oder schauen wir auf die Zellen in unseren Knochen, die fortwährend Knochensubstanz bilden (Osteoblasten); diese werden alle 12 Wochen von neuen Osteoblasten »abgelöst«, da die alten Zellen zerfallen. Dieses Prinzip beschreibt *Rudolf Steiner (GA 27, Kap. X)* folgendermaßen:

»Diese Bildekräfte (können das Eiweiß in der mannigfaltigsten Art umwandeln und) sind an den ätherischen Leib gebunden. Das Eiweiß ist immer auf dem Sprung, entweder in die Tätigkeit des ätherischen Leibes aufgenommen zu werden, oder aus diesem herauszufallen. Eiweiß, das aus dem Organismus, dem es angehört hat, herausgenommen ist, nimmt in sich die Neigung auf, eine zusammengesetzte Substanz zu werden, die sich den unorganischen Kräften des Wasserstoffes, Sauerstoffes, Stickstoffes und Kohlenstoffes fügt. Eiweiß, das ein Bestandteil des lebenden Organismus bleibt, verdrängt in sich diese Neigung, und fügt sich den Bildekräften des ätherischen Leibes ein.«

»Der physische Leib des Menschen nimmt zunächst seinen Ursprung aus dem Eiweiß (R. Steiner, a. a. O.); letzteres gilt ganz besonders für die Entwicklung des Embryo aus der befruchteten Eizelle. Die Menschengestaltung ist an die Eiweißbildung gekoppelt; ein krankhaft verändertes Eiweiß hindert oder macht gar das Leben des Organismus unmöglich. Somit hängt die Entstehung und auch der Tod des Menschen eng mit dem Eiweiß zusammen.

Die *Herkunft des Eiweißes* in der Nahrung lenkt unsere Aufmerksamkeit auf die *Pflanzen und Tiere.* Wir haben bereits oben besprochen, daß der Mensch wegen der für ihn lebensnotwendigen Aminosäuren von tierischen und pflanzlichen Nahrungsmitteln abhängig ist. *Auch das Tier braucht die Pflanzennahrung,* um seine Körpereiweiße aufbauen zu können. Und wie auch oben bereits dargestellt, baut die Pflanze die für Mensch und Tier so wichtigen Substanzen aus den Salzen des Mineralreiches mittels Photosynthese auf. So können wir sagen:

> *Das Mineralreich schafft die materielle Voraussetzung für die mit Sonnenkräften wachsende Pflanze, die wiederum das Tier und beide zusammen den Menschen ernähren.*

Das Bewußtsein um diese Zusammenhänge, die mit der Evolution so eng verbunden sind, geht heute den Menschen mehr und mehr verloren. Dabei sollten sich die Herzen nicht nur der Kinder, sondern aller Menschen mit Dankbarkeit füllen, wenn man an die Herkunft unserer Nahrung denkt. Dank und Ehrfurcht gegenüber den unteren Naturreichen hat *Christian Morgenstern* in seiner *»Fußwaschung«* eindrucksvoll in Worte gefaßt:

Ich danke dir, du stummer Stein,
und neige mich zu dir hernieder:
Ich schulde dir mein Pflanzensein.

Ich danke euch, ihr Grund und Flor,
und bücke mich zu euch hernieder:
Ihr halft zum Tiere mir empor.

Ich danke euch, Stein, Kraut und Tier,
und beuge mich zu euch hernieder:
Ihr halft mir alle drei zu Mir.

Wir danken dir, du Menschenkind,
und lassen fromm uns vor dir nieder:
weil dadurch, daß du bist, wir sind.

Es dankt aus aller Gottheit Ein-
und aller Gottheit Vielfalt wieder.
In Dank verschlingt sich alles Sein.

Bei *Überfütterung mit Eiweiß* kann besonders der Stoffwechsel des Säuglings und Kleinkindes nicht die notwendige Verdauungskraft aufbringen, um alle Proteine völlig abzubauen; damit verbleiben unverdaute und nur teilweise verdaute Eiweißkörper im Darm. Im Dickdarm machen sich die Coli-Bakterien über diese halbverdauten Eiweiße her und zersetzen diese gemäß ihrer Art. Dabei und durch zusätzliche Fäulnisvorgänge entstehen Substanzen, die auch ins Blut gelangen und im Organismus wie ein schleichendes Gift wirken.

Jedes mit der Nahrung aufgenommene Eiweiß ist für den menschlichen Organismus ein *Fremdkörper;* er bringt etwas von seiner ursprünglichen Bildekraft aus der Pflanzenwelt oder aus dem Reich der Tiere mit. Die dem Nahrungseiweiß noch anhaftenden Ätherkräfte müssen durch einen Ausscheidungsprozeß entfernt werden, bevor der Mensch die Substanzen des Eiweißes »vermenschlichen« kann. *Rudolf Steiner* (GA 27) schreibt dazu: »Die ätherischen Fremdwirkungen, die ihm vorher anhafteten, treten aus dem Menschen aus.« Eine anhaltend zu reichlich genossene Eiweißkost kann sich, wie oben ausgeführt, wie ein Gift auswirken und das Gedeihen des Kindes behindern. Sein wachsender und sich noch differenzierender Organismus ist noch besonders leicht formbar oder plastizierbar. Diese fein abgestimmten Wachstums- und Entwicklungsvorgänge können viel leichter gestört werden als die Lebensprozesse des Erwachsenen.

Reichliche Eiweißernährung führt zunächst zu vermehrtem Wachstum. Die Giftwirkungen durch Verbleib unvollständig ausgeschiedener Endprodukte des Eiweißabbaus in den Geweben werden nur langsam und relativ spät erkennbar (man vermutet, daß es sich dabei um Veränderungen feiner Hirnstrukturen handelt). In der guten Absicht, das Wachstum und die Entwicklung sehr kleiner frühgeborener Säuglinge zu fördern, hat man versuchsweise eine stark mit Eiweiß angereicherte Milch (8 %) gefüttert. Zunächst war die Entwicklung unauffällig und gut, jedoch im Schulalter hat man feststellen müssen, daß diese Kinder in ihren Leistungen signifikant zurückgeblieben sind. Solche Eiweißüberfütterung bewirkt in der körperlichen Entwicklung *Verhärtungsprozesse* ähnlich einer Frühreife und möglicherweise auch sehr frühzeitige Fettsubstanz-Einlagerungen in die Arterienwände (Ateriosklerose). Eiweißreiche Kost hat im allgemeinen auch einen erhöhten Cholesteringehalt und deutlich mehr Salze.

Kohlenhydrate

Kohlenhydrate finden sich in fast allen Nahrungsmitteln. In der Säuglingszeit erhält das vollgestillte Kind sein Kohlenhydrat als Milchzucker in der Muttermilch. Bei künstlicher Ernährung muß allen Kuhmilchzubereitungen Zucker zugesetzt werden; auch fast alle Breie und Obstspeisen müssen für den Säugling mit einem Zukker gesüßt werden. Die Zahl der chemisch unterscheidbaren Zucker und ähnlichen Kohlenhydrate in den pflanzlichen und tierischen Nahrungsmitteln ist sehr groß. Unter den am häufigsten verwendeten Zuckern sind es nur drei einfache Zucker und drei Disaccharide (Doppelzucker), deren Namen man kennen sollte:

Einfache Zucker:	Disaccharide:
Glukose (GLU) (Traubenzucker)	*Laktose* (Milchzucker) (besteht aus GLU+GAL)
Fruktose (FRU) (Fruchtzucker)	*Saccharose* (Kochzucker) (besteht aus GLU+FRU)
Galaktose (GAL)	*Maltose* (Malzzucker) (besteht aus GLU+GLU)

Die Saccharose wird nicht nur als Kochzucker bezeichnet, sondern auch als weißer Haushaltszucker, Rüben- oder Rohrzucker. Die *Süßkraft* der Zuckerarten sinkt in der Reihenfolge Fruktose, Saccharose, Glukose, Maltose und Laktose. Im handelsüblichen Malzzucker sind noch weitere Zucker enthalten, zum Beispiel Dextrine. Im »braunen Zucker« sind Reste des ungereinigten Rübensaftes enthalten. Der hellbraune, nur *mit Wasser gewaschene Rohrzucker* ist wesentlich sauberer als der braune Rübenzucker und kann deshalb in der Säuglingsernährung gut verwendet werden. Man merke sich, daß der *Milchzucker relativ wenig süßt* und den *Stuhl des Säuglings weich hält;* Malzzucker und in geringerem Maße auch Rohrzucker haben im Säuglingsalter leicht *abführende Wirkung*. Es gibt eine Reihe kommerzieller Zuckermischungen, die in der Säuglingsernährung zum Teil recht brauchbar sind, die hier aber nicht besprochen werden können (vergl. *P. Kühne, U. Wachtel*).

Aus den verfügbaren *Getreidearten,* die weiter unten noch einzeln gewürdigt werden sollen, werden viele Mühlenprodukte mit ihren eigenen Mahlmethoden und Körnungen unter verschiedenen Namen (und Markenzeichen) angeboten. Diese Produkte weisen zum Teil erhebliche Unterschiede in Geschmack und Verdaulichkeit auf. Hier sollen nur einige Grundsätze für die Verwendung von Getreideprodukten in der Säuglings- und Kinderernährung angesprochen werden. Für Einzelheiten und Rezepte sei auf spezielle Literatur verwiesen (s. *Goebel und Glöckler, P. Kühne, u. a.*).

Im Getreide findet sich neben der Zellulose die wasserlösliche *Stärke.* Während die Zellulose eine für den Menschen unverdauliche Gerüstsubstanz ist, handelt es sich bei der Stärke um einen Speicherstoff der Pflanze; beide Riesenmoleküle sind nur aus Traubenzucker-Einheiten aufgebaut. Aus Mehlen läßt sich die Stärke herauswaschen, am bekanntesten ist die Mais-Stärke. Wird das ganze Korn gemahlen, erhält man das *Vollkornmehl,* das auch etwas unverdauliche Zellulose als sogenannten Ballaststoff und außerdem Eiweiß, Fette und Spurenstoffe wie Eisen aufweist. Das fein ausgemahlene Mehl enthält nur den inneren Teil des Getreidekornes und damit fast ausschließlich Stärke. In der Säuglingsernährung spielt die Verdaulichkeit eine große Rolle, und so sehr wir auch die wertvollen Inhaltstoffe des Vollkornmehles schätzen, so müssen wir doch die noch nicht voll entwickelte oder »ausgereifte« Verdauungsfähigkeit des jungen Säuglings bedenken. *Zubereitungen aus Vollkorn-Produkten sind für den jungen Säugling ungeeignet,* sie sind zu schwer verdaulich und führen leicht zu Verdauungsstörungen (Blähungen und Durchfall). Leider kann man nicht allgemein sagen, ab welchem Alter Vollkornprodukte verträglich sind; viele Kinder vertragen zum Beispiel den Vollkorn-Grieß im zweiten Lebenshalbjahr bereits sehr gut.

Während die Getreideart und der Grad der Ausmahlung den Geschmack und die Verdaulichkeit erheblich beeinflussen, ist die Herkunft und *Qualität* nicht immer leicht in Erfahrung zu bringen. Es sollte müßig sein, auf die Notwendigkeit der Verwendung der bestmöglichen Qualität hinzuweisen; letztere ist bezüglich des Fehlens von Schadstoffen (z.B. Pestiziden) und des höheren Gehaltes an Spurenstoffen wie Eisen bedeutsam. Aus biologisch-dynamischem Anbau stammendes Getreide trägt das geschützte Gütezeichen »Demeter«. Das Kindernährmittel »Holle« ist von dieser Qualität; es gibt in vielen Reformhäusern Getreideausmahlungen und Backwaren in Demeter-Qualität zu kaufen.

Aus kinderärztlicher Sicht sollte die allgemeine Regel beachtet werden, *in den ersten drei Lebensmonaten* (wenn nicht voll gestillt werden kann) *nur Stärke oder Schleimpulver* (z.B. Reisschleim) zu verwenden. Als Zucker hat sich der *Milchzucker* am besten bewährt. Honig ist in den ersten Lebensmonaten ungeeignet, er kann Durchfall bewirken. Das in den Mehlen enthaltene *Getreideeiweiß* (Gliadin) kann in der Darmschleimhaut allergische Reaktionen hervorrufen, die zu einer eventuell sogar irreversiblen Schrumpfung der Schleimhautzellen (Atrophie) führen können. Die so entstehende Krankheit ist als Zöliakie bekannt.

Durchfall und Erbrechen sind heftige Reaktionen der Abweisung, des Heraus- oder Zurückstoßens von Nahrungssubstanzen. Diese Abwehr, die wie eine »Reinigung« wirkt, beruht auf einer Reaktion der Ich-Organisation, die das »Fremde« und für den Organismus Unbrauchbare oder gar Schädliche zurückstößt. Das hat nichts mit dem Ich-Bewußtsein zu tun, denn es geschieht ja aus einer dem Bewußtsein völlig unzugänglichen Region des Verdauungssystems heraus. Die Eiweiße als Fremdsubstanzen sind bereits besprochen worden, die abführende Wirkung bestimmter Zucker ist eine nur sehr milde Form der Abweisung, aber mit zum Beispiel Malzextrakt bewirkt man beim jungen Säugling Durchfall. Im ganzen gesehen haben die »reinen«, das heißt nicht mit Eiweißen vermischten Kohlenhydrate wesentlich weniger »Fremdsubstanz-Qualität« als vergleichsweise die Eiweiße. Das mangelhafte *Auf-*

schließen bestimmter Getreidezubereitungen, zum Beispiel zu kurz gekochter Grieß, führt zu Verdauungsstörungen (meistens Durchfall), die nach Korrektur, das heißt besserem Aufschließen durch Kochen, völlig reversibel sind und keine Spätfolgen haben. Für den jungen Säugling ist das Kochen der Mehle eine absolute Notwendigkeit, es ist wie eine Vor-Verdauung.

Im Stoffwechsel des Menschen werden alle Zucker und Mehle im Verdauungskanal erst in Traubenzucker umgewandelt. Dieser wird, wie im Beginn dieses Kapitels beschrieben, über das Blut den Geweben zugeleitet. Es gibt *keine Unverträglichkeit und keine Allergie gegen Traubenzucker (Glukose).* Deshalb kann der Arzt in Notfällen in Wasser gelösten Traubenzucker direkt ins Blut infundieren. Bei Verdauungsstörungen im Kindesalter ist es wichtig, so bald wie möglich Traubenzucker als Getränk zuzuführen (z. B. 5- bis 10 %ig in Kamillen- oder Fencheltee), da der Stoffwechsel nicht (wie ein Erwachsener) über Reserven verfügt und deshalb »entgleisen« kann (was sich z. B. am Azeton-Geruch der Atemluft feststellen läßt). Der oben genannte Umwandlungsprozeß der Mehle (Stärke) in Traubenzucker erklärt auch, warum eine Breimahlzeit länger vor erneutem Hunger schützt als zum Beispiel gesüßter Tee; Brot ist in dieser Beziehung wie Brei, sollte aber erst im zweiten Lebenshalbjahr »in kleinen Happen« eingeführt werden.

Welche *Wirkungen* hat der Zucker auf den Organismus und die Seele des Kindes? Viele Mütter haben bei ihren kleinen Kindern die Beobachtung gemacht, daß zuviel Zucker in der Nahrung (oder zusätzlich genossene Süßigkeiten) zu einer *unnatürlichen Lebhaftigkeit* mit allen möglichen Aufregungen führt; meist wehrt sich das Kind durch *Schreien gegen die innere Unrast.* Das Essen des Zukkers oder einer süßen Speise vermittelt dem Kind ein gehobenes Gefühl seiner selbst, wobei das Denken noch nicht zur vollen Wachheit zu erwachen vermag. Es kommt aber zu einer *Anregung des Astralleibes, welches sich in Bewegungsdrang und schließlich Hyperaktivität auslebt.*

Auch das Gegenteil können wir bei Kindern viel häufiger als bei

Erwachsenen erleben: Der *Hunger zeigt deutliche Verhaltensänderungen beim Kind.* Meist beobachtet man zuerst eine für das Kind ungewöhnliche Trägheit, dann auch Unmut und Unlust, welche je nach dem Temperament des Kindes mehr oder weniger stark geäußert werden. Schon das ältere Kind kann, wie der Erwachsene, dieses aus dem Stoffwechsel aufsteigende Verlangen nach etwas Süßem erleben, dieses innere Drängen aber aus eigener Initiative befriedigen oder für eine gewisse Zeit verdrängen. Man schreibt die Ursache dieser seelischen und körperlichen Erscheinungen dem Traubenzucker-Blutspiegel zu; sein Absinken bewirkt Trägheit und im Extremfall einen Schock (Kollaps), wesentlich erhöhte Werte des Blutzuckers aktivieren den Menschen, den Extremfall gibt es nur bei der Zuckerkrankheit mit Koma (Bewußtlosigkeit). Im ganzen gesehen reagiert das junge Kind empfindlicher auf Veränderungen des Blutzuckerspiegels als der Erwachsene.

Die nach einer Hauptmahlzeit oft zu beobachtende Trägheit hat nichts mit dem Blutzucker zu tun (der ja eher ansteigen als abfallen sollte), sondern mit der Inanspruchnahme des Verdauungssystems und der damit verbundenen größeren Blutfülle im Bauchraum. Wie oben dargestellt, werden die Ätherkräfte im Darm besonders aktiv. Bei Kleinkindern, aber auch noch bei Erwachsenen, kann man dieser Erscheinung entweder durch den Mittagsschlaf oder, je nach Alter und Konstitution, mit einem Spaziergang begegnen.

Traubenzucker wirkt ganz besonders im Bereich der Ich-Organisation. »Wo Zucker ist, da ist Ich-Organisation«, schrieb *Rudolf Steiner (GA 27),* dasselbe gilt auch für das Schmecken des Süßen. Mit dem Zuckerschlecken befriedigt das Kind seine innere Wollust (*R. Steiner, GA 354*). Kinder können die Zeichen einer Sucht entwickeln, das Stehlen kleiner Geldbeträge zum Kaufen von Süßigkeiten erfolgt unter diesem Drang (wohl nicht zwanghaft). Wer einmal ein *»zuckersüchtiges« Kleinkind* beobachtet hat, das vom Fragen über das Betteln zum Fordern mit Drohungen seine Mutter »bearbeitet«, der weiß, wie tief dieses Verlangen sitzt. Manche Eltern werden sich erst in diesem Stadium klar über die »Naturgewalt«, die hinter dem Betteln nach Süßigkeiten steckt. Bei älteren Kindern und Erwachsenen wird dieses Bedürfnis, Süßes zu essen, eine Frage der Selbsterziehung.

Nun gibt es Unterschiede in der Beziehung des Kindes (oder Erwachsenen) zum Zucker: Die »süßen Typen« lassen sich von den »sauren« unterscheiden, letztere fragen nicht nach Süßspeisen, essen dafür saure Gurken mit Leidenschaft. Ob diese Unterschiede wirklich im Stoffwechsel begründet sind, ist zumindest unbewiesen, aber mit der *Früherziehung* können die Eltern den Drang zu den Süßigkeiten zumindest etwas steuern! Manche Kleinkinder bedürfen einer oder mehrerer Zwischenmahlzeiten, abhängig vom Essensplan der Familie. Dem muß nachgegeben werden, aber nicht mit Süßigkeiten, sondern (dem Alter entsprechend) mit einem Stück Obst, einer Handvoll Nüsse, einer Scheibe Vollkornbrot mit Butter oder auch mit einer Möhre, Stangensellerie oder ähnlichem. Mit dem Drang zur Süßigkeit macht sich der Mensch – und auch das Kind bereits – von seiner Umwelt abhängig!

In einer ausgewogenen Kost wird etwa die *Hälfte aller Kalorien von den Kohlenhydraten geliefert.* Dieses gilt auch für die Ernährung mit Muttermilch und bei künstlicher Ernährung des Säuglings. Man sollte von den empfohlenen Mengen Zucker bei Kuhmilch-Zubereitungen nicht abweichen und auch den Getreideanteil korrekt bemessen. Wird dem Säugling zuwenig Zucker angeboten, trinkt er mehr und sättigt sich mit Eiweiß und Fett, welche beide bei Überangebot zu Gesundheitsstörungen führen. Getreidezubereitungen, als Mehl in der Flasche, als Brei und später als Brot, werden ja langsamer als Zucker verdaut, und darum sagt man: Sie halten länger vor. Bei Brei und Obstspeisen soll man sicher *mit Zucker sparsam umgehen,* ihn wegzulassen kann man nicht empfehlen. Um den neunten Lebensmonat herum, wenn die ersten Zähne da sind und das Kind sicher sitzen kann, sollte man mit dem Zufüttern kleiner Brothäppchen beginnen. Brot mit Butter, etwas Honig oder Marmelade wird gern gegessen. Auch ein Stück Brotrinde zum Lutschen und Genießen wird gegen Ende des ersten Lebensjahres sehr geliebt. Das Verschlucken etwas größerer Brotstückchen schadet nichts, solange diese »den richtigen Weg« nehmen. Die *Kartoffel* mit ihrer reichlich vorhandenen Stärke sättigt gut, doch sollte sie möglichst erst im zweiten Lebensjahr und nur in kleinen Mengen eingeführt werden.

Das Seelenleben und der Bewegungsorganismus des Kindes brauchen die Kohlenhydrate, wie oben beschrieben worden ist. Gewiß ist die übermäßige Bewegungsaktivität auf übermäßigen Zuckergenuß zurückzuführen, aber bei ausgewogener Ernährung wird der Wille im Bewegungsapparat auch ausgewogen tätig. In den Stoffwechselvorgängen der Kohlenhydrate lebt sich der *Astralleib* aus; besonders das *Gehirn und die Sinnesorgane* bedürfen einer gleichbleibend regelmäßigen Versorgung mit Traubenzucker. Anhaltende Unterernährung mit Kohlenhydraten führt zu Fehlfunktionen im Gehirn, wobei die Verzögerung der Sprachentwicklung und eine heisere Stimme von *Rudolf Steiner (GA 354)* besonders erwähnt werden. Dabei wird das Verstehen von Worten zunehmend langsamer, und später werden Gedanken und Ideen nicht mehr begriffen. Da Kinder mittels der *Sprache* in die soziale Umwelt und Kultur eingeführt werden, geraten solche mit andauernder Kohlenhydrat-Unterernährung zunehmend in ein soziales Abseits; auch die mit dem Sprechenlernen dem Kind zufließenden moralischen Impulse werden nach *Rudolf Steiner (GA 317)* vermindert. Glücklicherweise ist aber die anhaltende und nachhaltige Kohlenhydrat- (Zucker-) Unterernährung nur extrem selten zu finden.

In der Ernährung des Säuglings müssen die einfachen und die komplexen Kohlenhydrate gut ausgewogen sein. Bei *Überernährung* mit Kohlenhydraten wird der Überschuß als Fett, meist unter der Haut abgelagert. Das führt zu Trägheit des Körpers und nachlassender seelisch-geistiger Aktivität.

Die *sieben Hauptgetreidearten* sollen in der folgenden Aufstellung gewürdigt werden:

Weizen stammt aus der Steinzeit und ist heute weltweit verbreitet. Durch Züchtungen konnte er an Klimate und Böden angepaßt werden; durch künstliche Düngung hat man Riesenernten erzeugt. Das Mehl hat hervorragende Qualitäten beim Backen und Kochen. Brot und Teigwaren aller Art sind wahre Volksnahrungsmittel. Weizen ist leicht verdaulich, deshalb für Säuglinge sehr geeignet; aber auch für jedes Alter gut. Er ist das Getreide des »Denkers«, er harmonisiert den Stoffwechsel. Dinkel ist eine alte, besondere und gute Weizenart.

Roggen stammt aus Europas Steinzeit. Er hat ein außergewöhnlich ausgedehntes Wurzelsystem und kann auch auf sehr kargem Boden gedeihen. In den Alpen findet man ihn bis auf 2100 m Höhe. Das Roggenbrot ist schwer verdaulich, aber es vermittelt Form- und Muskelkräfte; man sollte es mit Kümmel backen. Gedarrt kann Roggen auch als Grütze gegessen werden. Roggen-Weizen-Mischbrot von nicht zu grober Ausmahlung kann schon ab zweitem Lebensjahr gegessen werden. Roggen enthält viel Kalium.

Gerste gehört zu den ältesten Getreidearten der Menschheit. *Homer* nannte sie »das Mark der Männer«; aber auch die griechischen Philosophen schätzten sie sehr. Sie enthält viel Kiesel und offenbart den Kieselprozeß in ihren Grannen. Demnach unterstützt sie die Prozesse des Nerven-Sinnes-Systems und kräftigt die Bindegewebe (hilfreich bei Haltungsschwäche!). Gerste zeigt reichliche Malzbildung und enthält Vit. B 1. Beim Kochen bildet sie viel Schleim, der in der Säuglingsernährung und bei Magen-Darm-Erkrankungen verwendet werden kann.

Hafer wird seit prähistorischer Zeit im nordeuropäischen Raum angebaut und viel gegessen. Bei den Germanen und bis ins Mittelalter hinein waren Hafer und Gerste die Hauptgetreide. In der Neuzeit entstand durch Mutation der spelzenlose Nackthafer; seitdem sind die Haferflocken billig und sehr beliebt. Im Hafer wirkt ein Wärmeprozeß, der sich in einem hohen Fettgehalt ausdrückt. Hafer aktiviert und kräftigt; er enthält wertvolle Mineralien, viel Eisen und hochwertiges Eiweiß.

Reis ist eine sehr alte Kulturpflanze des Ostens, er braucht viel Wärme und Wasser zum Wachsen. Eine Reispflanze kann an ihren aufgelockerten Rispen 1000 bis 3000 Körner reifen lassen. Er hat nur ein kleines Wurzelgeflecht. Das Eiweiß ist nicht auf eine Randschicht beschränkt, sondern durchzieht auch den Kernanteil. Er hat kein Klebereiweiß und ist zum Backen ungeeignet. Er ist leicht verdaulich und nahrhaft, hat aber wenig Mineralien. Seine Schleimstoffe machen ihn als Zusatz zur Flaschennahrung und als Heilnahrung für Säuglinge geeignet.

Mais stammt aus der prähistorischen Zeit Amerikas und wird dort noch heute in großen Mengen angebaut. Im Vergleich mit den anderen Getreidearten ist er erdhaft, plump und gigantisch mit großen Blättern; der dicke Fruchtkolben bildet sich am Stengel, die goldenen Körner sind völlig von Blättern umhüllt. Das Mehl ist frei von Kleber und Gliadin, es eignet sich nicht zum Backen. Man kann Breie, Grütze und Flachgebäck daraus bereiten. Reine Maisstärke (Mondamin) wird zum Andicken benutzt. Aus Maismehl wird Traubenzucker hergestellt. Maisgerichte sollte man gut würzen. Der süße Mais ist ein gutes Gemüse.

Hirse stammt aus dem Süden und wird im Mittelmeergebiet, Afrika, Ostasien und auch in Süddeutschland angebaut. Ihr sehr aufgelockerter Fruchtstand hat winzige Körner, die durch intensive Kiesel- und Wärmeprozesse für unsere Ernährung hilfreich sind. Sie enthält 5mal mehr Fluor als der Hafer. Als Körner oder Flocken wird sie im Mehrkornbrot verwendet. Als Brei würze man sie gut (z. B. Paprika oder Curry) oder mische den süßen Brei mit Obst oder Nüssen. Hirse durchwärmt den Organismus.

Im Beginn des Säuglingsalters hat die Milchernährung eine hervorragende Stellung. Nach dem Abstillen und vermehrtem Zufüttern von Breikost und Backwaren gewinnt die Ernährung mit Getreide zunehmend an Bedeutung. Schon ab zweitem Lebensjahr gilt das *Brot als die edelste Speise* für das Kind und sollte es von der Zeit an auch bleiben. Besonders bei Verwendung verschiedener Getreidearten kommt die ideale Zusammensetzung der Nahrungssubstanzen im Getreide voll zur Geltung.

Bei vier der genannten sieben Getreidearten kann man aus kulturgeschichtlichen Zusammenhängen und durch phänomenologische Beobachtungen Beziehungen zu den vier Temperamenten des Menschen herstellen:

Der im *Norden* beheimatete *Hafer* unterstützt das *cholerische Temperament.* Der aus dem *Osten* stammende *Reis* fördert das *phlegmatische Temperament.* Der im *Westen* beheimatete *Mais* unterstützt das *melancholische Temperament,* und die aus dem *Süden* stammende *Hirse* fördert das *sanguinische Temperament.* Bei manchen Kindern läßt sich diese Kenntnis bei der Auswahl von Getreiden gut verwenden.

Die Fette

Für die menschliche Ernährung werden Fette sowohl pflanzlicher als auch tierischer Herkunft verwendet. Bei der Umstellung von der Muttermilch, die mit 3,5 % einen relativ hohen Fettgehalt hat, auf Kuhmilchzubereitungen sinkt der Anteil der Fette in der Säuglingsnahrung wegen der notwendigen Verdünnung der Kuhmilch erheblich ab. Wenn dieser Mangel an Fett nicht ausgeglichen wird, erhöht sich der prozentuale Anteil der anderen Grundnahrungsmittel, insbesondere an Kohlenhydraten, wie oben bereits beschrieben wurde. Um diesen Nachteil auszugleichen, ist von *Droese und Stolley* empfohlen worden, einer Kuhmilch-Wasser-Verdünnung von 1 : 1 (Halbmilch) neben den Kohlenhydraten 1,5 % pflanzliches Öl zuzusetzen; damit erreicht man in der fertigen Zubereitung wieder einen normalen Fettanteil in der Flaschennahrung. Das *Milchfett* spielt aber trotzdem eine erhebliche Rolle in der Ernährung des Säuglings und Kleinkindes, da Butter und Fette in Käsezubereitungen hinzugerechnet werden müssen. Die Verwendung eines guten Pflanzenöles in der Ernährung des jungen Kindes ist empfehlenswert. Bei Muttermilchernährung werden fast die Hälfte der Kalorien durch den Fettanteil gedeckt, in der mit Pflanzenöl angereicherten Kuhmilchzubereitung sind es immer noch über 40 %.

Es mag bereits an dieser Stelle erwähnt werden, daß der relativ hohe Gehalt an *Cholesterin* in der Kuhmilch dem Wert in der Muttermilch sehr ähnlich ist. Im ersten Lebensjahr und wohl noch weit ins zweite hinein, sollte der hohe Gehalt an Cholesterin in der Nahrung des Kindes als normal und wünschenswert gelten. In der wissenschaftlichen Literatur ist bisher nur die Vermutung geäußert worden, daß Cholesterin im Säuglingsalter für die Ausreifung des Nervensystems notwendig ist, außerdem hat man spekuliert, daß der Stoffwechsel dieser Substanz im späteren Leben »besser« abläuft, wenn zu Beginn des Lebens ein erhöhtes Angebot bestanden hat. Gehen wir von der Zusammensetzung der Muttermilch als der idealen Nahrung für den Säugling aus, so sind diese Überlegungen zur Frage des Cholesterins berechtigt.

Neben den Milchfetten nimmt der Mensch *tierische Fette mit Fleischprodukten* auf. Diese bereits hier zu erwähnen, ist wegen der erheblichen Propaganda, schon im Säuglingsalter mit Fleisch-Zusatz zum Gemüsebrei zu beginnen, notwendig. (Im Raum Dortmund ergab eine Untersuchung von *Stolley u. Mitarb.*, daß im 4. Lebensmonat 20 % der Kinder und im 5. Monat 72 % Fleisch als Beikost erhielten.) Natürlich ist es weder das Fett im Fleisch noch das Eiweiß, das Anlaß zur Verabreichung solcher Kost gab, sondern der relativ hohe *Eisengehalt.* Wir empfehlen die Fleischkost *nicht* und geben zu bedenken, daß in hochwertigem Getreide, zum Beispiel Hafer, und in Nüssen Eisen in fast doppelt so großer Menge vorhanden ist wie im Fleisch. Im Tierreich sind es einmal die Fettpolster unter der Haut und zum anderen die Fettumhüllungen einiger Organe (z. B. Nieren), welche reichlich Fett liefern, außerdem ist Fett im Muskelgewebe und um viele Blutgefäße zu finden. Die tierischen Fette sind durch ihren relativ *hohen Anteil an gesättigten Fettsäuren* ausgezeichnet. In der Kuhmilch sind es 65 % und in der Muttermilch dagegen nur 47 %. Das Kind braucht ungesättigte Fettsäuren in ausreichender Menge. In der Kuhmilch schwanken diese Werte in Abhängigkeit von der Ernährung der Tiere.

Im Pflanzenreich finden wir die *Öle besonders in den Samen,* aber auch andere Teile der Pflanze enthalten Fette. Pflanzenöle enthalten einige für den Stoffwechsel des Menschen sehr wichtige Fette; wegen des hohen Gehaltes an »essentiellen« (d. h. für den Menschen lebensnotwendigen) Fettsäuren in den Pflanzenölen sind diese in der Ernährung des Kindes besonders zu empfehlen. Unter den häufig verwendeten Ölen finden wir Olivenöl, Sonnenblumenöl und Weizenkeimöl. Neben den Ölen mit einem relativ hohen Anteil an ungesättigten und essentiellen Fettsäuren gibt es auch harte Pflanzenfette, wie zum Beispiel Kokosfett mit »ungesund« hohem Anteil an gesättigten Fettsäuren. Pflanzenfette enthalten kein Cholesterin.

Vergleichen wir die Verdauungsprozesse der drei Grundnahrungssubstanzen, so fällt auf, daß Fette erst im Darm und damit später (in Fettsäure und Glyzerin) aufgespalten werden als Eiweiße und Kohlenhydrate, die in Mund und Magen bereits vorverdaut werden. Eine weitere *Besonderheit besteht bei der Ernährung mit Fetten:* Die lebensnotwendigen, insbesondere die ein- oder mehrfach ungesättigten Fettsäuren werden in den menschlichen Organismus in etwa gleichen Proportionen aufgenommen, wie diese in der Nahrung angeboten werden. Nehmen wir die Muttermilch als Beispiel, so ergibt sich, daß die Art der Fette, welche die Mutter täglich zu sich nimmt, sich in ihrer Milch widerspiegelt. Und als weitere Folge erleben wir, daß das Fett im Organismus des Kindes ebenfalls dieses »Muster« der Fettsäuren aus der mütterlichen Ernährung eingeprägt bekommt. Diese Besonderheit des Überganges von Fett aus der Nahrung in den Organismus steht in krassem Gegensatz zu der Eiweißverdauung, die vollständig ablaufen muß, da sonst Krankheiten entstehen. Mit den Fetten gelangen Nahrungssubstanzen nach nur einem Verdauungsschritt als Fettsäuren aus dem Pflanzen- und Tierreich unverändert in den menschlichen Organismus. Diese ungesättigten Fettsäuren haben eine große Bedeutung im Nervensystem und in den Umhüllungen (Membranen) aller Körperzellen. Diese Eigenschaft haben ja auch die Mineralien.

Diese erst in den vergangenen zwei bis drei Jahrzehnten in der modernen Fettforschung gewonnenen Erkenntnisse hat *Rudolf Steiner (GA 27)* bereits 1924 mitgeteilt und geisteswissenschaftlich begründet:

»Das Fett ist diejenige Substanz des Organismus, die sich, indem sie von außen aufgenommen wird, am wenigsten als Fremdstoff erweist. Fett geht am leichtesten aus der Art, die es bei der Nahrungsaufnahme mitbringt, in die Art des menschlichen Organismus über. Die achtzig Prozent Fett, welche zum Beispiel die Butter enthält, gehen durch die Gebiete des Ptyalin und Pepsin unverändert hindurch und werden nur vom Pankreassaft verändert, nämlich in Glycerin und Fettsäuren verwandelt.

Dieses Verhalten des Fettes ist nur dadurch möglich, daß es von der Natur eines fremden Organismus (von dessen ätherischen Kräften usw.) möglichst wenig in den menschlichen hinüberträgt. Dieses kann es leicht seiner eigenen Wirksamkeit einverleiben.

Das rührt davon her, daß das Fett bei der Erzeugung der inneren Wärme seine besondere Rolle spielt. Diese Wärme ist aber dasjenige, in dem, als im physischen Organismus, die Ich-Organisation vorzüglich lebt« ... »Fett, das zum Beispiel als Nahrung aus einem tierischen Organismus genommen ist, nimmt von diesem in den menschlichen Organismus nichts hinüber als allein seine Fähigkeit, Wärme zu entwickeln.«

Wenn der Organismus *Fette speichert,* so ist damit eine Bevorratung im Sinne einer Speicherung von Energien gegeben. Außerdem haben die Fettpolster unter der Haut und um einige innere Organe eine gegen Wärmeverlust gerichtete isolierende Wirkung. Das reife, neugeborene Kind mit einem Geburtsgewicht von 3.500 g hat etwa 500 g Fett gespeichert, welches dem Organismus zur Energiegewinnung und Wärmebildung dient. Der Energiegewinn im Stoffwechsel ist bei der Verwertung von Fett doppelt so hoch wie bei der Verbrennung von Kohlenhydraten. Die enge *Verbindung zwischen den Fetten und dem Wärmeorganismus* kommt aber nicht nur in der Wärmebildung und dem Schutz gegen Wärmeverlust zum Ausdruck, sondern auch in der *Besonderheit des Herzstoffwechsels,* der ganz überwiegend und im Gegensatz zu allen anderen Geweben des Körpers Fettsäuren statt Traubenzucker zur Wärme- und Energiegewinnung verbraucht. Das *Herz ernährt sich von den Fetten (Fettsäuren)* und ist das wichtigste Organ des menschlichen Wärmeorganismus. Es bildet das Zentrum des Blutkreislaufes, welcher ganz wesentlich die Wärmeverteilung reguliert. Wie bereits mehrfach erwähnt, lebt das menschliche Ich im Wärmeorganismus. Diese Zusammenhänge zeigen in aller Deutlichkeit die Verbindung der Fette, die aus dem Pflanzen- und Tierreich stammen, mit dem Wärme-Organismus des Menschen und seinem Ich.

9. Praxis der Ernährung im Kindesalter

Grundlegendes zur Ernährung im Kleinkindalter

Es besteht nicht die Absicht, hier eine besondere Kostform zu empfehlen. Vielmehr soll versucht werden, die altersgerechte Wechselbeziehung zwischen dem Organismus des Kindes und den Nahrungsmitteln aufzuzeigen. Man möge sich ins Bewußtsein rufen, daß die Ernährung nicht nur das Wachstum und den gegenwärtigen Zustand der Lebensfunktionen, sondern auch in erstaunlich großem Umfang das zukünftige Befinden, also die Krankheiten im späteren Leben beeinflußt. Es darf deshalb die Aussage vom vorangehenden Kapitel nochmals wiederholt werden:

> *Die Ernährung im Säuglings- und Kindesalter beeinflußt Gesundheit und Krankheit im späteren Leben, und damit das Schicksal des Kindes!*

Betrachten wir einmal die langsame Nahrungsumstellung des Kindes von der Milchernährung auf eine leicht verdauliche, gemischte Kost. Muttermilch hat eine liebliche, natürliche Süße. Der junge Säugling schmeckt und genießt die Süße der Muttermilch mit seinem ganzen (Sinnes-) Organismus und nicht nur im Munde. Im zweiten Lebenshalbjahr – und nur selten früher – ändert sich der Geschmack des Kindes, und es beginnt, bestimmte Speisen und Getränke gern zu mögen oder abzulehnen. Dieser Zeitpunkt läßt sich durch gute Beobachtung leicht erkennen. Dabei lernen wir, daß *Geruchs- und Geschmackseindrücke sehr früh geprägt werden,* zumindest viel früher, als allgemein angenommen wird. Von der natürlichen Zuneigung der meisten Säuglinge und Kleinkinder zu süßen Speisen wurde bereits gesprochen; der süße Geschmack aktiviert die Ich-Organisation, und da diese im jungen Alter noch der Vermittlung des Astralleibes bedarf, erleben wir schon bei Säuglingen nach erhöhtem Zuckergenuß gesteigerte Wachheit und vermehrte Bewegungsaktivität. In Grenzen gehalten ist dies ein für die Entwicklung des Kindes durchaus notwendiger Vorgang, die übermäßige (anhaltende und häufige) Aktivierung des Nerven-Sinnessystems sollte jedoch tunlichst vermieden werden. Woraus wir schließen möchten: *mit dem Süßen sparsam sein! Brot statt Kekse und Obst statt Süßigkeiten* geben. Sicher läßt sich die Schokolade nicht völlig vom Kind fernhalten, aber die erste Begegnung mit ihr kann hinausgezögert werden. *Honig* ist im zweiten Lebenshalbjahr gut verträglich, wenn er zum vorsichtigen Süßen geeigneter Speisen und Getränke gebraucht wird (ein bis etwa drei Teelöffel pro Tag sind ausreichend).

Diese Ausführungen mögen zum Verständnis beitragen, daß die *Geschmackserziehung mit dem Abstillen beginnen muß* und ganz gewiß bei der Zubereitung von Flaschennahrung von großer Bedeutung ist. Als Beispiel sei genannt, daß man bei Kuhmilchverdünnungen meist mit einer 3 %igen Zuckerzugabe auskommt; zumindest sollte man es probieren, bevor die Kinder die süße Milchkost nicht mehr missen wollen. Dasselbe gilt für die Zubereitung des Vollmilch-Grießbreies und ähnlicher Gerichte.

Die frühe *Geschmacksgewöhnung* ist allerdings nicht auf die Süßung beschränkt. Mit der Einführung von Gemüse aller Art kommt die Frage nach dem *Salzen* auf. »Der Kopf braucht das Salz zum Denken«, sagte *Rudolf Steiner.* Das Salzen der Speisen erhöht den Eigengeschmack, und über den Geschmack erlangt man ein Bewußtsein von den Speisen. Diese Aussage hat im jungen Alter nur beschränkte Bedeutung wegen des noch nicht erwachten Ich-Bewußtseins, jedoch können wir gar nicht selten beobachten, daß manchmal sogar ältere Säuglinge und mehr und mehr Kinder im zweiten Lebensjahr gern salzige Speisen essen. Erst im Verlauf des ersten Lebensjahres steigert sich die Fähigkeit der Nieren, das Salz ausreichend rasch auszuscheiden. Daher ist das Salzen der Speisen für Säuglinge nicht angezeigt oder nur in geringen Maßen (z.B. Möhrenbrei) zu empfehlen. Im zweiten Lebensjahr hingegen ist die Nierenfunktion so weit gereift, daß normale Salzzugaben zum Gemüse angezeigt sind. Damit tritt die Frage der Geschmackserziehung erneut auf, und wir müssen mit Gewöhnung oder gar Verwöhnung des Geschmackes rechnen. Es gibt *»salzhungrige Kinder«* und solche, die Salz weitgehend ablehnen. Die beiden hauptsächlichen Salze in der Nahrung sind Natrium und Kalium; beide werden natürlicherweise mit der Nahrung aufgenommen und vom Organismus benötigt. Da Gemüse deutlich mehr Kalium als Natrium enthält, ist ein geringes Salzen (Kochsalz enthält Natrium) der Speisen durchaus angebracht.

Natürlich wird der *Geschmack und Geruch der Speisen* von der Art der Zubereitung und dem Gebrauch von Geschmacksstoffen, wie zum Beispiel *Gewürzen und Kräutern,* bestimmt. Wie früh werden doch hier durch die Art der Zubereitung die Weichen für die Geschmackserziehung gestellt! Bald beginnt das Kleinkind mit Wohlgeschmack auch das Gefühl des Wohlbefindens zu verbinden; weitere, meist visuelle Sinneseindrücke verstärken diese Verbindung. Zu dieser Zeit wollen viele Kleinkinder die Speisen nur auf »ihrem Teller«, der besonders schön ist, und mit ihrem bestimmten Löffel essen; oder sie wollen nur noch aus »ihrem Becher« trinken. Auch scheinbare Kleinigkeiten, wie zum Beispiel die Körnung des Grießbreies oder das Vermischen bestimmter Speisen auf dem Teller, werden plötzlich vom Kind kritisiert oder führen zu Problemen beim Füttern. Es ist oft erstaunlich, festzustellen, wie tief sich diese Art Eßgewohnheiten in der Seele des Kindes verankern.

Die Art und Weise, *wie eine neue Speise gereicht wird,* spielt wegen der *Akzeptanz* eine große Rolle. Mit diesen kleinen Dingen beginnt die Erziehung früh, und manches, später als schlechte Angewohnheit auffallendes Verhalten des Kindes hat seine Wurzeln in dieser Frühzeit des Lernens. So beobachten wir Kinder, die etwas auf dem Teller der Eltern sehen, das sie unbedingt probieren wollen; dem kann man, mit Ausnahmen, schon nachgeben. Oder die

Aufforderung kommt von den Eltern, doch das eine oder andere vom Teller der Eltern zu kosten; auch wird dem Kind mit oder ohne Worte etwas Neues auf den Teller gegeben. In jedem Fall ist die begleitende Gebärde wichtig und, je jünger das Kind, auch das von den Eltern den Speisen entgegengebrachte Gefühl. Auch das einjährige Kind nimmt davon noch wesentlich mehr wahr als ein älteres Kind; es empfindet die wahren Gefühle der Erwachsenen und noch manches der unausgesprochenen Gedanken. Unter diesem Aspekt ist es sicher schwer, dem Kind zum Beispiel ein Gemüse anzubieten, das der Erwachsene innerlich ablehnt.

Die Summe all dieser Erlebnisse des Kindes am Tisch mit seinen Eltern (oder auf dem Schoß, s. Abb. 3) führt zu einer erheblichen *Erweiterung der Geschmacks- und Geruchs-Erfahrungen.* Dabei muß den Eltern klar sein, daß Speisen oder Gerichte mit sehr starkem und pikantem Geschmack von ihrem Kind nicht »natürlicherweise« abgelehnt werden; viele junge Kinder zeigen großen Appetit auf zum Beispiel Wurst und Käse, oder auch auf saure, stark gewürzte Speisen wie zum Beispiel Gewürzgurken oder Salzheringe. Befragt man Mütter zu diesem Thema, kommt man oft aus dem Staunen nicht heraus. Manche Mutter hatte es auch schwer, mir diese ihr als ungewöhnlich erscheinenden Eßgewohnheiten ihres Kindes anzuvertrauen. Wir sollten uns darüber im klaren sein, daß sich nicht sehr viele Eltern frühzeitig überlegen, nach welchen Richtlinien sie ihrem Kind die Speisen reichen und welche Art Geschmackserziehung sie verfolgen wollen. Wir dürfen das Kind wegen seines Verlangens nach bestimmten Speisen nicht beschuldigen; es handelt noch unkritisch und direkt aus seiner Seele mit Sympathie und Antipathie gegenüber den Geschmacks- und Geruchserfahrungen. Beginnen die Eltern nicht früh genug, zum Beispiel Wurst und scharfen Käse vom Teller des Kindes fernzuhalten, werden sie erhebliche Probleme erwarten müssen, wenn sie später auf eine andere Kostform für ihr Kind umwechseln wollen.

Hier kommt die Frage nach dem *Fleischgenuß im Kindesalter* auf. Sie ist eng verknüpft mit folgender Feststellung:

Im Laufe des zweiten Lebensjahres kommt es zu einer Annäherung oder gar Angleichung der Eßgewohnheiten des Kindes an die der Familie.

In einer Familie, die sich vegetarisch ernährt, kommt das Kind gar nicht in die Versuchung, Fleisch zu kosten. Wenn eine Familie jedoch Fleisch auf dem Speiseplan hat, wird das Kind über kurz und lang auch daran teilhaben. Solange man die scharfen und pikanten Gewürze, wie zum Beispiel Pfeffer und rote Paprika, vermeidet, hat das alles seine Richtigkeit. Wir wollen und dürfen nicht, wie eingangs bereits gesagt, die eine oder andere Kostform empfehlen. Aber man kann zu bedenken geben, daß weißes Fleisch dem jungen Kind besser bekommt als rotes, oder allgemein Geflügelfleisch dem Rindfleisch vorzuziehen ist. Viele Kinder essen gern *Eierspeisen,* und diese bekommen ihnen auch gut (ausgenommen Allergiker). Im zweiten Lebensjahr liefern die Eier wichtige Nahrungssubstanzen, nur wäre »täglich ein Ei« noch zuviel für das junge Kind. Das Eigelb ist dabei wichtiger als das Eiweiß. Ersteres enthält viele wichtige Nährsubstanzen, während letzteres schwer verdaulich ist. Viele Einzelheiten des Speiseplanes für die Kinder werden von den Eltern nach Tradition, eigenen Geschmackserfahrungen und -wünschen sowie den gewollt oder ungewollt erworbenen Informationen gestaltet. Die folgenden Richtlinien mögen helfen, eine gesunde Ernährung für Kinder zu finden.

Allgemeine Richtlinien

1. Drei *Hauptmahlzeiten* zu möglichst immer gleicher Tageszeit verabreichen. Dieses hilft der gesunden Rhythmisierung des Stoffwechsels. Bei der warmen *Hauptmahlzeit* sollte die *Familie versammelt sein.*
2. Die Menge *Vollmilch pro Tag* sollte einen halben Liter nicht überschreiten. Allergie gegen Kuhmilch erfordert ärztliche Be-

ratung. Milchspeisen und Käse sind bei der Begrenzung der Tagesmilchmenge zu berücksichtigen.

3. *Obst und Gemüse* in ausreichender Menge täglich anbieten. Abwechslung und jahreszeitgemäße Auswahl bedenken. Qualität ist wichtig; schadstoffreie Ware ist zu bevorzugen. Kartoffeln nur in kleinen Mengen geben. Etwas rohes Gemüse (z. B. Möhrensalat) und grüner Salat werden von manchen Kindern gern gegessen und sind zu empfehlen.
4. *Getreide* als leicht verdauliches (feines) Vollkornbrot, in Brei-Zubereitungen, als gute Teigwaren, Reis, Grütze und ähnliches anbieten. Müsli wegen der schweren Verdaulichkeit erst später einführen. Demeter-Getreide sollte bevorzugt werden.
5. *Fleisch und Fisch* kann in leicht verdaulicher Form eingeführt werden; scharfes Braten und Würzen meiden.
6. *Eier und Eierspeisen* können im zweiten Lebensjahr angeboten werden. Man beginnt mit ein oder zwei Eiern pro Woche, nur gelegentlich dürfen es mehr sein. Allergien gegen Hühnereiweiß sind nicht selten und erfordern ein sehr konsequentes Vermeiden aller Eizusätze.
7. *Gewürze* und unter ihnen besonders die *Küchenkräuter* sind wichtige Helfer für gute Verdauung und Verwertung der Nahrungsmittel. Scharfe Gewürze sind zu meiden, ab etwa viertem Lebensjahr schadet gelegentlich guter Senf nicht, auch mit Essig zubereitetes Gemüse kann angeboten werden. Zwiebeln und Knoblauch werden individuell unterschiedlich gut vertragen.
8. Die *Ausgewogenheit des Speiseplanes* muß beachtet werden, insbesondere bezüglich der Grundnahrungssubstanzen. Einseitige Ernährung führt leicht zu Fehlernährung! Im Zweifelsfall hole man sich kompetenten Rat. Bei strikt *vegetarischer Ernährung* (ohne Milch und Eier) ist sehr gute Kenntnis der Nahrungsquellen, insbesondere für Eiweiß notwendig; die *Qualität der Fette* ist für die Kinderernährung von großer Bedeutung.
9. *Tischsitten* zu erlernen und einzuhalten muß einen hohen Stellenwert haben. Mit dem Allein-Essen des kleinen Kindes lasse

man sich Zeit. Das Spielen und mit den Händen im Essen Herummanschen läßt sich früher leichter als später abstellen. Eine liebevolle Fütterung durch die Eltern macht die Speisen viel bekömmlicher! Alle Mahlzeiten sollen *im Sitzen eingenommen* werden.

10. Mit einem *Tischgebet* kann nicht früh genug begonnen werden. Die Seelenhaltung und Gesinnung der Eltern ist dabei wichtig; es darf keine bedeutungslose Routine werden.
11. Der *Tagesbedarf an Nahrungsmitteln* läßt sich für Kinder schwer abschätzen, genaue Zahlen gibt es dafür nicht. *Oft wird der Bedarf überschätzt,* außerdem schwankt er deutlich.
12. *Essen soll Freude bereiten. Es darf keinen Zwang zum Essen geben.* Nicht vom Arzt verordnete appetitanregende oder stärkende Mittel sind im Kindesalter überflüssig.

Folgen der Über- und Unterernährung

Es wurde bereits über Fettsucht und Magerkeit gesprochen; in beiden Fällen solcher *Fehlernährung* spielt auch die Zusammensetzung der Speisen (d.h. der relative Anteil der drei Grundnahrungsmittel) eine wichtige Rolle. Die Fehlernährung kann ebenso wie die *Mangelernährung* recht verschiedene Ursachen haben, und beide können zu vielerlei Krankheitszuständen führen. Um das ernährungsbedingte Über- oder Untergewicht eines Kindes mit Sicherheit von einer organischen Krankheit (z.B. einer hormonellen Störung) abzugrenzen, wird man fachärztlichen Rat benötigen. Wenn der von der Norm abweichende Ernährungszustand eines Kindes über längere Zeit anhält, sollte auf jeden Fall der Kinderarzt aufgesucht werden. Ich konnte oft feststellen, daß vorgefaßte Meinungen der Eltern bezüglich der besonderen Entwicklung des Kindes allzuleicht zur Akzeptanz des körperlichen Zustandes geführt haben. So kann man beispielsweise hören, daß ein Kind »eine Körperfülle ganz wie der Vater« entwickelt habe, womit man das Übergewicht als erblich vorgegeben auslegt und hinnimmt. Oder man sagte mir, daß die Blässe des Kindes von einem Großelternteil geerbt wurde, da auch andere Körpermerkmale dieser Person erkennbar seien. Gewiß müssen die für Familien typischen Körperformen wie Größe, Knochenproportionen, Ausbildung von Muskeln und Fettpolstern, bei der Beurteilung des Wachstums berücksichtigt werden, doch lassen sich bei den genannten Abweichungen von der Norm *Erblichkeit und familientypische Eßgewohnheiten als Ursachen nicht leicht voneinander trennen.* In solchen Fällen ist ärztlicher Rat angebracht.

Es gibt zahlreiche wissenschaftliche Untersuchungen zu der Frage der *Entstehung von Übergewicht im Kindesalter.* Wenn ein oder beide Eltern auch übergewichtig waren, konnte man herausfinden, daß die elterlichen Eßgewohnheiten (Menge und Art sowie Wichtigkeit des Essens, Zeitaufwand bei Mahlzeiten etc.) und deren innere Einstellung zur Frage der Körperform häufiger für die Entwicklung eines Übergewichtes bei ihren Kindern verantwortlich waren, als daß man organische Störungen gefunden hätte. In jedem Fall ist es ratsam, die Lebens- und Eßgewohnheiten des Kindes genau zu erkunden. Natürlich kommen auch organische Krankheiten und besondere hormonelle Störungen für die Entwicklung eines Übergewichtes in Betracht; diese bedürfen aber einer genauen ärztlichen Untersuchung und Bestätigung.

Bei *mangelhafter Gewichtszunahme* eines Kindes ist das Spektrum der möglichen Ursachen größer als beim Übergewicht und schwerer herauszufinden. Bevor man den Arzt aufsucht, sollte man die Mengen aller Nahrungsmittel aufschreiben, die in den letzten Tagen zu den Mahlzeiten verspeist worden sind. Auch frühere Körpermaße (Gewicht und Größe) sind wichtige Hilfen für den Arzt. Körperlich-organische Ursachen für eine gestörte Nahrungsaufnahme oder -verwertung lassen sich nicht leicht von durch verminderte Nahrungsmengen bedingter Unterernährung abgrenzen; das herauszubekommen ist eine ärztliche Aufgabe. An einem Beispiel aus meiner Praxis sei dieses Problem noch verdeutlicht:

Die Mutter beobachtete bei ihrem Kind Markus, daß gegen Ende des ersten Lebensjahres der Bauch mehr und mehr gebläht erschien, gleichzeitig wurden die Stühle stinkend, fettglänzend, schaumig und massig. Langsam wurde der Appetit schlechter, gelegentlich trat Erbrechen auf. Diätetische Maßnahmen blieben weitgehend ohne Erfolg, nur bei ganz leichter Milch- und Gemüsekost ging es dem Kind etwas besser. Manchmal, so berichtete die Mutter, habe Grießbrei und Brot den Stuhl sehr verschlechtert. Leider bestand diese Störung bereits seit Monaten, bevor Markus mir vorgestellt wurde. Es lag nahe, an eine Unverträglichkeit von Getreideeiweiß zu denken; die Diagnose einer *Zöliakie* wurde bald bestätigt. – Nachdem alle Getreide-Zubereitungen bis auf Mais und Reis-Produkte aus der Nahrung herausgelassen wurden, erholte sich das Kind rasch und normalisierte sein Wachstum. Da noch keine Folgekrankheiten wie Blutarmut und Vitaminmangel vorlagen, hatte die *glutenfreie Ernährung* vollen Erfolg.

Es ist nicht leicht, ein Kind ohne Getreide – außer Mais und Reis – zu ernähren; mit den beiden letztgenannten läßt sich nur mit Mühe und weiteren Zutaten Brot und Gebäck herstellen (das in Reformhäusern angeboten wird), dennoch läßt der Geschmack zu wünschen übrig. Hinzu kommt, daß ein kleines Kind immer wieder Gelegenheit findet, einen Keks oder ein Stück »richtiges« Brot zu ergattern und dann natürlich tagelang schlechte Stühle hat. Über längere Zeiträume beeinflussen solche wiederholt auftretenden Diätfehler das Wohlbefinden und das körperliche Gedeihen des Kindes. Das hier dargestellte Beispiel möge zeigen, daß erstens das Auffinden der Ursache der Fehlernährung von entscheidender Bedeutung für die weitere Entwicklung des Kindes ist, und zweitens die ständige Überwachung der Ernährung keine leicht Aufgabe ist.

Bei einer chronischen Verdauungsstörung sind es mehrere Faktoren, die das gesunde Wachsen und Entwickeln beeinträchtigen. Die Überempfindlichkeit gegen Gluten (Getreideeiweiß) hält lebenslang an. Daher finden wir unter den Erwachsenen mit Zöliakie noch viele Menschen mit chronischen Beschwerden. Leider gibt es noch andere Störungen im Verdauungssystem (meist handelt es sich dann um eine sogenannte »angeborene Stoffwechselkrankheit«), die im allgemeinen im Kindesalter auftreten und eine lebenslang einzuhaltende, strenge Diät notwendig machen.

In diesem Buch interessiert uns die Ernährung insbesondere unter dem Blickwinkel des Wechselspieles zwischen dem Organismus des Kindes und seiner Umwelt. Die zum Übergewicht führende Freude am Essen zeugt von der inneren Bereitschaft, seelische Sympathie und Begierde auch auf die Ernährung anzuwenden. Für Säuglinge und Kleinkinder ist diese Sympathie besonders auf das Süße ausgerichtet, womit es seine »innere Wollust« befriedigt. Außerdem ist für junge Kinder das *Beispiel auch beim Essen ungeheuer wichtig.* Essen Mutter und Vater mit großem Appetit, ist das Kind geneigt, dieses nachzuahmen. Ein Kind kann auch ein Geschwister oder eine andere geliebte Person nachahmen. Ähnliches gilt für viele Fälle des Untergewichtes, wobei allerdings die Abneigung gegen das Essen im allgemeinen oder gegen bestimmte Grundnahrungsmittel sehr verschiedene Ursachen haben kann.

Die fehlende Bereitschaft eines Kindes, sich durch die Ernährung mit seiner Umwelt in eine gewisse Abhängigkeit zu begeben, mag in einer uns unzugänglichen Tiefe der Seele liegen oder gar karmisch bedingt sein. Die zutage tretende Antipathie gegenüber bestimmten Nahrungsstoffen läßt sich keineswegs immer aus der Physiologie des Kindes (z. B. einer zu geringen Produktion von Verdauungssäften) heraus erklären. Für das erste, zweite und dritte Lebensjahr sollte man nach Ausschluß organischer Ursachen die *Umwelt genauestens erforschen.* Neben dem Imitieren des Verhaltens von Eltern und Geschwistern kann die Seele des Kindes auch Erfahrungen gemacht haben, die wir nicht durchschauen und schon gar nicht mit unserem Erwachsenenverstand begreifen können. Dabei kann es sich beispielsweise um Erfahrungen (Wahrnehmungen) des Kindes in der Tier- oder Pflanzenwelt handeln, die zu der Abneigung des Essens oder bestimmter Speisen führen.

Es besteht ein *Sonderfall, wenn die Wechselwirkung zwischen Organismus und Umwelt durch eine Erkrankung bedingt ist.* Als Beispiel wurde eine erbliche Überempfindlichkeit gegen Getreide-Eiweiß dargestellt. Der Organismus wehrt sich gegen diese Substanz aus der Umwelt zunächst durch Fehlverdauung und erhöhte Ausscheidung. Bei einer akuten Erkrankung, zum Beispiel einer mit hohem Fieber einhergehenden Erkältung, sind Nahrungsaufnahme und meist auch Stuhlausscheidungen nur kurzzeitig gestört, und die Eltern sorgen sich nicht. Bei chronischen Verdauungsstörungen dagegen bleibt die Frage der Ursache meist längere Zeit ungewiß. Zum Beispiel ist das Getreide-Eiweiß ja nur für den empfindlichen Organismus eine »unverdauliche Fremdsubstanz«; für die meisten Menschen und besonders die Vegetarier ist dasselbe eine gute Quelle für gesunde Kost.

Betrachten wir die Ernährung als eine Form der Interaktion zwischen Organismus und Umwelt, so ist zu bedenken, daß natürlich beide Partner gleichermaßen den Austausch beeinflussen können. Je näher wir den Prozeß der Nahrungsaufnahme mit den dazugehörigen Stoffumwandlungen im Organismus betrachten, desto größer wird unsere Bewunderung, daß dieser Prozeß im allgemeinen ein gesundes Wachsen und Gedeihen des Kindes ermöglicht. Es wurde eingehend besprochen, daß alle dem Kind zur Ernährung dienenden Umweltsubstanzen in ausgewogenen Mengen und altersgerechter Zubereitung dargereicht werden müssen. Der Mensch – hier die Eltern – hat wohl Einfluß auf die Auswahl, Zubereitung und den Zeitplan der Mahlzeiten, auf die Funktion der inneren Organe hingegen können wir nicht so leicht einwirken (auch ärztliche Maßnahmen brauchen Zeit).

Die *Zubereitung der Nahrungsmittel* ist wie der ganze Speiseplan und die Auswahl der Qualität eine wichtige Aufgabe der Eltern. Der notwendige Prozeß der Stoffumwandlungen im Verdauungssystem des Kindes bedarf der Hilfe der Eltern, und zwar um so mehr, je jünger das Kind ist. Der Prozeß des *Kochens ist eine Vorverdauung.* Durch die Wärme werden viele Substanzen aufgeschlossen und damit erst den Verdauungssäften zugänglich gemacht; das gilt für die meisten Gemüsearten und praktisch alle Getreidezubereitungen. Die Zeit der Hitzeeinwirkung sollte gut bedacht werden, da natürlich eine zu lange Kochzeit auch empfindliche Substanzen, zum Beispiel Vitamine, zerstören kann. Die Lagerung und viele Maßnahmen in der Küche beeinflussen den Erhalt des Nahrungsmittelwertes und somit die Verdauungsvorgänge und die Verträglichkeit. Einzelheiten sind der entsprechenden Literatur zu entnehmen; empfehlenswert ist das Kochbuch »Gemüse, Kräuter, Obst: vielfältig und naturgemäß kochen in 1000 Rezepten« von Hanna Dengler und Anna Rohlfs-von Wittich (Verlag Freies Geistesleben, Stuttgart) für vegetarische Kost und auch für Gerichte, die im Kindesalter zweckmäßig sind.

Die besonderen Gegebenheiten des wachsenden und sich ständig noch entwickelnden Organismus des Kleinkindes haben es notwendig gemacht, dieses Lebensalter neben dem Säuglingsalter bezüglich der Ernährung gesondert zu besprechen. Die hier dargestellten Störungen beeinflussen die Beziehungen des kindlichen Organismus mit seiner Umwelt; solche können, wie gezeigt wurde, sehr vielfältig sein. Die große Verantwortung, welche den Eltern durch Nahrungsauswahl und die Zubereitung der Speisen zufällt, kann nur durch eine bessere Kenntnis der Ernährungsbedingungen für dieses junge Alter bewältigt werden.

Ernährungsbedingte Gefäßerkrankungen

Nachdem zu Beginn dieses Jahrhunderts der Zusammenhang zwischen Gefäßwandverdickungen und -verhärtungen mit Einengungen des Blutdurchflusses in den Arterien im allgemeinen und im besonderen solche, die die Blutversorgung des Herzmuskels bedrohen, gefunden worden war, hat es noch viele Jahrzehnte gedauert, bis solche Gefäßverhärtungen auch bei jungen Erwachsenen (z. B. Soldaten) und schließlich bei Kindern nachgewiesen werden konnten. Diese Verhärtungen der Arterienwände sind im fortgeschrittenen Alter durch kalkartige Einlagerungen gekennzeichnet. Dann spricht man zu Recht von einer »Arterienverkalkung«. Oft entwickelt sich dabei auch ein Bluthochdruck.

In der Jugend bilden sich Verdickungen der Arterienwände nur sehr langsam und ohne erkennbare klinische Symptome aus. Mikroskopische Untersuchungen der Arterien hat man nur an Leichenmaterial nach verschiedenen Todesursachen durchführen können; dabei wurden als erste Zeichen fettig glänzende Streifungen in den Arterienwänden gefunden und darin neben Fettsubstanzen auch Cholesterin nachgewiesen. Nach Jahren des Bestehens werden diese fettigen Verdickungen (Ateriosklerosen) derber und narbenähnlicher, bevor Kalkeinlagerungen auftreten. Sorgfältiges Zusammentragen dieser Untersuchungsbefunde von Menschen aller Altersgruppen hat ergeben, daß derartige Gefäßwandverdickungen langsam fortschreiten und später bei vielen älteren Menschen zu Einschränkungen der Durchblutung besonders im Herzmuskel oder auch den Gliedmaßen führen. Genaue Prozentzahlen sind natürlich nicht bekannt.

Es lag nahe, das *Verhalten des Blutdruckes* mit den Veränderungen in den Arterienwänden in Beziehung zu bringen. In jungen Jahren ist das Gefäßsystem elastisch und der Blutdruck normal. Meist im dritten und vierten Lebensjahrzehnt nimmt die Stärke der Gefäßwände mehr und mehr zu, bis es schließlich zu Erstarrungen im Gefäßsystem kommt und die Blutdruckwerte ansteigen. Klinische und pathologische Befunde haben diese Zusammenhänge inzwischen voll bestätigt. Da fettige Einlagerungen in den Arterienwänden bereits bei Säuglingen und Kleinkindern gefunden worden sind, hat man auch erhöhten Blutdruckwerten in diesem frühen Alter mehr Aufmerksamkeit geschenkt. Leider sind die Messungen in dieser Altersgruppe nicht sehr zuverlässig, lassen sich aber von einem erfahrenen Arzt doch erheben. Jeder erhöhte Blutdruck im Kindesalter sollte gut überwacht und ursächlich geklärt werden. Nach groben Schätzungen aus einer amerikanischen Langzeitstudie an Kindern hat sich ergeben, daß heute zwischen 5 und 10 % aller Kinder einen erhöhten Blutdruck haben.

Neben erhöhtem Blutdruck sind es die Blutspiegelwerte für *Cholesterin* und seine Transportformen, die mit zunehmenden Gefäßwandverdickungen ebenfalls ansteigen. Im Blut ist das Cholesterin zum größten Teil an Fett-Eiweiß-Komplexe (Lipoproteine) gebunden. Man spricht von »low density« Lipoproteinen (kurz als LDL), die etwa 45 % Cholesterin enthalten, und den »high density« Lipoproteinen (HDL), die etwa 20 % Cholesterin enthalten. Letztere werden oft als die »gute Transportform« des Cholesterins angesprochen, da hohe HDL-Werte oft mit einer Verminderung von Gefäßwandeinlagerungen einhergehen.

Aus den vielen Einzeldaten von Kindern im Vorschulalter bis zu den Werten aus Langzeitstudien an großen Gruppen von Erwachsenen (*G. S. Berenson*) hat sich inzwischen Folgendes ergeben: *streifige Fetteinlagerungen in den Arterienwänden* (auch Plaques genannt) *hat man bereits bei drei bis fünf Monate alten Säuglingen gefunden*, Prozentfallzahlen nehmen mit dem Alter zu, in der Präpubertät sind es etwa 10 % aller Kinder.

Es gibt eine *angeborene Stoffwechselkrankheit*, die mit stark erhöhten Werten für Cholesterin und Blutdruck einhergeht. Bei der homozygoten, sehr seltenen Erscheinungsform der familiären Hypercholesterinämie werden schon im Kindesalter über 600 mg Cholesterin pro 100 ml Blutserum und starke Blutdruckerhöhungen gefunden. Die mildere (heterozygote) Form dieser familiären Hypercholesterinämie zeigt Cholesterin-Blutwerte von über 350 mg/100 ml und mäßige Blutdruckerhöhungen. Beide Formen dieser Stoffwechselkrankheit führen frühzeitig zu erheblichen Gefäßwandverdickungen mit Durchblutungsproblemen und in vielen Fällen zu frühzeitigem Herztod. Diese Daten sollen nur zeigen, daß auch von dem Stoffwechsel des Kindes her Krankheiten bedingt sein können, die in ähnlicher Form später im Leben viel häufiger und nicht selten ausschließlich durch falsche Ernährungs- und Lebensweise hervorgerufen werden können.

Für unsere Betrachtung der Beziehungen zwischen Organismus und Umwelt liefern die ererbten Stoffwechseldefekte Beispiele für die Unfähigkeit des Organismus, die allgemein und üblicherweise verzehrten Nahrungssubstanzen umwandeln und im Organismus verwerten zu können. Mit Recht kann man hier von karmischen Umständen sprechen, da die ererbten Stoffwechselbedingungen Teil der Lebensvoraussetzung für den betroffenen Menschen darstellen. Heute und wegen der durch die moderne Medizin vorgegebenen Bedingungen sollte mehr Gewicht auf die zu bewältigende Aufgabe zur Durchführung einer konsequenten Diät gelegt werden und weniger darauf, daß der Patient sein Leben durch die Krankheit ändern und seine Lebensaktivitäten einschränken muß. Es gibt noch viele andere Stoffwechselkrankheiten, vor allem die Zuckerkrankheit, bei denen der »erkrankte« Mensch zu einer bewußten Lebens- und Ernährungsweise aufgerufen ist. Auch wenn zusätzlich zur Diät ärztliche Maßnahmen notwendig sind, fordert diese weitgehend genetisch bedingte Veranlagung eine *Stärkung der Ich-Kräfte* des Patienten. Wenn letztere nicht erfolgt, werden die Umwelt-Kräfte vermittels der Nahrungssubstanzen die Überhand gewinnen und ein Krankheitszustand durch Ansammlung von Fremdsubstanzen im Organismus unabwendbar sein.

Bei angeborener Schwäche oder Unfähigkeit des Organismus, bestimmte Nahrungssubstanzen zu verwerten, ist die Störung zwischen Organismus und Umwelt recht gut zu überblicken und zu verstehen. Im weiteren wollen wir nun der Frage nachgehen, ob eine unvernünftig übermäßige und anhaltend *falsche Ernährungsweise* auch zu Krankheitszuständen und Dauerschäden des Organismus führen kann. Wir haben bereits das Übergewicht und die Magerkeit besprochen und festgestellt, daß beide im allgemeinen zu erheblichen Beschränkungen der Lebensqualität und -aktivität führen. Ernährungsstudien auf der ganzen Welt haben gezeigt, daß ein übermäßiger Genuß von bestimmten Fetten, die mit Cholesterin vergesellschaftet auftreten (z.B. in fettem Fleisch), zu Bluthochdruck, Gefäßerkrankungen und frühem Herztod führen kann.

Die *Neutralfette* unterscheiden sich durch unterschiedlichen Gehalt an verschiedenen *Fettsäuren;* besonders der Anteil der gesättigten Fettsäuren wirkt sich bei reichlichem Genuß negativ aus, während bestimmte *ungesättigte Fettsäuren,* die man in die einfach- und mehrfach ungesättigten unterteilt, sogar für den menschlichen Organismus *lebensnotwendig* (essentiell) sind, da er sie sich nicht selber aufbauen kann. Für die Kinderernährung hat man Richtlinien erarbeitet und empfohlen, daß etwa die Hälfte der Fette ungesättigte Fettsäuren enthalten sollen (bei den meisten Pflanzenölen liegt der Anteil der ungesättigten Fettsäuren sogar noch wesentlich höher).

Richtlinien für eine »gesunde Ernährung« werden heutzutage immer komplizierter, und oft erscheinen Zahlenwerte, die der Laie gar nicht in der Praxis gebrauchen kann. Diese immer noch zunehmenden Kenntnisse der Ernährungskunde können nur sinnvoll angewendet werden, wenn man sie in eine Sprache faßt, die allgemein verständlich ist, und wenn diese *Kenntnisse nicht zu dogmatischen Forderungen mißbraucht* werden. Zum Beispiel ist die Empfehlung zur Verabreichung von Fleisch im Säuglingsalter eine Folge solcher Untersuchungsergebnisse, die auch andere Interpretationen und andere Konsequenzen zulassen. Oder wir betrachten den Begriff der *Qualität der Nahrungsmittel.* Leider wird aber unter Qualität oft etwas sehr Unterschiedliches verstanden. Mit Sicherheit vermindern Gifte in den Nahrungsmitteln deren Qualität oder disqualifizieren sie als solche. Wer kann aber mit Bestimmtheit wissen, daß auf dem Markt gekauftes Gemüse oder eine Frucht wirklich vollwertig ist und alle Inhaltstoffe auch tatsächlich enthält? Richtlinien und Empfehlungen werden ständig erneuert und dabei »entsprechend neuester Erkenntnisse« auch verändert. Haben wir denn in der Zeit vor den neuen Richtlinien die Kinder immer falsch ernährt? Dieser ganze Fragenkomplex stiftet wirklich mehr Verwirrung als Hilfe für den Verbraucher und besonders für Eltern, die sich mühen, ihr Kind »gesund und richtig« zu ernähren.

In der heutigen Zeit ist es eine dringende Notwendigkeit, daß wir *zu einer bewußten Ernährungsweise übergehen!* Diese schon von *Rudolf Steiner* geäußerte Forderung ist sehr umfassend gemeint: Es sind dazu Kenntnisse sowohl des eigenen Organismus und seiner individuellen Verdauungsfähigkeiten als auch der Nahrungssubstanzen erforderlich. Außerdem müssen die Bedingungen der Nahrungsaufnahme den Anforderungen des Austausches zwischen Organismus und Umwelt entsprechen. Wenn heute die Menschen, meist sogar wider besseres Wissen, sich ungesund oder falsch ernähren, so schaden sie ihrem Organismus. Es liegt auf der Hand, daß eine unzulängliche oder gar gesundheitsschädigende Ernährung der Kinder sehr weitreichende Folgen haben kann.

Die gewählten Beispiele (Über- und Unterernährung, ernährungsbedingte Gefäßwandschäden mit Gefahr des frühen Herztodes) sollen zeigen, daß sich mit der falschen Ernährung ein *Krankheitszustand langsam für die Zukunft vorbereitet.* Während das fette Fleisch oder die »Pommes« gegessen werden, ist der Mensch nur auf Genuß eingestellt. Er nimmt einen Teil der Umwelt in sich auf, der Fremdkörper bleibt, der ungleich anderer Nahrungssubstanz *in den Verband des Organismus nicht eingegliedert werden kann.* Bisher sind es nur wenige Beispiele aus der Ernährung, die den Brückenschlag von jungem Alter bis in das höhere Alter hinein mit gewisser Sicherheit vollziehen. In der frühen Jugend werden Krankheiten für das höhere Alter angelegt, und dabei spielt die Ernährung eine wichtige, aber keineswegs ausschließliche Rolle.

Schon im jungen Alter ist die Ernährungsweise Teil der umweltbedingten Vorbereitung von Gesundheit und Krankheit im Alter!

Die Ausscheidungen

Nachdem die Nahrungs*aufnahme* in vielen Einzelheiten dargelegt worden ist, erscheint es fast ungerecht, die *Ausscheidungsprozesse* in nur einem Abschnitt zu würdigen. Die Aspekte der Nahrungsaufnahme sind für den Menschen dadurch so vielfältig, daß wir (oder die Eltern für ihr Kind) einen großen Einfluß auf das haben, *was* an Nahrungssubstanzen in den Organismus hereingenommen wird. Wir haben den Abbau und die Umwandlung der Nahrung besprochen, und so bleibt die Frage nach der *Bedeutung der Absonderungsprozesse* noch offen. Was die Substanzen anbetrifft, die der Organismus ausscheidet, so darf man nicht sagen, daß alles wie »Abfall und Überschuß« betrachtet werden darf (man denke an den zu großen Salzverlust bei starkem Schwitzen in sommerlicher Hitze), nur würde eine Besprechung der Einzelheiten hier zu weit führen.

Das Spektrum der Substanzen, die der Mensch ausscheidet oder ausscheiden *muß*, ist wesentlich größer, als den meisten Menschen bekannt ist. Alle Ausscheidungen und Absonderungen des Menschen werden an seine Umwelt abgegeben, im allgemeinen sogleich weggespült, abgewaschen oder verworfen. Es ist dabei auch wichtig, daß fast alle Ausscheidungsprodukte ihrer Qualität nach unangenehm und stinkend sind. Zunächst denken wir bei diesen Produkten an Stuhl, Urin und Schweiß; außerdem werden durch die Haut und ihre vielen Drüsen mit dem Schweiß und dem Schleim (z.B. aus Nase und Bronchien) viele Salze und andere, im Blut gelöste Substanzen abgesondert. Auch Nägel und Haare sowie Ohrenschmalz und Tränenflüssigkeit müssen hier erwähnt werden, ebenso Absonderungen aus dem Genitaltrakt beider Geschlechter. Eine ganz besondere Stellung nimmt die Nachgeburt (Plazenta und Eihäute) ein. In Kapitel 3 wurde dargelegt, daß die höheren Wesensglieder von den äußeren Hüllen des Embryo und Feten ihren Einfluß ausüben. Mit der Geburt verlassen die Wesensglieder diese

Hüllen (wozu die Plazenta zählt), ziehen gleichsam um in das Kind, und dann ist die Ausstoßung der Nachgeburt gerechtfertigt.

Wir können nicht all den physiologischen Körperfunktionen gerecht werden, die mit der Ausscheidung zu tun haben, aber wir wollen die *geisteswissenschaftlichen Aspekte* etwas näher betrachten. Das dem Ausscheidungsvorgang zugrunde liegende Prinzip beleuchtet sofort das Wesentliche: Der lebendige Organismus offenbart sich durch seine Auf- und Abbauprozesse. »In diesem Auf- und Abbau besteht eigentlich die ganze Tätigkeit des menschlichen Wesens« sagt *Rudolf Steiner* (23.2.24, GA 352). Während mit dem *Aufbau eine Dämpfung* der bewußten geistigen Tätigkeit einhergeht (der Verdauungsschlaf ist ein Beispiel), sind die *bewußten geistigen Aktivitäten des Menschen mit Abbau und Absonderungsprozessen verknüpft.* Im ganzen menschlichen Organismus werden fortwährend Substanzen abgebaut und ausgeschieden. In diesen Prozessen offenbart sich die geistige Tätigkeit des Menschen, und so konnte *Rudolf Steiner* auch sagen: »Der geistige Mensch wird aus den Absonderungen sichtbar« (*a.a.O.*), denn dem geistigen Auge werden die Astralkräfte im Urin, die Ich-Kräfte im Stuhl und die Ätherkräfte im Schweiß und den Drüsenabsonderungen erlebbar. Das Prinzip der Absonderung kann sogar bis in die Organbildung hinein verfolgt werden. »Die Denktätigkeit besteht nicht in einer Tätigkeit des Gehirns, sondern die Denktätigkeit besteht darin, daß das Gehirn vom Denken ausgesondert, abgesondert wird« (*Rudolf Steiner, a.a.O.*).

Betrachten wir die Ausscheidungsprozesse der jungen Säuglinge, so fällt uns auf, daß deren *Rhythmik* zunächst von der Nahrungsaufnahme bestimmt wird. Die volle Windel nach dem Stillen ist den Müttern wohlbekannt. Es ist interessant festzustellen, daß die Ausscheidungen des Säuglings nicht als so unangenehm empfunden werden wie die der Erwachsenen. Die Rhythmen der Ausscheidungen werden erst ab zweitem Lebensjahr eigenständig.

Abb. 1 Das Staunen des Säuglings

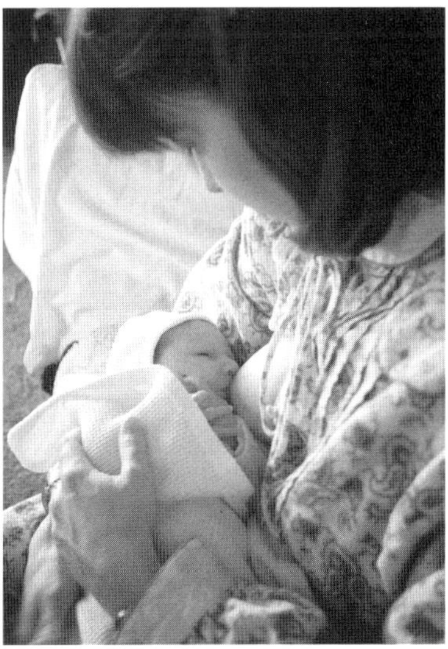

Abb. 2 Das Stillen

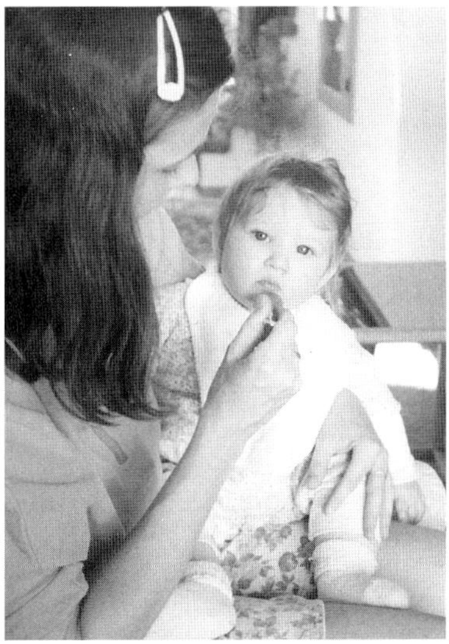

Abb. 3 Das Füttern

Abb. 4 Säugling, 3 Monate alt

Abb. 5 Freigehend, 12 Monate alt

Abb. 6 Kriechender Säugling, 10 Monate alt

Abb. 7 Kletternd, 9 Monate alt

Abb. 8 Kinderbett mit Himmel

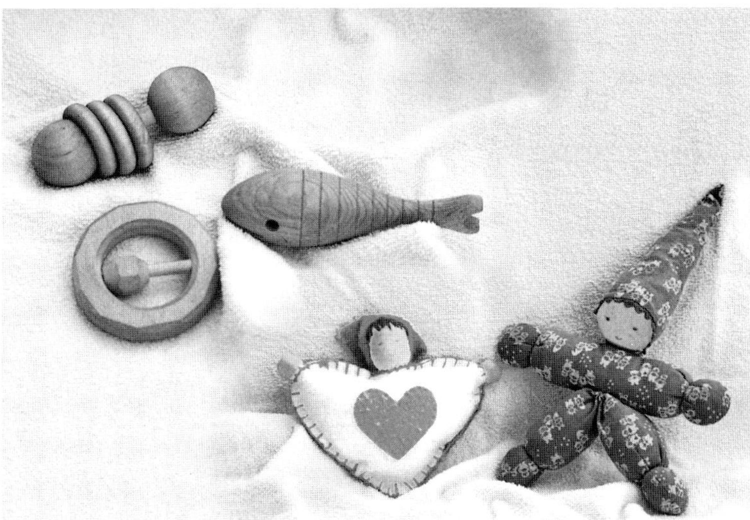

Abb. 9 Hölzernes Spielzeug und selbstgemachte Puppen

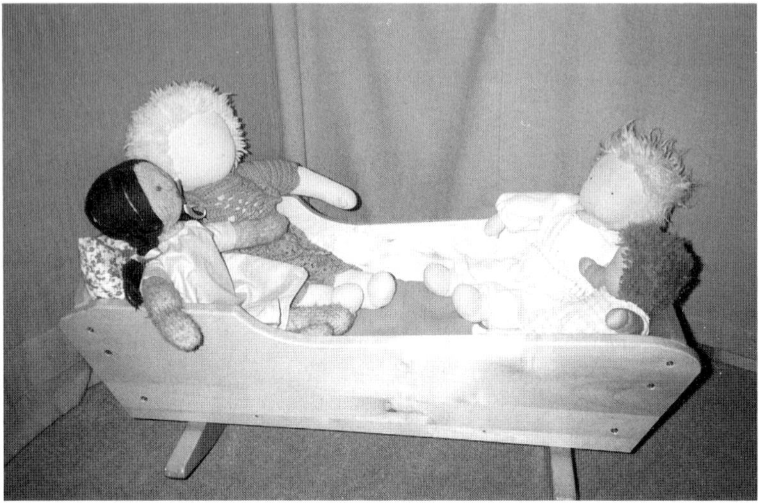

Abb. 10 Puppenwiege mit handgemachten Puppen

Abb. 11 Handgestrickte Zwerge

Abb. 12 Holzblöcke aus Ästen; Filz-Watte-Zwerge

Abb. 13 Knotenpuppe

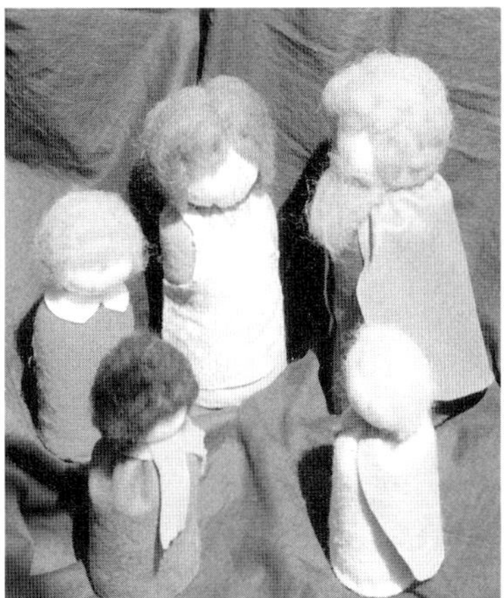

Abb. 14 Stehpuppen

Abb. 15 Hilfe beim Gemüseputzen

Abb. 16 Hilfe beim Abtrocknen

Abb. 17 Beim Werken

Abb. 18, 19 Hilfe im Garten bei der Apfelernte

Abb. 20 Hausmusik

Frühe Erziehung

... wenn wir einmal so weit sind als Menschheit,
daß auch die Eltern verstehen werden,
daß schon in der ersten Epoche der Erziehung
besondere Aufgaben der heutigen Menschheit
gestellt sind.

Rudolf Steiner

10. Reflexe und der Beginn des Erinnerns und Lernens

Die Reflexe des Neugeborenen und ihre Bedeutung

Beim Neugeborenen beobachtet man eine Vielzahl von Körperbewegungen, man hört es schreien und man erlebt, wie es gestillt wird und wie es sich seiner Ausscheidungen entledigt. Viele Menschen glauben jedoch, daß weder die Augen noch die Ohren des Neugeborenen bereits sinnerfüllte Wahrnehmungen vermitteln können. Häufig wird sogar vom Neugeborenen als einem »Reflexwesen« gesprochen.

Außer mit Fragen der Ernährung hat sich die Wissenschaft ausgiebig mit den *Reflexen des Neugeborenen* und des jungen Säuglings beschäftigt. Man sieht hierin eine Verhaltensreaktion, die angeboren und zum Überleben notwendig ist. Reflexe sind unwillkürliche Antworten auf einen Reiz, wobei Wahrnehmungen mit Handlungen verbunden werden (dies nennen wir ein sensomotorisches Geschehen). Jeden Anstoß, den das Individuum von der Außenwelt bekommt, bezeichnen wir als »Reiz«. Dabei sind nicht nur Muskeln die Erfolgsorgane, sondern auch Organe, wie zum Beispiel Drüsen, oder Organ-Systeme, wie zum Beispiel der Blutkreislauf. Ergänzend charakterisiert *Jean Piaget*, daß die Reflexe eine schnelle und optimale Einstellung des Organismus zu seiner Umwelt ermöglichen und daß dieses im Sinne einer Anpassung erfolgt.

Auch *Instinkte* kann man als Reflexe betrachten, die auf seelischer Ebene erfolgen. An dieser Stelle sei sogleich bemerkt, daß wir weder das Sehen noch das Hören oder eine andere Sinneswahrnehmung in das Reflexverhalten des Organismus einbeziehen können, wie es *J. Piaget* versucht hat.

J. Piaget hat den Saugreflex und den Greifreflex des jungen Säuglings sehr eingehend besprochen. Diese beiden und dazu noch den Schreitreflex wollen wir *als Beispiele* betrachten. Diese Reflexe sind beim Säugling leicht zu beobachten. Die Funktion einiger – zum Beispiel des *Saug- und Schluckreflexes* – wird als sinnvoll und lebensnotwendig erkannt, während über die Bedeutung anderer – zum Beispiel des Schreitreflexes – viel spekuliert worden ist. Da die Sinneswahrnehmungen auch für die erste Lebenszeit in Kapitel 5 abgehandelt wurden, dürfen deren Reifungsprozesse als bekannt vorausgesetzt werden.

Betrachten wir ein neugeborenes Kind:
Nach der Geburt, dem ersten Atemzug und dem darauf folgenden Schreien färbt sich die Haut des Kindes rosig, und die Arme und Beine werden lebhaft im Sinne des Strampelns bewegt. Nach Abnabelung und der üblichen Reinigung wird das Kind in einer wärmenden Decke der Mutter in die Arme gelegt. Die dabei zu beobachtende Beruhigung des Kindes ist all den Personen, die diese Vorgänge oft aus der Nähe beobachten können, immer wieder eindrucksvoll. Mir widerstrebt es sehr, diese Ruhe des Neugeborenen in den Armen der Mutter als Erschöpfung anzusprechen, ich sehe darin vielmehr eine »schnelle Rückkehr« in die intensiv wirksame, Mutter und Kind umfassende Ätherhülle. Nach einiger Zeit wird das Kind dann an die Mutterbrust gelegt. Manchmal sieht man, wie das Kind die Brustwarze »sucht« (Suchreflex), dann erfolgt das erste Saugen und Schlucken wie etwas dem Kind bereits Vertrautes.

Heute ist es weitgehend bekannt, daß bereits der Fetus im Mutterleib gelegentlich an seinem Daumen lutscht (saugt). Das Saugen an der Mutterbrust erfolgt instinktiv oder wie ein angeborener Reflex, und dieses Verhalten ist für den neugeborenen Menschen ebenso lebensnotwendig wie für alle Säugetiere. Mit der Muttermilch ist die gesamte Ernährung des Kindes vorerst gesichert; darüber wurde in Kapitel 7 berichtet. Der *Saugreflex* dient der Ernährung in vollendeter Form. Die Nahrung, welche zunächst noch eine

Fremdsubstanz der Außenwelt ist, wird für den Säugling durch den Organismus der Mutter speziell zubereitet.

Nun wollen wir einen etwa *sechs Wochen alten Säugling* beobachten: Dem wachen Säugling schieben wir unseren Zeigefinger von der dem Daumen gegenüberliegenden Seite in die Handfläche hinein. Das Kind reagiert mit dem Schließen der Hand. Alle Finger umfassen unseren Zeigefinger fest. Dieses Festhalten erfolgt durch den *Greifreflex.* Es kann eine gewisse Zeit dauern, bis man den Finger schließlich befreien kann. Das »bewußte« Loslassen erfolgt erst Wochen später.

Der *Greifreflex* zeigt deutlich Stufen der Entwicklung. Von dem hier geschilderten reflexhaften Umfassen des Fingers (wir nennen das »palmares Greifen«) bis zu dem selektiven Gebrauch von Daumen- und Zeigefingerspitzen zum Aufheben einer Rosine vergehen etwa zwölf Monate. Von den zu durchlaufenden Zwischenstadien ist ein Faktor von entscheidender Bedeutung: Es kommt zu einer Koordination zwischen den Augen und den Bewegungen der Finger, Hände und Arme; wir nennen dieses Phänomen kurz die *»Augen-Hand-Koordination«.* Zunächst betrachtet das Kind nur die Bewegungen seiner eigenen Finger und Hände. Objekte, wie zum Beispiel die Bettdecke oder ein Holzring, werden nur wie zufällig ergriffen, gelegentlich auch wieder losgelassen. Dann beginnt mit etwa fünf oder sechs Monaten ein gezieltes Zugreifen nach Dingen der unmittelbaren Umwelt. Diese »gewollte« Handlung des Kindes hat mit einem Reflex nichts mehr zu tun, wir können zu Recht hier von einer *»intentionalen Handlung«* sprechen, auch wenn diese noch ganz einfach strukturiert ist. Das Herausfischen einer Rosine mittels zweier Finger aus einem Gemisch von kleinen Objekten ist mit Sicherheit bereits ein recht komplizierter, vom einjährigen Kind gewollter Akt. Ohne in eine Diskussion über die Wandlungen des Greifreflexes eintreten zu wollen, wie diese von *Piaget* vertreten werden, sei hier nur betont, daß die *Überwindung des frühen Greifreflexes* (des palmaren Greifens) in Verbindung mit dem »ungewollten« Festhalten der uns hier am wichtigsten erscheinende Faktor ist. Der genetisch veranlagte Greifreflex muß zugunsten des intentionalen Greifens völlig verschwinden!

Betrachten wir einmal das Greifen der Hand des Kindes als einen *Akt der Begegnung und Erkundung der Umwelt.* Das reflexhafte Festhalten ist wie ein Zwang zur Begegnung, der durch die entsprechende Funktion des Nerven-Muskelsystems veranlagt ist. Über das spielerische Bewegen und Begegnen der Finger unter Augenkontrolle kommt es dann zur gewollten und wohl bald auch *bewußten Handlung des Zugreifens* und *wieder Loslassens.* Erst dabei wird die Umwelt erfahren! Mit dem »Be-Greifen« der Objekte der Außenwelt beginnt das Kind Kenntnisse zu sammeln. Das ständige Üben der Fingerfertigkeit bedarf außerdem eines inneren »Triebes«, einem *Bemühen um Verbesserung der Fähigkeiten.* Im Innern des Kindes ist eine Kraft wirksam, die zu einer ständig weiteren Erkundung der Außenwelt »antreibt«.

Wir können dieser Darstellung hinzufügen, daß ein sechs Monate alter Säugling, der immer noch den palmaren Greifreflex zeigt, einer fachärztlichen Untersuchung bedarf. Der Verzögerung des Verschwindens dieses Reflexes liegt meist ein krankhafter Prozeß zugrunde. Das gleiche gilt für andere sogenannte primitive Reflexe, die nicht zeitgerecht erlöschen.

Es gibt eine Reihe von *Hautreflexen* bei den neugeborenen und sehr jungen Säuglingen, die uns schon sehr früh die *Mitwirkung einer seelischen Komponente vermuten lassen.* Bei der Untersuchung des Neugeborenen fällt auf, daß das Kind immer den Arm oder das Bein wegzieht, wenn man die Extremität etwas strecken will; oder es versucht die Hand des Untersuchers von seinem Leib »wegzuwischen«. Zunächst erlebt die Mutter das ebenso. Bald kommt jedoch die Zeit, daß das Kind die liebkosende Hand der Mutter toleriert. Dies wird besonders im Zusammenhang mit gewissen Routinehandlungen wie Aus- und Anziehen, Waschen, Baden und Füttern beobachtet. Viele Kinder beginnen bald, ihr Wohlgefallen bei bestimmten Handlungen durch Laute auszudrücken;

bald folgen dann auch das Lächeln und Lachen. Diese durch die Eltern ausgelösten Verhaltensänderungen in den ersten Lebenswochen bezeugen, daß ein Lernvorgang und ein Wiedererkennen des Gewohnten stattfindet, und zwar bevor die angesprochenen Haut- und Stellreflexe verschwinden. *Piaget* spricht auch hier von Anpassungsvorgängen. Das Kind fügt sich den Gegebenheiten der Umwelt ein, aber es gewöhnt sich bedeutend früher und schneller daran, wenn die Handhabungen gleichbleibend und liebevoll von den Eltern durchgeführt werden. Den oben beschriebenen *Abwehrreflexen* (z. B. Fluchtreflex) liegt ein tierhafter, sehr tief verankerter Überlebenswille zu Grunde. Wir werden im weiteren noch darauf zu sprechen kommen, wie die Eltern bereits in der Neugeborenenperiode auf die Kommunikation mit ihrem Kind Einfluß nehmen können. Der Vollständigkeit halber muß gesagt werden, daß die Veränderungen der Verhaltensweisen des sehr jungen Säuglings auch unter den Händen einer liebevollen Pflegeperson beobachtet werden können.

Wir wollen noch einen weiteren Reflex besprechen, der oft zitiert, aber selten richtig verstanden wird. Der *Schreitreflex* des Neugeborenen ist auch in der wissenschaftlichen Welt oft mißverstanden worden.

> Halten wir das Neugeborene aufrecht, indem wir beide Hände um den Brustkorb (hoch unter den Armen) legen, und neigen das Kind gering nach vorne, so daß die Füße mit der Decke auf dem Tisch guten Kontakt haben, wird das Kind etwas zappelige, aber eindeutige Schreitbewegungen machen. Die meisten Kinder verlieren den Schreitreflex bereits im zweiten Lebensmonat. Jedenfalls sollte auch dieser Primitiv-Reflex zwischen dem zweiten und vierten Lebensmonat erlöschen, anderenfalls ist eine fachärztliche Untersuchung anzuraten.

Schon um die letzte Jahrhundertwende ist wissenschaftlich nachgewiesen worden, daß ein tägliches Üben des Schreitreflexes während der ersten sechs Lebensmonate nicht verhindern kann, daß der Schreitreflex völlig verschwindet. Darüber hinaus wurde beobachtet und später mehrfach bestätigt, daß solche Übungen mit dem Kind den Beginn des freien Stehens und Gehens hinauszögern!

Dieses Beispiel zeigt erneut, daß der *genetisch vorbereitete Reflex der Schreitbewegungen zwar im Tierreich sinnvoll gefördert werden muß, nicht aber beim Menschenbaby. Der junge Säugling muß dieses Bewegungsmuster überwinden, um sein eigenes, das menschliche Aufrichten und Schreiten erlernen zu können.*

Wie bereits in Kapitel 2 dargelegt, sehen wir in dem *Bemühen des Kindes*, seine aufrechte Körperhaltung zu erlangen, einen Akt der »Person« des Kindes; aus dem anthroposophischen Menschenbild ergibt sich, daß das Ich des Kindes während der ersten zwei bis drei Lebensjahre einen Prozeß der Inkarnation durchläuft und im physischen Bereich zunächst durch den Astralleib hindurch wirksam ist. Mit dem schrittweisen *Aufrichten des Kindes* verändert sich auch seine *visuelle Einstellung zur Umwelt* (vergl. Abb.4 u. 5). Das auf dem Rücken liegende Kind sieht den Himmel (den richtigen oder den seiner Wiege), auf dem Bauch liegend sehen die meisten jungen Säuglinge noch sehr wenig. Bei den ersten Bewegungen aus der Horizontalen in die Vertikale ändert sich das Blickfeld grundlegend, beim Stehen außerdem durch den erhöhten Ort des Kopfes. Auch der Gebrauch der Gliedmaßen spielt bei diesem Aufrichteprozeß eine wichtige Rolle: Arme und Hände können bereits im Sitzen ganz anders als im Liegen gebraucht werden. Dann kommt die Zeit des Kriechens (vergl. Abb.6), wobei zwar die Hände für die Ortsveränderung, dann aber am neuen Ort zum Greifen und Spielen verfügbar sind. Können dann erst die Beine zum Gehen und Laufen, bald sogar zum Klettern und Überwinden von Hindernissen gebraucht werden, kommen neue Dinge der Umwelt in Reichweite und können erforscht werden. *Mit diesen Entwicklungsschritten kommt das Kind seiner Umwelt näher und näher.*

Die neuromotorische Entwicklung des Säuglings, oder sagen wir einfach, seine *Bewegungsentwicklung* kann uns noch viele weitere Einblicke in die Vorgänge des Wechselspiels zwischen dem kindlichen Organismus und seiner Umwelt vermitteln. Durch Beobachtung der Bewegungen und Handlungen können wir ablesen, wie das Kind Erfahrungen sammelt, worauf es seine Wahrnehmungen richtet und wie es mit seiner Umwelt umgeht. Als Beispiel sei das »Spiel der Augen« in Verbindung mit einem Lernprozeß genannt:

> Beobachten wir einen vier Wochen alten, wachen und zufriedenen Säugling in seiner Wiege und richten unsere Aufmerksamkeit auf seine Augen beim Herantreten verschiedener Personen in sein Blickfeld. Beim ersten Erscheinen einer dem Kind fremden Person schaut er diese längere Zeit an. Dasselbe geschieht beim Herantreten einer anderen fremden Person. Tritt die erste Person erneut an die Wiege, betrachtet das Kind den Menschen nicht mehr ganz so lange. Beim dritten und vierten Augenkontakt mit dem Säugling wird dieser inzwischen »vertrauten« Erscheinung einer Person nicht mehr viel Aufmerksamkeit geschenkt. Der junge Säugling verfolgt Dinge oder Personen noch nicht weit mit den Augen und wendet auch den Kopf nur selten etwas. Das muß man bei solchem Spiel bedenken.

Das genannte Beispiel weist auf eine einfache *Lernfähigkeit* des Kindes hin, damit verbunden können wir auf das Vorhandensein einer *Erinnerungsfähigkeit* schließen. Beides wird im nächsten Abschnitt weiter besprochen. Die Kontakte mit der Umwelt und die ersten Erfahrungen, die zu Änderungen in seinem Verhalten führen, sind ungeheuer wichtig für die Entwicklung des Kindes und seiner Fähigkeiten.

Reflexe erfolgen ohne Beteiligung des Bewußtseins, sie erlöschen jedoch im Tiefschlaf. Aber wir müssen fragen, *wieviel Bewußtsein* das Kind bei seinen ersten Erfahrungen mit der Umwelt hat. Die Schwierigkeit beginnt bei dem Verständnis dessen, was man unter Bewußtsein beim Neugeborenen oder Säugling versteht.

Das erwachende Bewußtsein und der Seelenfrieden

Die wissenschaftliche Literatur läßt uns bei der Frage nach der *Qualität des Bewußtseins Neugeborener* völlig im Stich. *Jean Piaget* erhebt nicht den Anspruch, die Art des Bewußtseinszustandes präzisieren zu können, die den ersten Anpassungserscheinungen des Neugeborenen und jungen Säuglings zugrunde liegt. Trotz der Bedeutung des Bewußtseins wird seine Existenz zugegeben, aber nicht erklärt. Bei den Biologen wird von Bewußtsein gesprochen, das »spontan« in dem ungeheuer vielfältig vernetzten Zentralnervensystem »entsteht«. Die Schwierigkeit besteht darin, daß man nach etwas sucht, *das sich selbst erleben kann.* Bei der Besprechung der mentalen Entwicklung des Säuglings liefert *Piaget* in seinem Buch über »Das Erwachen der Intelligenz beim Kind« viele Beispiele von Säuglingen, die sich anpassen, gewöhnen, sich bemühen und zu handeln lernen. Wer ist denn diese »Person« im Säugling, die völlig im dunkeln und unerklärt bleibt und dennoch handelt und lernt? Man spricht dann nur vom Kind, das handelt und sich bemüht, die nächste Entwicklungsstufe zu erreichen. Das Bewußtsein bei diesen Vorgängen wird als »primitiv« bezeichnet, bei welchem »die Dinge in geringerem Maße in sich selbst erfaßt (werden), als dies beim Erwachsenen oder beim sprechenden Kind der Fall ist« (*J. Piaget*). Diese Erklärungsversuche erinnern an den Schopf, an dem man sich selber, wie einst Münchhausen, aus dem Sumpf zieht.

Man wird hier nicht ohne das von *Rudolf Steiner* entwickelte Menschenbild weiterkommen. *Das Bewußtsein ist eine Offenbarung des Seelenleibes* (Astralleibes), welcher das Gehirn zu seiner Manifestation benötigt. Während das Denken das Gehirn zu seinem Instrument ausbildet, tritt das Bewußtsein hervor. Welcher Art ist nun das Bewußtsein der neugeborenen Säuglinge? Nach den Gesetzen der Menschheits-Evolution durchlaufen auch die individuellen Seelen nach der Geburt Stadien, die den früheren Bewußtseinszuständen vergleichbar sind. *Rudolf Steiner* schildert das Bewußtsein in den frühen und weit prähistorischen Zeiten als »hellseherisch«;

das heißt, damals nahmen die Menschen das *Geistige in der Natur unmittelbar wahr.* In der Frühzeit der Menschheitsentwicklung hat die Umwelt dem Menschen ihre Geheimnisse direkt offenbaren können; der Mensch empfand sich (auch mit seinem Bewußtsein) noch eins mit der Natur (vergleichbar dem 12 Monate alten Kind heute). Dem modernen Menschen mit seinem individuellen, sich von der Umwelt abgrenzenden Bewußtsein sind die Geheimnisse der Natur verborgen; heute müssen wir der Natur ihre Geheimnisse mühsam und Schritt für Schritt abringen.

Über die Sinneswahrnehmungen des jungen Säuglings ist in Kapitel 5 bereits gesprochen worden. Wir haben gezeigt, daß die der Außenwelt zugewandten Sinnesorgane wie Tore zur Welt geöffnet sind und Wahrnehmungen hereinströmen lassen. *Was* der junge Säugling mit seinen Augen sieht und seinen Ohren hört oder gar die Frage, was er bei diesen Wahrnehmungen empfindet, bleibt uns zunächst verborgen. Für das Neugeborene und das junge Kind sagte es *Rudolf Steiner* (GA 318) folgendermaßen: »Das Kind nimmt eine Fortsetzung der geistigen Wirksamkeiten (mit denen es vorgeburtlich innig verbunden war) völlig wahr, wenn es hereintritt in die physische Welt, dann in immer schwächerem Grade bis zum Zahnwechsel. Eine Sinnesempfindung ... ist etwas ganz anderes für ein Kind als für einen Erwachsenen. Eine Sinnesempfindung ist für ein Kind etwas ganz Geistiges.« Mit diesem Wissen werden alle Beobachtungen an jungen Säuglingen in ein neues Licht gerückt: Wo der materialistisch denkende Beobachter im Sehen und Hören des Säuglings nur Reflexe erkennen kann, spielt sich ein geistiger Prozeß ab. *Der Säugling lernt aus der Geistigkeit seiner Umwelt.*

Bei diesem Vorgang, so möchte man sagen, ist eine unmittelbare Hilfe durch die Eltern schwerlich möglich. In den ersten Lebensmonaten erleben wir die völlig körpergebundenen Reflexe als Ausdruck einer im Erbgut verankerten Sicherung vitaler Notwendigkeiten. Die wesentlichen Grundlagen für das seelisch-geistige Leben werden in dieser Zeit »im verborgenen« erworben. Manche Eltern empfinden das Besondere dieser Zeit und handeln danach. Die Unterstützung und Hilfe der Eltern in dieser Phase der Frühentwicklung liegt weitgehend in der Sorge für das *physische Wohlergehen* ihres Kindes (Ernährung, Schutz und Pflege). Ebenso wichtig ist es auch, dem Kind in seiner unmittelbaren Umwelt einen *Seelenfrieden zu bewahren.* So kann man es als eine wichtige Aufgabe der Eltern in diesen ersten Lebensmonaten bezeichnen, daß sie dem Kind einen *Freiraum erhalten.* Störende Einflüsse der Umwelt sollten vom Kind so gut wie möglich ferngehalten werden. Jede Form einer *Seelennahrung* hingegen ist hilfreich und dem Kind willkommen.

Was können Eltern tun? Eine wunderbare Hilfe besteht darin, daß alle Menschen, die mit dem Kind zu tun haben, ihre Seelenstimmung und ihre Gedanken unter Kontrolle halten. Eine freudevolle, dankbare und ehrfürchtige Grundstimmung liefert eine wunderbare Schutzhülle für das Kind. Außerdem kann man die unmittelbare Umwelt des Kindes in Form und Farbe kindgerecht gestalten (s. Kapitel 14). Gutes Sprechen und Singen schafft schöne Stimmungen. Auch können pentatonische Lieder (s. *R. Jacobs*) oder Leier-Klänge (s. *A. Hünig*) kindgerechte Tonerlebnisse vermitteln.

Heute wird viel von der Notwendigkeit des *Schutzes der Kinder* gesprochen. Dieser muß auf vielen Ebenen erfolgen. Gehen wir praktisch vor, so müssen wir mit dem Fernhalten von Ton- und Geräuscherzeugnissen moderner Unterhaltung beginnen (Fernseher, Video, Radio). Verkehrslärm der Straße oder zum Beispiel Bauarbeiten in der Nähe sind Gegebenheiten, die sich nicht einfach ändern lassen. Nach meinen Erfahrungen werden solche unvermeidlichen Geräusche von den meisten Säuglingen toleriert. Auf jeden Fall aber sollte man vermeiden, den jungen Säugling in Supermärkte, lebhafte Geschäftsstraßen und öffentliche Verkehrsmittel mitzunehmen. Natürlich gibt es Lebensumstände, die man einfach nicht ändern kann. In solchen Fällen habe ich der zu Recht besorgten Mutter gesagt, daß ihr Kind ja solche Verhältnisse aus dem vorgeburtlichen Bewußtsein heraus geahnt hat und im allgemeinen mit diesen Dingen dann auch fertigwerden kann. Ansonsten sollte man alles tun, um dem Säugling Ruhe und Seelenfrieden zu erhalten.

Erste Kommunikation und Lernerfahrung

Wenn man über Jahrzehnte hin immer wieder beobachten konnte, *wie* Mütter ihr Kind nach der Entbindung in Empfang genommen, wie sie es angeschaut, mit ihren Händen betastet und angefaßt haben, dann werden einem die großen Unterschiede bewußt, die sich in dieser ersten Begegnung offenbaren können. Beim Erstgeborenen fühlen sich viele Mütter noch recht unsicher. Hat sie erst einmal Erfahrung mit allen Handreichungen gesammelt, wird die Mutter bei der nächsten Entbindung dieser ersten Begegnung mit Freude entgegensehen und die ersten Körperkontakte ganz anders pflegen. *Gedanken, Gefühle und das Sprechen der Mutter* bei und nach der Geburt sind für das Kind ungeheuer bedeutsam; der Beobachter erlebt dies nur als Stimmung. Gestik, gesprochene Worte und die feinen Nuancen der Hautkontakte sind der Beginn der Kommunikation zwischen Mutter und Kind. Sanft wird es gestreichelt, oft werden die Glieder umfaßt und liebevoll gedrückt. Bald darauf beginnt eine mehr oder weniger eingehende Betrachtung des ganzen Körpers, wobei Hände und Füße besonders bestaunt werden. Die elterlichen Hände sollten bei diesen ersten Kontakten angenehm warm sein. Bewegungen oder Lautäußerungen des Kindes führen meist zu Antwort-Reaktionen der Eltern; der Beobachter hat dabei den Eindruck, daß man hier zu Recht von einer Aktion des Kindes und einer Reaktion der Eltern sprechen kann. So reagiert die Mutter zum Beispiel auf ein Schreien mit einer festeren Umarmung, wodurch im allgemeinen das Schreien unterbrochen wird. Solche Aktionen und Reaktionen werden von vielen Eltern spontan als eine Kommunikation empfunden.

Es besteht für mich kein Zweifel, daß das *individuelle Zwiegespräch zwischen Kind und Eltern* bereits kurz nach der Entbindung beginnt, und zwar mittels non-verbaler Kommunikation. Dabei entzieht sich unserer Kenntnis, was die Augen zu dieser Interaktion beitragen. Was ist das Wesentliche, das durch Wort- und Hautkontakte von den Eltern zum Kind strömt? Die *Seelenstimmung wird kundgetan.* Dieser Vorgang läßt sich in folgendem Bild ausdrücken: Die Seele des Kindes wird in eine von den Eltern vorbereitete *seelische Hülle* aufgenommen. Dieses Ereignis wird vor der Geburt traumhaft vorbereitet und ist manchen Müttern bis in das Tagesbewußtsein hinein ein reales Erlebnis. Das Neugeborene, der Säugling und auch das Kleinkind bedürfen dieser elterlichen seelischen Umhüllung als Schutz und als Hilfe während der Seelenentwicklung. Bei zu schwacher Ausbildung oder gar Fehlen dieser Schutzhülle gerät die Seele des Kindes in große Gefahr. Sie ist dann den vielen Fremdeinflüssen der Umwelt zu intensiv ausgeliefert, und ihre Entwicklung kann erheblichen Schaden erleiden. Erst mit dem Erwachen des kritischen Denkens – etwa im zweiten Jahrsiebt – kann die kindliche Seele auf die Schutzhülle der Eltern verzichten.

Manche Eltern gebrauchen den von ihnen für das Kind gewählten *Namen* in der Ansprache häufig, andere zögern in den ersten Lebenstagen, die Person ihres Kindes direkt anzusprechen. Wieder andere möchten den Gebrauch des Namens vor Vollzug des Taufsakramentes vermeiden. Wie die Namengebung so ist auch die namentliche Anrede eine Frage der inneren Einstellung der Eltern. Für die Zwiesprache mit dem Kind ist der Gebrauch des Namens anzuraten und sollte den Vorzug vor Koseformen haben.

Die ersten Lebenstage verlaufen mit Aktivitäten des Kindes, die uns wie Erkunden, Kennenlernen und Orientieren anmuten. All dieses muß in den kurzen Wachphasen ablaufen, in denen der Säugling gestillt und versorgt wird. Obwohl das Baby so viele Stunden des Tages verschläft, scheint es sich nicht nur körperlich rasch zu entwickeln, sondern auch geistig mehr aufzunehmen und zu lernen, als man ihm gemeinhin zutraut. So kann man dann auch lesen: »Der Säugling lernt im Schlaf« (*D. Maurer und C. Maurer*); geisteswissenschaftlich betrachtet stimmt dieser Satz gewiß, da die Kommunikation mit der geistigen Welt im Schlaf- und Wachzustand noch möglich und meist lebhaft ist.

Spontan hat mir manche Mutter ihren Eindruck geschildert, daß ihr Kind nicht nur Neues kennenlernt, sondern offenbar auch »etwas wiedererkennt«. Diese Beobachtung wird meist gewonnen, wenn die Mutter beim Stillen oder Windelwechsel mit dem Kind spricht. Die Tatsache, daß ein *Neugeborenes gewisse Sprachlaute »wiedererkennen« kann*, die es in der späten Fetalzeit wiederholt gehört hat (wie z. B. die Stimme der Mutter), beruht auf wissenschaftlich belegten Befunden. Man darf aber diese Fähigkeit des Feten nicht im Sinne einer gezielten oder gar erzwungenen Lernerfahrung provozieren, indem man zum Beispiel einen Lautsprecher auf den Leib der Mutter legt und damit »Lernmaterial« für das Kind produziert. Es braucht hier nicht wiederholt zu werden, daß mit solcher Methode starke Fremdeinflüsse auf den Feten einwirken und man damit nur Schaden stiften kann. Der natürliche Vorgang des Wiedererkennens von Sprachlautelementen der Mutter durch ihr Kind läßt sich im Einzelfall nur schwer beweisen und wird auch nur selten von den Eltern bemerkt und angesprochen.

Mit der Frage nach dem Wiedererkennen gewisser Dinge verbindet sich oft eine weitere, die lautet: *Wie lernt der junge Säugling*, dem doch noch die Ich-Kräfte fehlen? Mir sind oft von den Müttern Beispiele genannt worden, aus denen sie spontan eine Lernfähigkeit abgeleitet haben. Auch die Wissenschaft hat inzwischen experimentelle Untersuchungen mit neugeborenen und jungen Säuglingen durchgeführt, die die sorgfältig von Eltern beobachtete Lern- und Erinnerungsfähigkeit ihrer Kinder bestätigen können.

In den ersten Lebenswochen zeigen uns die Säuglinge nur ihr sogenanntes *Kurzzeit-Gedächtnis*, das heißt, sie scheinen Sinneseindrücke schnell zu vergessen. Das sogenannte *Langzeit-Gedächtnis* soll sich in Anfängen erst im Alter von vier bis fünf Monaten zeigen (*Maurer und Maurer*). Dennoch erscheint es mir wichtig festzustellen, daß ein junger Säugling *Lerneffekte* erkennen läßt, die ein Gedächtnis voraussetzen. Man kann immer wieder sehr junge Säuglinge erleben, die ihre Eltern und manchmal auch Verwandte und Freunde nach Tagen der Abwesenheit zweifelsfrei wiedererkennen.

Gelegentlich können es auch einzelne, wiederholt auftauchende Merkmale sein, zum Beispiel ein dunkler Bart oder eine auffällige Brille, welche das Wiedererkennen beim Säugling durch Zeichen der Sympathie oder Antipathie deutlich werden lassen.

Als Ergebnis umfangreicher Studien hat *Jean Piaget* den Begriff der *Objektpermanenz* eingeführt. Seine Beobachtungsergebnisse sind zweifellos sehr aufschlußreich, auch wenn man seinen Schlußfolgerungen nicht zustimmen kann. Es sei ein Beispiel vorausgeschickt, bevor wir über die Bedeutung sprechen wollen:

> Einem vier Wochen alten, wachen Säugling zeigen wir ein walnußgroßes, buntes Wollknäuel und verdecken es dann rasch mit einem Tuch. Das Kind läßt in keiner Weise erkennen, daß es das Objekt Wollknäuel vermißt; es sucht nicht mit den Augen danach. Dem Alter gemäß sind die Hände völlig unbeteiligt. *Piaget* schrieb, daß das Kind noch keinen Sinn für die Permanenz des Objektes habe (»aus den Augen, aus dem Sinn«).

Betrachten wir diese Situation aus geisteswissenschaftlicher Sicht, so steht uns zunächst die Tatsache vor Augen, daß ein so junger Säugling sich *noch völlig eins mit seiner Umwelt empfindet.* Für das Bewußtsein des Kindes gehört die Umwelt (noch) zu seiner Person, ist Teil seiner noch nicht abgegrenzten »Leiblichkeit«. So wie das Kind sich nicht immer aller Teile seines Organismus gegenwärtig sein kann, so wird es seine Aufmerksamkeit auch nur zeitweilig auf Erscheinungen seiner ihm nicht als Außenwelt bewußten Umwelt richten. Außerdem wissen wir nicht, *wie* der Säugling die Dinge der Umwelt sieht und *welche Bedeutung* er seinen optischen Eindrükken beimißt. Bedenken wir ferner, daß dem Kind die Geistigkeit der Objekte offenbar ist oder sein kann, verblaßt unsere Frage nach dem Warum der ausbleibenden Reaktion des Kindes nach Verschwinden des Objektes mehr und mehr. Beobachten wir zwei etwas ältere Säuglinge:

Zeigen wir einem *drei Monate* alten Säugling ein Wollknäuel, das man vor den Augen des Kindes hinter einem Tuch verschwinden läßt, so sieht man bei Wiederholung des Spieles öfter, daß das Kind für einen Augenblick die Stelle betrachtet, wo das Knäuel verschwunden ist.

Bei demselben Spiel verhält sich ein *sechs Monate* alter Säugling völlig anders. Seine bereits gewonnene Augen-Kontrolle über Arm- und Handbewegungen erlaubt es ihm, das Tuch vom Knäuel wegzuziehen (wenn es in erreichbarer Nähe ist) und das erneut sichtbare Knäuel mit Lachen und Stampelbewegungen »zu begrüßen«. Nach *Piaget* hat das Kind inzwischen gelernt, daß Objekte unter einem Tuch verschwinden und, durch Beseitigung des Tuches, auch wieder auftauchen können. *Die Objekte haben Permanenz.*

Dieses Prinzip kann man vielfältig variieren, und die Kinder haben an solchen Spielen großen Spaß! Das Suchen und Wiederfinden ist ein Üben des Erinnerns und Lernens. Eltern sollten sich wirklich Zeit nehmen, in dieser Art mit ihrem Kind zu spielen. Die Kommunikation ist im Alter von etwa sechs Monaten schon sehr lebhaft und sollte gepflegt werden.

Ein *Mobile* gehört nicht unbedingt zur Umwelt des Säuglings. Wenn die Eltern es für schön und notwendig halten, sollte es zartfarbig und in einfachen Formen gehalten sein. Heftige Bewegungen (Wind) sind zu vermeiden. Das Mobile hat nach *B. White* keinen fördernden Einfluß auf die Entwicklung des Säuglings. Das Seil über der Wiege mit einfach geformten Spielsachen (z. B. große Holzperlen und Ringe) hat nur sehr begrenzten Wert und kann sogar eine Gefahr sein. Keines dieser Dinge ersetzt das Spiel mit den Eltern!

Zusammenfassung

Wir haben einige *Reflexe* des jungen Kindes besprochen und müssen feststellen: Eine große Zahl der bei Geburt vorhandenen Reflexe ist *notwendig zur Erhaltung des Lebens*, wie zum Beispiel der Saug- und der Schluckreflex; dazu gehören unter anderen auch der Suchreflex und der Nies- und Hustenreflex. Eine Reihe anderer Reflexe haben eine beschränkte *Schutzfunktion*, wie zum Beispiel der Fluchtreflex oder der Lidreflex des Auges. Und schließlich gibt es beim neugeborenen und jungen Säugling *Reflexe, die keinen Wert und Nutzen* für das Kind haben, wie zum Beispiel der Schreitreflex.

Die zuletzt genannten »wertlosen« Reflexe nennen wir auch *primitive Reflexe.* Sie verschwinden fast alle in den ersten drei Lebensmonaten. Wenn diese Primitivreflexe wesentlich über diese Zeit hinaus erhalten bleiben, muß nach Störfaktoren der Entwicklung gesucht werden.

Das *Wiedererkennen von Personen*, von Bildern, Sprachlauten und Tonfolgen bei jungen Säuglingen zeugt von einem *Gedächtnis* und der Fähigkeit des Erinnerns, welche zusammen mit der angeborenen *Nachahmung* die Basis für einen *Lernvorgang* schaffen. Wir fragten uns, ob die Eltern in dieser frühen Entwicklungsphase dem Säugling helfen können. Während im ersten Trimenon eine direkte Hilfe beim Lernen kaum möglich ist, können die Eltern jedoch die Umwelt so gestalten, daß das Kind einen friedvollen, schönen und ruhigen *Freiraum* für seine Entwicklung hat.

Auf *seelischer Ebene* ist die Bereitung einer *Schutzhülle* für das Kind eine große Hilfe. Sein durch Seelenstimmungen der Eltern stark beeinflußtes Verhalten wird oft als eine »Herausforderung« im guten oder auch schlechten Sinn gedeutet. Es ist erwiesen, daß schon der sehr junge Säugling mit seinem Verhalten die Umwelt (z.B. Eltern) zu bestimmten Handlungen veranlassen kann. So möchte das Kind durch sein Lachen das Lachen seiner Eltern hervorlocken; oder das Kind versucht durch Schreien seine Eltern zu veranlassen, es aufzunehmen. Das ist zwar keineswegs immer so, aber man kann diese Verhaltensweisen recht oft beobachten; darin verborgen ist der *Wille zur Kommunikation!*

Das *Lernen* des ganz jungen Säuglings ist den materialistisch orientierten Wissenschaftlern ein Rätsel. Vom geisteswissenschaftlichen Standpunkt aus und gemäß dem anthroposophischen Menschenbild muß folgendes angeführt werden: Die Lebens- oder Ätherkräfte im Organismus des Säuglings sind noch ganz von innen her mit Wachstum, Gestaltung und Entwicklung des physischen Leibes beschäftigt. Die von *Rudolf Steiner (GA 27)* sehr hervorgehobene Umwandlung von Wachstumskräften in Denkkräfte erfolgt langsam im Verlauf des ersten Lebensjahrsiebts. Dieser Umwandlungsprozeß hat bereits in der Neugeborenenperiode erste zarte Anfänge. Auch das *Gedächtnis* beginnt zu dieser Zeit mit der Speicherung von Sinneseindrücken im Ätherleib. Diese Vorgänge, das Lernen und Erinnern, bedürfen einer *inneren Triebkraft*, die bereits in der Seele des ganz jungen Kindes vorhanden ist. Diese innere Triebkraft weist hin auf das noch durch den Astralleib wirkende Ich. Schon der junge Säugling offenbart uns seine große *Liebe zur Umwelt* und seinen *Drang zum Lernen*. Mit dem schrittweisen Erreichen der aufrechten Körperhaltung zeigt das junge Menschenkind seinen *Sieg über die primitiven Reflexe.*

In diesem jungen Alter muß man die Vorgänge der Kommunikation des Kindes mit seiner Umwelt richtig belauschen lernen; dann nimmt man das Wechselspiel von Geben und Nehmen wahr. Es ist viel mehr Interaktion zwischen Säugling und seiner Umwelt vorhanden, als die meisten Menschen ahnen!

11. Früherziehung

Die sittliche Tugend erwächst aus der Gewöhnung . . .
keine der sittlichen Tugenden (sind) uns von Natur eingepflanzt . . .
Es kommt daher nicht wenig, sondern sehr viel darauf an,
ob man gleich von klein auf so oder so gewöhnt wird.
ARISTOTELES

Grundlegendes

Erziehung ist eine *kontinuierliche Einflußnahme der sozialen Umwelt* auf das Kind; dieser Aspekt rechtfertigt eine Besprechung im Rahmen dieses Buches. Es sei aber auch festgestellt, daß hier nicht der Ort ist, pädagogische Methoden zu diskutieren oder zu vertreten. Es soll vielmehr versucht werden, die Wechselbeziehungen zwischen Kind und sozialer Umwelt sowohl aus den Eigenschaften (Verhaltensweisen, Temperament, Seelenstimmungen, Gewohnheiten, Fähigkeiten usw.) der Person des Kindes als auch aus den Eigenschaften des Erziehers (Eltern, Verwandte, Pflegepersonen, Lehrer usw.) heraus verständlich zu machen. Die Mannigfaltigkeit menschlicher Eigenschaften und die sich hieraus ergebenden Möglichkeiten von Interaktionen haben verständlicherweise zur Folge, daß im Rahmen dieses Buches nur Beispiele aus diesem großen Bereich gebracht werden können; außerdem werden die Ausführungen auf das erste Jahrsiebt beschränkt.

Wie im vorangehenden Kapitel 10 und in Kapitel 5 ausgeführt wurde, beginnt die erzieherische Einflußnahme der Eltern auf ihr Kind bald nach der Geburt. Schon das erste In-den-Arm-Nehmen des Neugeborenen mit den vielen innigen Hautkontakten, Gesten,

Gebärden, Worten und individuellen Gefühlsäußerungen leitet die *Kind-Eltern-Interaktionen* ein. Außerdem wurde bereits darauf hingewiesen, daß die Sinnesorganisation des Neugeborenen von solcher Art ist, daß sie insgesamt Stimmungen und Gedanken der anwesenden Erwachsenen empfinden kann. *Jede Erziehung beginnt mit Kommunikation.* Auch wenn einige der Sinnesorgane bei den ganz jungen Säuglingen noch als unreif bezeichnet werden, so nimmt doch der Gesamtorganismus des Kindes die Umwelt wahr. Auch wurde schon darauf hingewiesen, daß zum Beispiel die streichelnde Hand der Mutter – im Gegensatz zu anderen Personen – vom Kind toleriert wird und nicht zu einer Abwehrgeste führt. Man kann auch sagen, daß das Kind seinen primitiven Abwehrreflex unterdrückt. Die Möglichkeiten der Kommunikation verändern sich erheblich, wenn Sprachlaute die non-verbale Kommunikation zu begleiten beginnen und damit Gedanken und Gefühlen zusätzlich Ausdruck verleihen.

Welcher Art ist die *erste erzieherische Einflußnahme* der Eltern auf ihr Kind? Zunächst werden vornehmlich das *Verhalten* und die *Gefühlswelt* des Säuglings von den Eltern bewußt oder unbewußt beeinflußt. Dazu zwei *Beispiele:*

Beobachten wir ein wenige Tage altes Neugeborenes, das nach ruhigem Schlaf unruhig wird und dann zu schreien beginnt. Die Mutter tritt an die Wiege und deutet das Schreien als Hunger. Sie nimmt das Kind auf den Arm, spricht einige beruhigende Worte und beginnt ihr Kind zu stillen. Das Neugeborene hat bereits beim Aufnehmen aufgehört zu weinen und trinkt mit *Wohlbehagen.*

Vergleichen wir nun das eben beschriebene Verhalten mit einer anderen Mutter und ihrem gleichaltrigen Säugling: Die Mutter tritt an die Wiege ihres hungrig schreienden Kindes, möchte jedoch ihre Tätigkeit erst zu Ende führen, bevor sie stillt. Zwar findet sie den »Ruf« ihres Kindes nach Nahrung sehr berechtigt, da die letzte Mahlzeit aber weniger als drei Stunden zurückliegt, spricht sie zuerst einmal beruhigend auf ihr Kind ein und streichelt es sanft. Nach ein paar Wiegebewegungen scheint das Kind zufrieden zu sein, und die Mutter geht zurück an ihre Arbeit. Es dauert jedoch nicht lange, und der Säugling schreit erneut. Die Mutter wiederholt ihre Bemühungen, das Stillen noch hinauszuzögern, gibt aber schließlich nach, da sie empfindet, daß ihr Kind ein zunehmendes *Mißbehagen* hat. Das ändert sich rasch beim Stillen.

Beide Mütter versorgen ihre Kinder liebevoll, und beide Säuglinge gedeihen prächtig. Wenn beide Mütter ihre Kinder weiterhin in der beschriebenen Weise versorgen, dann ist die Frage berechtigt, ob der zweite Säugling sich früher an einen Stillrhythmus gewöhnt. Das ist oft, aber nicht immer der Fall.

Im ersten Lebensjahr machen die Kinder viele seelische Erfahrungen; sie lernen ständig etwas hinzu, und viele Gewohnheiten prägen sich aus. Zahlreiche Beobachtungen sprechen dafür, daß zum Beispiel die Eigenarten *seelischer Reaktionen* im ersten Lebensjahr veranlagt werden. Nur ein Teil dieser Erfahrungen werden erst später zur Prägung seiner Seelen- und Gedankenwelt verwertet.

Über die *Nachahmung* als ein angeborener Trieb (Instinkt) des Kindes ist bereits gesprochen worden. Die Nachahmung wird unbewußt aktiviert und tätig. Das läßt sich leicht bei kleinen Kindern beobachten: Wie träumend machen sie beispielsweise Mundbewegungen oder Gesten der Eltern nach; auch typische Bewegungsmuster sieht man bei den Kindern. Dafür wird der *Bewegungssinn* aktiviert. Spricht man die kleinen Nachahmer an, stoppt das Nachvollziehen sofort. Die Fähigkeit der Nachahmung ist jedem Kind »angeboren« (d.h. ab Geburt vorhanden), jedoch nicht auf genetischer Basis. Es ist vielmehr eine seelische Fähigkeit, die sich jedes Kind aus der geistigen Welt mitbringt.

Entwicklung des Bewußtseins

Veranlagt in seiner menschlichen Organisation ist dem Kind nur das *geistige Bewußtsein*, das in dieser ersten Lebenszeit jedoch nicht zwischen dem eigenen Organismus und seiner Umwelt unterscheiden kann. Im Bewußtsein der Neugeborenen und Säuglinge steht die Innenwelt noch nicht einer Außenwelt gegenüber, *das Kind empfindet sich noch eins mit der Umwelt.* Nach den im vorangehenden Kapitel beschriebenen Beobachtungen müssen wir annehmen, daß der Prozeß der Entwicklung des Bewußtseins bereits unmittelbar nach der Geburt beginnt. Die postnatalen Sinneswahrnehmungen sind für diesen *Prozeß des Aufblühens des Bewußtseins* entscheidend verantwortlich. *Nach der Geburt entzündet sich das Bewußtsein an den Sinneswahrnehmungen.*

Über dieses erste Aufleuchten des Bewußtseins ist in Kapitel 10 berichtet worden. Der weitere Prozeß des sich aufklarenden Bewußtseins verläuft langsam, und zwar meist in Stufen und nicht kontinuierlich. Besondere Ereignisse oder Erlebnisse können das Bewußtsein des Kindes stärker aufleuchten lassen, bildlich kann man die besonderen Geschehnisse im Leben des kleinen Kindes als ein Anzünden von Kerzen beschreiben, bis es zur Erhellung der ganzen Umwelt kommt. Diese Entwicklung ist an das Alter gebunden und kann in den Anfängen wie ein Aufwachen aus einem Traum erscheinen. Es wurde schon darauf hingewiesen, daß der *Prozeß der Inkarnation des Ichs* im dritten Lebensjahr einen entscheidenden Schritt durchmacht: Das Ich beginnt sich aus dem Astralleib herauszulösen und wird sich seiner selbst bewußt. In dieser Zeit beginnt das Kind das Wort »Ich« sinngerecht anzuwenden. Außerdem sind an diesem Aufhellen des Bewußtseins zum *Selbstbewußtsein* wiederum die Sinneswahrnehmungen entscheidend beteiligt. Es kommt zu deutlich intensiveren Begegnungen mit der Außenwelt und dadurch zu einer Art Schulung des Bewußtseins. Die *Bewußtseinsbildung erfolgt unter dem Einfluß von Gegensätzen* wie zum Beispiel Innenwelt: Außenwelt. Besonders aus dieser Gegensätzlichkeit des Selbstes zur Umwelt erhellt sich das individuelle Bewußtsein mehr und mehr.

Im Vergleich zu den ersten zwei bis drei Jahren verlaufen die weiteren Entwicklungsschritte des Bewußtseins im ersten Jahrsiebt relativ langsam. Stellen wir uns das Bild eines trotzigen Dreijährigen vor und vergleichen dieses Bürschchen mit einem sechs Jahre alten Schulanfänger, der mit Begeisterung dem Lehrer zuhört. Das Kind macht in diesen drei Jahren einen gewaltigen Fortschritt in bezug auf sein Selbstbewußtsein. Besonders die Art der *Lernbereitschaft* verändert sich erheblich. Das Bewußtsein erweitert sich, es beginnt Zusammenhänge wie auch Raum- und Zeitbegriffe zu erfassen; kurzum: es wird schulreif.

Über Erfahrungen der Seele

Die Seele wird im Verlauf des ersten Lebensjahres durch Erfahrungen bereichert. Beispielhaft sei hier angeführt, daß *Dankbarkeit, Verehrung und Schönheit* sehr früh im Leben erfahren und *gelernt werden müssen*, um später wachsen und ausreifen zu können. *Aus dem Herzen kommende Dankbarkeit* wird auch von jungen Säuglingen seelisch empfunden, und sie lernen daran. Das gilt auch für Kleinkinder, die Dankbarkeit aus dem Verhalten der Menschen in ihrer Umgebung lernen. Aus dankbarer *Gesinnung* zu handeln und Dankbarkeit zum Beispiel mit einer schlichten *Geste* auszudrücken, ist wesentlich wirksamer, als einem Kind »Danke schön, mein Schätzchen« zu sagen für etwas Selbstverständliches wie zum Beispiel das Anziehen der Schuhe. Auch die ständige Mahnung, »Danke« für kleine Gefälligkeiten zu sagen, wirkt bei Kleinkindern eher abstumpfend als förderlich für die Entwicklung echter Herzensdankbarkeit. Ein »Danke« der Eltern ist gutes Vorbild!

Dasselbe gilt auch für die frühe Veranlagung dessen, was wir den Begriff der *Schönheit* nennen. »*Den Schönheitssinn müssen wir erziehen*« und früh im Kindesalter veranlagen, sagte *Rudolf Steiner* (19.6. 1921, GA 302). Das Schönheitsempfinden bedarf einer ständigen *Erfahrungserweiterung* auf physischer und seelischer Ebene. Bei Kleinkindern sind verbale Hinweise wie zum Beispiel: »Sieh die schönen Wolken am Himmel« oder: »Schau dir dieses wunderschöne Bild an«, recht nutzlos; ihnen fehlt noch der Zugang und das Verständnis dafür. Hingegen lernt das Kleinkind schon sehr früh, die echten Gefühle seiner Eltern zu »verstehen«, es empfindet nachahmend Ehrfurcht und Bewunderung, ohne daß ihm dies bewußt wäre. Im Kindergartenalter sind Worte oder Hinweise insofern hilfreich, als die *Aufmerksamkeit auf Schönes gelenkt* werden kann; dennoch bleibt das im Wort des Erwachsenen mitschwingende *Gefühl* für die Erfahrung des Kindes weiterhin wichtig. Es muß *nachempfinden* können.

Im Schulalter werden die Kinder dann schöne Dinge neu kennenlernen (besonders leicht durch einen künstlerisch veranlagten Lehrer) und mehr und mehr über die Schönheiten der Natur und die Welt der Kunst erfahren.

Anpassen und Gewöhnen

Alles Lernen des Kindes entspringt dem *inneren Drang zum Wissen, der Liebe zur Umwelt und dem Trieb zur Nachahmung.* In diesen Faktoren, die man noch um das *Bemühen der Person* erweitern muß, drückt sich die Zielstrebigkeit der geistigen Entelechie des Kindes aus; mit fortschreitender Entwicklung und Reifung des Kindes konzentrieren sich diese Kräfte in seinem Ich. »Bemühungen kündigen bereits die Intelligenz selbst an«, schrieb *Piaget.*

Über die ersten Beobachtungen an neugeborenen und jungen Säuglingen, die auf einfache Erinnerungs- und Lernprozesse hinweisen, wurde bereits in Kapitel 10 gesprochen. Zwei weitere dem Kind innewohnende Fähigkeiten sind das *Anpassen und Gewöhnen;* beide sind für das Leben sehr wichtig, und zwar im physischen und im seelischen Bereich. Über die Anpassung im Kindesalter hat *Piaget* sehr ausführlich gearbeitet, er charakterisiert diesen Prozeß wie folgt: »Anpassung geschieht dann, wenn der Organismus sich in Abhängigkeit von seiner Umwelt umgestaltet und wenn diese Umgestaltung eine Verstärkung der Austauschbeziehungen zwischen Umwelt und Organismus zur Folge hat, die zu seiner Erhaltung beitragen.« Diesem Satz möchte ich ergänzend hinzufügen, daß im jüngsten Alter die *Anpassung aus Liebe geschieht.* Unter den Physiologen wird das Konzept der Adaptation (Anpassung) nicht einheitlich verwendet und durch den Gebrauch von Adjektiven (z.B. aktive, funktionelle oder direkte Anpassung) erläutert.

Zum Begriff der *Gewohnheit* gesellen sich Dauer und Passivität in der Art der Anpassung. Der Gewohnheit liegt ein gleichförmiger Vollzug von Handlungen und Verhaltensweisen zugrunde. Im jungen Alter erleben wir viele Gewohnheiten im täglichen Leben, und meist sind es die plötzlichen Abweichungen von den »lieben Gewohnheiten«, welche die Eltern erst darauf aufmerksam machen. Bei Säuglingen und jungen Kindern bildet sich im Tageslauf geradezu so etwas wie eine *Kette von Gewohnheiten.* Wie diese verankert werden, ist jedoch sehr unterschiedlich: Manche Kinder nehmen rasch eine Gewohnheit an, andere erst mit der Zeit, wieder andere fühlen sich mehr oder weniger fest an solche gebunden oder nehmen sie aus Liebe zur Sache oder »neutral«, das heißt, mehr unterschwellig an. Wenn eine Eigenschaft zur Gewohnheit geworden ist, erfolgen die Handlungen aus dem Unterbewußtsein. Meiner Meinung nach spielt das Temperament dabei eine wichtige Rolle. Für das Kind ist der Umgang mit der Umwelt zunehmend durch Gewohnheiten geprägt, und zwar von solchen, die der Gesellschaft als hilfreich oder gar nützlich erscheinen (z.B., daß man Brei mit einem Löffel und nicht mit den Fingern ißt) und solchen, die wir als »schlechte Gewohnheiten« bezeichnen (z.B. das Nasebohren).

Gedächtnis

Die *Fähigkeit der Gedächtnisbildung* ist für die moderne Wissenschaft immer noch ein Rätsel. Man kommt von der Engramm-Theorie nicht ab (*R. Sinz* z. B. erläutert die verschiedenen Theorien, nach denen die Informationen in etwas Materielles eingraviert werden; deshalb sucht man nach der stofflichen Grundlage des Informationsspeichers). Wenn man als Gedächtnis die Fähigkeit anspricht, Sinneswahrnehmungen und geistige Vorstellungen über den Zeitpunkt des Erlebens hinaus zu bewahren, dann liegt darin die Annahme einer »Aufbewahrungsstätte« (Speicher) verborgen. Letztere hat man in besonderen Eiweißmolekülen gesucht oder, weniger substantiell, in Resonanzphänomenen des ungeheuer verzweigten Netzwerkes (reverberating circuits) des Zentralnervensystems (Gehirn) und den vielen Nervenverbindungsstellen (Synapsen) vermutet. Sehen wir im Gedächtnis den Speicher (gleich welcher Art), so ist die *Erinnerung* die latente Kraft der Seele, Bilder aus dem Gedächtnisspeicher hervorzuholen. Die Literatur zu diesem Thema ist seit der Antike enorm angewachsen (vgl. *R. Sinz*) und die Vielfalt der Theorien erdrückend. *Rudolf Steiner* hat sich über die Fähigkeit des Erinnerns und der Gedächtnisbildung mehrfach geäußert und brachte sie mit den beiden grundlegenden Seelenfähigkeiten, der *Sympathie und Antipathie*, in Zusammenhang: »Das Gedächtnis ist nur gesteigerte Antipathie« (GA 293). Mit der Antipathie wird das Bild der sinnlichen Wahrnehmung zurückgeworfen und ins Gedächtnis genommen. Die Antipathie erfordert ein »Vor-Sich-Hinhalten« der Wahrnehmungsbilder, welcher Vorgang mit einer gewissen Abscheu verbunden ist. Diese Aktivität des Abstandnehmens bringt die Vorstellung in das Bewußtsein.

Das noch *traumhafte Bewußtsein des kleinen Säuglings* kann diese eben beschriebene Tätigkeit noch nicht durchführen. Ich denke mir, daß der Säugling sehr leicht und immer wieder in seinen vorgeburtlichen Bewußtseinszustand zurückfällt. Er scheint auch nur beschränktes Interesse an der materiellen Umwelt und somit der Gedächtnisbildung zu haben und erinnert Dinge nur für kurze Zeit. Auch in der Fachliteratur wird dem jungen Säugling nur ein *eingeschränktes Kurzzeitgedächtnis* zugebilligt. Nach meinen Erfahrungen hat der junge Säugling eine gute Erinnerungsfähigkeit. *Seelische Erfahrungen* kann er nur indirekt, zum Beispiel durch sein Verhalten, kundtun. Gelegentlich kann man erleben, wie ein junger Säugling durch Wegwenden des Kopfes oder gar Schreien deutliche Antipathie gegen eine bestimmte Person zeigt. Auch kann der Geruch einer Speise zur Abwehr beim Füttern führen.

In einer Betrachtung über die Entwicklungsgeschichte des Menschen beschrieb *Rudolf Steiner (24.12. 1923, GA 233)* das an den Entwicklungsstand des physischen Organismus und an das Bewußtsein gebundene *Erinnerungsvermögen.* In sehr früher, vorgeschichtlicher Zeit haben die Menschen ihre Umwelt mit *Merkzeichen* versehen, die ihnen halfen, durch Nacherleben der Zeichensymbolik die Vergangenheit wieder aufleben zu lassen. (Im Denkmalwesen hat sich dieses bis in die heutige Zeit erhalten). Da man die Merkzeichen mit der Hände Arbeit schuf und sie zu Fuß aufsuchen mußte, war die Tätigkeit der Gliedmaßen bei dieser Erinnerungshilfe entscheidend. In der unserer historischen Zeit vorausgehenden Epoche, die etwa mit *Homer* zu Ende ging, haben die Menschen ihre Erinnerungen an rhythmische Vorgänge geknüpft. Herrliche Beispiele dieser *rhythmischen Erinnerung* sind die Epen des *Homer.* Die Erinnerung trat mit den rhythmischen Wiederholungen auf, die durch das rhythmische System der Menschen getragen wurden. In einigen alten Sprachen (z.B. in Afrika und Malaysia) kann man heute noch viele rhythmische Wiederholungen von Silben finden.

In der griechisch-römischen Kulturepoche entwickelte sich bei den Menschen eine *neue Form des Gedächtnisses*, das fähig war, Zeitbegriffe und Abstraktionen festzuhalten. Es ist an das Denken und damit die Kopf-Organisation gebunden; man nennt diese Gedächtnisform auch das *Gedankengedächtnis.*

Kinder durchlaufen in ihrer Entwicklung diese Stufen der Gedächtnisbildung. Der Säugling und das Kleinkind wird durch die sicht- und greifbare Umwelt (wie durch *Merkzeichen*) an Ereignisse und Namen erinnert. Mit dem allmählichen Bewußtwerden seiner Person beginnt eine stark an *rhythmische Wiederholungen* geknüpfte Erinnerung. In diesem Alter (den mittleren Jahren des ersten Lebensjahrsiebt) nehmen viele Kinder neue *Gewohnheiten* an, die in ihrer rhythmischen Wiederkehr die Seele des Kindes ganz erfüllen. Dieselbe Geschichte muß wieder und wieder erzählt werden, das gerade erlernte Verslein wird immer wieder aufgesagt, und so fort. Die so geübten Kräfte helfen dem jungen Kind bei der Ausbildung seiner Gedächtnisfähigkeit. Im ersten Jahrsiebt werden die Eindrücke des Lebens nicht als Bilder, sondern über Gewohnheiten und Geschicklichkeiten in das Gedächtnis aufgenommen. Das Kind möchte das Gesehene als Bewegung nachvollziehen, wobei die Aktivität des physischen Leibes eine wichtige Rolle spielt. So kann man sagen, daß das Kind Rhythmik und Bewegung statt abstrakter Bilder ins Gedächtnis nimmt.

Kinder dieser Altersgruppe (etwa 3. bis 5. Lebensjahr) lieben rhythmische Reime und Lieder. Es ist die Erfahrung vieler Eltern, daß Sprüche mit einfacher *Reim-Rhythmik* vielen Kindern geholfen haben, Dinge des täglichen Lebens zu erlernen. Dazu seien folgende Beispiele genannt:

Messer, Gabel, Schere, Licht,
sind für kleine Kinder nicht.

Ellenbogen – ungezogen.

Heile heile Segen,
morgen gibt es Regen,
übermorgen Sonnenschein,
wird das Däumchen besser sein.

Etwa im Kindergarten-Alter beginnt das persönliche, auch die Zeit umfassende *Gedankengedächtnis* stärker aufzuleuchten. Erst dann fängt das Kind an, Gedanken und Ideen mit Hilfe seines Intellektes zu erfassen und erste Abstraktionen zu bilden. Damit verbunden ist die Fähigkeit, Gedächtnisinhalte bewußt in die Vorstellung zu rufen (z.B. können die Kinder dann Geschichten nacherzählen oder kleine Erlebnisse richtig in der Zeitfolge schildern).

Aus dem Ablauf dieser seelisch-geistigen Entwicklungsschritte läßt sich ersehen, daß Säuglinge und Kleinkinder nicht nur ein anderes Bewußtsein, sondern auch ein andersartiges Gedächtnis haben. Ein dreijähriges Kind lernt ein rhythmisches Verslein spielend leicht, aber eine Telefonnummer zu behalten, ist ihm noch nicht möglich. Das macht auch verständlich, warum man ein Kleinkind auf keinen Fall mit intellektuellem Lernstoff belasten soll (vielleicht sagen wir sogar besser: belästigen darf), denn das erfordert ein Gedankengedächtnis. Ich bin mir bewußt, daß vereinzelt Kinder im Alter von vier oder fünf Jahren bereits gewisse Fähigkeiten eines Gedankengedächtnis aufweisen, in Ausnahmefällen sogar Abstraktionen durchführen können. Dennoch dürfen solche Beobachtungen nicht verallgemeinert werden. Eine zu frühe Intellektualisierung (z.B. durch ständiges Üben des Gedankengedächtnisses beim Lesenlernen) hat nicht nur seelische Zerrissenheit zur Folge, sondern es verursacht seelische und gesundheitliche Spätschäden!

Eltern als Helfer und Erzieher

Wie sind das Erwachen des Bewußtseins, die Lernfähigkeit und das Gedächtnis (samt Erinnerungsvermögen) mit den Fragen der Erziehung verknüpft? *Erziehung kommt für das Kind aus der Umwelt und ist daher ihrem Ursprung nach eine Fremdeinwirkung.* Die Seele des Kindes, so wurde hier wiederholt festgestellt, öffnet sich den Einwirkungen der Umwelt zunächst in Liebe und möchte dem inneren Drang zum Lernen durch lebhafte Kommunikation nachgeben. Im allgemeinen kommen die ersten Anregungen und Hilfen zum Lernen von den Eltern, und so darf man zunächst mit einer sich öffnenden, lernwilligen Seele des Kindes rechnen.

In allen Verrichtungen des täglichen Lebens macht sich der erzieherische Einfluß der Eltern (oder anderer Personen, die langfristig für das Kind sorgen) bemerkbar. Mit der non-verbalen Kommunikation teilt sich die Seelenstimmung der Eltern dem Kind unmittelbar mit. Gefühle und Stimmungen der Eltern sind für das Kind wie der Grundton einer Harmonie. Umgekehrt wird der Säugling gern »antworten« oder versuchen, seinerseits mit Bewegungsaktivitäten oder Lauten eine Reaktion bei den Eltern hervorzulocken. Wie der Säugling sich bewegt oder schreit, wie er sich beim Füttern oder Windelwechsel verhält, dies wird auch die Handlungsweise der Eltern und ihre Stimmung beeinflussen. Diese Art der Kommunikation mit ihrem Kind sollten die Eltern immer im Bewußtsein haben.

Der sechs bis neun Monate alte Säugling läßt erste Zeichen erkennen, daß er gewisse Worte »versteht«, wobei allerdings die mitschwingenden Gefühle und Gedanken der Eltern für das Kind noch länger wichtiger Bestandteil der Kommunikation bleiben. Zunächst kann man das eine nicht vom anderen trennen. Bald beginnt das Kind eindeutig Worte zu verstehen und manche Aufforderung auch zu befolgen. Dem folgt ein erstaunlich schnelles Fortschreiten des *Sprachverständnisses.* Eltern sind immer wieder überrascht über den Umfang dessen, was ihr Kind bereits »versteht«. Das *Nachsprechen* von Worten wird ein richtiges Spiel für das einjährige Kind. Eine Mutter sagte mir einmal, daß ihr elf Monate alter Säugling auch schon komplizierte und lange Worte nachsprechen könne. Als ich dem Kind »Bahnwärterhäuschen« dreimal vorgesprochen hatte, wiederholte es tatsächlich diese schwierige Wortzusammensetzung! Natürlich hat es damit noch keinen Inhalt oder Sinn verbinden können; es konnte aber eben sehr gut nachahmen.

Es ist für die Eltern wichtig zu wissen, daß das kleine Kind, das Worte und Sätze der Eltern bereits gut versteht, zumeist gar nicht auf Sinn und Inhalt des Gesprochenen eingeht, sondern weiterhin »in dem Klang der Sprache, in der Art und Weise, wie die Sprache gehandhabt wird« (*Rudolf Steiner*), das Wesentliche der Kommunikation erlebt. In dieser Frühzeit der Sprachentwicklung perlt das Intellektuelle der Sprache noch an der kindlichen Seele ab wie das Wasser am Gefieder der Ente; das Kind geht nur auf das Gemüthafte und das Gefühlhafte der Sache ein. Darin liegt auch begründet, daß *Gebote und Verbote in diesem Alter unwirksam sind.* Das scharf gesprochene: »Nein« oder »das darfst du nicht tun« ist vom Inhalt her ohne Sinn für das Kind. Der erstaunte Blick des erschrokkenen Kindes zeugt aber von einer seelischen Schockwirkung. Es ist erschrocken über den Ärger, den Zorn oder die Gefühlskälte in den Worten und der Seele des Erwachsenen. Eine solche Reaktion läßt sich vermeiden, wenn man das Kind mit einer *verneinenden Geste*, vielleicht noch intensiviert durch eine körperliche Berührung, vom Tun abhält. Das Nicht-verstehen-Können von Verboten schließt nicht aus, daß die Kinder nach wiederholten Erfahrungen mit Verboten aus Gründen der Anpassung oder Gewöhnung das Verbot befolgen. Ganz schlimm wird es, wenn Verbote durch Verhaltenszwänge (Strafmaßnahmen) in die kindliche Seele gepreßt werden.

Leider deuten manche Eltern das Nicht-Beachten von Geboten und Verboten bei ihrem zweijährigen Kind als Starrköpfigkeit oder Eigensinn. Da hilft nur eine bessere Einsicht in die seelische Entwicklung des Kindes; solche Kenntniserweiterung muß allerdings von den Eltern tatsächlich gewollt sein, um wirksam werden zu können. Es kann nur immer wieder betont werden, daß die scheinbar »unlogischen Handlungen« der kleinen Kinder und ihr Ungehorsam gegenüber Verboten meist darauf beruhen, daß die Eltern die Seele und die Gedankenwelt der Kinder nicht kennen. Ihre Eindrücke der Sinneswelt und ihr Vorstellungsvermögen sind noch vollkommen anders als das der Erwachsenen. Diese »andere Welt des Kindes« muß respektiert werden. Nur durch Erfahrung und vertiefte Erkenntnisse wird man Verständnis für die Welt der Kinder erwerben.

Überforderung junger Kinder

Die Früherziehung verlangt von den Eltern Geduld, Verständnis und starke Herzenskräfte. Wie aus dem bisher Dargestellten deutlich wurde, sind gewisse Grundkenntnisse über die Entwicklungsstufen des Kindes mit ihrem jeweiligen seelisch-geistigen Reifungsgrad sehr hilfreich. Es ist heute gar nicht so selten, daß Eltern der Meinung sind, die Entwicklung ihres Kindes besonders fördern zu müssen, und damit Überforderungen herbeiführen. Wann derartige Bemühungen gutmeinender und eifriger Eltern für das individuelle Kind »zu viel« werden, läßt sich immer nur für das einzelne Kind entscheiden; ist es aus seiner ererbten Konstitution heraus und nach seinen frühen Erfahrungen mit den Handlungs- und Denkweisen seiner Eltern doch auch mit deren Erziehungsmethoden vertraut (und angepaßt). Was für ein Kind hoffnungslos zu viel an Frühförderung ist, mag ein anderes noch gut bewältigen (dennoch mögliche gesundheitliche Spätfolgen werden unten besprochen).

Als Beispiel einer zu frühen Förderung mag das *Lesen* dienen. Zweifellos gibt es vierjährige, und sogar dreijährige Kinder, die Buchstaben und dann auch Worte zu lesen gelernt haben. Diese Tatsache ging natürlich vor gut 20 Jahren als Sensation durch die Presse und wurde als Erfolg besserer Lehrmethoden gefeiert. Was aber war der Preis, den die betroffenen frühlesenden Wunderkinder zu zahlen hatten? Mir erschienen solche Kinder wie verarmte Seelen, die kaum noch Phantasie entwickeln konnten. Als Schulanfänger waren sie frustriert und saßen mit gelangweilten Gesichtern herum. Weit schlimmer jedoch sind die zu erwartenden *Spätfolgen dieser frühen Intellektualisierung* (vgl. auch D. Elkind). Auf die Zusammenhänge zwischen seelischer Verarmung durch zu frühe intellektuelle Belastungen kleiner Kinder und mögliche gesundheitliche Schäden im Erwachsenenalter hat *Rudolf Steiner* mehrfach hingewiesen. Im folgenden wird versucht, diese Gedanken *Rudolf Steiners* zusammenzufassen (aus GA 309 und 310):

Fehlerziehung im ersten Lebensjahrsiebt kann zu recht unterschiedlichen seelischen Problemen in den ersten Grundschulklassen führen. Noch häufiger jedoch wird es der Fall sein, daß die im seelischen Bereich der Kleinkinder verursachten Schäden sozusagen »untertauchen« und erst Jahrzehnte später als körperliche Krankheiten wieder »auftauchen«. Zum Verständnis dieser Probleme ist es außerordentlich wichtig, sich über diese Tatsache vom *Wechsel der Wirkungsebenen* (von der seelischen zur körperlichen) im klaren zu sein! Beispielhaft führt *Rudolf Steiner* hierzu an, daß die zu frühe Belastung des Intellektes und des Gedankengedächtnisses zu Sklerose im Alter jenseits des fünfzigsten Lebensjahres führt. Ganz allgemein kann gesagt werden, daß die zu frühe Umwandlung der Wachstumskräfte (Ätherkräfte) im ersten Jahrsiebt in Gedankenkräfte (intellektuelle Tätigkeiten) zu einem Verlust an gestaltenden und gesundenden Kräften führt (vgl. auch S. 247). Werden sie vorzeitig von ihrer aufbauenden Tätigkeit auf Gedankenaktivitäten umgelenkt, können im fortgeschrittenen Alter Verhärtungen und Krankheiten des rhythmischen Systems entstehen. Auch der Altersdiabetes (Zuckerkrankheit) wird durch »schädliches Spielen« im dritten und vierten Lebensjahr gefördert. Gesundheit und Krankheit im fortgeschrittenen Lebensalter werden sich in zunehmendem Maß (d. h. mit zunehmender Frühintellektualisierung) auf die seelischen Impressionen im Vorschulalter zurückführen lassen! Das materialistisch ausgerichtete Denken kann »die ganze Kindheit zu Schande richten«. Je mehr wir bei der Erziehung des jungen Kindes mit lebendigen und plastischen Begriffen umgehen und je mehr Frohsinn und Herzenskräfte dabei einfließen, desto kräftiger und gesünder wird später im Erwachsenenalter die physische Konstitution sein!

Krankheiten aufgrund der erzieherischen Einwirkungen auf die Seele des jungen Kindes, die sich erst im Alter als Spätfolgen offenbaren, müssen in Zukunft noch gründlicher untersucht werden. Die Beurteilung wird noch große Schwierigkeiten bereiten, da zwischenzeitlich im Leben (sagen wir etwa zwischen dem 7. und

42. Lebensjahr) natürlich eine umfangreiche und schwer festzulegende Zahl von Einflüssen Gesundheit und Krankheit mitbewirken können. Doch sei in diesem Zusammenhang wiederholt, daß die Konstitution des Menschen, seine Umwelt und die Stärke seiner Persönlichkeit das spätere Ausmaß und die Art seelischer und körperlicher Schäden bestimmen. Im jungen Alter der Kinder, wenn es den Eltern an Erfahrung und Wissen mangelt, werden die meisten Erziehungsfehler begangen. Den daraus ableitbaren Spätfolgen können die Eltern und im Heranwachsen auch die Kinder selber entgegenwirken. Bessere Kenntnisse der Zusammenhänge und ein zielvolles Wollen schaffen gute Voraussetzungen dafür!

Grobe Verfehlungen in der Früherziehung

An dieser Stelle müssen auch verfehlte Erziehungsmaßnahmen und vor allem die Mißhandlungen von Säuglingen angesprochen werden. Worte mit grobsinnigem Inhalt offenbaren dem Säugling nur die ärgerliche und ungehaltene Seelenstimmung des Erwachsenen. Nach meinen Erfahrungen reagiert das Kind auf unwirsche Äußerungen mit Unverständnis; es zieht sich in sich zurück oder weint aus Zweifel an seiner Umwelt. Legt der Erwachsene dies als Fehlverhalten aus und reagiert darauf mit Unwillen, können körperliche »Züchtigungen« und schließlich sogar Mißhandlungen die Folge sein. Bestehen bei den Eltern soziale Mißstände oder handelt es sich um pathologische Persönlichkeiten (wo oft Drogen oder Alkohol im Spiel sind), kommt es leicht zu solchen Vorfällen und später sogar zur Vernachlässigung von Säuglingen. Werden solche Kinder dem Arzt vorgestellt, so verhalten sie sich auffällig ruhig, fügsam und bewegungsarm. Körperliche Verletzungen werden oft erst vom Arzt entdeckt (z.B. auf dem Röntgenbild schon verheilende Knochenbrüche). Zwar sind dem Säugling Angst und Furcht noch nicht bekannt, aber mir erschien es jedesmal so, als ob sich die Seelen dieser Kinder durch Trauer und Resignation verschlossen haben. Das kleine Kind empfindet sein Unvermögen, mit den Handlungen seiner Umwelt in Einklang zu kommen. Solche traumatischen Ereignisse haben zweifellos Spätfolgen.

Die durch Trauer verschlossenen Seelen der Säuglinge stehen in krassem Gegensatz zu dem im allgemeinen so typisch Liebe-offenen Wesen der Babys. Wenn Ungeduld oder Ärger in den Seelen der Eltern aufkommt, sollten sie sich rasch vor Augen halten, wie tief solche Stimmung und das daraus folgende Verhalten auf die kindliche Seele einwirkt. Da den Kleinen alle Boshaftigkeit völlig fremd ist, kommt es eben zu dieser oben beschriebenen Reaktion des Sich-Zurückziehens und der Trauer; das schließt nicht aus, daß manche Kinder zu Hause zunächst schreien, unruhig schlafen und nicht essen und trinken mögen.

> Ich denke an einen drei Monate alten weiblichen Säugling, den mir eine »liebevoll sorgende« Mutter vorstellte. Bei der Untersuchung fand ich sonderbare, kreisrunde rote Stellen an mehreren Körperteilen, welche die Mutter als »Knutschflecke« bezeichnete, die der »übermütige« Vater dem Kind beigebracht haben sollte. Erst in der Gerichtsverhandlung wurde später klar, daß es sich dabei um Narben nach Verbrennungen mit der Zigarette handelte, die der Vater dem Kind zugefügt hatte. Der so mißhandelte Säugling war zunächst bei der Untersuchung sehr ruhig und folgsam. Erst nach etwa einer Stunde taute die Seele des Kindes auf, und es faßte Vertrauen zu mir.

Dieses Beispiel möge zeigen, daß Mißhandlungen im *frühen* Säuglingsalter nicht so leicht erkennbar sind und auch nicht unbedingt zu bleibendem Mißtrauen und anhaltenden Gemütsveränderungen führen. Spätere Folgen und gesundheitliche Schäden sollen damit nicht ausgeschlossen werden. Auf jeden Fall muß man Säuglinge mit solchen »Seelennarben« mit viel Liebe umgeben und sorgfältig überwachen. Seelennarben können noch nach vielen Jahren aufbrechen!

12. Temperament und Verhalten

Die vier klassischen Temperamente

Bereits im jüngsten Alter läßt sich aus dem Wechselspiel zwischen Säugling und Eltern ablesen, daß die Kommunikation Aktivitäten *beider* Partner voraussetzt. In der ganz frühen Lebenszeit ihres Kindes sind sich die Eltern meist nicht bewußt, daß sie schon jetzt in allem, was sie tun, als Erzieher wirken. Die ersten Einflußnahmen auf den jungen Säugling sind hier bereits mehrfach beschrieben worden, es sei aber nochmals hervorgehoben, daß die Art des Umganges mit dem Kind in ihrer herausragenden *erzieherischen* Bedeutung in keiner Weise allgemein bekannt ist. Es wäre jedoch sehr *zum Nutzen aller*, wenn die Eltern sich darüber im klaren wären, zumal es ja ihrem natürlichen Bedürfnis entspricht, dem Kind *liebevolle Hilfe* zukommen zu lassen (z. B. als Pflegemaßnahmen, Stillzeitenregelungen, Schutz vor negativen Umwelteinflüssen etc.). Auch das einfache Sprechen und Spielen mit dem Säugling sowie jede Art von Körperkontakten sind Zuwendungen, die auf das Gedeihen und die Entwicklung des Kindes gerichtet sind.

Hat man diese Grundlagen für die Früherziehung im Bewußtsein, so ist leicht einzusehen, daß die an die Persönlichkeit gebundenen *Eigenarten der Eltern* eine wichtige Rolle dabei spielen. Wie handhabt der Erwachsene seine erzieherisch wirksamen Aktivitäten, und wie nimmt das Kind diese an? Man erwartet immer Reaktionen des Kindes und vergißt leicht, daß auch der Betreute seinerseits auf das Kind reagieren muß. Es wurde im vorausgegangenen dargelegt, daß der Säugling zunächst die ihm von den Eltern zukommende Hilfe *in Liebe erwartet und empfängt.* Mit zunehmendem Alter spielt das Temperament und die Seelenstimmung des Kindes eine Rolle. Ein ruhig-verschlossener Säugling mit wenig

Lautäußerungen wird im allgemeinen von den Eltern weniger häufig angesprochen und zum Spielen angeregt als ein fröhlich lächelndes, freudig die Gliedmaßen bewegendes Kind. Letzteres verlockt förmlich jeden, mit ihm zu sprechen und zu spielen. Es dürfte inzwischen klar sein, daß diese Art »Wechselgespräche« und Interaktionen für die Kinder eine *wichtige Lernerfahrung* sind!

Das Temperament trägt viel zur *»Farbigkeit der Persönlichkeit«* bei. Es spielt deshalb auch beim Umgang der Menschen untereinander eine wichtige Rolle, vor allem im gegenseitigen Wechselspiel der jeweiligen Aktivitäten. Nach einer kurzen Darstellung der vier Temperamente soll versucht werden, das Verständnis für die Seeleneigenschaften dahingehend zu erweitern, daß ihr Einfluß auf die Interaktionen zwischen Kind und Erzieher erkennbar wird.

Hippokrates (460–377 v. Chr.), der berühmte Arzt der Antike, hat die Lehre von der Mischung der »Körpersäfte«, welche die Seelenqualitäten des Menschen ausmachen, in ihrer therapeutischen und pädagogischen Bedeutung erkannt. Er sah die vier Grundkräfte des Körpers als Blut (lat. *sanguis*), Schleim (griech. *phlegma*), gelbe Galle (griech. *chole*) und schwarze Galle (griech. *melaina chole*). Für *Hippokrates* bedeutete Gesundheit die richtige Mischung dieser »Säfte«. In dieser Einteilung klingen bereits die Bezeichnungen für die Temperamente an, wie wir die seelischen Veranlagungen des Menschen benennen, die sich auf seine Reaktions- und Verhaltensweisen, die Stärke und Lenkung seines Denkens und Handelns sowie auf die Beherrschung seiner Gefühle beziehen, wobei der Charakter jener »Körpersäfte« durchaus erkennbar bleibt.

Auch die *Zuordnung* der menschlichen Temperamente – die ja Persönlichkeitsmerkmale sind – zu den *Elementen der Natur* (Erde, Wasser, Luft und Feuer), wie sie durch die griechische Philosophie vorgenommen wurde, sind, wie in Tabelle 14 dargestellt, sehr überzeugend (z. B. der Choleriker als »Feuerkopf« oder der Sanguiniker als »Luftikus«). Als weitere Verständnishilfen lassen sich bei der Charakterisierung der Temperamente jeweils zwei allgemein menschliche Veranlagungen auf ihren Wirkungsgrad befragen, und zwar *Stärke und Erregbarkeit.* Die Tabelle 15 gibt einen Überblick über deren Intensität, ähnlich wie *Rudolf Steiner* sie dargestellt hat. So ist die Stärke beim Choleriker verbunden mit Erregbarkeit, die sich bis zur Aggressivität steigern kann. Beim Melancholiker hingegen ist die Stärke nach innen gerichtet. Die gekreuzten Linien in Tabelle 15 weisen auf die am stärksten ausgeprägten Gegensätze dieser Eigenschaften hin. Die in diesem Schema benachbarten Eigenschaften treten häufig gemeinsam bei einem Kind auf.

Tabelle 14

Temperamente und deren Zuordnungen zu den Elementen der Natur und den höheren Wesensgliedern des Menschen

Choleriker	*Sanguiniker*	*Phlegmatiker*	*Melancholiker*
Feuer	*Luft*	*Wasser*	*Erde*
Ich	Astralleib	Ätherleib	Physischer Leib
Beim *jungen Kind* erleben wir eine andere Zuordnung (s. Text)			
Astralleib	Ätherleib	Physischer Leib	Ich

Die in Tabelle 14 dargestellte Zuordnung der Temperamente zu den menschlichen *Wesensgliedern* soll nur als ein möglicher Aspekt aufgezeigt werden; *Rudolf Steiner* hat diese Bezüge für den »späteren Menschen« angegeben. Zuordnungen sollte man nur im Sinne einer »Vorliebe« der Wesensglieder für die Seelenqualitäten der jeweiligen Persönlichkeit betrachten. Vor Lehrern hat *Rudolf Steiner* davon gesprochen, daß uns beim *kleinen Kind* das Vorwalten eines höheren Wesensgliedes wie ein bestimmtes Temperament *entgegentritt.* Diese Aussage ist bis etwa zum 10. Lebensjahr gültig und bedingt in der weiteren Entwicklung eine »Verschiebung«, welche ebenfalls in Tabelle 14 dargestellt worden ist. Diese »Verschiebung«

zeigt, wie das cholerische Kleinkind die Feuerkraft seiner Person noch durch seinen Astralleib offenbart, und das sanguinische Kind zeigt uns seine Empfindsamkeit und Leichtigkeit noch ganz im ätherischen Bereich. Darüber hinaus sind auch den Lebensaltersstufen tendenziell Temperamente zuzuordnen. So kann man sagen, daß das *kleine Kind eine sanguinische Grundstimmung* aufweist, während das Alter naturgemäß eher von Phlegmatik gezeichnet ist.

In Kapitel 2 wurde bereits über die Temperamente gesprochen und wie diese der Persönlichkeit »Farbe« verleihen. Es wurde auch darauf hingewiesen, daß die Temperamente angeboren sind, indem sich Eigenschaften aus der Vererbungslinie mit solchen verbinden, die sich der Mensch aus der geistigen Welt mitgebracht hat. Diese als Temperamente bezeichneten Eigenschaften sind Teil und Ausdruck des *Ätherleibes.*

Tabelle 15

Eine Charakterisierung der vier Temperamente

	MELANCHOLIKER *viel Stärke* wenig Erregbarkeit	
PHLEGMATIKER wenig Stärke wenig Erregbarkeit		CHOLERIKER *viel Stärke* *viel Erregbarkeit*
	SANGUINIKER wenig Stärke *viel Erregbarkeit*	

Nur sehr selten tritt eines der vier klassischen Temperamente rein in Erscheinung. Die meisten Menschen weisen eine *Mischung* auf, wobei allerdings ein Temperament vorherrschen kann. Es ist auch möglich, daß zwei – in Tabelle 15 benachbarte – Temperamentseigenschaften (z. B. sanguinisch und cholerisch) so ineinander »verschwimmen«, daß ihre Charakteristika nicht oder nur noch schwer zu erkennen sind.

Die folgende Darstellung der vier Temperamente bringt charakteristische *Beispiele für Kinder im Vorschulalter;* auch soll der Aspekt der Wechselwirkung mit der Umwelt hier betont werden. Man sollte sich immer bemühen, das Wesen und die Farbigkeit der Temperamentseigenschaften zu erfassen und sich vor Festlegungen durch den Gebrauch einengender Begriffe hüten.

Das cholerische Kind

Diese Kinder sind vom Feuer durchdrungen und leben intensiv im Wärmeelement ihres Blutes. Der Astralleib nimmt bei ihnen eine gewisse Vorrangstellung ein, wobei zu bedenken ist, daß das Ich im jüngsten Alter noch durch den Astralleib hindurch wirkt. Alle Handlungen des Kindes sind von lebhaften Körperbewegungen begleitet und können gelegentlich recht aggressiv ausfallen; man erkennt bereits leidenschaftliche Taten. Das cholerische Kind möchte im Spiel den Ton angeben und andere Kinder seinen Wünschen und seinem Willen unterordnen. Widerstände reizen es und stärken seinen Willen. Selbst die kleinen Choleriker zeigen bereits Entschlußkraft, welche den Eltern zuweilen als Starrköpfigkeit erscheinen mag. Ärger wird schnell kundgetan und verleitet viele kleine Feuerköpfe zu spontanen Aggressionen gegen andere Kinder (z. B. Schlagen, Boxen, Beißen), manchmal sind auch die Eltern vor ihnen nicht sicher. Da sich schon das junge Kind begeistern kann, will es gern etwas schaffen und fortwährend tätig sein. Seine starken Seelenkräfte drängen stets nach außen, oft ist das Gesicht gerötet und sogar feucht vom Schwitzen.

Das cholerische Kind rennt gern, wobei die Beine ordentlich stampfen. Beim Gehen ist das Aufsetzen der Ferse betont. Die

Arme »rudern« in typischer Weise. Ein solches Kind steht der Welt offen, ja manchmal sogar fordernd gegenüber. Erzieherische Maßnahmen erfordern Wärme in der Strenge, sonst erzeugen sie leicht Widerstand. Im Kindergartenalter muß man diese Kinder gut führen; bei Unarten oder Ungezogenheiten muß sofort und bestimmt reagiert werden. Im übrigen lernen diese Kinder gern und viel, wenn der Erzieher über Humor und Begeisterung verfügt.

Wie können Eltern ihrem cholerischen Kind helfen? Sie dürfen es sich gern austoben lassen, jedoch müssen manchmal die Zügel mit Gelassenheit fester gefaßt werden. Eine liebevolle Zügelung ist oft notwendig, da die cholerischen Kinder leicht die Grenzen dessen übertreten, was im sozialen Umgang erträglich ist. Sie sorgen immer für Aktivität und sind gern tonangebend.

Viele Choleriker haben einen relativ kurzen Hals, so daß der Kopf gleichsam wie etwas in den Körper hineingesunken erscheint. – In Fragen der *Ernährung* muß man diesen Kindern individuell gerecht werden. Wenn es darum geht, daß sie ihr Temperament besser unter Kontrolle bekommen, sind Vollkornbrot und rohe Gemüse hilfreich; eine gewisse Zurückhaltung ist bei süßen Speisen, insbesondere Süßigkeiten angezeigt.

Das sanguinische Kind

Diese Kinder sind überwiegend glücklich, fröhlich und bewegungsfreudig. In den Worten einer Kindergärtnerin kommt dieses besonders treffend zum Ausdruck: Sie flattern wie ein Schmetterling von Blüte zu Blüte, von Spielzeug zu Spielzeug und hinterlassen eine Straße von Unordnung. Dem Erwachsenen erscheint so ein Kind unstet, im jungen Alter recht unkoordiniert und in seinem Tun oberflächlich, manchmal sogar nervös und vergeßlich. Es ist bezeichnend, daß Eltern ihre sanguinischen Kinder ganz besonders ins Herz schließen; man hört oft, daß diese dem Idealtyp eines Kindes irgendwie am nächsten kommen. Es gibt auch kaum Kinder, die neben ihrem Grundtemperament nicht auch etwas Sanguinisches in ihrer Seele haben. Das Vertrauen dieser Kinder gewinnt man sich durch freudiges Eingehen auf ihre vielen und (leider) rasch wechselnden Ideen und indem man sie mit neuen und schönen Dingen bekanntmacht. Jedoch brauchen sie ein »Gängelband«, sonst fordern sie zu viel und vergessen schnell die einfachsten Regeln des sozialen Zusammenlebens.

Das sanguinische Kind betrachtet die Welt mit Liebe und Sympathie, in seiner Lernfreudigkeit nimmt es alles schnell und kindgemäß (ohne sonderliche Kritik) auf. Es scheint einfach zu sein, so ein Kind zu erziehen, aber man darf es nicht aus den Augen lassen und sollte es bei neuen Tätigkeiten gut überwachen. Die meisten Sanguiniker gehen mit den Dingen ihrer Umwelt nicht sorgfältig um, so muß man sie zur Sorge und Pflege anhalten. – Gern lassen sie sich begeistern, brauchen aber auch Anerkennung und eine Autorität, für die sie sich einsetzen können. Eltern können ihrem allzu sanguinischen Kind helfen, indem sie ihm Dinge *möglichst anschaulich darstellen* und sein Interesse wachhalten. Es ist gut, diese Kinder *früh erfahren zu lassen, daß Ehrfurcht vor dem Leben eine Naturnotwendigkeit ist* (erfahren lassen heißt vorleben!).

Sanguiniker schließen leicht Freundschaften und sind fröhliche Spielgenossen; da aber immer rasch neue Freunde gefunden werden, gehören sie nicht zu den treuen Kindern.

Der Körperbau der Sanguiniker ist unauffällig normal. Sie laufen bevorzugt auf den Zehenspitzen und fallen dabei leider oft hin. – Sie essen zwar gern, haben es aber meist eilig, drum muß man auf gutes Kauen achten. Geschmackvoll und schön zubereitete Gerichte sind hilfreich (Bitterstoffe regen den Leberstoffwechsel dieser Kinder in guter Weise an). Obwohl sie Süßigkeiten über alles lieben, sollte man mit Zucker sehr vorsichtig sein; zuviel Zucker erregt sie meist zu stark. Milch ist gut für sie, mit Fleisch sei man zurückhaltend.

Das phlegmatische Kind

Phlegmatische Kinder sind häufig mit ihrer Innenwelt beschäftigt, eine Tätigkeit, die man nicht immer nur als Träumen bezeichnen sollte. Das phlegmatische Kind liebt seine innere Behaglichkeit. Zwar neigen diese Kinder äußerlich zu Trägheit, ja manchmal auch Faulheit, aber wenn einmal das Interesse für etwas geweckt worden ist, dann können sie ihre (gespeicherte) Energie auch recht gut in eine Aktivität hineinfließen lassen und diese mit Beständigkeit verfolgen. Aufmunterungen können dabei helfen. Mit zunehmendem Alter stellen sie sich hinter das, was sie sagen, und sind zuverlässig. Sie haben es zwar meist schwer, Freunde zu gewinnen; jedoch sind sie den einmal gewonnenen Freunden gegenüber treu. Im Kindergartenalter kann man schon ihre Loyalität und Zuverlässigkeit erfahren. Viele Phlegmatiker entwickeln ein gutes Gedächtnis. Unter Geschwistern sind sie wegen ihrer Beständigkeit oft wie ein Fels in der Brandung. Die große Gefahr für diese Kinder besteht darin, daß sie zur Interessenlosigkeit neigen.

Bei Spaziergängen oder bei Betrachtungen im Garten kann man das Interesse der phlegmatischen Kinder am besten dadurch erregen, daß man ihr ganz persönliches Engagement weckt. Man sollte nicht auf die Schönheit der Blüte hinweisen, sondern die Blüte einfach laut bewundern. Wenn man etwas »ganz Ungewöhnliches« findet, sollte man seine Freude darüber äußern und so die Kinder richtig neugierig machen! Man muß versuchen, über ungezwungene Fröhlichkeit an das (oft recht latente) sanguinische Element im Kind zu appellieren. Ist das Interesse einmal geweckt, lernen diese Kinder leicht und nehmen Neues gern auf. Man muß als Erzieher immer interessant sein – jedoch seine Anteilnahme nicht herauskehren; also: innerlich viel und äußerlich wenig Teilnahme! Bewegungsspiele tun diesen Kindern sehr gut.

Das morgendliche Aufstehen fällt vielen Phlegmatikern schwer. Müssen die Kinder zum Beispiel in den Kindergarten, wecke man sie frühzeitig, wasche besonders das Gesicht mit kaltem (kühlem) Wasser und übertrage ihnen eine kleine morgendliche Pflicht, bevor sie das Haus verlassen (z. B. die Katze füttern, eine Blume begießen o. ä.). Solche Dinge helfen dem Kind, die Schläfrigkeit und Trägheit zu überwinden. Wenn nötig, müssen sich die Eltern immer wieder ins Bewußtsein rufen, daß Humor und Fröhlichkeit ihrem kleinen Phlegmatiker helfen. Da viele Phlegmatiker recht musikalisch sind, ist es nützlich, Singen und kindgerechte Musik in ihrer Umgebung zu pflegen.

Man kleide phlegmatische Kinder nicht zu warm, damit sie sich ordentlich bewegen. – Körperlich fallen viele durch ihre Breitschultrigkeit auf. – Was das Essen angeht, das den Phlegmatikern wichtig ist, bereite man ihnen kleine und leichte Mahlzeiten zu; ohne Aufsicht neigen sie dazu, zu viel zu essen. Dunkles Vollkornbrot sollte bevorzugt und mit Salz nicht zu sparsam umgegangen werden. Blattgemüse ist zu empfehlen. Wo angebracht, sollten reichlich Gewürze und Kräuter verwendet werden (z. B. Kümmel und später auch Pfeffer und Senf). Nicht zuviele Eier anbieten! Da die Kinder zu Verstopfung neigen, muß der Stuhlgang im jungen Alter gut überwacht werden; Haferflocken als Brei und später als Müsli sind recht nützlich dabei.

Das melancholische Kind

Viele dieser Kinder neigen zum stillen Nachdenken, manche sogar zum Grübeln. Bei den meisten melancholischen Kindern sind das recht produktive Tätigkeiten (worüber man nur etwas erfährt, wenn man in der richtigen Form danach fragt). Je nach Alter und der gerade vorherrschenden Seelenstimmung sind die Gedanken jedoch oft sehr selbstbezogen; die Kinder empfinden sich als Mittelpunkt (z.B. der Familie), wobei sie ihre Eltern »vergessen« können. Auf Ermahnungen reagieren sie oft sehr empfindlich. Von den heranwachsenden Melancholikern hört man erstaunlich früh bereits Urteile oder Reflexionen (z.B. eine originelle und sehr persönliche Betrachtungsweise). Im Kindergartenalter brauchen manche eine gelegentliche Bestätigung ihres Selbstwertes. Ganz allgemein sollte man das Interesse der Melancholiker vornehmlich auf Betrachtungen und Erlebnisse der *äußeren Welt* lenken. Ihnen ist eine sanguinische Umwelt sehr bekömmlich. Man muß darauf achten, daß sie nicht einsam werden und in Trübsinnigkeit verfallen!

Melancholiker brauchen viel physische und seelische *Wärme.* Sie schlafen gern lange am Morgen, aber mit einer Liebkosung geweckt zu werden, bringt sie rasch auf die Beine. Beim Spazierengehen und Betrachten der Natur kann man auch schon dem melancholischen Kind (je nach Alter natürlich) etwas zum Nachdenken geben. So kann man zum Beispiel einem sechsjährigen Kind schon den Gedanken nahebringen, daß die Menschennatur das ganze Tierreich mit umfaßt: Die Tiere sind uns in ihrer Einseitigkeit weit überlegen und können zum Beispiel viel besser rennen, schwimmen oder klettern als wir Menschen. Auch kann der Hund weit besser riechen als wir. Dafür haben wir Menschen die Möglichkeit, das Denken zu gebrauchen und unsere vielseitigen Fähigkeiten zu üben und auszubilden. Am besten werden solche Gedanken verstanden, wenn man sie an einem gerade erlebten Beispiel erläutern kann. Nachahmend wird das Kind allmählich auch Schönheiten der äußeren Welt »entdecken« und bewundern lernen. So wird sein Innenleben nach außen gerichtet und durch Erlebnisse in der Natur bereichert. Damit wird sein Grübeln in produktive Bahnen gelenkt.

Es wird nicht immer leicht sein, das relativ bewegungsarme, melancholische Kind mit erzieherischen Maßnahmen zu erreichen. Es muß zuerst Vertrauen in eine Sache (oder Person, wenn es nicht die Eltern sind) gewinnen, bevor es sich neuen Dingen öffnet. Schon der junge Melancholiker ist im Grunde am Schicksal des Freundes interessiert, er ist hilfsbereit und wird zupacken, wenn er sich einmal geöffnet hat. Auch das kleine Kind übernimmt gern (kleine) Pflichten, wenn es nur seine Selbstbezogenheit erst einmal überwunden hat.

Melancholische Kinder sind in der Regel schlank und dünn. – Sie haben *keinen großen Appetit* und können beim Essen recht wählerisch sein. Man meide zu viel Wurzel-Gemüse und Kohl. Damit sie mit ihrem Temperament besser fertigwerden, ist anzuraten, ihnen täglich etwas Honig und Tee aus Blüten oder aromatischen Samen (Linden- oder Hollunderblütentee, Fencheltee u.ä.) zu reichen. Süßspeisen sind erlaubt, Hafer und Hirse können hilfreich sein.

Das Temperament und die Eltern

Nach dieser skizzenhaften Darstellung von Kindern mit einem deutlich ausgeprägten Temperament muß betont werden, daß in der Erziehung während des Vorschulalters *nicht versucht werden soll, das Temperament des Kindes zu bekämpfen oder zu verändern.* Eltern und gegebenenfalls Lehrer müssen sich vielmehr bemühen, mit dem Temperament des Kindes richtig umzugehen. Die Erwachsenen müssen dem Kind helfen, mit seinem Temperament zu leben und es langsam in den Griff zu bekommen. Sie müssen sich in ihren erzieherischen Handlungen dem Temperament des Kindes anpassen; das beginnt schon damit, daß man beim Geschichtenerzählen das Temperament des Kleinkindes berücksichtigen sollte. Das ist keine leichte Aufgabe für die Eltern! Das einfache Vorlesen mag relativ »neutral« sein, aber viel besser ankommen werden die dem kindlichen Seelenleben angepaßten und *frei* erzählten Geschichten! Wenn Eltern dieses versuchen, werden sie spüren, daß sie ihren Kindern viel näherkommen und sie besser kennenlernen. Vielleicht können Großeltern oder gute Freunde auch einmal helfen, eine Geschichte frei und auf das Kind »zugeschneidert« zu erzählen.

Wenn bei den *Eltern ein Temperament stark ausgeprägt* und ungezügelt ist, besteht die Gefahr, daß die Erziehungsmaßnahmen bei ihrem Kind recht einseitig wirken und zu einer Beeinflussung der Seelen führen, die sich im späteren Leben (z. B. im vierten und fünften Lebensjahrzehnt) in körperlichen Krankheiten äußern. *Rudolf Steiner* gibt für diese Situationen recht genaue Vorhersagen, die man am besten als einen *Trend* bezeichnen könnte. Bei zu starkem *cholerischen Temperament des Erziehers* besteht beispielsweise die Gefahr für die Kinder, daß später Störungen im Blutkreislauf und ganz allgemein im rhythmischen System auftreten. Ist das *sanguinische* Temperament bei dem Erzieher stark ausgeprägt, werden bei den Kindern die zu vermittelnden Ideen nicht haften bleiben, was nach dem 40. Lebensjahr zu einem frühzeitigen Verlust der Vitalkräfte und zu einem Absinken der Immunabwehr führen kann. Gelingt es dem Erzieher nicht, sein *phlegmatisches* Temperament in richtiger Form zu beleben, so kann das Kind später in seiner geistigen Entwicklung zurückbleiben und in Interessenlosigkeit und Stumpfheit verfallen. Bestimmt das *melancholische* Temperament die Persönlichkeit des Erziehers, dann wird die seelische Wärme fehlen, die dem Kind eigentlich zuströmen sollte und die in das Verdauungssystem eindringen müßte. In den späteren Lebensjahren dieser Kinder kann dann eine Veranlagung zu Krankheiten des Blutes auftreten.

Es wurde bereits wiederholt darauf hingewiesen, daß im ersten Lebensjahrsiebt »das Körperliche überall von den seelischen Impulsen beeinflußt wird« (*Rudolf Steiner*). Den Wirkungen im körperlichen Bereich liegt immer ein Seelisch-Geistiges zu Grunde, und so erleben wir beim Kind die Offenbarungen von Seele und Geist auf der stofflich-physischen Ebene. Wenn man diese Gedanken im Bewußtsein hält, lassen sich für die Erziehung der Kinder neue und sehr hilfreiche Kenntnisse gewinnen. Das Wissen um diese Dinge kann den Eltern helfen, die große *Verantwortung für die Erziehung* ihrer Kinder zu tragen.

Erziehung in Abhängigkeit vom Verhalten des Kindes

Die Kommunikation zwischen dem Kind und seiner sozialen Umwelt wird zweifellos durch die jeweiligen Temperamentseigenschaften beeinflußt, wobei wir jedoch annehmen, daß die Erwachsenen ihr Temperament besser zügeln können als die Kinder. Nachdem im Vorangegangenen einiges über die Spätfolgen einer zu intensiven Einflußnahme des elterlichen Temperamentes gesagt worden ist, wollen wir uns jetzt mit der kindlichen Seele beschäftigen, die sich durch die Eigenart ihres Temperamentes im Wechselspiel mit ihrer Umwelt leicht- oder schwertut. Es wurde bereits dargestellt, daß die beiden *»warmblütigen« Temperamente* (cholerisch und sanguinisch) dem Lernprozeß gegenüber aufgeschlossen sind, während die beiden *»kaltblütigen«* (phlegmatisch und melancholisch) sich viel schwerer öffnen können. Es wurde gezeigt, daß die Lernaktivität der cholerischen und sanguinischen Kinder einer *guten Lenkung* bedürfen. Das cholerische Kind braucht Wärme in der Strenge, das sanguinische vor allem pädagogische Konsequenz. Melancholische und phlegmatische Kinder sind gut dran, wenn sie *begeisterungsfähige Eltern und Lehrer* haben. Der Melancholiker nimmt interessante Lehrstoffe am besten durch die Wärme der lehrenden Persönlichkeit auf. Ähnlich muß der Phlegmatiker erst durch eine geliebte Autorität »geweckt« werden, bevor er ausreichendes Interesse an seiner Umwelt gewinnt.

In Kapitel 2 wurden neben den vier klassischen Temperamenten die in der modernen Psychologie eingeführten *Temperament-Kategorien* genannt (vgl. Tab. 2, S. 44). Im folgenden soll versucht werden, die Bedeutung dieser *neun Seeleneigenschaften und Verhaltensweisen* des Kindes für die Wechselbeziehung zwischen Eltern (Lehrer) und Kind darzustellen.

Diesen Ausführungen muß die Beobachtung vorausgeschickt werden, daß besonders im jüngsten Alter und bis in das fünfte Lebensjahr hinein einige der zu besprechenden Verhaltensweisen noch nicht erkennbar oder nicht zu beurteilen sind. Auch können bestimmte Verhaltensweisen *durch Passivität verdeckt* werden. Wenn es gelingt, zu den Hintergründen und Ursachen solcher Passivität vorzudringen, wird man bei manchen Kindern *Seelennöte* aufdekken, zum Beispiel Angst oder innere Abwehr. Solche Kinder beteiligen sich nicht gern an Gruppenaktivitäten. Manche leiden unter seelisch bedingten, sich im Körperlichen ausdrückenden Krankheitserscheinungen wie zum Beispiel Schlafstörungen, Bettnässen oder Stottern.

AKTIVITÄT: Man betrachte die Gesamtheit der *körperlichen Bewegungen* des Kindes (man spricht dann von seiner Motorik) und beurteile den zeitlichen Anteil der Aktivität im Vergleich zur Inaktivität im Verlauf des ganzen Tages. Stellt man ein Kind mit lebhaften und häufigen körperlichen Aktivitäten einem solchen mit schwachen und seltenen motorischen Aktivitäten gegenüber, so wird rasch erkennbar, daß mit vermehrter Aktivität auch vermehrte Kommunikation einhergeht. Dem aktiven Kind bieten sich damit auch häufigere Gelegenheiten zum Lernen, werden dem Fragenden und Fordernden doch auch mehr Antworten und Informationen zuteil. Das *inaktive Kind* ist damit schon als benachteiligt gekennzeichnet. Eltern und Lehrern fällt die Aufgabe zu, stille, zurückgezogene und teilnahmslos erscheinende Kinder an ihrer Umwelt zu interessieren und sie in Aktivitäten mit anderen einzubeziehen. – Im Säuglingsalter darf man Inaktivität nicht mit Zufriedenheit verwechseln!

TAGESRHYTHMIK: In Kapitel 6 sind die Fragen der Rhythmik bereits eingehend dargestellt worden. Ein mit den Tagesrhythmen lebendes Kind ist im allgemeinen aufnahmebereiter (z. B. besser ausgeschlafen und, bei guter Mahlzeitenrhythmik, seltener zur Unzeit hungrig). Kinder mit mangelhafter Tagesrhythmik haben meist auch ein schwach ausgebildetes rhythmisches System und zeigen dann Schwächen in ihren Atmungs- und Kreislauffunktionen. Solche

Kinder haben es schwer, mit ihrer Umgebung in Harmonie zu kommen.

ANPASSUNGSFÄHIGKEIT: Kinder reagieren auf Veränderungen in ihrer Umwelt recht individuell, jedoch lassen sich Formen der leichten, raschen und freudigen Anpassung von einer langsamen, gegen einen inneren Widerstand erfolgenden unterscheiden. Es liegt auf der Hand, daß ein Kind mit leichter Anpassungsfähigkeit mehr Chancen zum Lernen hat und im allgemeinen auch von der sozialen Umwelt schneller akzeptiert wird. Natürlich hat es auch die Umwelt einfacher mit solchen Kindern, da sie leicht zu lenken sind. Selbstverständlich muß bedacht werden, daß die größeren und häufigeren Lernchancen nicht unbedingt bedeuten, daß auch der Lernprozeß leicht vonstatten ginge. Das sich nur schwer anpassende Kind läuft Gefahr, in ein Abseits zu geraten.

Es gibt aber auch Kinder, die so viel innere Stärke mitbringen, daß sie kraft ihres Willens die *Umwelt nach ihren Wünschen gestalten;* dazu muß allerdings das Ich bereits begonnen haben, die Persönlichkeit zu prägen. Solch individuelle und kraftvolle Einflußnahme eines Kindes auf seine Umwelt kann unter *positiven*, aber auch unter *negativen* Vorzeichen erfolgen (man denke z.B. an das egoistische Bestimmen-Wollen und Macht-Ausüben).

ANNÄHERUNG oder RÜCKZUG: Beobachten wir, wie Kinder neuen Dingen begegnen und welcher Art ihre *erste Reaktion* auf einen neuen Reiz ist, so lassen sich positive von negativen Reaktionen unterscheiden. Als positiv betrachten wir, wenn sich das Kind der neuen Situation gegenüber offen und verhandlungsbereit verhält. Der Säugling wird seine positive Einstellung zum Beispiel mit einem Lächeln kundtun, das aber oft erst nach eingehender Betrachtung der veränderten Umwelt sichtbar wird. Ein älteres Kind wird ein neues Spielzeug rasch ergreifen und untersuchen. Die als »Rückzugsreaktion« bezeichnete Form ist durch Weinen, Abwenden oder Grimassieren gekennzeichnet und führt zum Zurückweisen des angebotenen Gegenstandes. Mit zunehmendem Alter wird die negative Einstellung dann zusätzlich in Worten ausgedrückt. Die Vielzahl möglicher neuer Situationen und Gegenstände in der Umwelt des Kindes führt auch dadurch zu Unterschieden im Verhalten, daß ein unterschiedlicher Kenntnis- und Erfahrungsgrad vorliegt. Je nach dem Alter des Kindes liegen bereits Lernerfahrungen vor, aus denen es in seiner sehr individuellen Art Rückschlüsse zieht. Solche und ähnliche Varianten im Verhalten verdecken jedoch nur zeitweilig die dem Kind eigene Art der Auseinandersetzung, die wir hier als positive Annäherung oder negativen Rückzug bezeichnet haben. Es liegt auf der Hand, daß ein Kind mit positiver Reaktion auf neue Reize einen gewissen Vorteil in bezug auf den Erfahrungsgewinn und das Lernen hat.

REIZSCHWELLE: Sinnesreize bedürfen unterschiedlicher Intensität, bevor ein Kind eine Reaktion zeigt. Selbstverständlich sind bei dieser Betrachtung krankhaft veränderte Funktionen der Sinnesorgane (z.B. Schwerhörigkeit oder Fehlsichtigkeit) Sonderfälle und daher auszuschließen. Ein Kind, das schnell und leicht auf neue Reize reagiert, ist auch *leicht ablenkbar;* es hat gar keine Zeit, sich auf einen neuen Reiz – zum Beispiel eine neue Person, ein neues Bild oder eine neue Melodie – einzustellen. Läßt sich ein Kind Zeit bei der Betrachtung und Auseinandersetzung mit einem neuen Eindruck, so hat es auch bessere Gelegenheit, das Neue kennenzulernen. Natürlich sind *Aufnahmebereitschaft* und Schnelligkeit des Lernens wichtige Faktoren bei dieser Betrachtung einer kindlichen Verhaltensweise.

Auch im *seelischen Bereich* kann man von niedriger oder hoher Reizschwelle sprechen. Bei niedriger Reizschwelle kommt es leicht zu übertriebener *Reizbarkeit* und vorschneller Reaktion, also einem Verhalten, das von der Umwelt ungern toleriert wird und die Kommunikation erschwert. Kinder mit einer hohen Reizschwelle sind nicht so leicht aus der Ruhe zu bringen; sie haben mehr Freunde und mehr soziale Kontakte.

REAKTIONSINTENSITÄT: Besonders unter den Kleinkindern erleben wir heute auffallend viele, die sich mit voller Energie in jede Handlung hineinbegeben. Sie sprechen laut, um alles zu übertönen, und bekräftigen ihre Worte mit großen Gesten; sie schieben ihre kleinen Wagen voller Wucht, mit Vorliebe auch gegen anderes Spielzeug. Gern werfen sie kraftvoll mit Gegenständen und richten dabei auch Schaden an. Bei manchen Kindern kann man von einem ungebändigten Willen sprechen, der auch mit zunehmendem Alter nicht leicht unter Kontrolle zu bringen ist. In der Durchführung einer einmal begonnenen Handlung zeigen solche Kinder Intensität und altersgemäß schöne Resultate. Meist steckt ein cholerisches Temperament dahinter. Die Reaktionsintensität besteht ungeachtet der Richtung (z. B. sinnvolle oder unsinnige Handlung) und der Qualität (z. B. beim Malen oder beim Herumbalgen mit anderen Kindern). Die Umwelt muß sich zunächst auf solche Kraftäußerungen einstellen und lernen, mit diesen extremen Verhaltensweisen umzugehen. Der Erwachsene wird dabei Liebe und Geduld aufbringen müssen. Die Reaktionsintensität schwächt sich mit zunehmendem Alter ab.

STIMMUNGSLAGE: Die Seelenstimmung unterliegt im Kindesalter nicht nur häufigen, sondern auch plötzlichen Wechseln. Manche Eltern können jedoch sagen, ob ihre Kinder der Welt insgesamt positiv, offen und überwiegend fröhlich gegenüberstehen oder ob bei ihnen eine negative, abwehrende und häufig griesgrämig-traurige Stimmung vorherrscht. Häufige und auch länger anhaltende Veränderungen der seelischen Grundstimmung lassen sich nicht oder nicht leicht als positiv oder negativ einordnen. Zweifellos hat die Umwelt einen deutlichen Einfluß auf die Wechsel der Stimmungslage. Es entspricht der Erfahrung vieler Eltern, daß im Säuglingsalter die Kommunikation bei positiver Stimmungslage (von Kind *und* Eltern) sehr viel leichter und besser funktioniert. Deshalb sollte man im Umgang mit Kleinkindern immer darauf bedacht sein, den erzieherischen Einfluß möglichst bei einer positiven Seelenstimmung des Kindes auszuüben. Die negative Stimmung erschwert nicht nur den Zugang zur Seele des Kindes, sondern kann eine sinnvolle Einflußnahme sogar verhindern.

ABLENKBARKEIT wurde bereits im Zusammenhang mit der Reizschwelle erwähnt. In dieser Kategorie sollten die uns unwesentlich erscheinenden Umweltreize besonders beachtet werden. Man sollte von Ablenkbarkeit erst sprechen, wenn das Kind beginnt, sich seiner Tätigkeit und seiner Handlungen bewußt zu werden. Das nur aus seinen Gefühlen heraus mit der Umwelt kommunizierende Kind kann Wesentliches – oder im Augenblick für es Wichtiges – nicht von Unwesentlichem unterscheiden. Nur sehr langsam lernt ein Kleinkind, bei einer interessanten Sache zu bleiben. Deshalb sollte man ein Kleinkind beim Spiel auch möglichst nicht unterbrechen. Von der leichten Ablenkbarkeit eines Kindes ist es oft nicht mehr weit zur Hyperaktivität, da jeder neue Eindruck Anlaß zu neuer Handlung bringt, aber keine Zeit zur Durchführung bleibt. Bei Kindern im Vorschulalter ist es eine wichtige Aufgabe der Eltern und Lehrer, einer solchen Schwäche entgegenzuwirken. Diese schwierige Aufgabe erfordert eine Autorität, die *begeistern* kann! Auch sollte man für solche Kinder einen ruhigen, farbschönen Spielraum schaffen und Reizüberflutungen fernhalten (insbesondere Fernsehen und Warenhausatmosphäre).

DURCHHALTEVERMÖGEN und AUFMERKSAMKEITSDAUER: Hiermit ist nicht nur gemeint, daß sich das Kind *nicht leicht ablenken läßt*, sondern auch, daß es eine Tätigkeit trotz widriger Umstände durchzuführen vermag; es bleibt »bei der Sache«. Interessanterweise kann ein solches Verhalten bereits bei Säuglingen beobachtet werden; den Eltern erscheint das dann wie ein Gefesseltsein oder eine Faszination zum Beispiel durch eine Bildwahrnehmung in der Umwelt. Je älter das Kind wird, um so deutlicher tritt der *Wille* zur Ausdauer und zum Durchhalten einer Tätigkeit hervor. Im jungen Alter gibt es Situationen, die für das Kind ein Durchhalten ihrer Tätigkeit bedeuten, den Eltern jedoch als Starrköpfigkeit erscheinen. Man muß bei der Beurteilung bedenken, daß für das Bewußtsein des Kindes andere Zusammenhänge bestehen und daß ihrem Tun eine uns nicht vertraute Denkungsweise zugrunde liegt. Das Überwinden von Hindernissen wird mit zunehmendem Alter für das Kind eine Herausforderung, die es nur durch den Willen zum Durchhalten annehmen kann. Wenn die Eltern diese Verhaltensweise richtig unterstützen, kann sie für das Kind eine große Hilfe beim Lernen und Erforschen der Umwelt sein. Natürlich sind Ausdauer und Durchhaltevermögen im Vergleich zu Jugendlichen oder gar Erwachsenen beim Kleinkind noch recht schwach ausgebildet. Man ist daher immer wieder überrascht, wenn eine solch starke Seeleneigenschaft gelegentlich auch schon bei Kleinkindern in Erscheinung tritt.

Der *Mangel an Ausdauer* ist bei Kleinkindern eigentlich mehr ein Normalverhalten als eine negative Eigenschaft. Schon das allen Kindern beigemischte sanguinische Temperament wirkt dem Durchhalten entgegen. Gegen Ende des ersten Lebensjahrsiebts kann man erleben, daß gute *Vorbilder* die Eigenschaft des Durchhaltevermögens bei den Kindern fördern!

Im Kindergartenalter macht sich eine verminderte *Aufmerksamkeit* bereits negativ bemerkbar; im Schulalter wird dieser Mangel dann zunehmend zu einem Lernhindernis. Die für diese Verhaltensstörung ursächlich zu Recht angeschuldigte Reizüberflutung hat natürlich bereits viel früher begonnen, als es äußerlich scheint. Darauf wurde ja bereits oben eingegangen. Es bedarf großer erzieherischer Anstrengungen, eine bereits eingetretene Unfähigkeit zur Aufmerksamkeit zu beseitigen. Da das Lernen und alle sozialen Beziehungen sehr darunter leiden, ist anzuraten, pädagogischen und ärztlichen Rat einzuholen.

Die hier besprochenen Verhaltensweisen sollen nur als typische Beispiele dienen, um das Verhältnis zwischen Kind und sozialer Umwelt zu beleuchten. Es ist hoffentlich auch deutlich geworden, daß gewisse Verhaltensweisen Charakteristiken des einen oder anderen klassischen Temperamentes aufweisen.

Bedeutung der Stimmungen in der sozialen Umwelt für das Lernverhalten des Kindes

In den vorhergehenden Abschnitten wurde von den Seeleneigenschaften und Verhaltensweisen des Kindes ausgegangen und vor diesem Hintergrund dann die Fragen der Erziehung und des Lernens erörtert. Im folgenden soll die *psychologische Situation der sozialen Umwelt* als Ausgangspunkt für eine Betrachtung dienen. Im wesentlichen werden die seelischen Eigenschaften und Stimmungen der Eltern für das »pädagogische Klima« verantwortlich sein, obwohl auch die materielle Umwelt einen gewissen Einfluß ausüben kann, wie in Kapitel 14 zu besprechen sein wird. Es besteht kein Zweifel, daß bei den Eltern neben dem Temperament und gewissen Verhaltensgewohnheiten noch viele andere Faktoren für die jeweilige psychologische Situation mitverantwortlich sind. Ereignisse im Berufsleben oder im Freundeskreis können, aber brauchen nicht zu Veränderungen in ihrem Verhalten führen. Was von den Eltern von außen in das häusliche Klima hineingetragen wird, kann die Stimmung heben und zum Beispiel zu Fröhlichkeit führen oder die Stimmung drücken und dem Kind gegenüber zum Beispiel als Mißmut erscheinen.

Ein weiterer und wichtiger Faktor sind die *pädagogischen Kenntnisse der Eltern.* Nach meinen Erfahrungen sind diese in bezug auf das Kind im Säuglings- und Kleinkindalter im allgemeinen als gering anzusetzen. Auch die akademische Wissenschaft hat erstaunlich wenig zur Erziehung im jüngsten Kindesalter beigetragen; man findet gute Beschreibungen des psychologischen Verhaltens, zum Beispiel bei *Jean Piaget*, und einiges über Pädagogik im Säuglingsalter zum Beispiel bei *Elisabeth Plattner.* Diesen Autoren gemeinsam ist, daß ihnen ein altersgerechtes Menschenbild fehlt, welches der physisch-seelisch-geistigen Natur des Kindes und seiner Entwicklung voll gerecht wird.

In der Vergangenheit erfolgte die Erziehung des Säuglings und Kleinkindes aus *Traditionen* heraus, die meist den Vorstellungen der Großelterngeneration entsprach. Ich möchte annehmen, daß hier auch noch vielfach ein instinktives oder intuitives Wissen die Handlungen bestimmte. Heute haben sich die meisten jungen Eltern emanzipiert, sind aber auch vielfach verunsichert. Ich bin allerdings davon überzeugt, daß heute mehr denn je die methodischen Fragen richtig gehandhabt werden können,

> *wenn den erzieherischen Handlungen ein geistgemäßes Menschenbild zugrunde gelegt wird.*

Auch wenn vielen Eltern der Gedanke noch fremd ist, daß der Säugling bereits einer erzieherischen Hilfe bedarf, so habe ich doch selten erlebt, daß sie die Bedeutung der Früherziehung nicht gleich eingesehen hätten. Je mehr das Herz mitreden durfte, um so leichter fiel es den Müttern, ein kindgerechtes Erziehungsverhalten anzunehmen. Aus einer materialistischen Weltanschauung heraus läßt sich keine dem Kind gerecht werdende Erziehungsphilosophie ableiten. Die akademischen Wissenschaftler haben bisher die Entwicklung der Seele des Kindes nicht wirklich verstanden und daher auch nicht darstellen können. Deshalb sind suchende Eltern diesbezüglich in einer echten Notlage! In Kapitel 1 und 2 sind die Grundlagen einer geisteswissenschaftlichen Menschenbetrachtung nach *Rudolf Steiner* dargestellt worden. Für das erzieherische Bemühen der Eltern können diese Kenntnisse eine gute Hilfe sein.

Das von den Eltern geschaffene häusliche Klima wird weitgehend von deren psychologischer Situation bestimmt. Im folgenden sollen einige solcher *häuslicher Situationen* (psychologische Klimate) beispielhaft beschrieben werden, um dann die Wirkung auf junge Kinder zu diskutieren. In diesen Beispielen muß davon ausgegangen werden, daß beide Elternteile ähnlicher Natur sind und gleichen Zielen dienen.

Beispiele

1. Familie Sch.: Bei einer *dominierenden und befehlenden Art* der Eltern wird auch *Gehorsam und Disziplin* von den Kindern erwartet. Im allgemeinen werden Lernmaterialien dem Kind weitgehend vorgeschrieben und individuelle Fähigkeiten nur selten gefördert. Es wird nicht viel gelacht.

Ein *Säugling* wird in solchem Milieu nicht genügend Herzenswärme und Fröhlichkeit erfahren, wodurch seine seelische Entwicklung gehemmt werden kann. Um dem entgegenzuwirken, versuchen die Kleinen, bei den Eltern eine fröhliche Stimmung »hervorzulocken«. Kommt das Kind in das Alter, in dem die Kommunikation durch das Sprechen erweitert wird, ergeben sich häufig Auseinandersetzungen mit den Eltern. Zunächst aber zeigen die meisten Kinder noch Gehorsam aus Vertrauen. Ob sie sich mit zunehmendem Alter weiterhin gehorsam fügen oder trotzig rebellieren, hängt mit vom Temperament und weiteren Seeleneigenschaften ab. Das sehr frühzeitig mit konsequenter Pädagogik an Disziplin gewöhnte Kind wird sich schließlich der häuslichen Situation anpassen; letzteres erfolgt jedoch auf Kosten einer freien Entfaltung seiner Fähigkeiten.

Das *angepaßte Kleinkind* bis zum Ende der Vorschulzeit wird das vorgegebene Lernmaterial annehmen und je nach dem Grad seiner Intelligenz das von den Eltern erwartete Modell verkörpern. Wenn das junge Kind jedoch rebelliert und aufsässig wird, können sich bereits im Vorschulalter psychosomatische Fehlfunktionen entwickeln, und es kann zu Krankheitserscheinungen wie zum Beispiel Bettnässen oder Stottern kommen.

2. Familie G.: *Mit lautem Sprechen* in einem *jovialen* oder kameradschaftlichen Ton wird den Kindern eine »geschützte und umsorgende« Häuslichkeit mehr vorgetäuscht als wirklich geschaf-

fen. Bulleriges Schimpfen im Elternhaus ist keine Seltenheit, und trotz einer gewissen Herzlichkeit ist die Wortwahl der Eltern zumeist recht unkritisch. Anregende Aktivitäten werden den Kindern zwar versprochen, aber nicht ebenso häufig auch durchgeführt.

Säuglinge erfahren in einem solchen Milieu oft eine besondere Form der Liebkosung, die man als »wildes Schmusen« bezeichnen könnte. In Kapitel 5 wurde bereits auf die Notwendigkeit einer gedämpften Sprechweise hingewiesen; sie fehlt hier gewöhnlich. Auch auf mögliche Folgen einer anhaltend zu lauten Umwelt wurde bereits aufmerksam gemacht. Im Säuglingsalter empfinden die Kinder allerdings die echte Seeleneinstellung der Eltern, auch wenn sich diese hinter Bullerigkeit versteckt. Nach meiner Erfahrung passen sich Säuglinge an die hier charakterisierte Häuslichkeit relativ gut an.

Klein- und Vorschulkinder können durch das geschilderte Verhalten der Eltern verwirrt werden. Dann werden ihre Trotzreaktionen besonders heftig ausfallen, da sich das Ich durchzusetzen hat. Wenn sich die Person des Kindes nicht kräftig äußern kann und sich zurückzieht, werden die Möglichkeiten zum Lernen erheblich eingeschränkt. Schimpfen und unkritische Wortwahl stoßen zunächst auf Unverständnis, werden aber nach einiger Zeit nachgeahmt! Im Kindergarten fallen solche Kinder sofort auf, ja, sie wollen sich mit dem Gebrauch der Kraftausdrücke herausstellen und es ihren Eltern gleichtun. Darüber sind die Eltern meist bestürzt (nur elterliche Selbstdisziplin kann diesen Zustand langsam ändern). – Wenn das Kind im Kindergarten eine Autorität zu lieben lernt, können manche Wunden geheilt werden; künstlerische Aktivitäten helfen sehr bei diesem Prozeß.

3. Familie K.: *Ehrgeizige und auf Leistung drängende* Eltern überfordern ihre Kinder oft. Das Lernangebot und die Erwartungen sind gleichermaßen hoch, da man das Beste für die Kinder erreichen will. Durch Bindung an Traditionen wird die Lernsituation zwanghaft und steif; den Kindern wird wenig Freiheit für ihre Entwicklung gelassen.

Im allgemeinen beeinflußt elterlicher Ehrgeiz die *Säuglinge* nicht sonderlich, dennoch habe ich gelegentlich erlebt, daß solche Eltern die Entwicklung ihres Kindes vorantreiben, ständig das Sitzen und Stehen üben und Worte vorsprechen, um die Sprachentwicklung zu beschleunigen. Nach Anfangserfolgen zeigen sich dann häufig die Symptome einer Reizüberflutung wie Unruhe und Schlafstörungen.

Die hier charakterisierte Einstellung der Eltern wird von ihnen selbst mit gutem Gewissen als erstrebenswert betrachtet. Sie wollen das Beste für ihr Kind, nur stimmen Zweck und Ziel elterlichen Bestrebens nicht immer mit den Notwendigkeiten für dessen jeweilige Entwicklungsstufe überein. *Vorschulkinder* fühlen sich heute nicht mehr so sehr durch Traditionen geborgen oder innerlich gestützt, wie es früher einmal war. Mit zunehmendem Erwachen ihres Ichs wenden sie sich gegen die festen Formen aus der Vergangenheit. Diese Abwehrhaltung beginnt im Vorschulalter und wird ja, wie gut bekannt ist, später zunehmend stärker. Trifft elterlicher Ehrgeiz auf gute Lernbereitschaft und Intelligenz, kann die Entwicklung der Kinder trotz Widerständen gut voranschreiten. Generell aber ist zu sagen, daß es für Kinder in solchem Elternhaus nicht leicht ist, ihre Entwicklungs*freiheit* zu bewahren.

4. Familie B.: *Inkonsequente Erziehung* geht mit stark wechselnden *Forderungen* und Erwartungen einher. Die Eltern leiden unter seelischen Konflikten, unterliegen Leidenschaften und starken Stimmungsschwankungen. Gelegenheiten zum Lernen und Erfahren bieten sich für die Kinder nur zu gewissen Zeiten und bei günstiger häuslicher Stimmungslage.

Im Säuglingsalter werden sich Zeiten des Verwöhnt-Werdens mit solchen des Weggeschoben-Werdens abwechseln. Die Kinder können diese Wechsel in der Stimmungslage nicht lange verkraften, sie können leider aber auch nicht zeigen, daß in ihren Seelen durch den Mangel an Herzenswärme Verunsicherungen und Lähmungen auftreten. Je jünger das Kind ist, um so mehr leidet es (wegen seines seelischen Mitempfindens) auch unter den elterlichen Stimmungsschwankungen und Nöten. So kann die Basis für die weitere Entwicklung des Kindes geschwächt werden. Unter solchen Bedingungen kann auch seelischen Spätschäden Vorschub geleistet werden.

Wenn es dem *Kleinkind* an einer klaren Führung fehlt, wird es sich mehr und mehr nach den Stimmungen seiner eigenen (nachempfindenden!) Seele richten. Es wird den sich erzieherisch bemühenden Eltern dann schwerfallen, sich dem Kind »verständlich« zu machen; die »warmblütigen« Kinder (s. oben) werden aufsässig, die »kaltblütigen« werden versuchen, sich anzupassen. Im ganzen leidet die Kommunikation sehr, und das Lernen wird erschwert.

5. Familie M.: *Das ernsthafte Bemühen der Eltern*, die beste Methode zur Erziehung ihrer Kinder zu finden, geht meist einher mit der Bereitschaft, an den Erfahrungen und Aufgaben zu wachsen. Da eine Kenntniserweiterung angestrebt wird, lassen sich Wechsel in der pädagogischen Einstellung nicht vermeiden.

Das aus dem Herzen kommende Bemühen der Eltern, dem *Säugling* gerecht zu werden, wird vom Kind wie eine helfende Kraft empfunden. Da eine gute Kommunikation unter solchen Bedingungen leicht zustande kommt, wird die Entwicklung ganz allgemein gefördert, und das Kind beginnt früh zu lernen.

Im *Kleinkindalter* wird sich die Erfahrenserweiterung schnell bemerkbar machen, allerdings in Abhängigkeit vom pädagogischen Talent der Eltern. Gefahren bestehen im Wechsel der Richtlinien und erzieherischen Methoden, wenn solche nur aus dem Intellekt hervorgehen oder ausgesprochen fremder Natur sind (z.B. angelesen sind, ohne wirklich verstanden zu sein). Die Frage des Kindes nach dem »Warum« bezieht sich keineswegs immer nur auf Äußerlichkeiten, und ihm eine kindgerechte Antwort geben zu können, ist eine seltene Gabe! Pädagogisches Experimentieren hat oft unvorhersehbare Folgen und kann zu Störungen der Gesamtentwicklung der Kinder führen. Eines muß jedoch festgestellt werden: Das ehrliche Bemühen der Eltern und die Suche nach der Wahrheit sind Bestrebungen, die das Kind in seiner Seele (unterbewußt) »spürt« und achtet. Solche Atmosphäre schafft Vertrauen!

6. Familie St.: Mit *liebevoll-konsequenter Einstellung* zu den Fragen der Erziehung und ruhigen, einsichtsvollen Handlungen werden gute Vorbilder gegeben. So vermitteln die Eltern mit ihrer Selbstdisziplin den Kindern ein Bild vom geordneten Leben. Fröhlichkeit gehört zu diesem Milieu hinzu. Die Kinder erfahren sinnvolle Anregungen und Förderungen ihrer Fähigkeiten.

In einer häuslichen Situation, die dieser Charakterisierung entspricht, haben die *Säuglinge* die besten Chancen zum Gedeihen. Fröhlichkeit und Wärme sind ungeheuer wichtige Faktoren für eine gesunde Entwicklung. Das Wissen der Eltern um diese Dinge sorgt für Kontinuität in der Pflege und Umsorgung.

Bei den *Klein- und Vorschulkindern* wird die Konsequenz in allen erzieherischen Handlungen der Eltern sehr fruchtbar sein. Bei vielen zwei- bis vierjährigen Kindern wird in einem solchen Milieu das Trotzalter kaum Probleme machen; gelegentlich kann es sogar »ausfallen«. Gelegenheiten zum Lernen und Sammeln von Erfahrungen werden freudig genutzt und Fähigkeiten der Kinder erkannt und gefördert. Schöne Ergebnisse lassen sich erwarten, wenn es außerdem gelingt, die äußere Reizüberflutung fernzuhalten. Aus der Nachahmung der Eltern, die Selbstdisziplin üben, können Lerneifer und Zielstrebigkeit erwachsen. Eine häusliche Atmosphäre wie diese möchte man vielen Kindern wünschen!

7. Familie D.: Eine *liebevoll-weiche und nachgiebige Art* läßt meist keine klare Linie in der Erziehung erkennen. Aus den augenblicklichen Situationen heraus wird versucht, den Kindern das Beste, auch in Form von zu vielen Anregungen zu geben. Die Gefahr liegt im Nachgeben und im Wechsel der Richtlinien. Die Kinder werden zu viel gefragt, was sie besitzen oder tun möchten. Humor ist nur zeitweilig zu finden.

Solchem erzieherischen Verhalten liegt der gutgemeinte Wille der Eltern zugrunde, alles in ihrem Vermögen liegende für das Kind zu tun. Damit beginnt die Gefahr des Verwöhnens schon im jungen *Säuglingsalter.* Die Kommunikation zwischen Kind und Eltern ist meist sehr gut, nur wird sie einseitig ausgenutzt, weil die Eltern dem Kind immer alle Wünsche zu erfüllen suchen. Je nach Veranlagung wird jedoch schon das kleine Kind den Mangel an Führung und Stützung empfinden. Die »kaltblütigen« Kinder sind dabei besonders benachteiligt, da von ihnen nichts gefordert wird; sie verträumen und verschlafen die Zeit. Cholerische Kinder dagegen können schon früh selbst für Aktivität sorgen.

Das *Kleinkind* wird schon bald dadurch überfordert, daß man von ihm Entscheidungen erwartet (Fragen wie z. B. »Was möchtest du heute essen?« oder im Spielzeugladen »Was wünschst du dir zum Geburtstag?«) oder gar Urteile über schön und häßlich. Selbst beim Essen dürfen sie Wünsche äußern und verlangen dann bald immer das, was gerade nicht auf dem Tisch steht. Da den Kleinkindern die Grundlagen für diese (logischen) Denkvorgänge noch fehlen, antworten und handeln sie ganz aus der Sphäre der Gefühle und Leidenschaften (Triebe) heraus, wodurch keine später brauchbaren Grundlagen für das Seelenleben geschaffen werden können. Solche Umweltbedingungen hemmen die seelische Entwicklung! Werden außerdem plötzlich die Richtlinien der Erziehung geändert, verliert das Kind Vertrauen und Stütze. Als Folge davon wird manches Kind »schwer erziehbar«. Humor und Fröhlichkeit helfen den (ungewollt) intellektuell überforderten Kindern über die unsicheren Zeiten hinweg. Um ihre Fähigkeiten fördern und üben zu können, werden die willensstarken Kinder sich noch am ehesten selber helfen.

8. Familie V.: *Übermäßig vorsichtige, beschützende Eltern* sind zwar sehr in Sorge um das Wohl ihrer Kinder, schränken jedoch deren Entwicklungsfreiheit ein. Mangelhafte Entschlußkraft bietet ein schlechtes Vorbild, und zögernde Handlungen verhindern manche Lernerfahrung. Solche Eltern zeigen den Kindern nicht, wie die Welt wirklich ist.

In der heutigen Zeit wird die Umsorgung und der Schutz des *Säuglings* nicht so leicht übertrieben werden können. Solange die Eltern eine gute und möglichst fröhliche Kommunikation mit ihrem Kind haben, ist der Schutz sogar ein Segen.

Das *Klein- und Vorschulkind* hingegen wird durch übertriebene Abschirmung die Umwelt nur unzureichend kennenlernen. Neben den mangelnden Erfahrungen wird es ihm auch an Gelegenheiten fehlen, sich Herausforderungen zu stellen (so bietet z.B. das Spielen mit robusten Nachbarkindern die Möglichkeit, sich körperlich zu behaupten; und wenn man nicht einmal eine richtige Wanderung macht, erlebt man nicht die Ermüdung bis zum Versagen der Beine usw.). Mit zunehmendem Alter wird das Kind die elterliche Art, Entschlüsse zu fassen, nachahmen und seine Handlungen nur halbherzig durchführen. Dabei wird es nicht lernen, seinen Willen voll einzusetzen. Solche Entwicklungen bahnen sich früh an, werden aber erst viel später offenbar!

9. Familie N.: Wenn *Angst das seelische Klima einer Familie* bestimmt, wird die gesamte Stimmung grau und bedrückt; damit

werden Entfaltungsmöglichkeiten, Erfahrungen und Aktivitäten beschränkt. Gelegenheiten zum Lernen und zur Ausbildung von Fähigkeiten sind vermindert. Angst kann auch den Lebensstil bestimmen und die Entfaltung der Familienaktivitäten lähmen.

Auch aus Angst wird ein *Säugling* gut beschützt und nach bestem Wissen gepflegt. Wenn allerdings die Kenntnisse unzureichend sind und auch die mütterlichen Instinkte unterdrückt sind, kann man erleben, daß ein Säugling zum Beispiel unter einem riesigen Federbett schwitzt, unter Mangel an Sonnenlicht leidet oder überernährt wird. Solche und andere Beschränkungen der Kontakte mit der Umwelt werden dem Kind die Lernerfahrungen einengen und damit seine Gesamtentwicklung hemmen. Die Seele des Säuglings empfindet die Ängstlichkeit in den Seelen seiner Umgebung und verliert den Drang zur Erkundung der Umwelt, manchmal sogar die Lust zum Lernen. Dieses mag zunächst nicht alles deutlich zum Ausdruck kommen. Es schafft aber gewiß keine guten Voraussetzungen für die Weiterentwicklung im Kleinkindalter.

Die Sorge um mögliche Verletzungen beim Krabbeln, Aufrichten und Erlernen des Laufens (und Kletterns!) ist nicht unberechtigt, aber sie darf nicht zur Beschränkung des Übens von Fähigkeiten führen (indem man z.B. Kinder den ganzen Tag nur im Laufstall beläßt). *Kleinkinder* und mehr noch die fünf- bis siebenjährigen Kinder brauchen ein gewisses Vertrauen von seiten der Erwachsenen, das natürlich langsam aufgebaut werden muß. Irgendwann muß man sie allein vor der Haustür spielen lassen und ihnen vertrauen, daß sie nicht auf die Fahrbahn laufen. Oder man muß sie mit einer Schere Papier schneiden lassen, erst unter Aufsicht, aber dann auch allein. Welches Kind hat sich nicht schon einmal mit einem Messer geschnitten oder einer Nadel gestochen? Gewisse Erfahrungen sind notwendig, und so sehr man auch Gelegenheiten für Verletzungen ausräumen soll, so lassen sich Erfahrungen doch nicht ohne Risiko erwerben. Das gilt für viele Dinge des täglichen Lebens! – Auch das Zögern und das Lamentieren des Erwachsenen wird von den Kindern durch Nachahmung angenommen. Diese letztgenannten und ähnliche Eigenschaften sind im späteren Leben erhebliche Hindernisse. Angst verdrängt die Fröhlichkeit, und Angst verdunkelt den Blick in die Zukunft.

10. Familie E.: *Mangelhafte Ernsthaftigkeit der Eltern* ist oft gepaart mit Hektik und gelegentlich albernem Verhalten. Damit werden erzieherische Bemühungen unseriös. Das Kind erfährt eine unzureichende Führung und Beschützung. Solche Eltern empfinden ihre Kinder im Grunde als Last. Es fehlt an Möglichkeiten zu Förderungen und Anregungen. Vernachlässigung der Kinder wird hier leicht möglich.

Die letzte der hier charakterisierten psychologischen Situationen im Elternhaus wird mancher als übertrieben hypothetisch betrachten; leider sprechen eigene Erfahrungen aber dafür, daß solche Umwelt für ein Kind wirklich existieren kann. Dem *Säugling* mangelt es an Kommunikation! Das Scherzen und Spielen mit dem Baby erfolgt sehr oft nur zum Vergnügen der Erwachsenen, die dann gar nicht verstehen können, warum der Säugling häufig weint. Das Kind wird dann gleich einem Ball hochgeworfen, was ihm buchstäblich die Sprache verschlägt (es weint nicht mehr; aber die Atmung stockt). Oft fehlt es an der Einsicht, daß das Stillen, wenn irgend möglich, die beste Form der Ernährung für den Säugling darstellt, und das Kind bekommt eine für die Eltern sehr »bequeme« Fertignahrung aus der Flasche. Dennoch wird das kleine Kind den Versuch machen, sich anzupassen, und es wird ja auch Zeiten geben, in denen es Liebe empfängt. Wird aber der etwas ältere Säugling »anspruchsvoller« und benötigt elterliche Zuwendung und Spielzeiten, dann werden Seelenstimmungen nicht beachtet, der Tagesrhythmus des Kindes nicht eingehalten, und man versagt ihm Beachtung und Zuwendung, wenn er diese braucht. Innerlich vereinsamt das Kind!

Dem *Klein- und Vorschulkind* wird es nicht viel besser gehen. Zunächst wird das Kind kräftiger schreien und sich Beachtung verschaffen wollen. Bei anhaltender Vergeblichkeit dieser Bemühungen wird das »warmblütige« Kind versuchen, selbständig zu spielen, und das »kaltblütige« Kind wird sich zurückziehen. Die Reaktion der Eltern bei Trotz und Rebellion der Kinder kann sehr unterschiedlich ausfallen: Entweder nehmen sie das Kind nicht ernst und machen sich lustig über sein Verhalten, oder sie haben keine Zeit und kehren dem Kind den Rücken zu. Sehr »warmblütige« Kinder bringen oft einen erstaunlichen Willen auf, ihren Weg zu finden, wobei sie den Eltern zunehmend heftigen Widerstand leisten, »ungezogen« werden und sich sogar destruktiv verhalten. In einem häuslichen Milieu dieser Art aufzuwachsen, verlangt starke Ich-Kräfte des Kindes; da diese aber im ersten Jahrsiebt erst in Anlagen vorhanden sind, kann man noch nicht voraussehen, ob und wie sich die Persönlichkeit trotz fehlender elterlicher Hilfe später entfalten wird. *Emmy Werner und Ruth Smith* haben aufzeigen können, daß man immer wieder auf starke Kinder-Persönlichkeiten trifft, die sich gegen alle Widerstände und trotz fehlender Hilfe doch erfolgreich im Leben durchsetzen können.

Abschließend ein Wort zur *antiautoritären Erziehung*, deren Verbreitung heute jedoch bereits zurückgeht. Wenn die Eltern glauben, ihr Kind sei ein reines Naturwesen, das selber am besten weiß, was es braucht und was es zu tun hat, folgen sie der Philosophie von *Jean-Jacques Rousseau*, welcher nur der Natur und nicht dem Menschen erzieherische Fähigkeiten zusprach. Die antiautoritär erzogenen Kinder genießen deshalb einen *fast unbegrenzten Freiraum* und sind *fast keinem Zwang* unterworfen. Die ständige Frage der Eltern nach den Wünschen des Kindes zwingt ihm ein dem Erwachsenen ähnliches, jedoch völlig unkindliches Verhalten auf. Man erwartet vom Kind Urteile, für die es noch gar nicht die Denk- und Erfahrungsvoraussetzungen hat. Oft werden diese Kinder auf ein Glatteis geführt, wo sie keinen Halt finden können.Häufig zeigen diese Kinder eine »Frühreife« und entsprechend eine *Frühintellektualisierung* mit den oben bereits besprochenen seelischen und sogar körperlichen Spätfolgen (s. S. 261).

Im Innern dieser Kinder rebelliert es! Ihnen fehlt der Halt, und sie leiden unter Frustrationen. Als nächstes beginnen sie ihre *Eltern zu tyrannisieren.* Sie verlangen zunehmend mehr und werden maßlos, sie verlieren völlig den Respekt gegenüber ihren Eltern und anderen Menschen. Dies alles »führt zu einem Überwuchern der niederen Triebe und Begierden« und einem Verlust des elterlichen Vorbildes, wie *Kurt Brotbeck* so treffend ausgeführt hat. Die Umwelt als Stütze und Hilfe des Kindes versagt. Sehr willensstarke und zielbewußte Kinder können allerdings trotzdem ihren Weg finden.

Zusammenfassung

Bei der Darstellung der *vier klassischen Temperamente* wurde versucht, den Einfluß jeder dieser Seeleneigenschaften auf die Wechselbeziehungen zwischen dem Kind und seiner Umwelt zu beleuchten. Das Sammeln von Erfahrungen und damit das Lernen für das Leben stehen im Vordergrund aller Aktivitäten im ersten Lebensjahrsiebt; diese werden von den Temperamentseigenschaften deutlich beeinflußt. Im Rahmen der Wechselbeziehungen können auch die unzureichend gezügelten Temperamente der Eltern Einfluß auf die seelische Entwicklung der Kinder gewinnen und eventuell sogar Krankheiten veranlagen, die erst Jahrzehnte später in Erscheinung treten. Es entspricht der allgemeinen Beobachtung, daß die Intensität, mit der sich die Temperamente ausdrücken, nach dem zehnten Lebensjahr deutlich zurückgeht. Mit zunehmendem Alter lernt das Kind, seine Temperamentseigenschaften in Grenzen zu halten und im jungen Erwachsenenalter schließlich sogar, sie zu zügeln.

Von den ungeheuer vielfältigen Seeleneigenschaften des Menschen wurden hier die neun als *Temperamentskategorien* bezeichneten herausgegriffen, um an diesen Verhaltensweisen beispielhaft die Interaktionen zwischen dem jungen Kind und seiner Umwelt aufzuzeigen. Dabei hat sich ergeben, daß gewisse Verhaltensweisen für den Lernprozeß des Kindes besonders hilfreich sind. Dazu gehören zum Beispiel das aktive Fragen, eine gute Anpassungsfähigkeit, fehlende Begegnungsangst, eine ausreichend hohe Reizschwelle, willensfreudige Intentionalität, eine freundlich-stabile Stimmungslage, geringe Ablenkbarkeit und gute Aufmerksamkeitsdauer. Solche Eigenschaften fördern das Kennenlernen der Umwelt und die Lernprozesse.

Schließlich wurden zehn Darstellungen von unterschiedlicher *häuslicher Umwelt* skizziert. Dabei wurden die Entwicklungs- und Reaktionsmöglichkeiten der Kinder unter den geschilderten Bedingungen besprochen. Sowohl das ernsthafte Bemühen der Eltern, die für ihre Kinder bestgeeignete Erziehungsmethode zu finden, als auch ein liebevoll-konsequentes Vorgehen in allen Erziehungsfragen, möglichst verbunden mit vorbildhafter Selbstdisziplin, schaffen gute Voraussetzungen für die Kinder, in Harmonie mit ihrer Umwelt zu gedeihen, sich in Freiheit zu entwickeln und ihre Fähigkeiten zu üben. Sich selbst richtig zu beurteilen ist die Voraussetzung für die Eltern, um das häusliche Milieu zu kontrollieren, zu verbessern und mit den Kindern ein liebevolles Vertrauen zu bewahren.

Mit diesen Darstellungen sollten *Anregungen* dafür gegeben werden, wie die Eltern ihre häusliche Situation und ihre psychologische Stimmungslage selbstkritisch betrachten können. Mit solchen Bemühungen werden die Grundlagen für Selbstdisziplin geschaffen. *Kinder brauchen Vorbilder*, denn sie lernen aus der Nachahmung und der Nachempfindung. Je jünger die Kinder sind, um so mehr bemühen sie sich aus Liebe und eifern dem Vorbild ihrer Eltern nach. Man möchte hoffen, daß dieses auch mit zunehmendem Alter so bleibt.

Es wäre lohnenswert, insbesondere polare Seeleneigenschaften zu betrachten, um das rechte Maß bei den eigenen Kindern für ihre Verhaltensweisen zu erkennen. Wie viele verschiedene Kinder gibt es doch: stille und laute, selbständige und unselbständige, wache und verträumte, friedfertige und streitbare, gesellige und einsame, hilfsbereite und hilflose, aufdringliche und zurückgezogene, künstlerisch veranlagte und mehr technisch begabte sowie viele andere mehr. Es würde den Rahmen dieses Buches sprengen, all diese und darüber hinaus noch andere Seeleneigenschaften in ihren Auswirkungen auf die Interaktionen zwischen Kind und Umwelt zu diskutieren.

Kommt man zu einer klaren *Selbsteinschätzung der Familiensituation und -stimmung*, werden sich auch Wege finden, das häusliche Klima zu verbessern und damit den Kindern zu ermöglichen, in einer Umwelt aufzuwachsen, die ihren Veranlagungen und Fähigkeiten gerecht wird. Dann werden auch die Eltern innere Befriedigung und viel Freude an der Erziehung ihrer Kinder haben.

13. Aus der Erlebniswelt des Kleinkindes

»Warum?«

Jede Abhandlung über Fragen und Antworten im Kleinkindalter wird unvollständig bleiben müssen, da kein Tag vergeht, an dem Kinder nicht neue Fragen stellen und neue Antworten erdacht werden. Es ist nicht schwer, Fragen vorzubringen, die den Eltern von Kindern in aller Welt wieder und wieder gestellt werden. Aber es gibt *eine Frage*, die nicht nur am häufigsten gestellt wird, sondern die auch am umfassendsten ist: WARUM? Natürlich wird dieses »Warum« oft im Zusammenhang mit einer Objekt-bezogenen Kommunikation gebraucht in Fragen wie etwa: »Warum muß ich essen?« – »Warum fällt der Mond nicht vom Himmel?« – »Warum muß ich Schuhe anziehen?« oder »Warum können die Vögel fliegen?« oder einfach »Warum?« mit einer Geste.

Die Seele des Kindes lebt sich ganz in Sinneseindrücken aus. Im allgemeinen können sich Erwachsene nicht vorstellen, wie viele der alltäglichen Sinneswahrnehmungen für das Kind neu sind, womit gesagt werden soll, daß das Kind mit dem neu wahrgenommenen Objekt noch kein *Erlebnis*, noch keinen persönlichen Kontakt gehabt hat. Wenn das Kind in den Garten schaut, kann es mit seinem Blick gar nicht alle Einzelheiten erfassen, und der Erwachsene kann und tut dies ja auch nicht. Dennoch ist es ein Unterschied, ob das kleine Kind fast nur unbekannte (unbenennbare!) Einzelheiten sieht, oder ob der Erwachsene eine Fülle vertrauter Dinge wahrnimmt, von denen er dann nur eines, einige oder auch mal gar keine in sein Bewußtsein aufnimmt. So hat das Kind den großen Eichenbaum im Garten oder die Zimmerlinde in der Wohnung täglich viele Male »gesehen«, aber die Wahrnehmung durch die Augen hat bisher keine persönliche Beziehung zu diesen Objekten hergestellt.

Dann aber kommt eines Tages der besondere Augenblick einer »Konfrontation«, wenn das Kind zum Beispiel plötzlich das Sonnenlicht durch die Krone des Eichenbaumes glitzern sieht, oder wenn es ein Blatt der Zimmerlinde abgerissen hat und dieses erschrocken und gleichzeitig bewundernd betrachtet. Aus diesem blitzartigen Erkennen wird ein persönliches Erlebnis, und natürlich fordert das Kind daraufhin zusätzliche Informationen: »Warum hat der Eichenbaum Strahlen?« Oder mit Blick auf die Zimmerlinde: »Warum wächst dieser Baum im Zimmer?« Wenn das Kind noch zu klein ist, um solche Fragen zu formulieren, bleibt es bei dem alles Fordernden: »Warum?« Und der staunende Blick verweilt an dem Objekt. *Den kleinen Kindern ist das Wort »Warum« ein Schlüssel zur Umwelt.* Es eröffnet den Weg zur Erweiterung seiner Kenntnisse. Hier jedoch erhebt sich die wichtige Frage, ob die so gefragte Person dem Wissensdrang des Kindes in der richtigen Form nachkommen kann.

Im zweiten Lebensjahr und nach Erwerb des aufrechten, freien Ganges steigt der Wissensdrang des Kindes gewaltig an. Es erlebt die Umwelt nicht nur aus einer »erhöhten« Perspektive, sondern es kann nun auch seinen Standort verändern. Es möchte immer mehr erleben, zum Beispiel alles anfassen, betasten, beriechen und schmecken. Die Erforschung der Umwelt bezieht sich auf die naheliegenden Dinge ebenso wie auf die fernen, nur muß der Unterschied erst erkannt werden: Der Mond ist »unfaßbar« fern und ein Baum vielleicht nur vorübergehend unerreichbar. Wenn man an der Tischdecke zieht, kommen weit entfernte Gegenstände in Reichweite; diese ganz wichtige Erfahrung machen alle Kinder (mögen die Eltern nur rechtzeitig die zerbrechlichen Dinge vom Tisch abräumen). Das Erforschen und Erleben der Umwelt sind wichtige Lernprozesse und mit vielen Warum-Fragen gespickt. Man darf solche Aktivitäten des Kindes auf keinen Fall verhindern oder gar schimpfen, wenn zum Beispiel schon wieder etwas in den Mund genommen wird. Verbote sind, wie bereits dargestellt, dem Kind unverständlich. Die Eltern sollen lenken, behüten und wenn nötig, auch Grenzen setzen (z.B. Türen schließen oder Gitter vor einer Treppe aufstellen). Damit bleibt dem Kleinkind noch ein genügender Freiraum, in einem sinnvoll begrenzten Bereich seine Umwelt zu erkunden.

Fragen älterer Kleinkinder

Bei den Dreijährigen kommen ganz neue Fragen: »Warum kann ich die Flamme der Kerze nicht anfassen?« Oder auch: »Warum haben Rosen Dornen?« Solche Fragen werden oft noch mit kleinen Gesten oder mit einem leisem Anstupsen der Dinge begleitet. Die Antworten der Eltern sind dann sehr unterschiedlich. Zunächst sei gesagt: *Alle Fragen der Kleinen sind wichtig!* Werden sie überhört, wird das Kind lauter nachfragen, näher kommen oder an der Kleidung der Eltern zerren. Dem Kind ist auch nicht jede Antwort recht, besonders bei kurzen Antworten wird gleich weiter gefragt. Es merkt, wenn man ausweichend reagiert. Ungeduld oder Eile der Erwachsenen sind keine Entschuldigung, denn das Kind *will eine einleuchtende Antwort haben, es will erfahren und lernen.* Also muß die Zeit für ein Eingehen auf die Frage gefunden und eine dem Alter des Kindes gerechte Information vermittelt werden.

Starke Hitze führt zum *Erleben des Schmerzes.* Ohne die Erfahrung schmerzerzeugender Hitze (gleichgültig ob am Ofen, einer Kerze oder einer Glühbirne) wird man den Wissens- und Erkenntnisdrang des Kindes kaum voll befriedigen können. Mit Geschick sollte es gelingen, das Fingerchen nahe an die Hitze heranzubringen, um die Hitze zu fühlen, ohne daß es bereits schmerzt. Selbst das aber schützt bei manchen Kindern nicht vor der Neugier, unbeobachtet doch einmal den Finger auf die heiße Herdplatte zu halten: So ist das eben. Und während die Mutter mit einem Eisstück kühlt, bedauert sie den Schmerz. Die Erfahrung ist zweifellos als wichtig zu bezeichnen (hoffentlich war der Schmerz nicht zu schlimm).

Vielleicht läßt sich das Kind durch eine kleine Geschichte – zum Beispiel von einer Motte, die unbedingt zum Licht wollte, dabei aber ihre Flügel versengte – von seinem schmerzenden Finger ablenken.

Ähnlich ist es mit dem Erlebnis der *Dornen*, die so stechen können, daß sogar ein Blutstropfen kommt. Es ist erzieherisch nicht richtig, die Dornen oder gar die Rose für das Mißgeschick des Kindes verantwortlich zu machen. Die Rose ist Teil der Natur, die wir bewundern, aber auch *respektieren lernen müssen.* Nachdem der erste Schmerz vorbei ist und die kleine Wunde mit einem Pflaster versehen wurde, wäre anzuraten, daß sich Mutter und Kind die Rose noch einmal ganz genau anschauen. Je nach Alter des Kindes kann das kurz oder länger sein, aber die winzig kleinen Stacheln an den Rosenblättern mit den ganz großen an den Stielen und Zweigen zu vergleichen, kann sogar lustig sein. Ist längeres Trösten angebracht, kann man auch eine kleine Rosengeschichte erzählen. Es hat sich immer wieder als ratsam erwiesen, daß die Reaktion der Eltern bei einer solchen Schmerzerfahrung des Kindes nicht übertrieben sentimental sein darf. Man sollte das Kind *herzlich bedauern, und dann geht das Leben weiter.* Die Einstellung der Eltern zu den kleinen Schmerzen des Alltages ist erzieherisch ungeheuer wichtig. Man tut gut daran, die Schmerzerfahrungen des Kindes vom frühen Kindesalter an mit echtem, aber nicht mit überschwenglichem Mitleid zu begleiten.

Alle Erwachsenen, die in die Verlegenheit kommen, kleinen Kindern Fragen beantworten zu müssen, mögen sich hüten, aus dem Intellekt heraus zu antworten. Die Antwort muß aus dem Herzen kommen!

Ein Beispiel kann dabei für sehr viele stehen: Ich beobachtete ein vierjähriges Kind, das plötzlich vom Fußweg auf die Fahrbahn lief. Ein junger Mann packte rasch zu, hielt das Kind zurück und sagte: »Warum hast du nicht erst nach links geguckt, ob ein Auto kommt?« Das Kind war fassungslos ob der unverständlichen Ausdrucksweise des Fremden. Es war nur gut, daß der Fremde gleich gehandelt und sich nicht auf seine Worte verlassen hat. Kleinkinder haben noch keine Übersicht und begreifen unsere Logik nicht. Die Straße mit ihrem Verkehr ist ein ganz gefährlicher Ort, von dem man das kleine Kind möglichst fernhält oder es voll überwacht.

Gewisse kausale Zusammenhänge sind dem Kind aus der Praxis bekannt, zum Beispiel es *erinnert* vergleichbare Erlebnisse. Zum Beispiel wissen Vierjährige sehr wohl, daß man Steine ins Wasser werfen kann, um kleine Wasserfontänen und schöne Ringwellen beobachten zu können. Das Erinnern dieser Wirkungen täuscht ein Verständnis von Kausalzusammenhängen nur vor. Das kleine Kind erinnert lediglich die Freude am Steinewerfen und das spritzende Wasser; und einen schönen Spaß wiederholt man gern.

Man kann auch ein anderes Beispiel betrachten: Der schwere Stein, den sich das dreijährige Kind auf die Zehen fallen läßt, verhält sich gemäß den physikalischen Gesetzen. Das Kind jedoch erlebt nur den Schmerz, der alle anderen Überlegungen auslöscht. Selten kommt die Frage, warum der Stein Schmerzen bereitet hat. Das Kind wird vielleicht mehrmals ein Schmerzerlebnis dieser Art haben müssen, bevor es – dann aus Erfahrung – mit schweren Gegenständen vorsichtiger umzugehen lernt. Schwerkraft und die Richtung des Falles werden nur aus persönlicher Erfahrung erinnert, nicht aber als Naturgesetz begriffen. Wenn die Eltern das Unglück erklären wollen, muß dieser Bewußtseinszustand des Kindes berücksichtigt werden. Den Stein zu beschuldigen, hilft dem Kind nicht, seine Umwelt zu verstehen.

Das kleine Kind wirft seine Holzklötze durch das Zimmer und erfreut sich an dem Lärm. Nachdem alle Klötze an der Reihe waren, ist der nächste Gegenstand in Reichweite eine kleine Porzellanvase, die ebenfalls geworfen wird, dabei aber auf dem Fußboden zerbricht. Die ganz kleinen Kinder lachen zunächst darüber, die etwas größeren erinnern ähnliche Ereignisse mit zerspringendem Geschirr oder Gläsern und verbinden damit das traurige Gesicht der Mutter. Hat die Mutter nicht davon gesprochen, daß man die *Scher-*

ben nicht anfassen darf? Die Frage, warum man die Scherben nicht anfassen soll, wird aufkommen und sollte von den Eltern auch aufgegriffen werden. Orientiert man sich an dem gerade stattgehabten Unglücksfall und zeigt die scharfen Kanten der Scherben, die Schnittverletzungen verursachen können, kann das Geschehen zu einem Erlebnis werden, das in der Erinnerung bleibt. Das Verhalten und die Wortwahl der Eltern ist bei solchen Ereignissen sehr wichtig!

Das praktische Verhalten der Eltern als Vorbild

Das Kind lernt aus der Nachahmung, und zwar besonders in den Dingen des alltäglichen Lebens. In vorangegangenen Kapiteln wurde über das Nachahmen von Gesten und jeder Art Körperbewegungen gesprochen und natürlich über die Bedeutung der Nachahmung beim Sprechenlernen. Da Kinder gern die Handhabungen der Eltern (und anderer Menschen) beobachten, ist es kein Wunder, daß sie die Art und Weise, wie man mit Dingen im Haushalt und in der Umgebung umgeht, nachzuahmen suchen. Vielen Eltern ist diese Tatsache gut bekannt. Besonders die *typischen Bewegungen* der Mutter bei der Hausarbeit und die Tätigkeit von Handwerkern werden mit Faszination beobachtet und eifrig nachgeahmt. Wie der vier Monate alte Säugling seine Finger und Hände beim Anblick eines interessanten Gegenstandes interessiert zu bewegen beginnt, so beginnen beim Dreijährigen die Arme und Beine sich zu bewegen, wenn sie der Aktivität eines Menschen zuschauen. So werden auch die Handhabungen der Mutter aufmerksam beobachtet, wie sie mit Geschirr und kostbaren Gegenständen des Haushaltes umgeht. Es ist gut, wenn dies der Mutter bewußt ist. Je nach Alter und Temperament ist anzuraten, den heranwachsenden Kindern praktische Erfahrungen beim Umgang mit zerbrechlichen Gegenständen zu ermöglichen. Kinder helfen ja so gerne, wenn sie es nicht müssen. Die Frage, »Warum geht Glas so leicht kaputt?«, ist schwer zu beantworten, die meisten Kinder sind zufrieden mit der Tatsache, daß Glas Glas ist, weil es leicht zerbricht.

Achtsamkeit und Geschicklichkeit sind eine gute Grundlage für viele Fertigkeiten im Leben. Das heranwachsende Kind kann diese auch im Umgang mit zerbrechlichen Dingen gut gebrauchen.

Diese wenigen Beispiele aus dem Alltag des kleinen Kindes mögen für viele andere stehen. Damit darf die Bedeutung dieser wichtigen Form des Lernens nicht geschmälert werden. Kinder fragen nicht immer nach dem »Warum« der Zusammenhänge. Manchmal müssen die Eltern Fragen ihrer Kinder allein aus dem Verhalten ablesen; auch solche nicht gestellten Fragen sollten sie beantworten.

Es entspricht dem Wesen des Menschenkindes, daß es *kommunizieren* möchte; es hat den *Drang, sich mitzuteilen und Informationen einzuholen.* Die Umwelt wird nicht nur passiv durch Sinneswahrnehmungen kennengelernt, sondern auch *aktiv durch Fragen erforscht.*

Das Frage- und Antwort-Spiel als Denk-Schulung

Der gerade vierjährige Christian besucht mit seiner Familie einen Obstbauern, vor dessen Scheune eine Obstpresse steht. Da fragt er die Mutter: »Was ist das?« – »Das ist eine Obstpresse, mit der man schönen Apfelsaft machen kann, den du so gerne trinkst.« Damit ist das Kind zufrieden, das Ding hat einen Namen und macht Saft; er geht weiter. Der sechsjährige Bruder hat zugehört und ist mit der Antwort nicht zufrieden. Er fragt sofort: »Wie funktioniert das?« Sein Interesse gilt der Funktion und den Aufgaben der einzelnen Teile (er zeigt auf Teile und versucht das große Antriebsrad zu drehen). Der Vater geht darauf ein. Eltern müssen die Entwicklungsschritte der Kinder kennen und in ihren Antworten berücksichtigen. Für Kinder im Alter von zwei und drei Jahren müssen die *Dinge Namen* haben, dann kommt die Frage nach der *Tätigkeit*

(z. B. »Warum bellt der Hund?« oder: »Warum läuft der Junge?«). Und bald darauf wird nach den *Eigenschaften* gefragt werden (z. B. »Ist das heiß?«). Fragen bezüglich der Tätigkeiten und Eigenschaften von Dingen (auch von Mensch und Tier) sollten nicht mit ein oder zwei Worten beantwortet, sondern ausgemalt werden (z. B. beim Betrachten des Bilderbuches oder im Rahmen des Erzählens einer Geschichte).

Im Alter von etwa fünf Jahren beginnen die Fragen nach dem Wie und manchmal auch nach dem Zweck. Das *Kind möchte Zusammenhänge verstehen lernen.* Um eine Funktion kennenzulernen, muß das Kind zu den Einzelteilen vordringen. Zu diesem Prozeß gehört das Zerlegen, welches jedoch ohne Sachkenntnisse und Geschicklichkeit zunächst einem Zerstören gleichkommt (oder von den Erwachsenen so gedeutet wird). »Warum tickt die Uhr?« Ja, wenn die Unruhe durch Öffnen eines Deckels sichtbar gemacht werden kann, wird die Neugier zunächst befriedigt, aber bei der nächsten Gelegenheit muß das Wunder eines Uhrwerkes weiter untersucht werden und wird dabei vielleicht beschädigt (oder gar zerstört). Dem Kind ist die *innere Stimme nach dem Warum und Wie* so wichtig, daß die Möglichkeit einer Zerstörung des Objekts gar nicht in sein Bewußtsein eindringt. Wenn die Eltern das verstehen, ist das Kind gut dran (und Strafe ist völlig fehl am Platz)! Vielleicht wird ein anderes Gerät gleich unter »Mitarbeit« eines Elternteiles zerlegt!

Im letzten Drittel des ersten Lebensjahrsiebts offenbart sich eine besondere *»Kinderlogik«* (vielleicht sollte man diese eine »Übergangslogik« nennen), welche die Eltern oft zum Lachen bringt. Dennoch ist Vorsicht beim Lachen geboten, da es sich für die Kinder um ernste Probleme handelt. Dazu einige Beispiele:

> Christoph sieht ein Flugzeug am blauen Himmel und fragt den Vater: »Warum ist das Flugzeug so klein?« – »Weil es ganz hoch fliegt.« – »Sind die Leute da drin auch so klein?« Das wird bejaht. Recht bald danach fliegen Vater und Sohn zu einem Besuch; alles war faszinierend für das Kind. Im Flugzeug kommt plötzlich die

Frage: »Vati, sind wir jetzt auch so klein?« Die etwas längere Antwort des Vaters über die Bedeutung der Entfernung konnte vom Kind nicht verstanden werden.

Der sechsjährige Michael fragt die Mutter: »Warum ist der Himmel blau?« Da die Mutter ein wenig mit der Antwort zögert, sagt der Junge rasch: »Die Engel haben ihn blau gemalt.«

So leicht heraus wie dieses Kind können wenige Mütter antworten. Es ist anzunehmen, daß Michael die Antwort schon gefunden hatte und dann erst die Mutter gefragt hat, um sich zu vergewissern. Das ist für Kinder nicht ungewöhnlich. Bei solchen Gelegenheiten wäre es verfehlt, mit dem Kind zu argumentieren. Man kann und sollte nicht aus der Logik des Erwachsenen heraus die Antworten der Kinder in Zweifel ziehen.

Besondere Eindrücke formen die Vorstellungen (es wäre richtiger zu sagen: die Imaginationen) des Kindes.

Zu Weihnachten erhielt die Familie des vierjährigen Michael einen kleinen blauen Glasengel, der mit beiden Händen eine Kerze hielt. Noch waren die Eindrücke des Oberuferer Weihnachtsspieles frisch in der Erinnerung, als sich zwischen Michael und seinem gleichaltrigen Freund Christoph ein Streitgespräch darüber entwickelte, ob Engel Hände haben. Da hörte man Michael mit Überzeugung sagen: »Wie soll denn der Engel das Christkind bringen, wenn er keine Hände hat?« Das Kind lebt in seinen Imaginationen und ahmt die alltägliche Logik nach, ohne sie zu verstehen.

Auch im folgenden Beispiel wird gezeigt, wie viel zutreffender die Antwort des Kindes aus seiner imaginativen Welt sein kann:

Der sechsjährige Michael hat im Kindergarten die Geschichte von der Flucht nach Ägypten gehört und seinem vierjährigen Bruder Hannes davon erzählt. Dieser fragt die Mutter, warum Maria und Joseph nach Ägypten ziehen mußten. »Weil in Bethlehem keine Kinder erlaubt waren«, erklärte die Mutter, um nicht den Kindermord erwähnen zu müssen, aber sie fügte dann hinzu: »Heute können in Bethlehem natürlich wieder Kinder sein.« Nach einem Augenblick des Nachdenkens sagte Hannes zu seiner hochschwangeren Mutter: »Warum gehen wir nicht nach Bethlehem, und wenn unser Kind geboren ist, nennen wir es Jesus.« Da meldet sich der sechsjährige Bruder zu Wort: »Das geht nicht: Mutti ist nicht Maria und Vati nicht Joseph.« Auch Hannes war mit dieser Antwort zufrieden. Derweil waren der Mutter mögliche Antworten durch den Kopf gegangen, aber auf diese schlichte Antwort wäre sie nicht gekommen. Für die kleinen Kinder ist die Imagination von Maria, Joseph und dem Jesuskind eine Einheit, in die nicht eingegriffen werden darf. Erwachsene haben es schwer, solche Imaginationen der Kinder mit ihrer Logik und ihren Raum- und Zeitbegriffen zu verstehen.

Für das Kind ist das hier im Prinzip aufgezeigte Frage- und Antwort-Spiel ein *Lernen und Üben seines Denkens.* Dieser bedeutsame Zusammenhang ist in der Kindererziehung selten anerkannt worden. Da das Fragen und Antworten aus der Freude an der Tätigkeit heraus erfolgt und es außerdem eine richtige »Funktionsübung« darstellt, dürfen wir es als ein *Spiel* bezeichnen. Ich bin davon überzeugt, daß das Zitat von *Schiller* die Kinder nicht ausschließt, als er schrieb: »Der Mensch spielt nur, wo er in voller Bedeutung des Wortes Mensch ist, und er ist nur da ganz Mensch, wo er spielt.«

Viele Fragen der Kinder klingen sehr einfach, ja banal, und Erwachsene neigen dazu, solche Fragen als unlogisch oder unnötig abzutun. Knappe und vielleicht sogar sehr logische Antworten können ihren Zweck völlig verfehlen und dem Kind unverständlich sein. Wird eine Frage jedoch in ernsthafter Klarheit und in einer dem Denken des Kindes angepaßten Art beantwortet, so kann die Kenntniserweiterung und die Schulung des Denkens voll wirksam werden.

Auf diese Art und Weise werden auch die *Denkgewohnheiten der Eltern vom Kind durch Nachahmung übernommen* und schließlich zur *Gewohnheit.*

Wenn man sich einmal die Mühe macht und längere Zeit genau zuhört, *wie* eine Mutter (oder Vater) Fragen des Kindes beantwortet, wird es einem wie Schuppen von den Augen fallen: Hier passiert mindestens so viel wie in einem Hörsaal der Universität! Die Thematik und Wortwahl ist zwar bei dem Frage- und Antwort-Spiel schlichter, aber was an Grundlagen für das Denken und die Lebensphilosophie gelegt wird, kommt mancher Vorlesung an einer Universität nahe! Es ist eine wahre Freude zu erleben, wie deutlich das Kind bei dieser Aktivität Schritte der inneren Reifung vollzieht. Man wird aber auch zugeben müssen, daß jeder Erwachsene nur in seiner ganz persönlichen Art denken und dementsprechend antworten kann. Die Spontaneität und Originalität der Antworten Erwachsener sind für das Empfinden der empfangenden Seele des Kindes sehr wichtig; es hat ein feines Gefühl für *innere Wahrhaftigkeit.* Die Antwort soll wahr sein (wobei »wahr« nicht dasselbe wie »richtig« im Sinne der Logik des Erwachsenen zu sein braucht). Das Frage- und Antwort-Spiel hat prägende Kraft, und die Folgen dieser »spielerischen« Denkschulung werden sich erst später im Leben des Kindes auswirken.

Leider kann man auch beobachten, daß ein Kind durch eine »falsche« Antwort zurückgestoßen wird. Wenn das gelegentlich vorkommt, schadet es ihm natürlich nicht. Wiederholt sich dieses aber über längere Zeit hinweg häufig, muß mit einer negativen Wirkung gerechnet werden. Immer wieder sind es die Antworten aus dem Intellekt, die dem Kind unverständlich sind, oft aber auch in Eile rasch hingeworfene Antworten oder gar unwirsche Abweisungen, wenn zum Beispiel dem Erwachsenen die Fragen »auf die Nerven gehen«. Macht ein Kind solche Erfahrungen zu wiederholten Malen oder gar regelmäßig, wird es sich frustriert zurückziehen. Mit weniger Fragen wird weniger gelernt und geübt; solche Kinder können in ihrer gesamten Entwicklung gehemmt werden. Bei diesen Vorgängen spielen die angeborenen Seeleneigenschaften (z.B. Temperamente) eine wichtige Rolle; auch die Kraft der sich inkarnierenden Persönlichkeit beeinflußt die Bedeutung des Frage- und Antwort-Spieles.

Das Bewirken-Wollen

Auf einer ähnlichen Basis wie das Frage- und Antwort-Spiel beruht das Bedürfnis des Kindes, mit einer *kleinen »fragenden« Aktivität* eine *große Wirkung als Antwort* zu erleben. Kinder lieben Tätigkeiten, die in ihrer Umwelt etwas bewirken, eine Wirkung auslösen. Dieses »Hinausreichen in die Umwelt« ist gewiß auch ein Spiel im oben genannten Sinn. So finden wir auch darin die Grundelemente des Lernen-Wollens.

Man kann bereits beim Säugling Beobachtungen machen, die sich als Vorläufer des »Bewirken-Wollens« auslegen lassen. Wie oben bereits ausgeführt wurde, beginnt der junge Säugling, mit Verhaltensänderungen (z.B. Schreien) oder Körperaktivitäten (z.B. Strampeln) seine Umwelt zu Handlungen aufzufordern. Im Alter von sechs bis sieben Monaten kommt dann die Zeit, daß der Säugling einen Gegenstand, zum Beispiel einen Holzring, festhalten und bewußt auch »werfen« kann. Aus den Erfahrungen mit solcher Aktivität lernt das Kind erstaunlich schnell, daß es mit dem Wegwerfen des Ringes auch eine Bewegung der Mutter bewirken kann, die sich nämlich bückt und den Ring zurückholt. Das Spiel kann sich viele Male wiederholen und ermüdet die Mutter meist schneller als das Kind. Hinzu kommt, daß die Mutter beim Suchen und Wiederfinden des Ringes lacht; das freut das Kind natürlich, und mit Lachen wird dann der Ring erneut geworfen.

Das einjährige Kind liebt das *Spiel mit dem Ball*, der vom Spielpartner zurückgerollt wird. Ähnlich können viele andere Dinge geworfen oder gestoßen werden; auch gibt es zahlreiche Spielsachen, bei denen zum Beispiel eine kleine Kugel rollt und dadurch alle möglichen Dinge bewegt, gekippt oder umgestoßen werden. Das Kind beobachtet diese Wirkungen mit großem Interesse und versucht, die auslösende Handlung viele Male zu wiederholen.

Es ist »Temperamentssache« und natürlich vom Alter abhängige Geschicklichkeit, wie viele Bauklötze aufeinandergetürmt werden können, aber in jedem Alter ist es ein großes Vergnügen, wenn ein *hoher Bauklotzturm* umgestoßen werden kann. »Kleine Mühe, große Wirkung« kann sogar Schulkinder faszinieren. Meinem elfjährigen Enkel gelang es schließlich, einen Bauklotzturm bis unter die Decke zu bauen. Sein dreijähriger Bruder konnte nur mit Mühe abwarten, bis er den Turm mit einem Finger anstoßen durfte. Die Freude über den Zusammenbruch war nicht nur bei dem kleinen Bruder groß, sondern erzeugte herzhaftes Lachen auch beim Erbauer!

Im zweiten und dritten Lebensjahr wird der Drang, mit kleinem Aufwand etwas Großes bewirken zu wollen, immer stärker. Besonders die *Lichtschalter* sind verlockende Instrumente für das Kind. Mit einem kleinen »Knips« können da ein großer Raum erhellt oder die Eltern plötzlich im Dunkeln sitzen gelassen werden. Zunächst erlebt das Kind dies wie ein Wunder. Die Frage nach dem Warum tritt völlig zurück, *die Faszination liegt in der Wiederholung.* Allzuleicht sind die Eltern ärgerlich und schimpfen oder verbieten solches Tun mit hartem »Nein«. Zugegeben: Es ist nicht immer leicht, die richtigen Worte und Handlungen zu finden, um das Kind vom Lichtschalter abzulenken. Dennoch kann man versuchen, die dringende »Frage« des Kindes, was wohl passiert, wenn man den Schalter noch einmal betätigt, auch positiv beantworten. Man kann zum Beispiel dem Kind beim Ins-Bett-Gehen erlauben, die nötigen Schalter zu betätigen.

Das *Werfen mit Steinen* ist ebenfalls eine besondere Freude und kann so vieles bewirken! Wirft man einen Stein ins Wasser, so spritzt es, macht lustige Geräusche und außerdem sich ständig vergrößernde Ringe im Wasser. Leider aber fliegen Steine auch woanders hin und können Kinder verletzen oder Glasschaden anrichten. Die kleinen Kinder brauchen geraume Zeit, um zu lernen, was erlaubt ist und warum das Werfen mit Steinen nicht jederzeit als ein Ausdruck der Lebensfreude getan werden darf.

Unverständnis der Eltern für dieses Spiel des Bewirken-Wollens schränkt die Erfahrungen des Kindes mit seiner Umwelt erheblich ein. Strafen oder Disziplinierungen sind für das Kind wie ein Schock und beeinträchtigen sein natürliches Verhältnis zur Umwelt. *Gewiß müssen Grenzen gezogen werden* und das Kind von gefährlichen oder unsinnigen Handlungen abgelenkt werden, denn sonst kann es auch Unglück geben. Wie bereits mehrfach ausgeführt, können verbale Verbote vom Kleinkind nicht verstanden werden, aber die Seelenstimmung des Erwachsenen als Folge gewisser Handlungen des Kindes führt doch zu einem Verstehen der Wünsche der Eltern. Das sollte zumindest der Weg sein, auf dem das Kind geführt werden kann.

> *Das Bewirken-Wollen und das Erkunden der Umwelt durch das Kind sollte begleitet werden von einem Wunsch des Miterleben-Wollens der Eltern.* Wenn den Eltern das möglich ist, haben sie einen Schlüssel in der Hand, der zum Nutzen ihrer Erziehungsabsichten gebraucht werden kann.

Die natürliche Religiosität des Kindes

Nur wenige Eltern stellen heute noch die Frage nach der Notwendigkeit einer religiösen Erziehung ihres Kindes im Vorschulalter. Bei einigen Eltern schlummert ein Gefühl, das sagt: Mein Kind braucht doch Fürbitte um die Gnade Gottes. Andere Eltern wiederum haben das Empfinden, daß ihre ehrliche religiöse Grundeinstellung solange auch für das Kind genug Führung bietet, bis in der Schule die Bilder des Alten Testamentes dargeboten werden. Eine sorgfältige Beobachtung des Kindes läßt den Schluß zu, daß das Kind in der ersten Siebenjahresepoche eine völlig ungezwungene, natürliche, religiöse Einstellung hat (vgl. auch *M. Heimeran*).

Wie ist das zu verstehen? In Kapitel 5 wurde darauf hingewiesen, daß das kleine Kind noch die Geistigkeit hinter den Dingen der

Natur »sieht«; der Geist in der Natur offenbart sich ihm durch seine Sinneswahrnehmungen. Das kleine Kind hat noch eine leise Ahnung und ein instinktives Empfinden für die Schöpfertaten Gottes. Seine Religiosität lebt sich in der Verehrung Gottes aus.

Das kleine Kind kann die Schöpfungen der Natur aus vollem Herzen bewundern und bestaunen. Es hilft den Kindern natürlich sehr, dabei auf das Vorbild ihrer Eltern schauen zu können. Wenn die Mutter eine Blume liebevoll betrachtet und anfaßt, oder wenn der Vater einen Käfer mit seinen flinken Beinen bestaunt, wird das Kind sich ähnlich zu verhalten suchen. Das Abreißen einer Blüte oder das Beobachten einer Schmerzreaktion beim Tier sind Erfahrungen der noch plumpen Ungeschicklichkeit des Kindes; man darf dieses Verhalten zwar bedauern, sollte das Kind aber nicht schelten. In jeder Geste des Kindes der Natur gegenüber liegt eine *Frage verborgen*, die sich auch an die Eltern richtet: *Wie geht man mit der Natur um?* Hat sie doch für das Kind noch gar keinen Objektcharakter. Bis zum Erwachen des Ichs fühlt sich das Kind noch eins mit der Welt. Die Seelenstimmung der Eltern und ihre Einstellung zur Natur sind wichtige Vorbilder und Hilfen für das Kind; sie geben ihm Richtlinien. Man muß gewiß Geduld mit dem Verhalten des Kindes aufbringen.

Das *Kennenlernen der Natur* ist für das Kind ein ungeheuer vielfältiges Erleben. Jeden Tag werden neue Entdeckungen und Erfahrungen gemacht. Manchmal brauchen die Kinder ihre Eltern oder andere Erwachsene für ihre Naturerkundigungen, zu anderen Zeiten wiederum können sie sich stundenlang allein mit der Beobachtung eines Tieres beschäftigen. Schrittweise wird das Kind vom Staunen und der Betroffenheit über folgenreiche Handlungen (z. B. Blüten abreißen oder Käfer tottreten) zu einer Einstellung kommen, die wir als ein *Respektieren der Natur* deuten müssen. Wird das Kind richtig angeleitet, ergibt sich später daraus die *Ehrfurcht vor der Natur!* Das für die Kinder so wichtige *vorbildliche Verhalten der Erwachsenen* ist heute leider immer seltener zu finden.

Das Gebet

Es muß als Möglichkeit erwogen werden, daß dem Kind durch das Gebet Antworten zufließen, für die es keine Fragen formulieren kann. Auf der anderen Seite ist die im Gebet angesprochene göttliche Welt dem Kind so vertraut, daß so leicht keine Fragen aufkommen.

Das *Abendgebet für das Kind* kann gar nicht früh genug eingeführt werden. Die seelische Stimmung des für das Kind Betenden möge Dankbarkeit und Ehrfurcht einschließen. Der Text des Gebetes darf schlicht und kurz sein, und wenn es der Einstellung der Eltern besser entspricht, braucht das Gebet auch nicht dem Wortlaut eines vorgegebenen Textes zu folgen. Bei der Suche nach einem geeigneten Text sollten die Eltern ihrer Eingebung, ihrer inneren Stimme folgen, damit sie sich mit dem Gebet wirklich verbinden können. Die folgenden Beispiele sind als Hilfen gedacht:

Gebet der Eltern für ihr Kind

Zu dir ströme Licht
Das dich ergreifen kann.
Ich begleite seine Strahlen
Mit meiner Liebe Wärme.
Ich denke meines Denkens
Beste Frohgedanken
Zu deines Herzens Regungen:
  Sie sollen dich hüten,
  Sie sollen dich tragen,
  Sie sollen dir helfen.

Rudolf Steiner

Kindergebet (zum Mitsprechen)

Mit meinen Augen
Beschaue ich die Welt,
Des Gottes schöne Welt,
Und danken muß mein Herz,
Daß es leben darf
In dieser Gotteswelt,
Daß ich erwachen darf
In des Tages Helligkeit
Und des Nachts ich ruhen darf
In Gottes Seligkeit.

Rudolf Steiner

Die Gedanken des für oder mit dem Kind Betenden sollten auch den *Schutzengel* des Kindes einbeziehen. Dieses kann auch in einem gesonderten Gebet erfolgen wie zum Beispiel dem folgenden:

Schutzengel mein,
Behüt mich fein,
Tag und Nacht,
Früh und spät,
Bis meine Seele
Zum Himmel eingeht.

Im zweiten Lebensjahr wird das Kind einem *Tischgebet* zuhören können. Auch wenn das Gebet nur ein kurzer *Segen* ist, sollte den Eltern eine echte Stimmung der Dankbarkeit im Herzen sein; je jünger das Kind ist, desto wichtiger ist diese Stimmung, wichtiger als das gesprochene Wort. Wenn das Kind etwas älter geworden ist und mit Fragen kommt, wie zum Beispiel: »Warum beten wir bei Tisch«, kann man über die Dankbarkeit gegenüber der Natur, der Sonne und der göttlichen Welt auch sprechen. *Christian Morgenstern* hat in diesem Sinn ein sehr schlichtes Tischgebet geschrieben:

Erde, die uns dies gebracht,
Sonne, die es reif gemacht.
Liebe Sonne, liebe Erde,
Euer nie vergessen werde.

Auch ein Gebet von *Angelus Silesius* wird gern gesprochen:

Das Brot ernährt uns nicht,
Was uns im Brote speist
Ist Gottes ewiges Wort,
Ist Leben und ist Geist.

Mit etwas älteren Kindern kann auch folgendes Tischgebet gesprochen werden, welches sich an das religiöse Naturempfinden des Kindes im Kindergartenalter und den ersten Schuljahren richtet:

Es keimen die Pflanzen in der Erdennacht,
Es sprossen die Kräuter durch der Luft Gewalt,
Es reifen die Früchte durch der Sonne Macht.

So keimet die Seele in des Herzens Schrein,
So sprosset des Geistes Macht im Lichte der Welt,
So reifet des Menschen Kraft in Gottes Schein.

Rudolf Steiner

In diesem Zusammenhang sei auch ein Hinweis auf die Stimmung bei der *Zubereitung der Mahlzeiten* erlaubt. Ohne viele Beispiele bringen zu müssen, ist es doch evident, daß das Kind beim Zuschauen in der Küche, wenn Gemüse geputzt wird oder Kartoffeln geschält werden, eine Empfindung dafür bekommt, ob die Arbeit mit Freude oder mißmutig durchgeführt wird. Vergleicht man die eben genannte Küchenarbeit mit der Tätigkeit, die beim Aufwärmen einer Fertigmahlzeit im Mikrowellenofen notwendig ist, dann wird schnell deutlich, daß das Kind bei Einsatz moderner Technik (tiefgefrorene Fertiggerichte und Mikrowellen) kein Empfinden für den Wert der Speisen und Mutters Arbeit bekommt. Kurzum: Es wird dem Kind viel besser schmecken, wenn es die mit freudiger Erwartung zubereitete Speise vorgesetzt bekommt, als wenn es vor dem Essen erlebt hat, daß die Mutter mürrisch bei der Arbeit war oder nur eine Fertigspeise aufgewärmt hat. Solche Erfahrungen des Kleinkindes sind für die Einstellung zur Ernährung (und den Mahlzeiten) grundlegend für das Leben! Diese Tatsache sollte man sich häufiger vor Augen halten.

In manchen Familien besteht der Brauch, vor dem Frühstück und dem Beginn des pflichtenreichen Arbeitstages einen *Morgenspruch* zu sprechen. Zum Tagesbeginn erbittet man sich Kräfte, die man zur Bewältigung der täglichen Anforderungen benötigt. Ein geeignetes Gebet oder einen Spruch wird man dafür leicht finden.

Das Kind und die Welt der Elementarwesen

Bei den ersten »hautnahen« Begegnungen des kleinen Kindes mit den Geschöpfen der Natur findet in seiner Seele so etwas wie eine Bestätigung statt. Wie bereits mehrfach in voraufgegangenen Kapiteln besprochen, erlebt das kleine Kind das Geistige in der Natur. Neu sind ihm die physischen Ausgestaltungen, die Formen, Farben und Tastempfindungen, die sich mit dieser »spirituellen Wahrnehmung« verbinden. Es darf deshalb gesagt werden, daß das *Kleinkind in der Natur noch »Wesenhaftes« erlebt;* die Natur offenbart sich dem Bewußtsein des Kindes unmittelbar (vgl. Kap. 12). Die Elfen, Riesen, Zwerge und überirdischen Wesen in den Märchen sind für Kinder eine Realität.

In der Natur können Kinder körperlose *Elementarwesen* gelegentlich wahrnehmen. Diese repräsentieren Kräfte, die in den Naturreichen wirksam sind (*Gnome* in der festen Substanz der Mineralien, *Undinen* im Wasser und den Pflanzen, *Sylphen* in den Lüften und den Tieren und die *Salamander* im Feuer). Wenn Kinder Elementargeister wahrnehmen, geschieht dies nicht mit vollem Wachbewußtsein und nicht in einer solchen Form, daß sie leicht darüber sprechen könnten. Gelegentlich haben Eltern von ihren Kindern Erfahrungen mitgeteilt bekommen, die offenbar mit einem Bewußtsein gemacht worden sind, das zwischen Traum und Tagesbewußtsein angesiedelt ist. Besonders nach eindrucksvollen Spaziergängen in der unberührten Natur können Kleinkinder (aber auch ältere!) Bemerkungen machen, die sich auf das Wirken von Elementarwesen beziehen.

Es ist nur eine relativ kurze Zeit im Leben der Kinder, daß ihnen die Verbindung zu den Elementarwesen möglich ist; mit zunehmendem Alter beginnen die Verstandeskräfte die Offenheit der Seele für spirituelle Wahrnehmungen zu überdecken. Wir nehmen an, daß die Kinder überwiegend positive Erlebnisse mit Elementarwesen in ihrer Seele bewahren, aber da gibt es sicher auch Ausnahmen.

Begegnungen mit Zwerg-Wesenheiten (Gnomen) sind gar nicht so selten. Sie begegnen dem Kind meist freundlich und liebevoll; ihnen werden aber auch Schabernack und Streiche zugeschrieben. Ein Kobold oder Troll (beide gehören in die Welt der Gnomen) kann ein Kind auch recht erschrecken. Es ist hilfreich, wenn die Eltern für diese Welt des Kleinkindes ein offenes Ohr und Herz haben. Vor allem dürfen sie nicht versuchen, den Kindern diese Erlebnisse als »unwahr« ausreden zu wollen. Solche Begegnungen sind für das Kind real wie für einen Erwachsenen die Begegnung mit einem anderen Menschen. Jeder Versuch, den Intellekt der Kinder anzusprechen und sie aus ihrer Welt herauszuholen, wird Enttäuschungen und Frustrationen zur Folge haben.

Gelegentlich bin ich von Müttern gefragt worden, warum ihr Kleinkind von Hexen, Riesen, Ungeheuern oder Drachen träume. Nach Meinung der Mutter konnte das Kind solche furchterregenden Wesen nicht aus Märchen, Geschichten, Comic-Heften oder dem Fernsehen kennen. Je nach Alter des Kindes muß man wohl aber doch annehmen, daß dem Kind bildliche oder verbale Darstellungen solcher Unwesen bekannt geworden sind. Wenn letzteres ausgeschlossen werden kann, ist es möglich, daß die Eltern erst beim

Erzählen solcher Träume den Bildern eine Gestalt gegeben haben. Ich glaube nicht, daß die Elementarwesen bei solchen Erlebnissen des Kindes eine Rolle spielen.

Das Feiern der Jahresfeste als Beginn eines Zeitempfindens

Es gibt viele gute Gründe, das Feiern der Jahresfeste in der Familie zu einem festen Bestandteil des Jahresablaufes zu machen. Noch bevor das Kleinkind sein Gedächtnis für Zeitabläufe entwickelt hat, beginnen sich Gefühle der Vorfreude zu regen, wenn gesagt wird: »Weihnachten kommt bald« oder auch »Bald werden wir deinen Geburtstag feiern!« Auch die durch Jahreszeiten bedingten Aktivitäten prägen sich dem Kind recht früh ein; so freut es sich auf den warmen Sommer, weil man dann wieder draußen spielen kann, und auf den Schnee im Winter wegen des Schlittenfahrens. Das Kind erlebt Höhepunkte im Jahreslauf, hat jedoch noch kein Empfinden für die Zeitenfolge. Es sind also zunächst die Erinnerungen, die sich mit den Ereignissen der Jahreszeiten und ihren Festen verbinden.

Für jede Jahreszeit läßt sich ein besonderer Schmuck bereiten. Die Familie kann zum Beispiel ein Tischchen oder das obere Brett eines Bücherbordes zur Verfügung stellen, um die jahreszeitlichen Wechsel in der Natur zur Darstellung zu bringen. Dort können die Kinder Pflanzen in kleinen Töpfen oder Blumen in Vasen, schöne Tannenzapfen, besonderes Moos, ein Stück Rinde, Steine und vieles andere dekorieren. Im Wechsel der Dinge, die man in der Natur findet, spiegeln sich die Jahreszeiten.

Der *Tischschmuck* kann zu den besonderen Festen und natürlich zum Geburtstag des Kindes viel Freude bereiten. Das Bild der fröhlichen Kinder rund um den festlich geschmückten Geburtstagstisch bleibt ein Leben lang in der Erinnerung!

So wird die *Vorfreude auf Weihnachten* gewürzt durch die Erinnerung an das gemeinsame Singen, das Schmücken des Hauses, an den Duft aus Mutters Küche, an Kerzenlicht und besondere Theateraufführungen (z. B. Märchenspiele oder ein Krippenspiel). In der Adventszeit spielen die Vorbereitungen für das Aufstellen einer Krippe und das Basteln von Geschenken eine wichtige Rolle. Die lichterfüllte Adventszeit bietet natürlich die besten Voraussetzungen für die Einstimmung auf das Weihnachtsfest. Gerne hören sie dann beim Kerzenschein auch Geschichten oder sind auf Singen und Musizieren besonders eingestellt. Kinder lieben diese Zeit ganz besonders, und ihre Seelen füllen sich mit Freude.

Auch in der Zeit vor *Ostern* gibt es für die Kinder schöne Aktivitäten wie zum Beispiel das Bemalen von Eiern und das Basteln von österlichem Tischschmuck. Die Frühlingsstimmung wahrzunehmen und das Aufblühen in der Natur zu erleben, fällt den Kindern nicht schwer. Das Ostereiersuchen ist eine weit verbreitete Sitte und wird von den Kindern nicht zuletzt wegen der Süßigkeiten sehr geschätzt. Der Zugang zum Verständnis für die Auferstehung des Christus erfolgt erst im Schulalter, aber die Eltern müssen sich schon vorher den Fragen der Kinder stellen und altersgerechte Antworten finden. Die Auferstehung wird von kleinen Kindern meist ohne Hinterfragung angenommen; ein gemeinsames Betrachten eines Gemäldes kann in dieser Situation eine stille Antwort sein (z. B. die Auferstehung, wie sie von *M. Grünewald* im Isenheimer Altar dargestellt worden ist).

Das Feiern des *Johannistages* am 24. Juni wird in den verschiedenen Landschaften Deutschlands mit einem Feuer oder dem Betrachten eines rollenden Feuerrades gefeiert. Auch die Natur bietet ein besonderes kleines »Feuer«-Erlebnis für das Kind: die Glühwürmchen oder Johanni-Würmchen. Die um den Johannestag stattfindende Sommer-Sonnenwende prägt sich dem Kind nicht so leicht ein, da die Länge der Tage noch nicht wahrgenommen wird. Die Verbindung zu Johannes dem Täufer wird auch erst in der Schulzeit bekannt. So bleibt der Höhepunkt der Sommerzeit mit einem großen Feuer verbunden.

Das *Michaelis-Fest* steht noch nicht so sehr im allgemeinen Bewußtsein. Erst wenige Kalender vermerken den 29. September als den Michaelistag. In den Waldorfkindergärten und den Waldorf-Schulen wird der Tag gefeiert, indem beispielsweise aus dem Mittelalter stammende Sankt-Georg-Spiele aufgeführt werden, die den Kampf Michaels mit dem Drachen symbolisieren. Man kann mit vieler Art »Mutproben« schon den Seelen der Kindergartenkinder ein Empfinden dafür erwecken, daß *innere Kraft und Mut helfen, Hindernisse im Leben zu überwinden.*

Das bald nach Michaelis folgende *Erntedankfest* sollte auch in der Familie begangen werden und eine echte Dankbarkeit der Natur gegenüber zum Ausdruck bringen, die uns Jahr für Jahr mit Getreide, Obst und Gemüse beschenkt. Ein Kinderfest zu dieser Zeit läßt die Herzen der Kinder höher schlagen; freudige Dankbarkeit wird gern gefeiert.

Gibt es einen Weihnachtsmann?

Bei vielen Eltern kommt die Frage auf, wie sie ihren Kindern die Gestalt des Weihnachtsmannes erklären sollen oder auch, ob es ein »Geschenke bringendes Christkind« geben muß. Beides sind Erfindungen der modernen Zeit, die aber bereits zu Traditionen geführt haben, und die man gewiß nicht von heute auf morgen wieder ändern kann. Viele Sprachgewohnheiten haben sich eingebürgert, die etwas achtlos zuweilen auch in Gegenwart von Kindern gebraucht werden und rasch zu Bildern bei ihnen führen (z. B. »Der sieht ja aus wie ein Weihnachtsmann«). Es ist kein Wunder, daß der kommerziell hergerichtete Weihnachtsmann auf der Straße bei den Kindern keine Ehrfurcht erzeugt, wenn er zum Beispiel Reklameplakate trägt. Besonders in der Stadt wird es kein Entrinnen vor dem Weihnachtsmann geben, und die Fragen des Kindes müssen beantwortet werden. Manche Eltern erinnern sich ihrer eigenen Erfahrungen und auch, wie ihre Eltern diese Erscheinung erklärt haben. Man kann den Weihnachtsmann als eine Symbolfigur betrachten, die Weihnachten ankündigt, oder als einen Menschen mit einer lustigen, weihnachtlichen Verkleidung. Auf diese Weise bleibt die Gestalt des Weihnachtsmannes eine Äußerlichkeit.

Viele Kinder bringen den »vielfachen« Weihnachtsmann in der Stadt von selbst nicht in Zusammenhang mit dem *Nikolaus*, der am 6. Dezember *zu ihnen in den (Waldorf-)Kindergarten* kommt. Dieser ist für sie eine von Geheimnissen umwobene Gestalt, zu der mit Ehrfurcht emporgeschaut wird. Oft wird er von seinem *Knecht Rupprecht* begleitet, der einen groben Sack mit kleinen Geschenken für die Kinder trägt, aber auch eine Rute hat (die am besten nicht gebraucht wird). Man kann in Rupprecht ein dienendes Zwergenwesen sehen. Er ist die ausführende Hand des heiligen Nikolaus, der seine Hände zum Segnen braucht. Der heilige Nikolaus war im fünften Jahrhundert ein Bischof im vorderen Orient, der viel Gutes für die Menschen getan hat und die Kinder ganz besonders liebte. Wenn er alljährlich zu ihnen kommt, bringt er den Segen des Himmels.

Ebenso geheimnisvoll ist in der Weihnachtszeit vom »Christkind« die Rede. Die bevorstehende Ankunft des heiligen Kindes dürfen wir in jedem Jahr von neuem in unseren Herzen erfahren. Das Kind in der Krippe mit Maria und Joseph bildet für das Kind dann eine gesamthafte Imagination, die über Äußerlichkeiten erhaben ist. Der Glanz des Festes geht vom Jesusknaben, dem »Christkind« aus und wird von seinen Engeln im ganzen Weihnachtszimmer verbreitet. Die Freude an den Geschenken sollte auf einer anderen Ebene liegen, vermischt sich jedoch bei den Kindern.

Die Bibel im Vorschulalter

Gelegentlich kommt die Frage auf, ab welchem Alter man die Kinder an Bibeltexten teilhaben lassen kann. Gemeint ist meist die Weihnachtsgeschichte aus dem Lukas-Evangelium. Im Vorschulalter ist den Kindern die Sprache der Bibel noch sehr fremd und in Teilen sogar unverständlich; daher können sie sich keine bildlichen Vorstellungen formen. Sobald die Kinder das Alter des Zuhören-Könnens erreicht haben (mit 4 Jahren, selten später), kann man die Weihnachtsgeschichte in schlichter Form und am besten frei erzählen. Dabei ist eine Krippe eine bessere Verständnishilfe als ein Bild; wobei das Kind die Tiere an der Krippe auch anfassen und umstellen kann. Die verfügbaren Kinderbibeln sind wie ein Krückstock. Die elterlichen Formulierungen und Ausschmückungen liefern dem Kind die eindrucksvollsten Bilder. *Für die eigenen Kinder sind die Eltern der Quell des Wissens und nicht die Vermittler!* So haben es die Eltern in der Hand, die Weihnachtsgeschichte und verwandte Bibeltexte in einer ihrem Herzen gemäßen und in einer ihrem Kind altersgerechten Form zu bringen. Darüber hinaus gibt es natürlich gerade für dieses junge Alter viele schöne Geschichten, die ihnen gemüthaft das Weihnachtsgeschehen mit all den damit zusammenhängenden Wundern nahebringen können.

Das aus der Familie kommende Wissen um das Weihnachtsfest vermittelt dem Kind Zuversicht und Rückhalt. Der Inhalt bleibt lebensnah, ist von Liebe getragen und spendet Kraft. Auf diese Weise wird religiöses Gedankengut in kind- und familiengerechter Form eingeführt.

Einwirkungen der Umwelt auf das Kind

14. Die materielle, gestaltete Umwelt des Kindes

Das Kind braucht Hüllen

Der Inhalt des vorliegenden Kapitels behandelt Aspekte, die sich auch in Kapitel 5 in bezug auf die Sinneswahrnehmungen hätten einordnen lassen. Bei der Darstellung der Sinnesorgane sprachen wir über Eindrücke und Empfindungen, die sich der Seele des Kindes als eine Offenbarung der Umwelt einprägen; besonders die Säuglinge und Kleinkinder öffnen ihre Seelen weit für die Eindrücke der Sinneswelt. In diesem letzten Teil des Buches sollen die *von den Eltern und der übrigen sozialen Umwelt veranlaßten und gestalteten Umweltbedingungen* besprochen werden, soweit Kinder davon betroffen sind.

In den ersten drei Lebensmonaten befindet sich der Säugling noch in einem *Übergangsstadium*, und zwar von der vorgeburtlichen Wachstums- und Ausgestaltungsphase zum nachgeburtlichen Leben, das durch die Lungenatmung und Nahrungsaufnahme über den Verdauungskanal charakterisiert ist. Die ersten drei Lebensmonate lassen sich der *vor*geburtlichen Lebensphase des Kindes insofern hinzurechnen, als die Gesamtentwicklung und Reifung des Säuglings noch mehr der Vorbereitung als der Bewältigung des Lebens in der nachgeburtlichen Umwelt dienen. Zu diesem Aspekt gehört die in Kapitel 10 besprochene Tatsache, daß die sogenannten primitiven Reflexe zwischen dem dritten und vierten Lebensmonat verlöschen. Unter diesem Gesichtspunkt wäre die Vorbereitungszeit auf das (nachgeburtliche) Leben mit 12 Monaten anzusetzen. In diesen ersten drei Lebensmonaten finden Prozesse statt, die man als Überwindung der dem Säugling noch anhaftenden »animalischen Überlieferung« (z.B. primitive Funktionen des Nervensystems) bezeichnen kann.

Ähnliches gilt auch für die Ernährung. Die Fähigkeit zur Verdauung und damit zur Umwandlung von Fremdsubstanz in menschliche Körpersubstanz nimmt ab vierten Lebensmonat sehr rasch zu. Auch die Sinneswahrnehmungen reifen im ersten Trimenon bis zu einem Grad, der dem Kind eine altersgemäße Kommunikation mit seiner Umwelt gewährleistet.

Diese Hinweise auf eine besondere *Nachreifung im ersten Trimenon* mögen auch das Verständnis dafür fördern, daß der Säugling in dieser ersten Lebenszeit einer besonders sorgfältigen *»Umhüllung«* bedarf. Bei der Geburt hat das Kind bereits seine fetalen Hüllen abgelegt; es kommt in vieler Hinsicht *nackend* zur Welt. Im Kapitel 10 wurde über die Notwendigkeit gesprochen, daß das Neugeborene in eine seelische Umhüllung aufgenommen wird. Hier soll nun die *physische Umhüllung* besprochen werden, die der junge Säugling in der Zeit der intensiven Vorbereitungen auf das Leben benötigt.

Die Gleichförmigkeit der Umwelteinwirkungen im Mutterleib hat die Sinnesorgane des Feten in nur geringem Grade angeregt. Es ist leicht zu verstehen, daß nach der Entbindung das Licht, die Töne und Geräusche, die Wärme und Kälte, die eigene Schwere und alle Tastwahrnehmungen der Haut von dem Neugeborenen zunächst als sehr intensiv, ja vielleicht sogar als unangenehm empfunden werden. Schon das normale Tageslicht blendet den Säugling. Seine Haut kühlt rasch ab, und die Mutter empfindet instinktiv die Notwendigkeit, das Kind auch physisch zu schützen und zu wärmen.

Für den Organismus des Kindes und des Menschen ganz allgemein ist die *Haut* das begrenzende, das Innen und Außen polarisierende Organ. Damit kommt der Haut für die Kommunikation mit der Umwelt außerordentliche Bedeutung zu.

Die Haut als erste Hülle

Die Haut grenzt den Organismus physisch gegenüber der Umwelt ab und erfüllt damit gleichzeitig die Funktion des *Vermittlers.* Sieben der zwölf Sinnesorgane haben sich in der Embryonalzeit aus der Haut (dem Ektoderm) heraus gebildet (die Mund- und Nasenschleimhäute sind dabei einbezogen). Nur der Lebenssinn, der Bewegungssinn und die drei Erkenntnissinne sind »aus der physischen Ebene herausgehoben« und dienen dem Organismus in besonderer Art. Neben der Vermittlung von Informationen aus der Umwelt für den Organismus muß auch die *Stoffwechselfunktion* der Haut bedacht werden; dabei spielen Prozesse der Stoffabgabe *und* -aufnahme eine Rolle. Wasser, Salze, Sauerstoff, Fettsubstanzen und noch viele andere Substanzen werden von der Haut in der einen oder anderen Richtung, also nach innen oder nach außen transportiert. Es ist wichtig, auch in diesem »Stoffaustausch« zwischen Organismus und Umwelt eine Kommunikation zu sehen, und zwar auch, wenn dieser unter »Zwang«, zum Beispiel bei Hautkontakt mit Giften, erfolgt.

Eine besondere Stellung nimmt der *Wärmeaustausch* der Haut mit der Umwelt ein. Ganz allgemein (d.h. unter normalen Umweltbedingungen) überwiegt die Wärmeabgabe, und zwar durch Abstrahlung von Wärme, durch Ableitung der Körperwärme in kühle Gegenstände hinein (z.B. Steinfußboden) oder durch Wasser beim Baden; diese Beispiele ließen sich noch vermehren. Natürlich kann der Organismus auch *Wärme durch die Haut aufnehmen*, zum Beispiel in der Sonne. Beim neugeborenen und jungen Säugling spielen die recht beachtlichen Fettpolster (das Unterhautfettgewebe) als *Wärmeschutz* eine wichtige Rolle.

In Kapitel 5 wurde besprochen, daß die Ich-Organisation im Wärmeorganismus des Menschen als »wesenhafte Instanz« wirksam ist. In der ersten Lebenszeit wirkt die Ich-Organisation noch durch Vermittlung des Astralleibes, was sich so schön in den lebhaften Bewegungen des Säuglings bemerkbar macht, wenn er angesprochen wird. Neben den vielen, durch das vegetative Nervensystem gesteuerten, aber nicht unserem Willen unterliegenden Maßnahmen des Organismus zur Erhaltung seiner konstanten Körperinnentemperatur (z.B. durch Veränderungen der Hautdurchblutung und durch Schweißbildung) sind es ja die *willkürlichen* Maßnahmen, die der erwachsene Mensch ergreifen kann, um seine Körpertemperatur konstant zu halten. Er sucht eine ihm »behaglich« erscheinende Umgebungstemperatur auf oder er schafft sie sich. Bei letzterem spielt seine *Kleidung* eine wesentliche Rolle.

Der bei Geburt über die Haut unvermeidlich auftretende Wärmeverlust des Säuglings wird zunächst durch eine Bekleidung oder Bedeckung der Haut vermindert. Die Eltern schaffen mittels Kleidung eine »zweite Umhüllung« zur Erhaltung der Körperwärme und – das soll man nicht vergessen – um dem Kind ein Gefühl der *Behaglichkeit* zu vermitteln.

Die Kleidung als zweite Hülle

Während die Tiere mit ihren Fellen oder ihrem Gefieder von Natur aus einen angemessenen Wärmeschutz haben, ist der Mensch auf seine intelligenten Handlungen angewiesen. Das neugeborene Kind ist dabei von den Handlungen seiner Eltern abhängig. Die Schutzbedürftigkeit des Kindes ist natürlich im Säuglingsalter am größten, besteht aber weiter im ganzen ersten Lebensjahrsiebt.

Die Nacktheit des neugeborenen Kindes bringt den Eltern die Notwendigkeit der Umhüllung und des Warmhaltens wie ein Instinkt ins Bewußtsein. Die erste Umhüllung nach der Geburt erfolgt meist mit einem weichen Tuch, der Gebrauch eines Hemdchens, Jäckchens und einer Wolldecke folgt bald darauf. Auch werden die Eltern darum bemüht sein, daß die Temperatur im Zimmer angenehm warm ist und daß die Einwirkungen der Umwelt ganz allgemein gedämpft sind. Licht und unnötige Geräusche vom Neugeborenen fernzuhalten entspricht einer gesunden Empfindung der Eltern. Auch die Hygiene gehört zu den Dingen, die den Menschen heute selbstverständlich sind und die zum Schutz des Kindes gehören.

Die *Bekleidung des Säuglings* unterliegt natürlich den häuslichen und klimatischen Gegebenheiten. Auch Traditionen und – leider – die Mode spielen eine Rolle. Kurzum, die Säuglingsbekleidung muß recht individuell behandelt werden.

Zweifellos wird die Mutter für die erste Umhüllung und Bekleidung auch im weiteren einen *weichen Stoff* bevorzugen. Weiches Material wärmt besser und ruft ein besonderes *Wohlgefühl* hervor. Letzteres wollen wir ein wenig näher betrachten:

Da fast die ganze Haut von der Kleidung berührt wird, kommt es zu einer *Wahrnehmung der gesamten Körperoberfläche.* Diese Wahrnehmung mag nicht immer ins Bewußtsein gelangen und schon gar nicht beim jungen Säugling, aber von den unteren Sinnen wird neben dem Tastsinn auch der *Lebenssinn* durch das »Sich-in-seiner-Haut-Wohlfühlen« angeregt. Das kann man einem Säugling gut ansehen. Eltern bemühen sich sehr, diesen Zustand herbeizuführen. Erreicht wird dies durch die Kommunikation zwischen der Haut als »erster Hülle« und der angenehm weichen Bekleidung als »zweiter Hülle«. Wir sollten auch bedenken, daß über die Sinnesfunktionen der Haut auch die Ich-Organisation des Kindes angesprochen wird (zunächst noch durch Vermittlung des Astralleibes). Bereits im frühen Kindesalter erfolgt über die Sinne der Haut eine übende Betätigung der Innen-außen-Polarität des Kindes. Damit werden die Individualisierung des Organismus und die Inkarnation des Ichs vorbereitet. Die Wahrnehmungen der Haut ermöglichen ein schrittweise intensiveres Gewahrwerden der Grenzen des physischen Leibes. Darin sehen wir wichtige Vorstufen der Persönlichkeitsentwicklung. Neben der Umhüllung durch die Bekleidung, dem Wohlgefühl und dem Hautkontakt spielt natürlich das

Streicheln und Liebkosen durch die Hände der Mutter eine wichtige Rolle in dieser Phase der Frühentwicklung.

Der junge Säugling kann sich nur in gewissen Grenzen zu dem äußern, was ihm seine Haut an Empfindungen vermittelt. Schreien oder Unruhe kündet Unbehagen an, und das stille Genießen mit baldigem Einschlafen weist auf Wohlbefinden hin. Die Mutter lernt rasch, diese Äußerungen ihres Kindes zu verstehen. Neben den Zeichen der Behaglichkeit wird sie auch Veränderungen der *Hautbeschaffenheit* (z.B. vermehrte Rötungen, Pickelchen oder Entzündungen) beachten müssen. Über den Einfluß der Kleidung auf den Hautstoffwechsel soll weiter unten ausführlicher gesprochen werden.

Zusammenfassend sei also festgestellt, daß die Eltern als »zweite Umhüllung« eine Kleidung für ihr Kind wählen sollten, die den Bedürfnissen des Wärmeorganismus gerecht wird, die ein Gefühl der Behaglichkeit vermittelt und die außerdem den Stoffaustausch zwischen Haut und Umwelt ermöglicht. Man wird deshalb ein Material bevorzugen, das diesen Ansprüchen gerecht werden kann.

Über die Qualität verschiedener Bekleidungsmaterialien

Die praktischen Beispiele zur Frage der Bekleidung von Kleinkindern sind als Diskussionsmaterial gedacht. Es liegt dem Autor fern, Richtlinien für »gute und richtige« Bekleidung zu geben, da solche Angaben leicht als dogmatisch aufgefaßt werden. Hier soll lediglich versucht werden, durch bessere Kenntnis der Bekleidungsmaterialien und der Bedürfnisse der Haut des Kindes Entscheidungshilfen für eine »richtige« Bekleidung zu geben. Die Akzeptanz des Bekleidungsmaterials ist bereits eine Frage der Interaktion zwischen Haut und Kleidung; so wird zum Beispiel zarte Haut von grober Wolle gereizt und eine besonders empfindliche Haut durch Seifenrückstände gerötet.

Man sollte sich bemühen, eine *Kleidung zu finden, die der Physiologie des kleinen Kindes angepaßt ist*, und zwar nicht nur um des Wohlbefindens willen, sondern auch, um Wachstum und Entwicklung des Kindes nicht zu behindern. Dann wird auch die Aufgabe der Haut erleichtert, die Kommunikation mit der Umwelt – also den Stoffaustausch – durchzuführen. Man hört oft, daß die Haut »atmen« können muß. Das ist ganz richtig, wenngleich die Hautatmung (die Aufnahme von Sauerstoff) im Vergleich zur Lungenatmung sehr gering ist.

Zu den *physiologischen Funktionen der Haut gehört die Schweißbildung*, die im Dienst der Temperaturregulation steht (Wasserverdunstung kühlt die Haut) und eng mit dem Wasserhaushalt des Gesamtorganismus verbunden ist. Schweiß und auch die kaum erkennbare Feuchtigkeit der normalen Haut müssen von der Kleidung aufgenommen werden können. Der Stoff, der unmittelbar auf der Haut liegt, wie zum Beispiel das Baumwollhemdchen, muß die Feuchtigkeit durch Abdunstung letztendlich bis in die Luft der Umgebung weiterleiten. Die meisten Naturfasern besitzen diese Eigenschaft mit nur geringen Unterschieden. Feine Baumwolle wird überwiegend für Hemdchen und Jäckchen benutzt. Auch sehr feines Wollgewebe und ein Gemisch von Wolle und Seide haben hervorragende Eigenschaften bezüglich der Feuchtigkeitsableitung (bei gleichzeitig sehr gutem Wärmeschutz). Gewebe aus Kunstfasern (Synthetics) eignen sich nicht für Babykleidung. Auch in der Oberbekleidung behindern Kunstfasern den Feuchtigkeitsaustausch mit der Umwelt.

Durch die Tätigkeit der Talgdrüsen bildet sich auf der Haut ein *Fettfilm*. Die Haut des Neugeborenen ist von der sogenannten »Käseschmiere« überzogen, die nach Geburt in wenigen Tagen verschwindet. Die hinter den Ohren und in tiefen, gelenknahen Hautfalten länger verweilende Käseschmiere wird durch Hautbakterien zersetzt und verursacht dann Reizungen und sogar Entzündungen.

Man reinige daher die Falten am dritten oder vierten Lebenstag mit reinem Öl auf Watte.

Der feine Fettfilm auf der gesamten Haut schützt gegen viele Hautinfektionen durch Bakterien und Pilze, weswegen vom Gebrauch von Seife (mit Ausnahmen, z. B. Windelbereich) und desinfizierenden Lösungen abzusehen ist. Warmes Wasser reinigt wunderbar! – Im Laufe der Kindheit wird die Bildung von Hautfetten allmählich schwächer.

Über die Haut scheidet der Körper *mit dem Schweiß Salze und andere wasserlösliche Substanzen aus.* Einige Giftstoffe (körperfremde und körpereigene), die sich in Fettsubstanzen lösen, werden zusammen mit den Hautfetten ausgeschieden. In die verhornten, oberflächlichen Hautzellen werden Substanzen (mit dem Blut) transportiert, die den Organismus beim Prozeß des Abschilferns der Haut verlassen. Diese *Ausscheidungsfunktionen* der Haut sind für den Gesamtorganismus sehr wichtig und dürfen nicht behindert werden. Praktisch alle Stoffe aus Naturfasern (Bekleidung und Windeln) unterstützen diese Hautfunktionen. Einige Körperregionen bedürfen besonderer Aufmerksamkeit: Die Achselhöhlen und den Genitalbereich sollte man, je nach individueller Hautempfindlichkeit, einmal am Tag oder jeden zweiten Tag mit einem Öllappchen sorgfältig reinigen. Damit unterstützt man die natürliche Ausscheidungsfunktion der Talgdrüsen und vermeidet Rötungen und Entzündungen. Der Organismus braucht für den Ausscheidungsprozeß den Weg über die Hautfette. Bekleidung und sinnvolle Reinigung sollen diese Funktionen unterstützen.

Das Unterhautfettgewebe bietet nicht nur einen guten Wärmeschutz, sondern dient dem Organismus auch als *Speicher* für einige lebenswichtige Substanzen, zum Beispiel für die fettlöslichen Vitamine A, E und K. Darüber hinaus bildet sich der Körper unter dem Einfluß des *Sonnenlichtes* in der Haut das Vitamin D, welches dort auch gespeichert wird und den Kalzium- und Phosphatstoffwechsel besonders der Knochen reguliert. Man darf also sagen, daß die Haut sowohl für die durch die Nahrung dem Organismus zugeführten

Vitamine als Speicher dient als auch durch die Bildung von Vitamin D im Sonnenlicht eine Vermittlerfunktion erfüllt. Die gesunde Aktivität der Haut umfaßt die Kommunikation mit dem Sonnenlicht!

Es wurde bereits gesagt, daß die Haut die Wärme des Sonnenlichtes empfängt und daß dabei ein besonderer Stoffwechselprozeß angeregt wird, der zur Bildung von Vitamin D führt. Eine *zu starke Besonnung* verursacht bekanntermaßen einen Sonnenbrand. Bei wiederholter Bestrahlung bildet die Haut dann ein braunes Pigment (Farbstoff), das die Ultraviolettstrahlen der Sonne filtert und somit die Haut schützt. Bei nicht zu intensiver Besonnung brauchen Kinder keinen besonderen Hautschutz, mit einem Hautöl oder einer Fettcreme läßt sich die Austrocknung der Haut vermindern. *Sonnenschutzmittel* prüfe man kritisch wegen der vielen Inhaltsstoffe und deren individueller Verträglichkeit. Säuglinge wird man dem direkten Sonnenlicht nicht oder nur kurzfristig aussetzen (z. B. nur, wenn das Kind auf dem Arm getragen wird). Die für den Gesamtorganismus notwendige Ultraviolettbestrahlung erfolgt auch durch die diffuse Lichteinwirkung vom blauen Himmel, den der Säugling sehen können sollte, wenn er an sonnigen Tagen draußen stehen oder gefahren werden kann (Einzelheiten zur Frage der Rachitisvorsorge sind bei *Goebel und Glöckler* zu finden).

Zusammenfassend erfüllt die »zweite Umhüllung« des Kindes drei Funktionen, die alle der Interaktion zwischen der Haut des Organismus und seiner Umwelt dienen:

1. Die Bekleidung unterstützt den *Wärmehaushalt* des Kindes durch Wärmeschutz einerseits und Wärmeaustausch mit der Umwelt andererseits.
2. Die Bekleidung soll den natürlichen *Hautfunktionen* des Kindes dienlich sein; der Wasser- und der Lichtstoffwechsel müssen besonders berücksichtigt werden.
3. Die physikalische Beschaffenheit der Bekleidung soll ein Gefühl des *Wohlbefindens* und der Sicherheit hervorrufen.

Wenn man der »zweiten Umhüllung« solche Eigenschaften verleiht, das heißt die Bekleidung nach solchen Gesichtspunkten auswählt, wird sich das Kind nicht nur »in seiner Haut wohlfühlen«, sondern es auch leichter haben, im Einklang mit seiner atmosphärischen Umwelt zu leben.

Die Wiege und das Kinderbett

Seit altersher hat man für den jungen Säugling das erste Bett oder Körbchen so konstruiert, daß man das Kind darin wiegen (schaukeln) kann. Die Bedeutung des rhythmischen Wiegens im Säuglingsalter wurde im Kapitel 6 besprochen. Die von Hand herbeigeführten Schaukelbewegungen wirken auf das Kind beruhigend und fördern den Schlaf.

Je nach den Gegebenheiten in einer Familie, nach Nützlichkeitserwägungen und manchmal auch noch als Anknüpfung an Traditionen wird der junge Säugling die meiste Zeit des Tages in seinem Bettchen (Wiege, Stubenwagen oder Körbchen) verbringen. Damit die Mutter ihr Kind bei ihren häuslichen Beschäftigungen um sich haben kann, werden Kinderbettchen mit Rädern versehen oder man benutzt tagsüber den leichten Stubenwagen. Die schönen alten, oft mit Schnitzwerk versehenen Bauernwiegen sind meist zu schwer, um sie täglich von einem Raum in den anderen umzustellen. Leichter gebaute Wiegen lassen sich tragen. Wie auch immer das erste Kinderbett gestaltet ist, es wird für den kleinen Säugling sehr bald zu seiner *»dritten Umhüllung«*.

Es ist den meisten Müttern ein Bedürfnis, das Kinderbett schon in der Zeit vor der Geburt vorzubereiten und auszustatten. Der *»Himmel«* ist dabei von großer Wichtigkeit, da er das helle Tageslicht für das Kind dämpft und dem Kind das Gefühl eines geschützten Raumes vermittelt. Sein Sehraum ist nach der Geburt ja zunächst noch sehr begrenzt; schon Dinge in einer Entfernung von mehr als

25 cm erscheinen dem kleinen Säugling unscharf (vgl. Kap. 5). Je nach Beschaffenheit des Bettchens wird man auch die Seitenwände mit einem Stoff auskleiden, um Zugluft und grelles Licht abzuhalten. Solide Holzwände findet man nur noch in antiken Kinderbettchen. Der weiche Stoff (manche Mütter bevorzugen sogar wattiertes Material) sollte einfarbig sein und möglichst nicht weiß. So bereiten die Eltern dem Kind eine erste, kleine räumliche Umwelt. Der Bedeutung dieses *ersten Lebensraumes* sind sich nicht viele Eltern bewußt, da sie ihr Kind im Bettchen überwiegend schlafend sehen. Man bedenke jedoch, daß die Sinneseindrücke des Säuglings in seinen ersten Lebenstagen und -wochen bereits sein Verhalten deutlich beeinflussen können. So wird zum Beispiel ein lebhaft buntes Stoffmuster der Bettwände Unruhe beim Kind bewirken. Auch die Farbwahl ist von großer Bedeutung, wie im nächsten Abschnitt zu besprechen sein wird.

Über Material, Form und Maße des Kinderbettes ließe sich manches ausführen, doch sind meist die Gegebenheiten so, daß sich nur wenig verändern läßt. So erben manche Eltern die Familienwiege, oder Freunde schenken oder leihen einen Stubenwagen. In anderen Fällen muß ein Wäschekorb mit Gestell und Rädern oder Kufen versehen werden; dann ist die Montage eines Himmels und das Auskleiden eine schöne Beschäftigung, ja wie ein Geschenk für das erwartete Kind. *Holz*, auch in der Form von Korbgeflecht, ist zweifellos das bevorzugte Material für das Kinderbett; Metall und Plastik sollten vermieden werden.

Die Augen und die spielenden Finger des Säuglings finden naturbelassenes Holz immer interessant. Das Kind macht Erfahrungen, wenn es die Holzstäbe umfaßt, an ihnen kratzt und den Geräuschen lauscht. Natürlich muß die Holzoberfläche glatt und völlig splitterfrei sein, mit Öl und Wachs läßt sich das erreichen. Ein dicker Lacküberzug läßt die Holzmaserung hingegen nicht mehr ertasten. Farbige Lacke sollte man auch vermeiden, da die Holzqualität unter der Farbe leidet. Gewiß lassen sich nicht immer ideale Verhältnisse bezüglich des Kinderbettchens schaffen, aber es ist wichtig, daß sich die Eltern darüber Gedanken machen und diesen ersten Lebensraum ihres Kindes als eine bereits prägende Umwelt betrachten.

Die *Formen der Kinderbetten*, einschließlich der Wiegen und Stubenwagen, sind leider etwas der Mode unterworfen. Dabei ist generell zu sagen, daß Abrundungen und Bögen den Augen der Kinder – so scheint es – angenehmer sind als rechte Winkel und scharfe Kanten. Die Maße des Bettes oder Körbchens sollten dergestalt sein, daß der kleine Säugling sich nicht in einem zu großen Raum verloren fühlt; aber er soll auch nicht ständig gegen die Wände des Bettchens stoßen. Das erste Kinderbett oder Körbchen dient meist bis gegen Ende des ersten Lebensjahres. Wegen der zunehmend aktiveren Bewegung des Säuglings in der zweiten Hälfte des ersten Jahres muß eine Wiege manchmal früher ausrangiert werden als ein Bettchen.

Soll das *Kinderbett*, in das der Säugling »hineinwächst«, *auch einen Himmel haben?* Wie lange ist ein Himmel sinnvoll? Zunächst sei bedacht, daß die Betten der Könige, Fürsten und Burgherren (und vieler Bürger auch!) häufig einen Betthimmel (Baldachin) hatten. Damit wurde eine private, heimelige Sphäre um das Bett geschaffen; Formen und Linien waren weich. Es gibt heutzutage viele Kleinkinder, die eine solche private und heimelige Atmosphäre in ihrem Bett dringend brauchen könnten und das auch durch besseres Schlafen deutlich zeigen würden. Oft sind es feine Seelenstimmungen (wie Schutzbedürfnis oder Angstgefühle), denen man durch eine überschaubare »dritte Umhüllung« – das *Himmelbett* – gerecht werden kann. Kinderärzte und Kinderpsychologen wissen um den Wert dieser Einrichtung. In vielen Fällen läßt sich der Himmel mit Bändern an der Zimmerdecke befestigen (mit einem hängenden Holzstab oder Rahmen lassen sich ganz individuelle Himmel schaffen). Über die Farbe der Tücher oder Schleier wird im nächsten Abschnitt gesprochen.

Farben im Kinderzimmer

In seinem »Kinderbüchlein« (dem ersten nur der Kinderheilkunde und -pflege gewidmeten Buch aus dem Jahr 1563) hat der Schweizer Arzt *Felix Würtz* empfohlen, die Kinderwiege mit einem Himmel zu versehen und dafür grüne oder blaue Schleier zu verwenden. Er schrieb wörtlich: »Insonderheit blau leinen rein gefärbtes Tuch/ wie auch rein Schleyer Tüchlein/sind hierzu fast dienstlich und kömmlich.« *Felix Würtz* hat den Himmel empfohlen, um das zu helle Tageslicht zu dämpfen und die Insekten fernzuhalten. Es ist wohl auch anzunehmen, daß Mütter schon früher Tücher und Schleier über dem Kinderbett angebracht haben. Wir wissen nicht, ob man schon farbige Stoffe verwendet hat.

Viele Eltern entscheiden sich für rosa-rote, hellviolette oder zartblaue *Schleier für den Himmel* über der Wiege. Oft werden rote und blaue Schleier übereinander verwendet, da eine Lage des dünn-seidenen Schleiermaterials keinen ausreichenden Lichtschutz bietet. Dabei entsteht schönes purpurfarbenes Licht. Im allgemeinen wählt die Mutter »sanfte« Farbtöne. Bei Seidenschleiern spielt die Intensität der Färbung nur eine geringe Rolle, da das Material so lichtdurchlässig ist. Für alle etwas festeren Stoffe sind zarte Farbtönungen, wie zum Beispiel Pfirsichfarbe anzuraten. Auch die Innenauskleidung des Bettchens und die Bettwäsche sollten einfarbig, eventuell auch *farbig abgestimmt* sein. Wenn es überhaupt ein Stoff mit Muster sein muß, dann sollte man nur zarte und farblich gut abgestimmte, *ruhige Muster* verwenden!

Wer sich kundig machen möchte über die *Einwirkung der Farben auf die Seele*, dem sei als Lektüre *Goethes Farbenlehre* anempfohlen. Im Abschnitt über die »sinnlich-sittliche Wirkung der Farbe« hat *Goethe* die Seelenstimmungen beschrieben, die durch die verschiedenen Farben angeregt werden. Da »Der Farbenlehre didaktischer Teil« nicht immer gleich zur Hand ist, seien einige Absätze über die Grundfarben Gelb, Blau und Rot aus diesem Werk von

1810 zitiert und anschließend noch auf *Goethes* Gedanken über Totalität und Harmonie eingegangen, da wir darin die Bildung der Komplementärfarben als »eine Naturerscheinung zum ästhetischen Gebrauch« unmittelbar überliefert erhalten.

Aus Goethes Farbenlehre

GELB

(765)* Es ist die nächste Farbe am Licht. Sie entsteht durch die gelindeste Mäßigung desselben, es sei durch trübe Mittel oder durch schwache Zurückwerfung von weißen Flächen ...
(766) Sie führt in ihrer höchsten Reinheit immer die Natur des Hellen mit sich und besitzt eine heitere, muntere, sanft reizende Eigenschaft.
(768) So ist es der Erfahrung gemäß, daß das Gelbe einen durchaus warmen und behaglichen Eindruck mache ...
(769) Diesen erwärmenden Effekt kann man am lebhaftesten bemerken, wenn man durch ein gelbes Glas, besonders in grauen Wintertagen, eine Landschaft ansieht. Das Auge wird erfreut, das Herz ausgedehnt, das Gemüt erheitert; eine unmittelbare Wärme scheint uns anzuwehen.

BLAU

(778) So wie Gelb immer ein Licht mit sich führt, so kann man sagen, daß Blau immer etwas Dunkles mit sich führe.
(779) ... (Blau) ist als Farbe eine Energie; allein sie steht auf der negativen Seite und ist in ihrer höchsten Reinheit gleichsam ein reizendes Nichts. Es ist etwas Widersprechendes von Reiz und Ruhe im Anblick.
(780) Wie wir den hohen Himmel, die fernen Berge blau sehen, so scheint eine blaue Fläche auch vor uns zurückzuweichen.

* *Goethe* hat die Absätze seiner *Farbenlehre* selbst numeriert

(781) ... so sehen wir das Blaue gern an, nicht weil es auf uns dringt, sondern weil es uns nach sich zieht.
(782) Das Blaue gibt uns ein Gefühl von Kälte, ...
(783) Zimmer, die rein blau austapeziert sind, erscheinen gewissermaßen weit, aber eigentlich leer und kalt.

ROT

(794) Wenn wir beim Gelben und Blauen eine strebende Steigerung ins Rote gesehen und dabei unsere Gefühle bemerkt haben, so läßt sich denken, daß nun in der Vereinigung der gesteigerten Pole eine eigentliche Beruhigung, die wir eine ideale Befriedigung nennen möchten, stattfinden könne. Und so entsteht ... diese höchste aller Farbenerscheinungen (Rot) aus dem Zusammentreten zweier entgegengesetzten Enden, die sich zu einer Vereinigung nach und nach selbst vorbereitet haben.
(796) Die Wirkung dieser Farbe ist so einzig wie ihre Natur. Sie gibt einen Eindruck sowohl von Ernst und Würde als von Huld und Anmut ... Und so kann sich die Würde des Alters und die Liebenswürdigkeit der Jugend in eine Farbe kleiden.

TOTALITÄT UND HARMONIE

(805) Wenn das Auge die Farbe erblickt, so wird es gleich in Tätigkeit gesetzt, und es ist seiner Natur gemäß, auf der Stelle eine andere, so unbewußt als notwendig, hervorzubringen, die mit der gegebenen die Totalität des ganzen Farbenkreises enthält. Eine einzelne Farbe erregt in dem Auge durch eine spezifische Empfindung das Streben nach Allgemeinheit.
(806) Um nun diese Totalität gewahr zu werden, um sich selbst zu befriedigen, sucht es neben jedem farbigen Raum einen farblosen, um die geforderte Farbe an demselben hervorzubringen.
(807) Hier liegt also das Grundgesetz aller Harmonie der Farben ...
(808) Wird nun die Farbentotalität von außen dem Auge als Objekt gebracht, so ist sie ihm erfreulich, weil ihm die Summe seiner eige-

nen Tätigkeit als Realität entgegenkommt. Es sei also zuerst von diesen harmonischen Zusammenstellungen die Rede ...

(810) Gelb fordert Rotblau,
Blau fordert Rotgelb,
Purpur (Rot) fordert Grün

und umgekehrt.

Über die Wirkung der Farben

Diese Zitate aus *Goethes Farbenlehre* mögen den Eltern helfen, die farbige Umwelt des Kindes mit größerer Sorgfalt zu gestalten. Wohl ist zu beachten, daß *Goethe* die Farbwahrnehmungen und -empfindungen in bezug auf den erwachsenen Menschen beschrieben hat, außerdem gilt es zu bedenken, daß die Sinnesempfindungen für die Farben subjektiver Natur sind und zu gewissem Grad auch von der momentanen Seelenstimmung des Betrachters abhängen. Eine weitere Schwierigkeit besteht darin, daß wir über die Wirkung der Farben auf die Seele des Kindes, oder gar des Säuglings, nur auf indirektem Wege Auskunft erhalten können. Über die psychischen Wirkungen der Farben im Kindesalter liegen reiche Erfahrungen vor, und zwar sowohl aus dem Familienbereich als auch aus Institutionen für seelenpflegebedürftige Kinder.

Rudolf Steiner hat in einem Vortrag »Über das Wesen der Farben« (7.5.1921; GA 291) die drei Grundfarben folgendermaßen charakterisiert:

»Gelb ist der Glanz des Geistes.
Blau, das Sich-innerlich-Zusammennehmen, das Sich-Stauen, das Sich-innerlich-Erhalten, es ist der Glanz des Seelischen.
Das Rot, das gleichmäßige Erfülltsein des Raumes, es ist der Glanz des Lebendigen.«

Die *Wirkung der Komplementärfarben* auf die menschliche Seele ist sowohl für *Goethe* als auch für *Rudolf Steiner* von großer Bedeutung. Es wird angenommen, daß diese im jungen Kindesalter noch tiefgreifender ist. Dennoch wissen wir nicht, wann und bis zu welcher Intensität der Säugling oder das Kleinkind den »Glanz« der (physischen) Farbe oder das Nachbild, die Komplementärfarbe, empfindet. In dem genannten Vortrag sagt *Rudolf Steiner*, daß es kein Wunder ist, daß der Glanz der roten Farbe, wenn dieser in den Menschen hineinglänzt, das Grün als sein Nachbild ergibt. »Das Rot ist der Glanz des Lebendigen« und »das Grün das tote Bild des Lebens«. Mit solchen Gedanken kommt man dem Wesen der Farben näher.

Wie bereits oben erwähnt, werden rosa-rote, bläuliche und hellviolette Schleier als Himmel über den Kinderbetten bevorzugt. Nehmen wir die entsprechenden Komplementärfarben hinzu, so ist der ganze Farbenkreis gegenwärtig. Die Mutter sollte frühzeitig beginnen zu beobachten, wie sich ihr Kind im Lichte des Schleierzeltes verhält und in welcher Weise die jeweilige Farbigkeit seine Seelenstimmung beeinflußt und auch, wie sich Schlaf- und Trinkverhalten verändern. Nach meiner Erfahrung darf man nicht mit einem fertigen Konzept an die Frage der farbigen Umwelt für das Kind herantreten, sondern muß sorgfältig beobachten und auch bereit sein, zu experimentieren, wenn das seelische Verhalten und das physische Befinden eine Änderung der Farbe in der Umwelt rechtfertigt.

Alle Farben der Schleier und Stoffe, die man für den Himmel und das Kinderbett benutzt, sollten *aufeinander abgestimmt* werden. Zarte Tönungen oder Pastellfarben lassen sich leichter abstimmen als intensive Farben. Es ist nicht möglich, theoretisch über gute oder schlechte Farbzusammenstellungen zu schreiben; mehr noch als bei der Wahl einzelner Farben spielt das subjektive Empfinden bei Farbkombinationen eine Rolle. Den Eltern fällt die Auswahl zu. Durch ihr Farbempfinden wird sich ihrer Seele etwas offenbaren und auf diesem Wege auch dem Kind mitteilen.

Man kann durchaus die Frage stellen, *welche Wirkung grelle, aggressive Farben auf die Seele des Kindes haben.* Auch bei Farbkombinationen gibt es Kontraste, die den Eindruck einer kämpferischen Auseinandersetzung machen. Ältere Säuglinge und Kleinkinder sind von grellen oder gar fluoreszierenden Farben zunächst »fasziniert«. Genau dieser Effekt wird von der Werbeindustrie rücksichtslos ausgenutzt! Solche Farben »schreien«, und das Kind saugt sie prompt in seine Seele hinein. Manchem Erwachsenen schmerzen die Augen beim Betrachten solch künstlich intensivierter und aus jeder Harmonie der Welt herausgerissener Farben. Denken wir nur daran, daß das Kind aus den Erfahrungen seiner Sinnesorgane lernen will und daß es der Welt in Liebe begegnet, dann wird rasch klar, daß es einer aus merkantilen Gründen veränderten, bewußt aggressiven Farbimpression zum Opfer fallen kann. Über Nachahmung und Gewohnheit wird schließlich die gesunde Entwicklung des Farbempfindens gestört oder gar verhindert. Hierbei gilt es auch zu bedenken, daß die im Farbenkreis vereinten Farben seelische und moralische Qualitäten haben, die in ihrer Vielfalt der seelischen Entwicklung sehr dienlich sind. Aggressive und gar schmerzhafte Farbeindrücke (z.B. »hot pink« oder fluoreszierendes Orange) müssen ganz klar als *negative Einflüsse aus der Umwelt* für das Kind angesprochen werden. Es ist wirklich nicht schwer, sie aus der Umwelt des kleinen Kindes zu verbannen!

Gedanken zur Gestaltung des Kinderzimmers

Ähnlich wie bei der Farbauswahl, drückt sich auch in der Gestaltung des Kinderzimmers zunächst die Seele und die Persönlichkeit der Eltern aus. Beim ersten Kind wird es besonders deutlich sein: Aus der Sicht der Kinderseele haben die Eltern mit ihren Vorstellungen, Ansichten und Hoffnungen ja keine fremde oder unerwartete Zimmer-Umwelt gestaltet, es wird gemäß der elterlichen Eigenart empfangen. Meine Erfahrungen aus vielen Hausbesuchen in Kinderzimmern bestätigen, daß sich im Kinderzimmer solange das elterliche Empfinden für das Kind ausdrückt, bis versucht wird, mehr und mehr der Individualität des Kindes gerecht zu werden. Das ist der natürliche Wandel der Ausgestaltung des Kinderzimmers, wenn diese kindgerecht durchdacht und durchgeführt wird.

Es ist immer wieder zu beobachten, daß der Blick des kleinen Kindes auf einer Einzelheit seiner *Zimmereinrichtung* verweilt. Viele Kinder haben eine Lieblingsecke, wo bestimmte Dinge stehen oder hängen, die sie gern und lange anschauen. Je nach der Beleuchtung im Zimmer und der Jahreszeit wandern der Blick und die Gedanken an vertrauten Gegenständen entlang. Die Sonnenstrahlen, die durch einen Spalt in der Gardine fallen, oder das Licht einer kleinen Lampe regen die Phantasie in vieler Weise an. Das Einschlafen und Aufwachen kann voller besonderer Erlebnisse werden. Leider können nicht alle Kinder ein eigenes Zimmer haben, aber auch wenn Geschwister sich einen Raum teilen müssen, sollte jedes Kind seine individuell gestaltete Wand oder Ecke haben. Vor allem in der Zeit vor und nach dem Schlafen brauchen Kinder ihre ganz persönliche Umwelt, und sei sie auch noch so begrenzt. Es hilft dem Kind, wenn die Eltern von Zeit zu Zeit diese kleine Welt des Kindes *bewundern*!

Wenn die Familie umzieht oder gar ein neues Haus gebaut wird, verläßt das Kind eine ihm vertraute Umwelt und muß sich an eine neue Umgebung gewöhnen. Die Reaktionen der Kinder bei einer drastischen Umstellung sind individuell verschieden und unter anderem auch vom Temperament abhängig. Solche Umzüge (auch schon von einem Zimmer in ein anderes innerhalb der Wohnung oder des Hauses) können zu Verhaltensänderungen bei den Kindern führen; bei Säuglingen wäre dies die Ausnahme (es sei denn, das Kind bekommt gleichzeitig ein neues Bett).

Ein *neues Bild an der Wand*, vielleicht sogar in einem künstlerisch gestalteten, statt im alten rechteckigen Rahmen, kann sich deutlich auf die Seelenstimmung des Kindes auswirken. Aquarelle und Bilder mit harmonischen Farbabstimmungen eignen sich ebenso wie Bilder alter Meister. Im Säuglingszimmer ist ein Bild der Sixtinischen Madonna von *Raphael* mehr der Mutter als dem Kind zugedacht. Ein Renaissance-Engel als Bild des Schutzengels und kindgerecht gemalte Märchenbilder sollten immer einen Platz im Kinderzimmer finden. Von düsteren Bildmotiven sollte man ebenso absehen wie von Comicfiguren.

Die *Wände* können pastellfarbig gestrichen werden, jedoch läßt sich eine eintönig langweilige Wandfläche auch mit Pflanzenfarben lasieren (wozu man fachkundige Hilfe braucht) oder mit einer zweifarbigen Schwammtupftechnik beleben. Man braucht dazu mehr Phantasie als Geld! Vor zu intensiver Farbgebung wurde oben bereits gewarnt, es sei denn, man möchte dem Rat eines erfahrenen Kenners der Kinderseele folgen und bewußt eine therapeutische Farbwirkung erzielen. Solche Dinge müssen sehr verantwortungsbewußt durchgeführt werden. Ein negativer Effekt kann Krankheit erzeugen.

Tapeten werden im Kinderzimmer gern verwendet, da bei manchen Eltern die Vorstellung besteht, daß Tapetenmuster dem Auge des Kindes etwas Anregendes und Interessantes bieten können. Die Erfahrung lehrt jedoch, daß die Augen des Kindes diese Art Anregung gar nicht brauchen. Die angebotenen Kinderzimmer-Tapeten haben oft sehr lebhafte, manchmal sogar grelle Farben mit kräftigem, immer wiederkehrendem Muster. Dem Säugling und dem Kleinkind ist es recht gleichgültig, ob das Muster etwas Dingliches, zum Beispiel Spielzeug oder Märchenfiguren, darstellt, oder nur krasse Farbstreifen, Kreise oder ähnliches. In jedem Fall kommt das Auge des Kindes beim Anblick dieser Tapetenmuster nicht zur Ruhe, es wird irritiert. Die Hersteller der Tapeten machen bei den Eltern damit Reklame, daß sie ihrem Kind etwas »Fröhliches« bieten müßten. Ein Raum mit solcher bunten und stark gemusterten Tapete kann dem Kind jedoch keine ruhige und heimelige Atmosphäre verschaffen, im Gegenteil, sie wird unnötige Reizungen bewirken. Wenn die Eltern dringend eine Tapete wünschen, so sollten sie *einfarbige Pastelltönungen* wählen oder ein zartes, farblich gut abgestimmtes Muster. Die ganze Stimmung des Kinderzimmers bleibt dem Kind lebenslang in Erinnerung (auch wenn Farbe oder Muster nicht ideal ausgewählt waren).

Wenn die Kinder alt genug sind und *Pflanzen in ihrem Zimmer achten*, kann man sie auch bald an deren regelmäßiger Pflege teilnehmen lassen (erst zuschauen, dann tun). Am besten sucht man für das Kinderzimmer eine anspruchslose und ungiftige Pflanze aus; Kakteen wird man besser vermeiden. Für jedes Kind ist es ein besonderes Erlebnis, aus einer Blumenzwiebel eine Pflanze wachsen und blühen zu sehen. Sind die Kinder fünf oder sechs Jahre alt, kann man Samen in einem Topf aussäen und dann die Keimlinge beim Wachsen beobachten. Ist ein Garten vorhanden, sät man natürlich lieber draußen.

Es ist für das Kind eine gute Erfahrung, in seinem Zimmer *kleine Pflichten* zu übernehmen. Eine meist sehr schwierige Entscheidung ist zu treffen, wenn das Kindergartenkind ein kleines *Tier* in einem Käfig haben möchte. Das Kind kann die damit verbundenen Pflichten noch nicht übersehen und weiß auch nicht, wann beim Spielen mit dem Tier die Schmerzgrenze erreicht ist. Auch Fragen der Überempfindlichkeit (Allergie) spielen bei solchen Entschlüssen eine Rolle. In jedem Fall ist es notwendig, daß solche Anschaffungen gut durchdacht werden. Auch die Katze oder der Hund müssen von der ganzen Familie akzeptiert werden. Gewiß ist es für Kinder gut, wenn sie früh lernen, mit Haustieren umzugehen. Ist es doch eine schöne Aufgabe und gute Erfahrung, für Tiere zu sorgen, sie zu respektieren und zu lieben (möglichst in dieser Reihenfolge).

Für die heranwachsenden Kinder ist es wichtig, nicht nur nützliche, sondern auch *schöne Möbel* in ihrem Zimmer zu haben. Auch kunsthandwerkliche Gegenstände wie eine Holzschale und Tisch- oder Wandleuchter sollten im Kinderzimmer nicht fehlen. Wenn die Kinder von klein auf diese Dinge zu respektieren und zu bewundern gelernt haben, wird selten ein Schaden zu beklagen sein. Manchmal kann die Mutter ihr fünf oder sechsjähriges Kind beobachten, wie es solche Gegenstände mit Stolz seinen Freunden zeigt.

Die Abstimmung aller Gegenstände und Farben im Kinderzimmer erfordert von den Eltern *Einsicht in die Bedürfnisse der Seele ihres Kindes.* Jede kreative Handlung der Eltern, zum Beispiel ein selbstgeschreinertes Wandregal oder ein selbstgemaltes Bild für das Kinderzimmer, wird vom Kind geachtet, auch wenn es das nicht offen zeigt. Moderne Möbel mit Glas und Metall sollte man völlig meiden, Schleiflack und Resopalbeläge sind zwar praktisch, schaffen aber eine kalte Atmosphäre.

Der Laufstall

Diese Einrichtung hat manche Kontroversen bei Eltern und Kinderpsychologen ausgelöst. Die einen sagen, der Laufstall beenge die Aktivität des Kindes und wirke ähnlich einem Gefängnis, die anderen betonen, daß der Laufstall dem Kleinkind das Gefühl einer äußeren und inneren Sicherheit vermittelt. Im Grunde kann man nicht Partei ergreifen, ohne die Individualität des Kindes *und* die Lebens- und Ortsumstände der Familie genau zu kennen. Zweifellos gibt es Kinder, die bereits im zweiten Lebensjahr ob der Eingrenzung im Laufstall rebellieren. Entwicklungsgrad, Temperament und Reaktionsweisen spielen eine große Rolle für die Akzeptanz des Laufstalles. Nach meiner Erfahrung ist jedoch die *Einstellung der Eltern zum Laufstall* noch wichtiger. Hierzu wird im folgenden noch mehr zu sagen sein.

Der Laufstall hat einiges mit dem *Gitterbett* gemein. Letzteres kann, mit Rädern versehen, sehr wohl für eine gewisse Zeit die Stelle eines Laufstalles einnehmen, solange gewisse *Sicherheitsvorkehrungen* beachtet werden. Die Umrandung muß sicher und von geeigneter Höhe sein, das heißt, sobald sich das Kind aufstellen kann, muß es frei über den Rand hinaussehen können (Matratzenhöhe ist meist verstellbar). Die Räder sollte man blockieren können, sonst muß man anderweitig verhindern, daß das Kinderbett an bestimmte Möbel oder gar in Richtung Treppenstufen rollt. Die rhythmische Aktivität eines Kindes (wie Rütteln und Schaukeln) läßt sogar Betten ohne Räder im Zimmer herumwandern!

Das *Kinderbett auf Rädern* hat manche Vorteile: Das vertraute Bett bietet dem Kind Sicherheit und außerdem kann es in der Nähe der Mutter bleiben. Das rollende Bett kann die Mutter in die Küche, andere Zimmer und auf den Balkon oder die Terrasse begleiten. Kurzum: Ein ausreichend großes und stabiles Kinderbett auf Rädern kann vielen Zwecken dienen und dabei dem Kind eine vertraute Umgebung erhalten. Von einem solchen Standort aus sind die Erfahrungen anderer Räume der Wohnung, des Hauses und auch des Gartens weniger aufregend. Von seinem vertrauten Bett und Spielplatz aus erwirbt sich so das Kind langsam ein Gefühl für die ganze Wohnung oder das ganze Haus. Natürlich ist der ältere Säugling auch auf dem Arm von Vater oder Mutter zufrieden, wenn er in der Wohnung herumgetragen wird. Die Erkundigungen der Krabbelkinder sind, je nach Temperament, weit vorsichtiger. Wenn das Kind frei gehen und klettern kann, ergeben sich wieder neue Gesichtspunkte. Für das Kind sind gewisse Erfahrungen mit dem Raum und seinen Gegenständen notwendig. Es gehört zu den schwierigen Aufgaben der Eltern, ihrem Kind sowohl genügend Gelegenheiten zum »freien Erkunden« der Umwelt zu geben als auch ausreichende Zeiten der Ruhe und Geborgenheit einzuschalten.

Der *Laufstall aus Holz kann auch schöne Formen haben!* Die rechtwinklige Form wirkt fest und kalt, drum sollte man, wenn irgend möglich, eine »aufgelockerte« Form bevorzugen (schon ein leichter Bogen der Oberkante macht einen großen Unterschied). Es ist sicher gut für das Kind, die Holzqualität (die Maserung) noch fühlen zu können; drum sind dicke Lackschichten ebenso wie Plastikschienen auf den Oberkanten abzulehnen.

Wann besteht Gefahr, daß ein *Laufstall zum Gefängnis wird?* Die Grundeinstellung der Eltern zum Laufstall sollte positiv sein: Betrachtet man den Laufstall als Schutz und Hilfe für das Kind, wird sich diese Auffassung auch dem Kind mitteilen. Der ältere Säugling wird seine Freiheit, herumrollen und sich hochziehen zu können, freudig genießen. Dem kleinen Kind hilft es, wenn man seine neuen

Errungenschaften bewundert, und auch, wenn man häufig, auch aus Entfernung, mit ihm spricht. Mutter oder Vater können sich gern mal zum Kind in den Laufstall setzen und dort mit ihm spielen. Eines jedoch muß strikt vermieden werden:

Niemals darf das Verbringen in den Laufstall als Strafe betrachtet oder angedroht werden.

Allzuleicht rutscht es der Mutter heraus: »Wenn Du immer Schranktüren und Schubladen öffnest, mußt Du ins Ställchen.« Solch ein Satz mag noch so neutral gemeint sein, er wird vom Kind als »Strafe« empfunden. Und dann wird es den Laufstall nicht mehr akzeptieren.

Ab welchem und bis zu welchem *Alter* kann man einen Laufstall oder das Gitterbett auf Rädern benutzen? Schon viele sechs Monate alte Säuglinge genießen die Bewegungsfreiheit in einem Laufstall. Man muß natürlich die Bekleidung den Temperaturverhältnissen des Raumes anpassen. So richtig interessant wird das Ställchen natürlich erst, wenn das Kind beginnt, sich hochzuziehen und auf die Beine zu stellen. Damit wird auch ein neues Raumgefühl, eine neue Einstellung zum Raum gewonnen. Stehend erst lernt es, »menschlich« zu schauen; es gewinnt den Raumeindruck aus der Vertikalen! Langsam beginnt sich die Umwelt in greifbare Nähe und entfernte Dinge zu differenzieren.

Spielzeug für den Säugling und das Kleinkind

Das Spielzeug ist ein wesentlicher Teil der Umwelt des kleinen Kindes. Im *Säuglingsalter* erfüllt jedes »Ding«, das vom Kind ergriffen werden kann, die Funktion eines Spielzeugs. Die einmal erfaßten Gegenstände werden festgehalten, hin und her bewegt und zum Mund geführt. Über Geruch und Geschmack bemüht sich der Säugling zusätzliche Sinneseindrücke zu gewinnen. Die *stoffliche*

Qualität des ersten »Spielzeugs« ist wichtiger als Form und Farbe, denn der Säugling erkundet die Dinge von der Oberfläche her. Wir müssen uns immer wieder die Tatsache ins Bewußtsein rufen, daß sich das kleine Kind noch eins mit seiner Umwelt empfindet. Daher ist es nur ein kleiner Schritt (oder gar keiner), vom Spiel des Kindes mit seinen Fingern zum Spiel der Finger mit einem Gegenstand der Umwelt.

Welches Material eignet sich am besten für diese ersten Spielerfahrungen des Säuglings? Muß das Spielzeug eine besondere Form haben? Seit alters her ist bekannt, daß Säuglinge beim Spiel mit einem Bettdeckenzipfel (das meist ein Saugen ist) sehr zufrieden sind. Beliebig oft lassen sich wieder neue Zipfel formen und in den Mund nehmen. Beim Betrachten der spielenden Hände des Säuglings wird deutlich, daß man bestimmte Abmessungen für das Spielzeug wählen muß. Der *Beißring* aus Holz ist sehr beliebt und als Beispiel geeignet: das Händchen muß durch den Ring greifen und die Finger das Holz gut umfassen können. Viele einfache, aus gut geglättetem Holz gefertigte Spielsachen sind erhältlich. Ein Tüchlein mit einem Knoten ist oft für lange Zeit das geliebteste Spielzeug. Schlicht gearbeitete, kleine *Stoffpuppen*, ausgestopfte Sterne oder Engel werden von den Säuglingen sehr geschätzt. Alles muß so gearbeitet sein, daß es in den Mund genommen werden kann (fusselige Wolle oder gar Watte eignen sich ebensowenig wie Kunstfasergewebe). Ringe oder jede andere Art Spielzeug aus Plastik vermitteln dem Kind keinen Qualitätseindruck (z.B. riecht und schmeckt es nicht, alles ist gleichartig glatt). Gegenstände aus Metall sind fast alle ungeeignet. Selbstverständlich müssen zu kleine Gegenstände, die verschluckt werden oder gar in die Luftröhre geraten können, strikt gemieden werden.

Ein über das Bett gespanntes Seil mit vielen bunten Ringen und anderen Spielsachen halte ich für überflüssig; bei etwas älteren Säuglingen ist solches sogar gefährlich! Wenn sich der Säugling mit den Armen abstützen kann, besteht Gefahr, daß der Kopf über das Seil gerät und sich das Kind nicht schnell genug aus dieser Lage befreien kann. Das Bett und auch der Laufstall dürfen nicht mit Spielzeug überladen sein. Die Qualität des Spielzeugs muß gut sein (z. B. muß die Farbe giftfrei sein).

Im *zweiten Lebensjahr* beginnt das Kind den »Dingen« seiner Umgebung Namen und Eigenschaften zu geben. Mit dieser Benennung *macht es sein Spielzeug zu Spielgefährten.* So wird ein Klotz mit Gebrumm zum Auto und ein Stück Pappe zum Vogel oder Flugzeug. Besonders die *»Knotenpuppe«*, die Eltern immer wieder neu aus verschiedenen Tüchern herstellen können, ist so herrlich wandelbar! Solche Puppe kann alles, Kind oder König sein.

Im zweiten Lebensjahr wird die Umwelt zunehmend intensiver erforscht. Dabei werden Entdeckungen an Möbeln und Gegenständen der Wohnung gemacht. Die Kinder sammeln immer wieder neue Erfahrungen mit bereits bekannten Utensilien, so werden Becher, Teller, Schalen und Löffel neue Funktionen erfüllen und Wandlungen durchmachen.

Viele *Kleinkinder »beleben« ihre Umwelt mit imaginären Wesen* und auch Gegenständen: So wird eine Puppe mit einem imaginären Brei mittels eines unsichtbaren Löffels gefüttert; ganz schnell wird aus dem Brei auch Apfelmus. Das Spiel wechselt oft entsprechend der gerade beobachteten Tätigkeit der Mutter, deren Handlungen manchmal nur angedeutet nachgeahmt werden. Erst langsam gewinnt das Kleinkind mehr Interesse an *vorgeformtem Spielzeug*, das es dann auch richtig zu benennen oder zu erkennen beginnt.

Die Entwicklung geht nun schnell voran. Das Spiel der Kinder ist ein *ständiges Lernen und Üben.* Ob Eltern oder Geschwister: ein Partner beim Spiel ist meist unerwünscht, er stört. Wenn es sich allerdings um eine reine Hilfeleistung handelt, wie zum Beispiel das Zurückbringen eines Balles, wird solche für ein Weilchen angenommen. Das Kind hat die Freude am Werfen oder Wegrollen des Balles, das Zurückbringen erwartet es von der Umwelt.

Vorgeformte Spielsachen sollte man dem Kind nur Stück für Stück geben. Man kann dem spielenden Kind ansehen, ob und wann es für den nächsten Schritt fertig ist und ein neues, vorgeformtes Spielzeug braucht. Leider wird die Faszination eines Kleinkindes beim Anblick eines bunten Blechautos oder eines Plastiktelefons als echte Freude mißdeutet. Alles Neue, Bunte und Unerwartete muß ein gesundes Kind erst »erforschen«, das sieht dann wie ein freudiges Spielen aus. Aber wie viele solch typischer grell-bunter Spielsachen aus Blech oder Plastik häufen sich schließlich um diese so »verwöhnten« Kinder – und werden mißachtet? Je größer die Zahl der von der Industrie in Massenproduktion hergestellten Spielsachen um ein Kind herum ist, desto deutlicher reagiert es mit Symptomen der *Reizüberflutung* (s. Kap. 11). Hält dieser Zustand an, wird das Kind seine Phantasiekräfte weniger und weniger gebrauchen. Das kann zu einer Schwächung der Kräfte des Lebensleibes führen; in diesem Alter sollten die Bildekräfte durch die Tätigkeit der Phantasie ständig belebt und nicht geschwächt werden.

Bewegliche Tiere zum Ziehen aus Holz und in einfachen Formen werden für eine gewisse Zeit von Zwei- und Dreijährigen gern benutzt. Bewegliche Holztiere an einem Stock, die das Kind vor sich herschieben kann, haben den Vorteil, daß sie im Blickfeld des Kindes bleiben (sind aber etwas schwerer zu handhaben). Auch Bilderbücher mit beweglichen Figuren regen die Phantasie der Kinder an.

Ein Wort zu den beliebten *Stofftieren.* Für zwei- bis dreijährige Kinder sollte man besser nur solche Tiere wählen, die keinen karikaturhaften oder einen für das Kind unpassenden *Ausdruck* zeigen. Letzteres ist notwendig zu beachten, da Kleinkinder leicht die Ausdrucksformen solcher – oft sehr geliebter – Stofftiere nachahmen, was gelegentlich positiv, aber leider auch negativ sein kann. Für das eine Kind mag ein Löwe richtig sein, für ein anderes ein traurig blickender Hund mit Schlappohren ganz unpassend. Ein Mäuschen ist sicher harmlos, aber ein Tier mit schlaffen Beinen und wackeligem Kopf verführt zu schlaffer Körperhaltung bei sensiblen Kleinkindern. Ältere Kinder übernehmen solche Ausdrucksformen von Stofftieren sehr selten.

Im zweiten Lebensjahr sind zwar die Oberflächen der Spielgegenstände immer noch von Bedeutung, jedoch werden Form und Farbe mehr und mehr beachtet. Das »Bewirken-Können« wird beim Spiel zunehmend gesucht (s. Kap. 13). Die Kinder bauen Türme und freuen sich auf das Umstürzen, Wagen werden beladen und umgekippt oder Kugeln werden auf einem Gestell so geleitet, daß sie Glocken anschlagen, immer wird eine *Wirkung beobachtet*, die das Kind auslösen kann. Auch das Kneten mit Bienenwachs gehört dazu; aus dem Klumpen wird Form, und das Kind sieht Gegenstände und Tiere entstehen.

Auch das *Benennen* wird mit zunehmendem Gebrauch der Sprache spezifischer. Einfache Stehpuppen oder Filzzwerge werden als Eltern, Geschwister oder Freunde benannt. Ganz besondere Freude bereitet es den Kleinkindern ab etwa drei Jahren, in der Adventszeit Krippenfiguren stellen zu dürfen. So kann an jedem Adventssonntag oder sogar jeden Tag ein Tier in eine Landschaft aus Moos, Tannenzapfen und Steinen gestellt werden. Viele Tiernamen werden dabei gelernt. Und alle machen sich auf den Weg nach Bethlehem, wo dann am Weihnachtstag die Krippe stehen wird.

Im zweiten und dritten Lebensjahr sollte man die *kreative Phantasie* der Kinder so viel wie möglich unterstützen, und das heißt: So wenig vorgefertigtes Spielzeug wie möglich geben! Das Kind hat eine sehr intime Verbindung zu seiner Umwelt, die es ja noch wie einen Teil seines Selbst betrachtet. Wir helfen ihm dabei am besten, indem wir ihm *Naturmaterialien* zum Spielen anbieten (z.B. Tannenzapfen, Eicheln, Kastanien, zurechtgesägte große und kleine Holzscheiben und -blöcke, Wurzelstücke, Muscheln, Kristalle etc.). Man gewinnt den Eindruck, daß die rechtwinkeligen und bunten Holzbauklötze die Phantasie des Kindes nicht in gleichem Maße anregen wie die aus der Natur stammenden Materialien. *Christiane Kutik* gibt in ihrem Buch viele schöne Hinweise, was man alles sammeln und wie man es dem Kind als Spielmaterial herrichten kann. *Freya Jaffke* beschreibt das Selbstmachen des Spielzeuges durch die Eltern in leicht verständlicher Form. Die genannten beiden Bücher und viele andere können den

Eltern eine Hilfe sein, aber auch die elterliche Phantasie darf kreativ werden!

Manche Eltern sind besorgt, wenn ihre Zwei- und Dreijährigen so viel *Freude am Zerstören* dessen haben, was sie selber oder Eltern für sie aufgebaut haben. Ich bin oft von Müttern gefragt worden, ob das gespielte Abschneiden, zum Beispiel des Armes der Mutter, Zeichen einer früh erkennbaren Grausamkeit wäre. Gelegentlich spielen etwas ältere Kinder einen Kampf mit Schwertern, wobei einer »sterben« muß. Alle diese Prozesse, die das Kind im Spiel erkunden und kennen lernen will, haben mit den Kräften des Auf- und Abbaues, mit dem Wachsen und Verderben und mit dem Geborenwerden und Sterben zu tun. Kinder spielen gern »Kranksein«, sind aber am »Gesundwerden« genauso interessiert. *Das Kind empfindet die Polaritäten* und sucht *beide Pole forschend zu erleben.* Der Vierjährige schnappt mit frecher Geste die Nase des Vaters (der mehr den Verlust und weniger den Schmerz bekunden sollte) und »klebt« sie mit lautem Lachen wieder an. Grausamkeiten, wie sie in den Märchen erscheinen, sind bildhaft als Entwicklungsprozesse zu verstehen. Wir machen uns kaum klar, wie viele dieser alten *Wahrbilder* noch in unserem täglichen Sprachgebrauch enthalten sind, wenn wir zum Beispiel sagen, daß jemand noch einmal »mit dem Kopf unter dem Arm nach Hause kommt« oder einem anderen das »Herz in die Hose rutscht« und ähnliches mehr. Wir Erwachsene müssen unsere logische Intelligenz sehr zurückhalten, um die Phantasiespiele des Kindes nicht leerlaufen zu lassen.

Natürlich muß das Kind auch lernen, daß das Zerstören gewisse Folgen hat. Mitspielen ist nicht immer einfach und soll auch in der richtigen Form geschehen. Wenn der Vater zum Beispiel »aus pädagogischen Gründen« glaubt, dem Kind durch Umstoßen seines Hauses aus Bauklötzen zu zeigen, daß das Zerstören eine schlechte Tat ist, wird er schnell merken, daß das Kind die Handlung des Erwachsenen völlig anders als seine eigene bewertet.

Wir müssen versuchen, das Kind zu verstehen, und nicht umgekehrt! Aus den polaren Aktivitäten wie Aufbauen und Abbauen (Zerstören) lernt das Kind die Gesetze des Lebens. Das Spiel ist die Erprobung für die Lebenspraxis. Aus dem Erleben der Polaritäten erwächst langsam das Verständnis der Umwandlungen. Die Nachahmung ist der größte Lehrmeister des Kleinkindes!

Die Kinder müssen dazu aber auch Gelegenheit und Zeit haben. Gelegenheit haben bedeutet: in der Nähe von den Eltern oder anderen lieben Menschen sein zu dürfen. Zeit haben soll heißen: nicht durch Faszination (z. B. Fernseher oder zu viele, zu bunte und aufregende Spielsachen) abgelenkt zu werden. Während die Kleinen einfache Bewegungen nachahmen, werden die älteren Kinder mit Gegenständen ihrer Phantasie und dann auch mit Spielwerkzeug die Tätigkeit der Eltern imitieren. Die Zahl der im Haushalt zu beobachtenden Aktivitäten ist sehr groß und überaus lehrreich für alle Kinder im ersten Jahrsiebt. Man muß das Hämmern, Sägen, Bohren usw. nur gut anleiten (wie und wo man es tun kann) und die Tätigkeit auch überwachen, um Verletzungen zu verhindern. Das Tun ist eine *Übung der Geschicklichkeit für das ganze Leben!*

Das Spiel der vier- bis siebenjährigen Kinder

Vieles von dem für die zwei- und dreijährigen Kinder Gesagten gilt auch für die Vier- bis Siebenjährigen. Zunächst bleibt das Spielen mit Spielzeug noch vorherrschend, aber zusätzliche Aktivitäten gewinnen an Bedeutung. Es ist im Rahmen dieses Buches nicht beabsichtigt, alle altersgerechten Aktivitäten der Kinder zu beschreiben, viele jedoch unterstützen das *lehrreiche Wechselspiel mit der Umwelt.* Wie oben bereits betont wurde, ist das Lernen und Üben im Spiel von größter Wichtigkeit für das heranwachsende Kind.

In diesem Kapitel soll das *Spielzeug* als Bestandteil der materiellen Umwelt betrachtet werden. Mit zunehmendem Alter werden dem Kind immer wieder neue Spielsachen geschenkt (und leider oft zuviele). Gleichzeitig ändert sich seine Einstellung zur Umwelt, worin sich das Erwachen seines Bewußtseins ausdrückt. Mit wachsendem Wissen wandelt sich das Spiel des Kindes, weil es immer bessere Einblicke in seine Umwelt gewinnt. *Elisabeth Plattner* meint, daß die Kinder »Freude an der Veränderung der Umwelt«, ja »eine Andeutung von Schöpferfreude« empfinden. Etwas Neues kann sowohl im Sandkasten als auch beim Basteln geschaffen werden. Das kreative, phantasiereiche Spiel des Kindes fördert seine Erlebnisfähigkeit; das wird durch eine lobende Teilnahme der Eltern noch gesteigert. *Begeisterung der Eltern beflügelt die Phantasie des Kindes.*

Rudolf Steiner sagte (20.5. 1923, GA 276): »Die Phantasiekraft ist nur die ins Seelische metamorphosierte natürliche Wachstumskraft.« Demnach werden die Wachstums- und Bildekräfte des Ätherleibes zu Phantasiekräften metamorphosiert. Wird dieser Prozeß in richtiger Weise geübt, erfolgt eine weitere Umwandlung der Phantasiekräfte in Verstandeskräfte. »Der Verstand ist die durchgesiebte Phantasie« (*Steiner*, a.a.O.). Dieser Vorgang erstreckt sich über einen größeren Zeitraum der Kindheit. Wie ernst wir das Walten der Phantasie im Kindesalter nehmen müssen, kommt in *Steiners* Worten zum Ausdruck, daß der Phantasie des Kindes gegenüber die nötige *Ehrfurcht* gezeigt werden muß, denn in ihr müssen wir »eine in der Welt waltende, göttliche Kraft sehen«.

Das Wachsen und Reifen des jungen Kindes erfolgt unter den helfenden und hemmenden Einflüssen der Umwelt; in ähnlicher Form werden auch die seelische Entwicklung und der Prozeß der Ich-Inkarnation durch die soziale Umwelt beeinflußt. Dabei ist zu bedenken, daß die Eltern und darüber hinaus die ganze soziale Umwelt des Kindes nicht nur direkt durch Erziehung und Vorbild wirken, sondern auch durch individuelle Gestaltung und Herrichtung der materiellen Umwelt, wozu das Spielzeug gehört.

Erstaunlich ist der *Ernst des Kindes beim Spielen* und die sich offenbarende *Vielfalt seiner schöpferischen Phantasie*. Das *Schiller-*

sche Wort, der Mensch sei nur ganz Mensch, wenn er spielt, bewahrheitet sich am Kind in schönster Weise.

In der zweiten Hälfte des ersten Lebensjahrsiebts hat das Spielzeug für das Kind andere, meist erweiterte Bedeutungen und Funktionen als zuvor. So wird ein Spielauto oder ein Spielboot relativ häufigen Wandlungen unterworfen (z. B. ist es mal Rennwagen, dann mal Feuerwehr). Auch kann das vierjährige Kind ein Spiel-Telefon für lange Unterhaltungen mit einem entfernt wohnenden Partner benutzen und plötzlich der Mutter ins Telefon sagen, daß es Durst habe.

Mit dem Interesse an *Polaritäten beginnen* sich im Bewußtsein des Kindes auch harmonisierende Kräfte zu regen. Wir können dieses an der Suche nach entsprechenden Erlebnissen beobachten. So faszinieren beispielsweise die Höhe und die Tiefe: Es wird auf Möbel und auf Leitern gestiegen (wenn man nicht aufpaßt); manche Kinder wollen durch Springen das Erlebnis der Höhe intensivieren. Unter guter Aufsicht kann man die Kleinen diese Dinge auch erleben lassen! Großes Interesse haben neben anderen Polaritäten Licht und Finsternis und auch Gut und Böse (letzteres sollte aber nur in *Märchenbildern*, nicht abstrakt gesagt werden!).

Mit zunehmender Erfahrung seiner eigenen Fähigkeiten und der Eigenschaften der Dinge in seiner Umgebung wird sich das Kind des Wechselspieles zwischen seiner Person und der Mannigfaltigkeit der Umwelt mehr und mehr bewußt. Wir erleben diesen Fortschritt in der Entwicklung daran, daß das Kind beginnt, gewisse Tatsachen zu respektieren und lernt, mit den Dingen der Umwelt richtig umzugehen. Zum Beispiel kann ein fünfjähriges Kind jetzt auf dem Bürgersteig rücksichtsvoll rollern. Auch beim Ballspiel beginnt in diesem Alter ein Zusammenspiel mit einem oder mehreren Partnern. In diesem Fall wird der Ball zum Symbol der Interaktion zwischen Kindern, das *Spielzeug erhält eine Vermittlerrolle.* Es kann dem Kind helfen, den passiven Erlebnisraum in einen aktiven Tatenraum zu wandeln, womit letzterer ein »Ort übender Bewältigung der Umwelt« wird, wie *Kurt Brotbek* schrieb.

Spielzeug kann sowohl im Haus als auch draußen im Garten, auf der Straße, im Hof oder auf dem Spielplatz benutzt werden. Leider ist die Antwort auf die Frage des Kindes, »darf ich draußen spielen?« oft vom Wetter und anderen äußeren Gegebenheiten abhängig. Auch spielt das Temperament des Kindes oder eine besondere Motivation eine Rolle; mit einem neuen Dreirad kann man eben besser draußen als drinnen spielen.

Das »Draußenspielen« wird allgemein als gesund angesehen (wenn Wetter und Verkehr günstig sind). Mit und ohne Spielzeug haben die Kinder mit ihren Gliedmaßen draußen bessere Möglichkeiten, aktiv zu sein, die Willenskräfte zu erproben und sich im Spiel zu harmonisieren. Beim Spiel im Sandkasten werden besondere Kräfte und Fähigkeiten geübt wie zum Beispiel das geduldige Formen; die Kombination von Sand und Wasser am Meer oder See ist in jeder Beziehung einfach ideal!

Kleine Gruppen von Kindern lieben einfache Hüpfspiele oder, meist mit Hilfe einer Mutter, auch *Reigenspiele*. Mit Stelzen zu gehen und viele ähnliche Geschicklichkeiten kann das Kind draußen üben. Das Fahren mit Wagen, Rollern, Dreirädern und schließlich dem *Fahrrad* ist heutzutage bei den Kindern sehr beliebt; auch werden Rollschuhe und Skateboards gelegentlich schon von älteren Vorschulkindern gemeistert. Die Gefahr bei allen Spielfahrzeugen ist einmal »der Rausch der schnellen Bewegung« (Geschwindigkeit) und zum anderen die Art der Bewegung. Neben der Unfallgefahr ist es das heftige Treten als notwendige Kraftanstrengung für immer schnelleres »Sausen«, welches eine unnötige Betonung und einseitige Übung des Stoffwechsel-Gliedmaßensystems bewirkt. Man kann dem einen oder anderen Spielgerät nicht absprechen, daß damit Gleichgewicht und Körperkoordination gefördert und geübt werden. Es kommt auf eine vernünftige Anwendung an, was nicht immer ohne Beaufsichtigung zu erreichen ist. Eltern sind nicht schlecht beraten, wenn sie mit dem Fahrrad warten, bis ihre Kinder mindestens sechs Jahre alt sind und mit dem (doch recht gefährlichen) Skateboard bis zum zehnten Lebensjahr.

Wenn irgend möglich, sollte man Vorschulkinder aus *Wettspielen* heraushalten. »Besser« zu sein als ein anderes Kind und das »Siegen im Wettkampf« gehören nicht in diese Altersgruppe. Die zum Urteil drängende Intelligenz ist beim Vorschulkind noch nicht vorhanden; das scheinbare Verstehen ist Nachahmung einer dem Alter fremden Denkweise. Allgemein sind *Ballspiele* für kleine Kinder gute Übungen zur Körperkontrolle. Das Fußballspielen wird jedoch oft recht grob und sollte wegen seiner einseitigen Beinaktivität den robusten und älteren Kindern vorbehalten sein. In dem Wegstoßen mit dem Fuß liegt eben doch eine negative, ja auch respektlose Geste.

Im Haus wird Spielzeug gebraucht, mit dem man auch allein spielen kann. Je nach Temperament können Kinder sich lange mit einem Spielzeug beschäftigen, wenn es ihre Phantasie und ihr individuelles Interesse anregt. Sie basteln oft und gern, um für ihre Puppe oder auch ein Tier eine schöne Umwelt zu schaffen. Es werden Betten und Bekleidung gebraucht, dann Möbel, Geschirr und anderes. Man möge auch bedenken, daß *beim Basteln das Tun wichtiger ist als das Resultat!* Puppenhäuser und Bauernhöfe können Kinder für Tage faszinieren. Mit einfachen Puppen und Holztieren läßt sich das Spiel fast endlos variieren und bleibt immer lehrreich. Oft haben die Kinder Fragen an die Eltern, die wohlüberlegt beantwortet werden sollten.

Dem Spiel mit Puppen nahe verwandt ist das »Familie-Spielen« von zwei oder mehr Kindern, wozu einfache »Verkleidungen« gehören (z.B. Mutters Schürze oder Tücher zum Umhängen). Mit zunehmendem Alter werden Verkleidungen und Utensilien umfangreicher, weil das Kind jetzt mehr Realistik erwartet. Das Basteln von Kronen, Schwertern und anderen Sachen wird zu einem wichtigen Teil des Spieles. Das Kind empfindet sich mehr und mehr als Beteiligter an der Gestaltung seiner Umwelt.

Es liegt Weisheit in dem Sprichwort: Wie Kinder spielen, werden sie später arbeiten.

Das *Malen* mit Wachsfarbstiften, Buntstiften und Wasserfarben ist für alle Kinder ein herrliches Ausdrucksmittel; einige Kinder dichten lange Geschichten zu ihren Bildern. Das *Singen erfolgt durch Nachahmung;* ohne Vorbild wird ein Kind nicht Singen wollen oder können. Einfache, zunächst pentatonisch gestimmte Instrumente sind gut zum Lernen und werden mit viel Freude und Eifer benutzt. Glockenspiel, Blockflöte und Kinderharfe sind sehr beliebt; einfache Anleitungen und Noten sind in Buchhandlungen und Musikalienhandlungen erhältlich. Auch das Zuhören beginnt frühzeitig, muß aber bei den Kleinen unterstützt werden. Wenn die Mutter mit dem Kind allein ist und musiziert, hört das Kind (ja bereits der Säugling) meist aufmerksam zu. Sobald mehr Menschen zugegen sind, wird das Kind nur zuhören, wenn auch die anderen es tun; das Vorbild ist wichtig. Das Wohlbefinden der Säuglinge und kleinen Kinder beim Anhören von Musik geht sofort über in das offenbar mit großer Lust verbundene Regen und Bewegen der Ärmchen und Beinchen. Musik findet ihre Resonanz im rhythmischen System, das zur Aktivität angeregt wird und in schönster Weise Kopfkräfte mit Bewegungen der Gliedmaßen verbindet (*E. Pracht*). Im Kindergartenalter werden Lieder und vertonte Märchen rhythmisch gespielt.

Unter den vielen *Gesellschaftsspielen* für Kinder (ab etwa 5 Jahre) gibt es große Unterschiede bezüglich der intellektuellen Beanspruchung. Nicht nur das unnötig frühe Training des Intellektes kann sich wegen der damit verbundenen Schwächung der ätherischen Bildekräfte nachteilig auswirken, sondern auch die seelische Belastung kann ungute Folgen haben. Die meisten Gesellschaftsspiele enden mit einem Sieger und den Verlierern. Wie oben bereits dargestellt, ist diese Art einer Klassifizierung dem Denken des Kindes noch fremd und sollte vermieden werden. Kinder können die Aufforderung: »Mensch ärgere Dich nicht« intellektuell nicht verstehen. Auch sind die vielen Regeln und Anweisungen für Vorschulkinder unverständlich, da sie der Logik Erwachsener nicht folgen können.

Es sollte sich eigentlich erübrigen, vor *Computer- und Videospielen* zu warnen. Ich habe einen Dreijährigen bei Videospielen beobachtet: Mit unglaublicher Geschicklichkeit konnte er »Objekte« auf dem Bildschirm einfangen und »zur Explosion« bringen; vor Faszination preßte er immer wieder sein Gesicht gegen die Scheibe des Bildschirmes. Die kleinen Kinder werden förmlich »hineingesaugt« in die komplette Illusion. Mehr dazu unter »Fernsehen«.

Kinder lieben das Basteln! Die beste Gelegenheit dazu ist zweifellos die Adventzeit, aber auch zu anderen Jahreszeiten können Kinder mit und ohne Anleitung Erwachsener mit vielerlei Material basteln, das sich ja in so reichem Maße in der Natur finden läßt. Die schöpferische Phantasie und die Geschicklichkeit der Finger werden geübt, dazu werden neues Material und neue Werkzeuge kennengelernt. Viele Bastelarbeiten dienen als Geschenke, die Freude bringen. Das Ausdenken und Durchführen eines Projektes ist mit zahlreichen neuen Erfahrungen verbunden und lehrt das Kind, seine Umwelt besser und besser zu begreifen und auch formend zu gestalten.

Zusammenfassend sagen wir zum Spiel der Kinder:

1. Man beschränke die *Zahl der Spielsachen*, um Reizüberflutung zu vermeiden.
2. Spielsachen müssen von *guter Qualität* sein, wobei Holz zu bevorzugen ist. Man achte auf sinnvolle Formen und schöne (giftfreie) Farben.
3. Spiele und Spielsachen sollen die *Phantasie des Kindes anregen* und dabei Kopf, Herz und Gliedmaßen in harmonischer Weise beschäftigen.
4. Mit altersgerechtem und gutem Spielzeug hat das Kind Möglichkeit zur Kommunikation; dann entsteht auch eine lehrreiche Interaktion zwischen Kind um Umwelt.
5. Im *Spiel* üben und erwerben Kinder Fähigkeiten und Geschicklichkeiten *für die Praxis des Lebens.*

Spazierengehen und Reisen

Das tägliche Ausfahren des Säuglings im Kinderwagen kommt leider mehr und mehr aus der Mode. Gründe dafür gibt es viele, wie zum Beispiel die Berufstätigkeit der Mutter und der starke Verkehr mit den Abgasen auf den Straßen. Oft muß der Säugling zum Einkaufen mitgenommen werden, wozu statt Kinderwagen jetzt mehr und mehr Tragegurte (oder -tücher) und andere Tragegeräte benutzt werden. Wenn ein Auto zur Verfügung steht, werden die Säuglinge in einen Autositz geschnallt (gutes Anschnallen ist aus Sicherheitsgründen absolut notwendig) und, wenn nötig, beim Einkaufen in eine schnell aufklappbare Karre (»Buggy«) gesetzt. Bei näherer Betrachtung solcher Handlungsweise muß man feststellen, daß leider häufiger Nützlichkeitserwägungen oder gar Egoismus statt Überlegungen bezüglich der Gesundheit des Säuglings eine Rolle spielen. Zeit- und Familienumstände beeinflussen die Art des Kindertransportes heute mehr als früher, aber wir dürfen dabei nicht die gesunde Entwicklung der Kinder aufs Spiel setzen.

Was bedeutet es für das Kind, wenn es seine ihm vertraute häusliche Umwelt verläßt? Nehmen wir einmal an, daß die Mutter ihren drei Monate alten Säugling zum Einkaufen mitnehmen muß, daß sie dann aber auch die Gelegenheit nutzt, einen kleinen Spaziergang anzuschließen (das ist in dieser Form wohl nur am Stadtrand oder in Parknähe möglich). Der Säugling wird in den *Kinderwagen* gelegt, sieht die Wolken am Himmel und das Gesicht der Mutter, auch hört er sie sprechen. Oft schläft das Kind schon nach wenigen Minuten des Fahrens ein. Erst wenn die Mutter den Kinderwagen in dem einen oder anderen Laden ruhig stehen läßt, wacht das Baby auf und meldet sich mit einigen »fragenden« Lauten. Aber schon das Sprechen der Mutter vermittelt dem Kind wieder Sicherheit, und es lächelt. Kurzum: Solch ein Ausflug ist eine gute Kombination von Einkaufen und Spazierenfahren. Für das Kind ist der Ausflug eine schöne Erfahrung, wohl mehr durch die schaukelnd-rüttelnde Bewegung des ganzen Körpers und das wechselnde Licht des Himmels als durch die Bilder der Straße. Im Kinderwagen atmet das Kind eine Luft, die zumindest nicht schlechter ist als die für die Fußgänger. Wenn sich bei solchen Gelegenheiten auch Wege in einem Park oder gar solche durch Wald und Wiesen benutzen lassen, darf man von idealen Verhältnissen sprechen. Natürlich ist auch der im Garten oder auf der Terrasse im Schatten abgestellte Kinderwagen eine gute Lösung für den Fall, daß zum Beispiel eine Nachbarin das Kind überwachen kann, während die Mutter rasch einkaufen geht. In der frischen Luft schlafen viele Säuglinge gut, andere wieder lieben das Ausfahren und die damit verbundenen Aktivitäten. Auf jeden Fall ist das indirekte Sonnenlicht beim Ausfahren oder beim Abstellen des Kinderwagens für die Rachitisvorsorge eine wichtige Maßnahme (wenn das Wetter mitmacht).

Für den Säugling im Kinderwagen verändert sich die Umwelt recht wenig, wenn man einmal vom Sonnenlicht und der frischen Luft absieht. *Kinderwagen mit Fenstern* sind ein völliger Fehlgriff der Mode, denn wenn Babies überhaupt dort hinausschauen, sehen sie nur verwirrende Eindrücke des Verkehrs; solche unnötige Reizüberflutung sollte vermieden werden.

Säuglinge in *Tragegurten oder -tüchern* sehen von der Umwelt kaum etwas, da ihr Gesicht meist zum Körper der Mutter gerichtet ist. Aber auch das Sonnenlicht (wegen der Rachitisvorsorge) erreicht das Gesicht nur in unzureichendem Maße. Im Vergleich zu anderen Nachteilen sind die genannten noch gering: *Die aufrechte Haltung des Körpers* in den Tragegestellen ist bis gegen Ende des ersten Lebensjahres *unphysiologisch!* Sowohl in der vertikalen Haltung als auch in einer liegenden Position ohne gerade und feste Unterlage (im Tragetuch) wird die noch nicht ausreichend verfestigte *Wirbelsäule unnötig belastet* und kann schließlich sogar geschädigt werden. Außerdem wird in Abhängigkeit von der Art der Zwangshaltung die *Atmung eingeengt* und der *Wärmehaushalt* des Kindes strapaziert. Die vor dem Brustkorb der Mutter getragenen Säuglinge sehen oft blaß aus und haben kalte Beine (man prüfe die Waden!).

Dagegen fühlt sich das fast einjährige Kind in der *Rückentrage* recht wohl. Der Träger kann sowohl mit dem Kind sprechen als auch von Zeit zu Zeit das Händchen halten. Jedoch sollte man auch diese Transportart für Einjährige nicht auf längere Zeiten ausdehnen, da das natürliche Bewegungsbedürfnis zu sehr beschränkt wird.

Im zweiten und auch noch im dritten Lebensjahr wird die *Sportkarre* von den Kindern sehr geliebt. Eines ist dabei zu bedenken: Entgegen der oft vertretenen Meinung, daß kleine Kinder viel sehen möchten, entspricht es dem Sicherheitsbedürfnis des Kindes, *mit der Mutter in Blickkontakt zu bleiben.* Kinder haben viele Fragen zu dem, was ihnen begegnet, und sie möchten darüber mit der Mutter sprechen. Auch möchten Kinder das Geschaute etwas länger im Blickfeld behalten, was viel leichter ist, *wenn das Kind mit dem Rücken zur Fahrtrichtung sitzt.* Sitzt das Kind von der Mutter weggewendet in der Karre, fehlt ihm der Kontakt zu ihr, und die Mannigfaltigkeit der Eindrücke führt sehr rasch zu einer Reizüberflutung. Im allgemeinen müssen Kinder in einer *Klappkarre* (»Buggy«) immer mit dem Rücken zur Mutter sitzen; solche Karren sollte man aus diesem Grund ablehnen.

Im zweiten Lebensjahr sollte man die belebten Einkaufsstraßen noch soviel wie möglich meiden und Parkwege oder die freie Natur bevorzugen. Auch sollte man den Kleinen reichlich Gelegenheit geben, ihre Fragen zu stellen und alles Neue näher zu betrachten. Dazu muß man auch anhalten und das Kind aussteigen lassen. Eile und Hast verderben ihm die Freude am Ausfahren.

Oft wird die Frage gestellt: »Soll ich denn lieber mit dem Auto ins Grüne fahren und dort mit dem Kind spazieren gehen und spielen?« Dahinter verbirgt sich zuweilen die andere Frage, ob man die *kleinen Kinder auch im Auto mitnehmen* sollte. Wenn es sich nicht um größere Strecken handelt und die in der Natur verbrachte Zeit den Autotransport rechtfertigt, wäre dies positiv zu beantworten.

Die örtlichen Gegebenheiten werden bei solchen Entschlüssen immer eine Rolle spielen müssen. Um aus einer verkehrsreichen Wohngegend herauszukommen, wird schon ein Auto notwendig sein; die öffentlichen Verkehrsmittel sind oft sehr unpraktisch.

»Können wir eine *Sommerreise mit dem Säugling* (oder dem Kleinkind) planen?« Darauf habe ich als Kinderarzt den Müttern etwa so geantwortet: »Der Säugling fühlt sich immer zu Hause am wohlsten! Für ihn ist jede Reise ein Streß! Wenn man versucht, für das Kind soviel wie möglich seiner häuslich-vertrauten Umwelt auf die Reise mitzunehmen, kann es sein, daß der Nachteil für das Kind durch den Vorteil, gut erholte und wieder ausgeruhte Eltern zu bekommen, aufgewogen wird.« Diese Dinge müssen gut überlegt und geplant werden. Jeder Orts- und damit verbundene Klimawechsel reißt das Kind aus seiner vertrauten Umgebung heraus. Bei jeder Reise ist außerdem zu bedenken: Für das Kind ist die Bewegungseinschränkung beim Stillsitzen und dem eventuell Angeschnalltsein im Auto, sind die vielen neuen Geräusche moderner Transportarten und die rasche Folge neuer Sinneseindrücke sehr strapaziös. Das Kleinkind sucht nicht das Neue, es freut sich vielmehr über wiederholbare Erfahrungen, so läßt sich im jungen Alter zum Beispiel ein Reisebett mitnehmen, welches das Kind schon bei anderen Gelegenheiten kennengelernt hat. Ein wiederholt aufgesuchter Ferienort hat für das Kleinkind den großen Vorteil, daß es bereits mit der Örtlichkeit und dem Haus vertraut ist.

Längere Fahrten mit der *Eisenbahn* sind im allgemeinen wenig problematisch; vor *Flugreisen* schrecken Eltern jedoch oft zurück. Gewiß sollte man Säuglinge und Kleinkinder nur dann im Flugzeug mitnehmen, wenn der Grund der Reise die Belastung wirklich rechtfertigt. Andererseits würde ich eine dreistündige Flugreise einer 24stündigen Autofahrt mit einem jungen Kind vorziehen. Solange die Mutter mit dem Säugling reist und ihn sogar noch stillt, mache ich mir wenig Sorge. Das Wohl des Kindes wird sehr vom Seelenzustand der Mutter abhängig sein, zum Beispiel wird sich ihre Angst vor dem Fliegen im Befinden und Verhalten des Kindes widerspiegeln. Auch im Kleinkindalter bestehen noch ähnliche Verhältnisse. Für alle längeren Reisen mit Säuglingen und kleinen Kindern sollte man die *Ernährung* sorgfältig im voraus planen. Am besten hat sich bewährt, die Nahrung für die Reise zu Hause vorzubereiten und zweckmäßig verpackt mitzunehmen. Auch am Urlaubsort sollte man neue und dem Kind unbekannte Nahrungsmittel vermeiden. Kinder passen sich im allgemeinen leichter und sogar besser an eine neue Umgebung an als Erwachsene; nur darf man die Zahl der Fremdeindrücke und der fremden Nahrungssubstanzen nicht zu groß werden lassen.

Comics

Noch einmal sei an die weitgeöffnete Seele des Säuglings und des Kleinkindes erinnert. In Liebe und Vertrauen zu ihrer Umwelt lassen die Kinder in diesem jungen Alter ihre Sinneswahrnehmungen ungefiltert, das heißt kritiklos in sich hineinströmen.

Man kann gewiß von der Voraussetzung ausgehen, daß die Eltern das Kinderzimmer liebevoll eingerichtet haben. In der guten Absicht, dem kleinen Kind eine interessante und lustige Umwelt zu schaffen, dekoriert man Bekleidung, Gardinen, Möbel und Tapeten im Kinderzimmer gern besonders bunt. Neben Bällen, Hampelmännern und Märchenmotiven werden auch karikaturhaft verzerrte Tiere und menschenähnliche Phantasiewesen als Dekor verwendet. Hier fehlt das Verständnis für die Tatsache, daß die Karikaturen aus der Phantasie Erwachsener heraus geschaffen und der kindlichen Bilderwelt völlig fremd sind. Mickymaus und Donald Duck sind durch Comicstrips (Bildgeschichten mit Text in Sprechblasen), Film und Videobänder »belebt« worden und vermitteln den Kindern die *Illusion*, daß diese grotesken »Zwischenwesen« wirklich sprechen und sich in typischer Weise bewegen können. *Das sind Unwahrheiten*, die Eingang in die Seele des Kindes suchen und oft finden.

Bei sorgfältiger Beobachtung der Kleinkinder wird man feststellen können, daß sie erst über die Cartoons lachen, nachdem es auch die Eltern oder Geschwister getan haben. Neben der Nachahmung spielt sicher das Nachempfinden eine Rolle. Natürlich lachen Erwachsene über die gelegentlich unbestreitbare Komik gewisser Figuren und deren »Handlungen«. Die Verzerrungen natürlicher Gesten, die albern, wie eingefroren und verhärtet wirken, werden von den Kindern nicht bewußt, sicher aber unterbewußt aufgenommen. Dasselbe gilt für Brutalitäten in Bildgeschichten.

Manche Maler haben sich bemüht, in ihren Tiergestalten die lebenschaffenden, geistigen Kräfte der Natur darzustellen, ganz besonders zum Beispiel *Franz Marc.* Die Verulkungen der Tiergestalten durch *Walt Disney* kann man als das direkte *Gegenbild* der *Franz Marcschen* Tiere bezeichnen.

Die Zahl der Karikaturen und gezeichneten Bildgeschichten nimmt noch ständig zu. Sie wird erst kleiner werden, wenn die Eltern diese Form der Verunglimpfung natürlicher Gestalten nicht mehr lustig finden und den Kauf von Artikeln, welche solche Darstellungen tragen, *boykottieren!* Kürzlich suchten meine Frau und ich ein Nachthemd *ohne* Dekoration für ein Enkelkind. Es kostete sehr viel Zeit, Geduld und etwas mehr Geld, bis wir schließlich Erfolg hatten.

Es liegt in der Natur der kleinen Kinder, die Welt so zu lieben, wie sie sich ihnen darbietet (das gilt für Arme und Reiche gleichermaßen). Wenn Eltern ihrem Kind eine *nach einer Karikatur hergestellte Puppe* kaufen, weil sie diese lustig und hübsch finden und sie ihrem Kind als »Spielgefährten« schenken, dann dürfen wir uns nicht wundern, wenn das Kind diese Puppe bald sehr lieb gewinnt. Oft entwickelt sich eine enge Beziehung zwischen dem Kind und seiner Puppe, selbst wenn wir diese als ein groteskes »Un-Wesen« betrachten. Das ist ebenso eine Tatsache wie die, daß viele Kinder von Cartoons fasziniert sind. Wenn Eltern das verhindern wollen, müssen sie die Comic-Hefte vom Kind fernhalten.

Im jungen Alter angelegte Erfahrungen und Empfindungen werden schnell in der Seele des Kindes, ähnlich wie bestimmte Denkgewohnheiten, verankert und erschweren jeden Versuch einer späteren Umgewöhnung. Liebevolles Zureden erreicht nicht so leicht die Seelentiefen des Kindes, und halbherzige Maßnahmen führen nur zu Unmut und Frustration.

> *Nur wenn die ganze Familie gewillt ist, ihre Lebensgewohnheiten zu ändern* und dieses auch ernsthaft und konsequent durchzuführen (daß der Fernsehapparat unter Verschluß kommt und alles Spielzeug durchsortiert wird), *kann man auf einen Erfolg hoffen.*

Die Frage ist berechtigt: Wie wirkt sich eine in früher Kindheit mit verunstalteten Tieren und Karikaturen erfüllte Umwelt auf das *Schönheitsempfinden* im späteren Leben aus? Dabei spielen sicher das Ausmaß und die Dauer der Beschäftigung des Kindes mit Comics eine Rolle wie auch die Zuneigung, die das Kind diesen Figuren gegenüber entwickelt hat. Auch muß man wohl fragen, mit wieviel *schönen Dingen* das Kind umgeben war. Nach Hinweisen von *Rudolf Steiner* muß der *Schönheitssinn* dem Kind anerzogen werden (vgl. Kap. 11). Damit muß bereits in früher Jugend begonnen werden, wenn Erfahrungen als Erinnerungsbilder gespeichert werden. Wir nehmen an, daß es für das junge Kind verwirrend ist, neben den geistigen Bildern, die es beim Betrachten der Natur noch empfangen kann, auch die *Gegenbilder*, das heißt die Unwahrheiten der Comics und Cartoons aufzunehmen. Das Kleinkind kann noch keine Kritik an den Sinneseindrücken üben und sich daher noch kein Urteil darüber bilden, was schön oder häßlich ist. *Rudolf Steiner* sagte (GA 302), daß der Zusammenhang des Kindes mit der Natur erst ersterben muß, bevor es um das neunte Lebensjahr herum eine neue Art des Staunens und Bewunderns entwickelt. Erst nach dem neunten Lebensjahr beginnt der *Schönheitssinn bewußter zu werden.* Noch eine weitere Stufe der Persönlichkeitsentwicklung muß erreicht werden, bis der Mensch seinen freien Willen zu entfalten beginnt. Erst mit dieser *Freiheit kann er zwischen Schönheit und Häßlichkeit wählen (Rudolf Steiner*, 12.7. 1914, GA 155).

Im ersten Lebensjahrsiebt wird Bildmaterial aus der Umwelt als Erfahrung in die Erinnerung aufgenommen. Diese Erinnerungen werden im Ätherleib des Kindes aufbewahrt. Weiter oben wurde davon gesprochen, daß eine Reizüberflutung mit Sinneseindrükken, die von albernen Unwahrheiten stammen, zu einer Schwächung besonders der organbildenden Ätherkräfte führen kann. Wir haben außerdem auf die Angabe *Rudolf Steiners* hingewiesen daß der Organismus die ihm nicht nützlichen Sinneseindrücke während des Schlafes in die Ätherwelt »hinauswirft« (oder hinauswerfen kann). Mit diesen Hinweisen sollte es verständlich werden, daß wir noch nicht durchschauen können, was der Ätherleib des jungen Kindes unter den heutigen Zeitumständen alles bewältigen kann oder muß; und auch, ob er dieses in jedem einzelnen Fall auch schafft. Wir können aber den jungen Kindern helfen, indem wir ihre Ätherkräfte so gesund und kräftig wie möglich erhalten, das heißt sie vor Schaden bewahren und ganz besonders die Säuglinge und Kleinkinder vor den Unwahrheiten, nämlich den Eindrücken bewußt verzerrter Tiergestalten mit albernen Gesichtern schützen.

Fernsehen und Video

Nach dem letzten Weltkrieg hat das Fernsehen die sogenannten Industrieländer wie eine riesige Flutwelle überspült; es hat sich als Freund ausgegeben und ist für viele Menschen zum Verführer geworden. Obwohl viele ihre Abhängigkeit vom Fernsehapparat verneinen, werden die Geräte häufig vom Nachmittag bis in die Nacht in Betrieb gehalten; dabei wird die ganze Familie unaufhaltsam berieselt und verfällt von Zeit zu Zeit in ein passives »Glotzen«. Oft hört man Worte wie: »Wenn der Fernseher nicht läuft, fühle ich mich einsam in meiner Wohnung«, und gelegentlich folgt der Zusatz: »und wenn ich allein bin, habe ich Angst.« Viele Kinder wachsen mit solchen Gewohnheiten ihrer Eltern oder des alleinerziehenden Elternteiles auf und erleben nur noch selten die Ruhe einer Häuslichkeit. Manche Dreijährige verlangen schon nach bestimmten Fernsehprogrammen oder legen sich Videokassetten selber ein.

Unsere Frage nach dem Umfang der Beeinflussung der Kinder durch Fernsehen oder Video und deren Auswirkungen auf die Entwicklung soll wiederum auf das Vorschulalter begrenzt bleiben. Besonders für das junge Kind ist es gleichgültig, unter welchen Umständen es dem Fernsehen ausgesetzt wird, ob es nur »wie zufällig« im gleichen Raum sich aufhält, wo Erwachsene fernsehen, oder ob es sich gezielt Sendungen oder ein Video ansieht.

Es gibt kein gutes und für Kinder geeignetes Fernsehen.

Nach den inzwischen zahlreich vorliegenden Publikationen über den schädlichen Einfluß des Fernsehens auf die Entwicklung der Kinder (*H. Buddemeier, G. Haug-Schnabel, J. M. Healy, Th. Hellbrügge, R. Patzlaff, M. Winn* und viele andere) wäre es zu rechtfertigen, diese Thematik hier mit einem Satz abzutun: *»Kinder im Vorschulalter sollen nicht fernsehen.«*

Nun fragen aber manche Eltern nach einer Begründung dieser strengen Abstinenzregel für das Vorschulalter. Deshalb sollen hier einige Gründe und Überlegungen dargelegt werden. Das Wissen über die Auswirkungen von Fernsehen und Video als Umweltfaktor auf die Entwicklung der Kinder ist leider heute noch völlig unzureichend. Sorglos werden schon Säuglinge und Kleinkinder vor den Fernsehapparat gesetzt. Nach Umfragen der Meinungsforscher verbringen die meisten Vorschulkinder bereits über zwei Stunden täglich vor dem Fernseher!

Für das Kind im Vorschulalter wollen wir untersuchen, wie sich das Fernsehen – dabei ist Video immer eingeschlossen – auf der *physischen, seelischen und geistigen Ebene* auswirkt.

Der *physische Leib* wird durch den Mangel an körperlicher Aktivität *geschwächt* (nachlassende Muskelkräfte und Haltungsschwächen) und damit auch anfälliger für Krankheiten. *Bewegungsun-*

ruhe und Zappeligkeit werden vermehrt beobachtet. Je mehr Zeit vor dem Bildschirm verbracht wird, um so häufiger tritt *Sehschwäche* auf *(Moore u. Moore).*

Seelische Störungen wie Verhaltensprobleme und soziale Kontaktschwäche (Isolationsphänomene) entwickeln sich bei den fernsehenden Kindern langsam, zum Teil auch verzögert und in Abhängigkeit von ihrer konstitutionellen Seelenverfassung (Temperament). Häufig findet man eine allgemeine seelische Abstumpfung bis zur Interessenlosigkeit; mit individuellen Unterschieden tritt Passivität, Oberflächlichkeit, abnehmende Zuwendung und Aufmerksamkeit mit Zeichen nachlassender Denkfähigkeit auf. Asoziales Verhalten wie zum Beispiel vermehrte Aggressivität und Wutanfälle sind nicht selten. Das Familienleben wie auch andere zwischenmenschliche Beziehungen leiden erheblich.

Auf *geistiger Ebene* ist durch die *Frühintellektualisierung* eine erzwungen beschleunigte Umwandlung von Wachstumskräften in Denkkräfte zu beobachten. Es treten heftige Trotz- und Wutanfälle auf, da die Ich-Kräfte nicht richtig in den Willen geführt werden. Man erlebt zunehmend häufiger Symptome der *Ich-Schwäche* (z.B. mangelnde Handlungsmotivation und Unfähigkeit zu kreativem Spiel). Die *Sprachentwicklung* ist verzögert, die Sprache bleibt primitiv. – Illusion und Unwahrheit auf dem Bildschirm verwirren die Seele und lähmen die Persönlichkeitsentwicklung des Kindes. Eine (Fernseh-) Welt voller *absichtlicher Täuschungen* ist dem hilflosen Kind ebenso unbegreiflich wie Brutalität und Zynismus.

Das natürliche Hinausstreben der Kinder in ihre Umwelt, die sie erkunden und erleben möchten, wird durch das Fernsehen geschwächt, da es die Impulse und natürlichen Initiativen der Kinder lähmt.

Wie ist es aber mit dem *Lernen*, mit dem Vermitteln von Wissensstoff durch Fernsehen und Videokassetten? Es wird doch »Unterricht« im Fernsehen angeboten?

Als Beispiel möge die Programmserie *»Sesam-Straße«* dienen. Entgegen der weitverbreiteten Meinung, daß der Lerneffekt dieser

Serie wissenschaftlich erwiesen ist, hat die Computer-Suche von *J. M. Healy* kaum Material zu dieser Frage erbracht. Durch Interviews mit Experten und Auswertung wissenschaftlicher Arbeiten konnte die Autorin folgende zehn Feststellungen untermauern, die hier nur in Kurzform dargestellt werden können:

1. Das Programm der »Sesam-Straße« ziehlt auf die Verbreitung des Irrglaubens ab, daß Kinder im Vorschulalter Lesen lernen müßten.
2. In diesem Programm wird das Lernen von Buchstaben und Nummern überbetont bei Vernachlässigung von Anregungen zum Sprechen und Denken.
3. Es widerspricht der Natur von Buchstaben, herumzutanzen und sich zu verwandeln; Kinder vermissen das später in Büchern.
4. Das Programm vermittelt Wissen bruchstückhaft und oft zusammenhanglos.
5. Im Fernsehen kann das Zuhören nicht gelehrt werden. Da junge Kinder mehr zusehen als zuhören, bleiben die Informationen einseitig und unvollständig.
6. Das Programm ist hoffnungslos überladen, es zerstreut und drängt die Kinder in eine defensive Haltung (Glotzen) und fördert Passivität.
7. Die fehlende Möglichkeit des Fragens empfindet das Kind als grausam. Außerdem bleibt wegen der Geschwindigkeit des Fortganges der Sendung nicht einmal Zeit zum Überlegen und zum gedanklichen Verarbeiten.
8. Das Programm bietet keine Gedächtnisschulung.
9. Die Aufmerksamkeit der zuschauenden Kinder »wandert weg« und beschäftigt sich mit Nebensächlichkeiten. Die Handlung wird zur inhaltlosen Kulisse für das Spielen oder Essen der Kinder.
10. Da alles in dem Programm vorgemacht und ausgeführt wird, bleibt kein Raum für die Phantasie des Kindes. Ein ohne Phan-

tasie aufgenommener Lernstoff wird schlecht erinnert. Im Fernsehen gehörte Geschichten können selten wiedererzählt werden. Man hat verglichen und gefunden: Von den Eltern am Vorabend erzählte Geschichten können von denselben Kindern gut wiedererzählt werden!

Ein weiteres *Beispiel* zum Thema Fernsehen im Kindergartenalter (nach *G. Haug-Schnabel*):

Verhaltensbeobachtungen in Freiburger Kindergärten haben zur Beschreibung des *Montags-Symptoms* geführt (das auch in der Grundschule auftritt). »Montags sitzen auffallend viele Kinder apathisch herum, kein Spiel erscheint ihnen verlockend ... Wenn es zu Interaktionen, zu gemeinsamen Unternehmungen kommt, so herrschen aggressive Auseinandersetzungen in der Gruppe vor«, schrieb die Autorin. Zur Frage der Ursache heißt es weiter: »An den mit Wutanfällen und Provokationen gespickten Montagen scheinen die Kinder auch die geballt konsumierten Fernsehereignisse des Wochenendes abzureagieren. Sie scheinen die Filminhalte oft nicht verdaut zu haben.«

Diese beiden Beispiele können nur auf einige wichtige Beobachtungen hinweisen, da das sehr variierende Fernsehprogramm und die Persönlichkeitsstruktur der Kinder auch viele andere Auswirkungen auf Seele und Geist der Kinder haben können. Was die Kinder in ihrer »Fernsehumwelt« wirklich wahrnehmen, können wir Erwachsene durch Anschauen des Programmes nicht feststellen. Aus gelegentlichen Bemerkungen kann man schließen, daß die dem Kind in die Erinnerung gedrungenen Bilder keineswegs immer mit den Bildschirmereignissen übereinstimmen. Besonders aus den Zeichentrickfilmen bleiben oft völlig »eigenartige« Eindrücke haften. In dieser Welt der totalen Illusionen unterliegt das Kind auch ganz einfachen Interpretationsirrtümern und Mißverständnissen. So sammelt es *Seelenballast*, der wohl nicht immer im Schlaf aus dem Organismus entfernt werden kann und dann zu einer Vergiftung und Schwächung des Lebensleibes führt. Sorgfältige Beobachtungen der Kinder und das vertrauensvolle Gespräch am Abend sind gute Hilfsmittel der Eltern, um Seelenschäden erkennen und dann auch abwenden zu können. Eltern können sich viel Kummer und Sorgen ersparen, wenn sie ihre Kleinkinder vom Fernsehapparat weghalten. Sie verhelfen ihnen damit zu einer gesünderen Entwicklung.

»Ab welchem Alter darf ich mein Kind am Fernsehen teilnehmen lassen?« Sicher gibt es individuell unterschiedliche Altersgrenzen, und gelegentlich sind auch die Gegebenheiten in einer Familie mitbestimmend. *Goebel u. Glöckler* halten das Fernsehen »bis zum ›Rubikon‹ des zehnten Lebensjahres« für tabu, und danach sollte es erst eine Rolle spielen, wenn die Willens- und Gefühlsentwicklung zwischen dem 13. und 15. Lebensjahr zum Abschluß gekommen ist. Nach Ansicht der Pädagogin *J. M. Healy* sollte mit dem Fernsehen gewartet werden, bis die Kinder Schreiben und Lesen gut beherrschen.

Das gemüthafte und das künstlerische Element in der Umwelt des Kindes

Es sei im folgenden nochmals von den »Hüllen« des Kindes ausgegangen, die von nicht zu unterschätzender Bedeutung sind. Der Organismus des Neugeborenen empfindet die ersten Kontakte mit der für ihn neuen Umwelt durch seine Haut und die aus der Haut hervorgegangenen Sinnesorgane. Der Übergang vom nackten Neugeborenen zum bekleideten Säugling geschieht sehr schnell, da die »zweite Hülle« zum Schutz der Haut und des Wärmeorganismus dringend benötigt wird. *Rudolf Steiner* ergänzt diese uns geläufigen Ereignisse nach der Geburt mit folgenden Hinweisen: Der physische Leib des Kindes muß nach der Geburt sogleich eine Beziehung, und zwar eine dreidimensionale Raumesbeziehung zu seiner neuen Umwelt herstellen. Die Seele des Kindes kommt aus einer Welt, in der keine Raumesdimensionen bekannt waren, dafür aber starke Farbintensitäten und -qualitäten. Die alten Kulturen haben mit Vorliebe an das vorgeburtliche Dasein angeknüpft durch den Gebrauch von Farbigkeit. Vermittels farbiger Bekleidungskunst haben die Menschen in alten Zeiten das vorirdische Dasein in das irdische Dasein hineintragen wollen. »Andenken an ihr Aussehen im Himmel wollten die Menschen in ihren Bekleidungen schaffen« (1.6. 1923; GA 276).

Das Wissen um diese Zusammenhänge rückt die Frage der farblichen Gestaltung von Bekleidung und Kinderbett in ein neues Licht. Mit dem Hinweis auf die Farbqualitäten, welche im vorgeburtlichen Sein der Seele intensiv erlebt werden, müssen die »künstlichen« Farben in der Umwelt des Säuglings nur als ein schwacher Abglanz der vorgeburtlich vertrauten Farben erscheinen. Um so mehr sollte man auch darum besorgt sein, daß »aggressive« und unklare Farben bei der farblichen Gestaltung des Kinderzimmers vermieden werden.

Die Umwelt bietet sich dem neuen Erdenbürger in großer Mannigfaltigkeit dar. Sie wirkt einmal durch ihr *Dasein* als Materie mit den ihr eigentümlichen Eigenschaften, zum Beispiel als Stein, Holz, Pflanze oder Wollgewebe. Der Mensch, oder in unserem Fall die Eltern haben die rohe Materie mit Formen und Farben versehen oder das fertige Produkt käuflich erworben; sie haben *das Dasein zum Sosein* ausgestaltet und verändert.

Außerdem haben die Eltern *Ordnungen* in der unmittelbaren Umwelt des Neugeborenen geschaffen. Zwar lassen sich viele dieser Ordnungen auf Nützlichkeitserwägungen und Zweckmäßigkeiten zurückführen, jedoch weist die eine oder andere Anordnung auf liebevolles und gemüthaftes Handeln der Eltern hin. So wird eine schöne Decke auf das Tischchen gelegt, ein kunsthandwerklicher Gegenstand im Kinderzimmer aufgestellt und vielleicht noch ein besonderes Bild aufgehängt. Auch werden Windeln und Bekleidung des Kindes »ordentlich« in Schubladen sortiert.

Das Kind muß erleben, wie Eltern, eventuell auch Geschwister und Kindergärtnerinnen, *Ordnung schaffen.* Spielsachen gehören an bestimmte Plätze, sie alle haben ein »Zuhause«. Zum Beispiel »leben gewisse Klötze in Körben«. Der Mensch schafft *Ordnung in seiner Umwelt* in einem wie traumhaft verankerten Bedürfnis, etwas von den hierarchischen Ordnungen, dem Kosmos, als schwachen Abglanz in sein Leben einfließen zu lassen.

Die zweite und dritte Umhüllung des Säuglings, also seine Bekleidung und sein Bettchen im Kinderzimmer, sind von den Eltern bewußt gestaltet worden. Mütter sagen oft, daß sie die Gestaltung mit großer Freude und mit intensiven Gedanken an das erwartete Kind begleitet haben. So ist in diese beiden »Hüllen« aus den Materialien dieser Welt etwas vom Gemüt der Eltern eingeflossen. Ob zum Beispiel das selbstgestrickte Jäckchen das Baby besonders schön kleidet oder ein selbstgebasteltes Spielzeug zu einem Spielgefährten wird, hängt wesentlich von der Seelenstimmung beim Herstellen dieser Dinge ab. Jede *Gestaltung der materiellen Umwelt*, ob Bekleidung, Spielzeug, Bett oder Kinderzimmer, hat eine Wirkung auf das Kind.

Einrichtungen und Gestaltungen sollen oft zweckdienlich und praktisch sein; aus solchen Beweggründen werden Oberflächen im Kinderzimmer mit Resopal belegt und werden Gegenstände aus unzerbrechlichem Plastik angeschafft. Aus einer ähnlichen Einstellung heraus wird auch zum Beispiel mechanisch, durch Batteriemotor bewegtes, ja Musik erzeugendes Spielzeug gewählt. Damit sollen – so wird behauptet – Säuglinge unterhalten und vom Schreien abgelenkt werden. Solche Dinge geschehen aus Unverständnis für die Seele des Kindes und schaffen eine Umwelt, die wie *seelenlos* erscheint. Man muß bedenken, daß auch die materielle Umgebung dem Kind Vorbilder gibt, denn im Beginn des Lebens ist die gesamte Umwelt für das Kind belebt und nachahmenswert. Eine Umwelt, mit der es nicht kommunizieren kann, läßt das Kind vereinsamen. Radiomusik und die Geräusche des Fernsehers steuern dazu bei. Das Kind braucht die soziale Anteilnahme seiner Umgebung und möchte auch in den materiellen Dingen die gemüthaften Seelenstimmungen seiner Eltern nachempfinden können.

Die Frage nach der *Bedeutung der Kunst im Kinderzimmer* ist sehr berechtigt. Ganz allgemein ist festzustellen, daß heutzutage die Menschen immer weniger Neigungen für das Künstlerische haben. Häufig hört man Eltern auch sagen, sie verstünden nichts von Kunst. Dabei kann schon die Umgestaltung vorgegebenen Materials eine künstlerische Tat sein, auch wenn dieses ganz individuell im kleinen Rahmen der Familie geschieht. So kann der Vater zum Beispiel Astscheiben mit Sandpapier bearbeiten, bis sie schön und glatt sind; oder es werden Holzkugeln zu Puppenköpfen umgestaltet. *Goethe* sagte einmal, daß die Kunst dem Menschen helfen soll, die Wirklichkeit seiner Natur zu offenbaren. *Wolfgang Schad* schrieb, daß Kunst darin besteht, das vorgegebene Material »nicht wie vorgefunden zu belassen, sondern es weiterzugestalten, daß es menschliche Qualität gewinnt«. In jedem unvoreingenommenen Menschen steckt so viel eines Künstlers, daß er die Naturmaterialien für sein Kind umwandeln kann und geradezu mit menschlichen Qualitäten versehen kann. Das selbstgebastelte Spielzeug und die selbstgemachte Puppe haben in diesem Sinne künstlerische Qualitäten.

Von großen Kunstwerken sagt man, daß sie die Menschen verändern. Im kleinen können Eltern genau das auch für ihre Kinder tun! Wenn sie etwas aus ihrem Gemüt in ihre Tätigkeiten einfließen lassen, wird das vom Kind wahrgenommen. Es dringt sogar tief in seine Seele ein und wird von dort aus an der Gestaltung seines physischen Leibes teilnehmen. Die Umwelt prägt Seele und Leib des Kindes. Darüber hinaus liegt »die Gesundheit des erwachsenen Menschen bis ins späteste Alter« in unserer Hand, »je nachdem wir uns in der Umgebung des Kindes verhalten« (*Rudolf Steiner*, 20.11.1922, GA 218). Aus demselben Vortrag seien noch folgende Zitate hinzugefügt:

»Das Kind richtet sich lediglich nach dem, was es in seiner Umgebung sieht. Nur sieht es viel, viel genauer als der Erwachsene, wenn es auch das Gesehene sich nicht zum Bewußtsein bringt. Und es prägt seinem Organismus das ein, was es in der Umgebung schaut. Der ganze Organismus wird ein Abbild dessen, was das Kind in seiner Umgebung schaut ... Sie werden sehen, daß das Kind nicht nur ein Nachahmer in bezug auf das Sprechenlernen, ... sondern, daß das Kind in seinem ganzen Organismus, gerade im Physischen ein Abdruck dessen ist, was wir in seiner Umgebung vollbringen.«

15. Gifte in der Umwelt des Kindes

Einführung

Dieses Buch behandelt den Austausch von Informationen und stofflichen Substanzen zwischen dem Organismus des Kindes und seiner Umwelt. Die Interaktionen zwischen Innen- und Außenwelt sind lebensnotwendig und charakterisieren jeden Organismus. Sie machen den Menschen gleichzeitig zu einem Teil der größeren Umwelt, das heißt des Erdorganismus. In der *gegenseitigen Abhängigkeit* des menschlichen Organismus und seiner belebten und unbelebten Umwelt liegen leider auch viele *Ursachen für Krankheiten* und Fehlleistungen, und zwar auf beiden Seiten. Die krankhaft übertriebenen Begierden des Menschen zum Beispiel nach besserem und reichlicherem Essen oder nach Ausdehnung einer naturwidrigen Technologie (z.B. Fabriken, Straßen- und Schienennetz etc.) bewirken Zerstörungen ökologischer Gleichgewichte und Vergiftungen der Umwelt. Die Nahrungsmittel aus der Natur und die allnotwendigen Elemente Erde, Wasser und Luft zeigen heute »Krankheitserscheinungen«, die auch den Menschen einbeziehen; letzteres kann akut bei tödlichen Unfällen (z.B. mit dem Auto), in der Regel jedoch mehr schleichend geschehen (z.B. bei chronischer Gifteinwirkung).

Das *Kind weiß nichts über Krankheiten* seiner Umwelt und erwartet auch keine Gefahren durch sie. Auch die Eltern können schwerlich vollständige Sachkenntnisse darüber haben und alles von ihren Kindern fernhalten. Das bezieht sich vor allem auf Giftbeimengungen in der Nahrung, aber auch im Wasser und in der Luft sind giftige Substanzen, von denen die Eltern keine Kenntnisse haben. So kann die Aufnahme eines Umweltgiftes über Jahre hinweg unbemerkt bleiben, und erst die Spätfolgen machen auf die frühere

Gifteinnahme aufmerksam (das kann z. B. bei der chronischen Bleivergiftung der Fall sein). Als ein anderes Beispiel mag der Autounfall dienen, bei dem das Kind ohne ein Bewußtsein für die Ursache (z. B. sein Auf-die-Straße-Laufen) verletzt wird. Unter diesen Umständen bestand *keine Kommunikation* zwischen Kind und Umwelt.

Wie früh im Leben des Menschen treten Umweltgefahren auf? Im Kapitel 3 wurde darauf hingewiesen, daß bereits in der Schwangerschaft der mütterliche Schutzwall durchbrochen werden kann und chemische oder physikalische Fremdeinwirkungen aus der Umwelt auf den Fetus möglich sind. *Können wir denn das Neugeborene wirksam schützen?* Es ist leicht gesagt, daß diese Aufgabe der Mutter obliegt, denn viele Gefahren für den neugeborenen und jungen Säugling *lauern im Verborgenen*! Seine Haut ist eine Eingangspforte in den Organismus, die leider noch sehr weit offen steht. So können zum Beispiel durch die täglich gebrauchten Pflegemittel Schadstoffe in das Blut gelangen. Es ist auch viel darüber geschrieben worden und hat viele Sorgen und Nöte bei stillenden Müttern ausgelöst, daß in der Muttermilch Schadstoffe (z. B. chlorierte Kohlenwasserstoffe) vorkommen können. Weder die Mutter noch das Kind zeigen alarmierende Krankheitssymptome, die auf solche Gifteinflüsse hinweisen; auch Spätfolgen können derzeit noch nicht sicher als solche identifiziert werden. Eingriffe in den Wärmehaushalt junger Säuglinge (z. B. starke Unterkühlungen oder Überwärmungen) sind ebenfalls Beispiele für negative Umwelteinflüsse mit noch weitgehend unbekannten Spätfolgen.

Im Laufe des zwanzigsten Jahrhunderts hat sich die Umwelt für den Menschen erheblich verändert. Elektrizität, Autos und eine unglaubliche Zahl neuer Chemikalien spielen heutzutage im Leben auch der Kinder eine große Rolle. Kinder müssen erst einen gewissen Reifegrad in ihrer Entwicklung erreicht haben, bevor sie die Gefahren moderner Technologie und Chemie überhaupt begreifen können. Neben den Tabletten und den bunten, mit Zucker überzogenen Dragées aus Mutters Nachttisch gehören hierzu genauso Schwimmbäder (Gefahr des Ertrinkens) und Rasenmäher.

Die Zahl der *Säuglingssterbefälle* pro 100 000 Lebendgeborenen ist von 1960 mit 3 383 Todesfällen auf 1 091 im Jahr 1982 abgesunken. Dazu haben die moderne Intensivversorgung und die Verbesserungen der Operationsmethoden entscheidend beigetragen. 1982 belief sich die *Zahl der Unfälle und Gewalteinwirkungen* mit Todesfolge auf 69,5 pro 100 000 Lebendgeborene, das sind 8,8 % aller Sterbefälle im ersten Lebensjahr. Man sollte nicht vergessen, daß in der Bundesrepublik (ohne die neuen Bundesländer) jährlich zwischen ein und zwei Millionen *Kinder in Unfälle verwickelt* sind; 80 000 müssen deswegen ins Krankenhaus! (nach *P. Stelgens*).

Einteilung der Umweltgefahren

Es gibt keine ideale und für alle Fragen ausreichende Einteilung der Umweltgefahren (*D. Noyes Kane*). Deshalb sollen verschiedene Aspekte und Systematiken herangezogen werden, um die Vielschichtigkeit des Problems aufzeigen zu können. Man bedenke, daß die Gefahren in so unterschiedlichen Bereichen liegen wie zum Beispiel Natur, menschliche Unzulänglichkeit und Technologie.

1. Betrachten wir das Kind als ein physisch-seelisch-geistiges Wesen, das erhebliche Reifungs- und Differenzierungsprozesse zu durchlaufen hat, so ergeben sich Aspekte, die der *körperlichen Unreife* und der *Unerfahrenheit* seiner Seele und seiner Person zuzuordnen sind.
2. Wir fragen: *Wie* gelangen Gifte in den Organismus des Kindes?
3. Weiter wollen wir fragen: *Wo* sind die Gifte zu suchen, die das Kind gefährden? (Nahrungsmittel, Erde, Wasser, Luft)
4. Eine recht grobe Einteilung unterscheidet nach
   Gefahren durch Energieeinwirkung (physikalische Einwirkungen) und *durch Materie bedingte (stoffliche) Einwirkungen* (chemische Einwirkungen).

Die beiden letztgenannten Hauptgruppen werden auch kurz »Energie und Materie« genannt.

Da es nicht in der Absicht dieses Buches liegt, das Gesamtgebiet der Gifte und Unfallarten erschöpfend darzustellen, werden die genannten Einteilungen nur dazu herangezogen, um die Umweltgefahren des Kindes im ersten Lebensjahrsiebt und seine besondere Situation in diesem Lebensabschnitt darzustellen.

1. Die Bedeutung von Reifung und Entwicklung des Kindes im Hinblick auf Umweltgefahren

Während der Wachstums- und Entwicklungsphase des Kindes ist mit anderen Sofortwirkungen und auch anderen Späteffekten zu rechnen als bei gleichen Umweltgefahren für Erwachsene. Im folgenden soll dieser Aspekt beleuchtet werden.

Der KÖRPER des Kleinkindes ist muskelschwächer als der des Erwachsenen. Das Kind hat ferner eine relativ geringe Knochenstabilität und eine sehr empfindliche Haut. Beim Säugling und Kleinkind ist die Hautoberfläche pro Körpergewichtseinheit zwischen zwei- und dreimal so groß wie beim Erwachsenen. Größe, Gewicht und Körperkräfte sind deutlich geringer und schaffen Bedingungen, die sich sowohl positiv (sie fallen z.B. häufiger, ohne sich Knochen zu brechen) als auch negativ (sie resorbieren z.B. mehr über ihre relativ große Hautoberfläche) auswirken können.

Zu den *körperlichen Nachteilen* des Kleinkindes gehört die funktionelle Unreife vieler Organe. Das sehr komplexe System des Kindes zur Abwehr von Krankheitskeimen und zur Bewältigung von Umweltgiften ist noch im Zustand der Entwicklung, alle diese Systeme sind »unerfahren«. Bezüglich der Infektabwehr spricht man von mangelhafter Immunkompetenz. Besonders in der frühen Entwicklung des Kindes kennt man »sensible Phasen« – wie zum Beispiel die plötzliche Neubildung von Enzymen während einer bestimmten Entwicklungsphase –, in denen Gifteinwirkungen hemmend wirken, wobei diese Entwicklung dann nicht mehr nachgeholt werden kann. So muß zum Beispiel die Leber des jungen Säuglings viele neue Enzyme bilden, um dem Ernährungsstoffwechsel nach der Geburt gerecht werden zu können; wird dieser Prozeß durch Umwelteinflüsse behindert, bleibt eventuell eine lebenslange Schwäche im Leberstoffwechsel bestehen. Auch in der Reifung des Gehirns kennen wir kritische Entwicklungsphasen, bei deren Störung es zu irreparablen Schäden kommt.

Die SEELE des Kindes im Vorschulalter wird erst langsam und schrittweise zur Wohnung des Ichs, was sich durch erste Zeichen einer augenfälligen Inkarnation im Verlauf des dritten Lebensjahres offenbart. Obwohl vor dieser Zeit das Ich noch durch den Astralleib »vertreten« wird und durch diesen hindurch wirkt, kann man auch bei Einjährigen schon von einer »Person« sprechen. Das kleine Kind begegnet seiner Umwelt unvoreingenommen. Es erwartet nur Gutes, öffnet seine Seele für Erfahrungen und lernt mit großem Eifer. Seine *Sympathie und Neugier* läßt es zum Beispiel auch Dinge probieren oder ergreifen, die heiß, stachelig oder giftig sind.

So erleben wir, wie ein zwölf Monate altes Kind in eine Kerzenflamme greift, den stacheligen Stengel einer Rose anfaßt oder eine kleine weiße Tablette (z. B. Digitalis) in den Mund nimmt und verschluckt. Oder wir erleben, wie das Einjährige freudig und heftig am buschigen Schwanz der Katze zieht, die sich mit ihren Krallen dagegen wehrt. – Oder ein Kleinkind klettert unbemerkt auf das Fensterbrett eines offenen Fensters und drückt seine Freude über den herrlichen Ausblick durch heftige Armbewegungen aus, wobei es sein Gleichgewicht verliert und aus dem Fenster stürzt. – Ein zweijähriges Kind spielt fröhlich mit seinem Ball, der ihm plötzlich in einen kleinen Zierteich rollt. Beim Versuch, den Ball am Teichand zu erwischen, fällt das Kind bäuchlings in das flache Wasser, gerät in einen Schock und verbleibt regungslos mit dem Gesicht im Wasser liegen. Dann ist schnelle Hilfe lebensrettend! Wie oft brauchen doch Kinder unter solchen Umständen ihren Schutzengel!

Die seelische Unbefangenheit des Kleinkindes und seine noch *unerfahrene Intelligenz* lassen sich schwer voneinander trennen. Der Verstand des Kindes kann noch keine Kritik an der Umwelt üben, kein Urteil bilden, die Folgen nicht vorhersehen und rechtzeitig vor Gefahren warnen. Auch kann das Kleinkind viele *Verbote und Warnungen* der Eltern nicht begreifen, wie in Kapitel 11 dargestellt worden ist (S. 260). Es wird sie daher auch nicht befolgen. Aus demselben Grund sind Vorhaltungen oder Hinweise auf mögliche Folgen nur selten wirksam; leider muß das Kleinkind seine Erfahrungen selber machen. Wenn die Mutter warnt: »Faß nicht den heißen Ofen an, du wirst dir die Finger verbrennen«, werden die meisten Kinder doch den Versuch wagen – und sich Schmerzen zufügen.

Auch die *Aufmerksamkeit der Sinne* – besonders das Sehen und Hören – ist bei vielen Kleinkindern noch nicht auf die uns Erwachsenen vertrauten *Warnsignale* gerichtet. Im Verkehrslärm einer belebten Straße schalten viele Kinder einfach ab, das heißt, sie ziehen sich in ihre eigene Welt zurück und »übersehen und überhören« wichtige Warnsignale. Wer hat es nicht schon erlebt, daß ein klingelnder Radfahrer glaubt, das Kind habe ihn gehört. Das Kind aber »träumt« und weicht nicht rechtzeitig aus. Es ist nur eine winzige Zeitspanne, die das Kind zu spät reagiert, aber nicht alle Radfahrer wissen das, und so werden leider viele Kinder verletzt. Man bedenke, daß 37 % aller Unfälle mit Todesfolge bei den ein- bis fünfjährigen Kindern durch Kraftfahrzeuge verursacht werden.

Immer wieder werden Kleinkinder von ihren Eltern oder Aufsichtspersonen angewiesen, sich in bestimmter Weise zu verhalten. Solche *Anweisungen* basieren im allgemeinen auf einer Logik, die der Denkweise und Beurteilungsgabe Erwachsener entspricht.

Auch bei gutem Willen des Kindes werden solche Regeln und Gebote nicht richtig verstanden und darum nicht befolgt. Dazu folgendes Beispiel:

> Dem sechsjährigen Joachim erklärte der Vater ganz genau, wie er sich beim Erklettern eines Baumes verhalten muß, daß er die Dicke der Äste beachten müsse und vertrocknete, morsche Äste meiden solle usw. Leider müssen jedoch viele Kinder erst durch einen schmerzhaften Fall vom Baum von der Wichtigkeit der Beachtung der »Kletterregeln« überzeugt werden. Joachim kam mit einer großen Wunde am Bein davon.

Wir dürfen davon ausgehen, daß Kinder im Kindergartenalter sehr lernwillig sind; viele haben jedoch einen so starken Drang zum Erforschen und Kennenlernen der Welt, daß Gebote, Warnungen oder gar Verbote in ihren Köpfen zu Zeiten einfach verdrängt werden. Wir nennen das fälschlicherweise *»unüberlegte Handlungen«*. Letztere *sind aber kindgerecht!* Die besonnene Handlung ist erst sehr viel später möglich.

Auch die *Verkehrsregeln* setzen voraus, daß das Kind die Bedeutung von rotem und grünem Licht kennt und zum Beispiel ausreichende Erfahrungen erworben hat, wie man die Straße auf einem Zebrastreifen überquert. Wenn man ein Kind belehrt, es solle erst links und dann rechts schauen, bevor es eine Straße überquert, muß man sich davon überzeugen, daß es die Begriffe Links und Rechts sicher beherrscht.

Besondere Verhaltensweisen und kaum vorhersehbare Reaktionen sind häufig bei Kindern anzutreffen, die ein *Schockerlebnis* durchgemacht haben. Die Folgen sind individuell sehr unterschiedlich. Besteht so ein Verdacht, ist allerseits, auch von Tagesmüttern und Kindergärtnerinnen, größte Aufmerksamkeit und Achtsamkeit erforderlich. Das Ansichtigwerden und Erleben einer »Ungeheuerlichkeit« kann die Seele des Kindes nach außen verschließen, es spricht dann nicht und bewegt sich kaum. Es kann sich dabei zum Beispiel um einen Streit zwischen den Eltern gehandelt haben, welcher in Prügeln und Verletzungen ausgeartet war.

Wenn Eltern aus Wut oder Zynismus ihr Kind *mißhandeln*, es zum Beispiel durch Stockschläge verletzen, ihm durch Werfen oder Stoßen Knochenbrüche zufügen oder durch Ausdrücken von Zigaretten Verbrennungen auf der Haut verursachen, erleben wir ähnliche Reaktionen beim Kind: Nach dem Versiegen der Tränen verfällt es in einen *Zustand der Reglosigkeit* (es hält auch sinnlose Körperstellungen für längere Zeit ein) und zeigt eine *totale Verzweiflung*. Mit Worten kommt man gar nicht an die Seele solcher Kinder heran; hier braucht man viel Liebe und auch viel Zeit.

2. Wie gelangen Gifte in den Organismus des Kindes?

Zur Beantwortung dieser Frage wollen wir von der *Dreigliederung des Organismus* und von den Wechselbeziehungen ausgehen, welche jedes der drei Systeme mit der Umwelt hat (vergl. dazu Kap. 4 und Tab. 3).

Das NERVEN-SINNESSYSTEM vermittelt mit seinen auf die Außenwelt gerichteten Sinnesorganen solange »blindlings« alle Informationen, bis die Seele (und später die Persönlichkeit des Kindes) gelernt hat, den Zustrom der Informationen kritisch zu regulieren. Darüber wurde bereits in Kapitel 5 gesprochen. Da die eingangs gestellte Frage sich auf Gifte bezieht, läßt sich hier nur die *»Vergiftung der Seele und des Ichs«* im übertragenen Sinne anführen. Je jünger das Kind ist, desto mehr handelt es sich dabei um ein *passives Eindringen* von Sinneserfahrungen in den Organismus. Erst mit zunehmendem Alter kann sich die Seele durch den kritischen Verstand schützen. Bis zu diesem Zeitpunkt obliegt es den Eltern, die Seele des Kindes vor jeder Art »Vergiftungen« zu bewahren. Im vorangehenden Kapitel wurde dieses Thema zum Beispiel in den Abschnitten über »Comics« und »Fernsehen und Video« diskutiert (s. S. 367 u. 370). Viele visuell aufgenommenen Eindrücke können wie Gifte auf den Organismus des Kindes wirken, wie in Kapitel 5 ausgeführt wurde. Dort wurde auch besprochen, daß über das Ohr vieles in den Organismus des Kindes eindringen kann, das sich wie eine Last auf die Seele des Kindes legt (wenn es z.B. angeschrien wird). Auch können Spätfolgen am Innenohr auftreten (Lärmschwerhörigkeit). Der Lärm als eine physikalische Einwirkung auf den Organismus wird weiter unten (S. 425) gesondert besprochen.

Das RHYTHMISCHE SYSTEM steht durch den Prozeß der *Atmung* in ständigem Stoffaustausch mit der Umwelt. Da die rhythmische Atemtätigkeit eine andauernde Lebensaktivität des Organismus ist, kann sich der Mensch den der Luft beigemischten Gasen und feinen Partikeln nur durch drastischen Ortswechsel entziehen. *Die lebensnotwendige Atmung kann zur Ursache, und das Bronchialsystem samt Lunge können zur Eingangspforte von Fremdsubstanzen werden.* Wo immer sich das Kind aufhält, sei es im Haus, auf der Straße oder in der freien Natur, wird es die Luft, so wie sie ist, das heißt mit all ihren Beimengungen einatmen.

Gegenüber dem Erwachsenen ist das kleine *Kind deutlich benachteiligt:* Es atmet die Luft, die dem Erdboden wesentlich näher ist. Staubpartikel und in der Luft schwebende Krankheitskeime bleiben auf der feucht-klebrigen Schleimhaut der Nase und des Bronchialbaumes haften. Unter normalen Bedingungen können Staubpartikel langsam durch die Bewegungen der Härchen in den Bronchien und in der Luftröhre und außerdem durch Niesen und Husten wieder heraustransportiert werden. Die besonderen Verhältnisse bei kleinen Kindern und ihre größere Empfindlichkeit gegenüber den Schwebeteilchen in der Luft lassen sich folgendermaßen zusammenfassen (gekürzt nach *D. Noyes Kane*):

Das *Kind atmet schneller* und benötigt per Körpergewichtseinheit mehr Sauerstoff als der Erwachsene. Man hat berechnet, daß ein Kleinkind wegen der vermehrten Atmung zwei- bis dreimal mehr Schwebestoffe aus der Luft aufnimmt als ein Erwachsener (pro kg Körpergewicht).

Wegen ihrer *vermehrten körperlichen Aktivität* atmen Kinder tiefer und bringen mehr Staub bis in die Lungenbläschen. Beim Rennen steigt das Atemvolumen leicht auf den zehnfachen Wert an.

Das Kleinkind atmet in einer bedeutend niedrigeren (der Erde näheren) Luftzone als der Erwachsene. Schon der leicht *aufgewirbelte Staub* wird vom kleinen Kind eingeatmet. Messungen haben ergeben, daß durch die Atmung vom Kind mehr Schwermetalle aus dem Staub aufgenommen werden als vom Erwachsenen.

Viele Kleinkinder bevorzugen die *Mundatmung*, wodurch die Filterung der Luft in der Nasenhöhle umgangen wird. Auch die Größe und Beschaffenheit der Schwebeteilchen, die im Organismus verbleiben, ist eine andere, wenn durch den Mund statt durch die Nase eingeatmet wird. So konnte man zeigen, daß Krankheitskeime bei Mundatmung häufiger zu Bronchitis führen als bei Nasenatmung.

Wegen der relativ *kleineren Durchmesser* der feinen *peripheren Bronchien* treten dort bei Kindern unter fünf Jahren häufiger Entzündungen auf. Fremdsubstanzen und Krankheitskeime verbleiben in diesen engen Abschnitten länger. Der reaktiv gebildete, dicke Schleim behindert die Belüftung der Lunge und kann zu Atemnot führen.

Wenn Schwebestoffe und Partikel bis in die *Lungenbläschen* gelangen, sind die Mittel des zellulären Abtransportes bei kleinen Kindern schneller erschöpft als bei Erwachsenen. Auch wird bei Kindern die Aktivität der feinen Härchen in den Bronchien durch Entzündungen häufiger und auch stärker gelähmt, wodurch mehr Fremdsubstanzen im Bronchialsystem verbleiben können.

Bei der Einatmung *giftiger Gase* hilft das beschriebene Filtersystem nicht. Je nach Art des Gases und seiner akuten Giftigkeit gelangt es schnell ins Blut und damit in den ganzen Organismus. Betrachten wir zum Beispiel das sich bei unvollständiger Verbrennung im Ofen bildende *Kohlenmonoxyd* (CO), das auch im Abgas der Automotoren enthalten ist. Dieses Gas ist ein starkes Blutgift, da es den roten Blutfarbstoff unwirksam macht und zu einer »inneren Erstickung« führt. Bei der Verbrennung von Kohle (z.B. im Rauch der Kohlekraftwerke) entstehen Schwefel- und Stickstoffoxyde. Werden diese Oxyde (SO_2 und NO_2) eingeatmet, verbinden sie sich mit Wasser und bilden Säuren, die allerdings im Schleim der Luftwege schnell abgestumpft werden. Wiederum gilt die Regel, daß Kinder mehr von diesen Abgasen einatmen und die Schleimhautreizungen (durch die sich bildenden Säuren) erheblich stärker sind als bei Erwachsenen. Man nimmt außerdem an, daß sich auf der gereizten Schleimhaut Virusinfektionen schneller ansiedeln und ausbreiten.

Im *Staub der Straße* sind viele Substanzen und oft auch Krankheitserreger vorhanden. Kinder in der niedrigen Sportkarre oder gar im »Buggy« sind den Autoabgasen und dem Straßenstaub besonders stark ausgesetzt. Zwar nimmt der Gehalt an *Blei* im Straßenstaub seit der Einführung bleifreien Benzins langsam ab, ist aber immer noch bedenklich hoch. Abb. 26 zeigt ein Beispiel aus eng besiedeltem Gebiet. Während die Luft im Bereich der Städte über 1 $\mu g/m^3$ enthält, ist die atmosphärische Bleikonzentration in ländlichen Gebieten meist unter 0,1 $\mu g/m^3$ (*W. v. Eimeren et al.*). Besonders im Umfeld von Industriebetrieben sammeln sich im Staub und im Erdreich auch andere giftige Schwermetalle an (z.B. Quecksilber und Cadmium).

Natürlich gibt es noch viele andere Gase, die mehr oder weniger giftig sind, und die leider auch dort vorkommen, wo Kinder spielen. Rasch verdunstende Lösungsmittel und die Gase der Autokraftstoffe wirken als giftige Gase auf den Organismus. Sämtliche flüchtigen *Kohlenwasserstoffe*, vom Lösungsmittel für Lackfarben bis zum Fleckwasser (Tetrachlorkohlenstoff), sind *giftig*; beim längeren Einatmen der Gase muß man mit chronischen Schäden (besonders in Gehirn und Leber) rechnen. Wenn Kleinkinder unbemerkt solche Lösungsmittel trinken, treten, je nach aufgenommener Menge, akut bedrohliche Schäden auf (s. S. 395).

Erst in neuerer Zeit ist das »*passive Rauchen*« als ein Krankheitsfaktor für Kinder in das Bewußtsein der Bevölkerung gedrungen. Der Tabakrauch enthält neben Nikotin auch Teer, der eine große Summe von krankheitserregenden Substanzen beinhaltet (z.B. auch Karzinogene). Bei längerer Exposition, zum Beispiel beim Rauchen der Eltern, kommt es zunächst zu chronischen Reizungen der Bronchialschleimhäute auch der Kinder. Die Häufigkeit der Atemwegserkrankungen verdoppelt sich bei Kindern, die gezwungen sind, verrauchte Luft zu atmen. Statistisch betrachtet bleibt auch das Geburtsgewicht solcher Kinder zurück, deren Mütter während der Schwangerschaft »passiv geraucht« haben. Auch soll die Körpergewichtszunahme im Kleinkindalter durch passives Rauchen vermindert sein (vgl. *J. St. Jordanov*). Je nach Konstitution des Kindes können sich auch andere Krankheiten entwickeln.

Liegt bei einem Kind eine allergische Reaktionsbereitschaft vor, so können sich Krankheiten wie zum Beispiel *Asthma* manifestieren. Pollen, aber auch andere organische und anorganische Schwebestoffe können als Allergene wirken. Eine Asthmabronchitis tritt nicht vor dem dritten Lebensjahr auf.

Säuglinge und Kleinkinder können von diesen Dingen nichts wissen, sie atmen die Luft ihrer Umwelt ohne Bedenken; sogar warnende Gerüche (z.B. Benzin oder Stadtgas) werden von Kindern erst relativ spät bemerkt. Die Verunreinigung der Luft in Industriegebieten und in dicht besiedelten Wohngebieten ist zwar in den vergangenen Jahren geringer geworden, aber es ist noch ein weiter und mühsamer Weg, bis wir überall reine Luft haben! Derweil müssen die Eltern ihr Bestes tun und ihre *Kinder vor verschmutzter Luft schützen.*

Das STOFFWECHSELSYSTEM. Mit den *Nahrungsmitteln gelangen gelegentlich auch Giftstoffe in den Verdauungstrakt* und den Organismus des Kindes. Spielende Kinder stecken ihre schmutzigen Finger und auch Gegenstände in den Mund, wodurch Fremdstoffe, Krankheitserreger und Gifte in den Körper gelangen können. Auch wird zum Beispiel Schimmel an einer Frucht vom Kind gar nicht oder erst am Geschmack nach dem Verschlucken bemerkt.

Die Frage nach *chemischen Zusätzen* in Nahrungsmitteln gehört ebenfalls hierher. Dabei kann es sich sowohl um Zusatzstoffe in den Lebensmitteln als auch um Substanzen handeln, die bereits durch die Betriebsmethoden in der Landwirtschaft in die Nahrungsmittel gelangt sind (Pestizide, künstliche Düngung, Hormone im Fleisch etc.). Weiter unten (S. 398) sollen Giftsubstanzen in den Nahrungsmitteln eingehend besprochen werden.

Das Vorkommen von *polychlorierten Biphenylen* (PCB) und ähnlichen Kohlenwasserstoffen (z. B. DDT = Dichlordiphenyltrichloräthan) in der *Muttermilch* wird heute viel diskutiert. In der Bundesrepublik wurde die Verwendung von DDT im Jahre 1972 verboten; für PCBs wurden 1983 Höchstmengen in Lebensmitteln, einschließlich Kuhmilch, festgelegt. Trotz dieser Maßnahmen nehmen die in Muttermilchproben gemessenen Schadstoffwerte nur langsam ab, sie sind in den letzten zehn Jahren (im statistischen Mittelwert) auf etwa ein Drittel der Werte abgesunken (*M. Teufel et al.*). Als Kinderarzt möchte ich dennoch empfehlen, daß Mütter ihre Säuglinge weiterhin stillen, weil die Muttermilchernährung nicht leicht durch künstliche Ernährung ersetzbar ist. Obwohl die wissenschaftlichen Untersuchungen bisher keine gesundheitlichen Schäden durch die genannten Schadstoffe bei Mutter und Kind aufdecken konnten, läßt sich die Sorge um mögliche Gesundheitsschäden durch Schadstoffe in der Muttermilch jedoch nicht völlig ausräumen. Die Mütter sollten aber aus diesen Gründen die Zeit des Stillens nicht verkürzen. Ich bin mir dabei bewußt, daß einige Fachleute wegen der noch ungelösten Probleme empfehlen, Säuglinge nur vier bis sechs Monate zu stillen.

In der üblichen Säuglingsnahrung und auch in Lebensmitteln, die häufig für Kleinkinder verwendet werden (z. B. Grieß, Haferflokken, Fertiggerichte usw.) finden sich immer weniger *Zusätze* (erfreulicherweise werden sich mehr und mehr Hersteller der Verantwortung gegenüber der Gesundheit des Kindes bewußt). Die Frage der Giftigkeit von Schadstoffen ist für Säuglinge kritischer als für ältere Kinder zu beurteilen; unter anderem kann der Stoffwechsel des Säuglings den Abbau oder die Ausscheidung von Giften noch nicht ausreichend leisten. Individuelle Unterschiede der Empfindlichkeit und die Möglichkeit einer Allergisierung vergrößern diesen Fragenkomplex erheblich.

Es muß aber bedacht werden, daß neben den Zusätzen zu Nahrungsmitteln deren *Qualität* auch *von den Wachstumsbedingungen* des Korns, des Gemüses, der Früchte usw. abhängt. Ein großer Teil der Schadstoffe, die in den organischen Nahrungssubstanzen vorkommen können, sind von Menschenhand dort hineingebracht worden. Von den chemischen Vernichtungsmitteln für Unkräuter bis zu den vielen Insektenbekämpfungsmitteln können Spuren oder Reste in den Nahrungsmitteln verbleiben. Außerdem ist durch chemische Düngung ebenso wie durch eine übermäßige Düngung mit Stallmist und Gülle eine Qualitätsminderung zu erwarten. Mit dem geschützten Gütezeichen »Demeter« versehene Nahrungsmittel sind in biologisch-dynamisch arbeitenden Wirtschaftsbetrieben gewachsen und garantieren bestmögliche Qualität. Solche ist für Kinder zu empfehlen.

Für Kleinkinder werden zunehmend mehr der alltäglich im Haushalt üblichen Nahrungsmittel verwendet. In einem der folgenden Abschnitte (S. 398) wird darüber weiter zu sprechen sein.

Von der Statistik her ist für die Altersgruppe der zwei- und dreijährigen Kinder das durch Neugier und Unwissenheit bedingte *Verschlucken von Medikamenten* die wichtigste Ursache für Krankheiten und Tod (vgl. dazu Tab. 16). Ein Beispiel möge das beleuchten:

> Zur Taufe der kleinen Schwester der zweijährigen Anna kamen viele Verwandte und Freunde. Der Täufling war mehr Mittelpunkt als die Zweijährige, die sich dem Trubel entzog und in das Zimmer des Hausmädchens ging. Dort fand sie in der Schublade des Nachttisches Dragées und aß mehrere dieser ihr als Süßigkeit erscheinenden Medizin. Als das Kind taumelnd und dösig entdeckt

wurde, brachte man es schnell in die Kinderklinik. Bei der Einlieferung bestanden Krämpfe und Bewußtlosigkeit. Das Leben der kleinen Anna wurde zwar gerettet, ihr Gehirn hat jedoch schweren Schaden genommen. Sie braucht lebenslang Hilfe und Schutz.

Die *kindersichere Abpackung der Medikamente* und der ständige Hinweis, Medikamente außerhalb der Reichweite von Kindern, am besten unter Verschluß zu verwahren, haben die Zahl der Vergiftungen durch Medikamente in der Altersgruppe der Zwei- und Dreijährigen deutlich reduziert. Jedoch ist *anhaltende Wachsamkeit nötig.* Darüber hinaus wäre es zweckmäßig, Medikamente weder mit Zuckerüberzug noch in verlockenden Farben auf den Markt zu bringen. Jedoch sind auch bittere und ausgesprochen »schlecht« riechende Medikamente oder sonstige im Haushalt für Kinder zugängliche Substanzen und Lösungen vor dem »Zugriff« der Kinder nicht sicher. Manche Eltern halten Bonbons und ähnliche Süßigkeiten in den ersten Lebensjahren von ihren Kindern fern. Wenn Kinder keine Bonbons kennen, ist auch die Gefahr, daß sie sich mit den ähnlich aussehenden Dragées selber »bedienen«, geringer.

Viele im Haushalt gebräuchliche *Putz- und Reinigungsmittel* müssen heute mit Verschlüssen versehen sein, die von Kindern nicht geöffnet werden können. In der Praxis konnte ich jedoch immer wieder erleben, daß pfiffige Dreijährige die sogenannten Sicherheitsverschlüsse doch öffnen konnten, oder daß Erwachsene den Behälter nicht sachgemäß verschlossen hatten. Besonders die stark und »gut« riechenden *Lösungsmittel* (Brennspiritus, Fleckenwasser, Lackverdünner, Petroleum, Benzin und ähnliche) werden leider immer wieder in leicht zu öffnenden oder gar zu verwechselnden Flaschen und an leicht zugänglichen Plätzen aufbewahrt. Schon ein Schluck solcher Lösungsmittel kann für ein Kind lebensgefährlich sein, Notaufnahme im Krankenhaus ist dringend anzuraten.

Dazu ein *Beispiel:* Der dreijährige Christian wurde etwas dösig und mit deutlichem Mundgeruch nach Tetrachlorkohlenstoff in unsere Kinderklinik eingeliefert. Er hatte zu Hause aus einem Schrank unbemerkt eine Flasche mit Fleckenwasser genommen und davon eine unbekannte Menge getrunken. Christian schlief bei uns fast 24 Stunden, während wir ihm reichlich Flüssigkeit zuführten. Seine Leber schwoll stark an und zeigte eine erhebliche Einschränkung ihrer Tätigkeit. Die akute Gefahr eines völligen Zusammenbruchs der Leberfunktionen ging nur langsam vorüber, und erst nach sechs Wochen konnten wir den Jungen nach Hause entlassen.

Betrachtet man eine große Zahl von *Vergiftungsfällen im Kindesalter*, so zeigt sich, daß in fast 60% aller Vergiftungsfälle *Medikamente* von den Kindern geschluckt worden sind. Bei einer Analyse von über 57000 Vergiftungen bei *Kindern unter fünf Jahren* fand sich eine Verteilung, die in Tabelle 16 nach Angaben von *D. Noyes Kane* wiedergegeben ist.

Mit diesen Angaben und Beispielen möge der Weg von Giftstoffen über den Verdauungstrakt in den Organismus des Kindes ausreichend belegt sein.

Betrachten wir das *Stoffwechselsystem* als ganzes, so tritt neben die Resorption im Verdauungskanal die *Resorption durch die Haut.* Besonders im Säuglingsalter ist die Haut weniger widerstandsfähig gegen physikalische Reize (z.B. rötet sie sich rascher beim Reiben oder bei Anwendung zu warmem Badewassers), ist stoffwechselaktiver und resorbiert Substanzen schneller. In den fünfziger Jahren wurde empfohlen, Neugeborene und junge Säuglinge im Krankenhaus mit einer Verdünnung von Hexachlorophen (z.B. Phisohex) zu waschen, um Krankheitskeime zu entfernen. Bei Erwachsenen war es meines Wissens niemals zu Vergiftungserscheinungen gekommen, bei jungen Säuglingen jedoch traten Hirn- und Nervenschäden auf, die zum Verbot der Anwendung dieser Substanz im Säuglingsalter führte.

Tabelle 16

Vergiftungsursachen bei Kindern unter 5 Jahren

Medikamente (davon waren etwa 10 % externe Mittel)	59,1 %
Reinigungs- und Poliermittel	12,4 %
Kosmetische Produkte	6,5 %
Schädlingsbekämpfungsmittel	6,5 %
Petroleumprodukte	6,4 %
verschiedene Haushaltsmittel	1,9 %
Farben und Färbemittel	1,7 %
Starke Säuren und Laugen	1,5 %
Alkoholische Getränke und Tabak	0,9 %*
Verschiedene und nicht identifizierte Mittel	3,1 %

Ein anderes Beispiel ist die früher gar nicht so selten aufgetretene Borvergiftung durch Resorption über die Haut (Borsalbe und Borwasser bei großflächiger und gehäufter Anwendung). Die Zahl der von der Haut resorbierbaren Substanzen ist sehr groß; auch Schwermetalle gehören dazu. In neuen Teppichen und in Polstermöbeln sind oft noch Reste von Chemikalien vorhanden, die zum Beispiel Hautreizungen oder Allergien auslösen können. Kinderkleidung und besonders Leibwäsche sollte vor Gebrauch immer erst gewaschen werden. Als schleimlösende Medikamente werden ätherische Öle bei Kindern als Einreibungen besonders häufig verwendet; dabei sind *allergische Hautreaktionen* möglich.

Man sollte sich angewöhnen, die Inhaltsstoffe aller Kinderhautpflegemittel sorgfältig zu studieren. Durch richtige Wahl einer Hautpflegesalbe lassen sich manche Giftsubstanzen vermeiden, die zum Beispiel zur Verlängerung der Haltbarkeit beigemengt worden sind. In dieser Beziehung sind die für die *Kinderpflege* von den Firmen *WELEDA* (7070 Schwäbisch-Gmünd) und *WALA* (7325 Eckwälden/Bad Boll) angebotenen Mittel zuverlässig und empfehlenswert.

* sehr unsicherer Wert, da die Zahl der berichteten Fälle sicher zu gering war und außerdem nicht alle Fälle den Ärzten bekannt geworden sind.

Im jungen Kindesalter ist die Haut ein sehr ungewöhnliches und wichtiges Organ! Vor Beginn der Sprachentwicklung ist sie für die Beziehung des Kindes zu seiner Umwelt besonders bedeutsam, da zwischen Kind und Eltern über Hautkontakte wichtige Kommunikationen erfolgen. In der von vielen Eltern ganz besonders empfundenen Wärme der Haut des Säuglings und Kleinkindes lebt bereits ein Teil seiner Ich-Wesenheit. Ich vermute, daß Vergiftungen des kindlichen Organismus über die Haut auch weitreichende Folgen für das Nervensystem und die Persönlichkeitsentwicklung haben können.

3. Wo sind die Gifte zu suchen, die das Kind gefährden?

Für die Besprechung dieser Frage soll von den Substanzen und Elementen ausgegangen werden, über die Giftstoffe in den Organismus des Kindes gelangen können. Zusammen mit den *Nahrungsmitteln* werden alle durch den Mund aufgenommenen Substanzen, also auch Medikamente, Giftsubstanzen und giftige Pflanzenteile zu betrachten sein. Außerdem müssen hier *Erde, Wasser und Luft* als Träger besprochen werden.

NAHRUNGSMITTEL: Im Teil III dieses Buches (S. 147) ist über die Besonderheiten der Ernährung des Säuglings und Kleinkindes ausführlich gesprochen worden. Es wurde ausdrücklich gesagt, daß wir »von der praktisch kaum noch möglichen Annahme ausgehen«, reine und gesundbelassene Lebensmittel zu essen. Tatsächlich betrachten die meisten Menschen die Nahrungsmittel als das, was sie *sein sollten:* nämlich rein und gesund. Allgemein ist das Wissen um Fremd- oder Giftstoffe in der Nahrung sehr gering. Dieses gilt besonders für die Länder der »dritten Welt«; ohne Wissen der Verbraucher sind dort importierte Nahrungsmittel chemisch konserviert oder »transportsicher« gemacht worden. In Europa betonen Nahrungswissenschaftler, daß »unsere Lebensmittel noch nie so sicher waren, wie sie heute sind« (vgl. *E. Lück*). Zur Begründung dieser Aussage wird unter anderem auf die weiter ansteigende Lebenserwartung der Menschen verwiesen. Über den Anteil der Ernährung an der höheren Lebenserwartung läßt sich jedoch nur spekulieren.

Für das *Kindesalter gelten andere Maßstäbe* als für Erwachsene. Bei einer Qualitätsbeurteilung von Nahrungsmitteln für Kinder muß man das Wachsen ihres Organismus und dessen »werdende Funktionen« berücksichtigen. Der kindliche Organismus ist außerordentlich empfindlich gegenüber jeder Art von Störungen, so auch gegen Gifteinwirkungen; er ist ja auch sensibler gegenüber Mangel an Nährstoffen und gegenüber einseitiger Ernährung. Im ersten Lebensjahrsiebt besteht während der oben schon genannten sensiblen oder kritischen Entwicklungsphasen von Organen und Organsystemen eine erhöhte Empfindlichkeit. Es ist deshalb möglich, daß auch eine *zeitlich umschriebene Gifteinwirkung Spätschäden verursacht.* So kann zum Beispiel Alkoholgenuß bei Kleinkindern rasch zu bleibenden Leberschäden führen.

Es ist hilfreich, wenn man die Nahrungsmittel in drei Gruppen aufteilt:

1. *Naturbelassene*, in unbearbeitetem Zustand verzehrte Nahrungsmittel (z.B. Äpfel, Bananen, Nüsse, Salat sowie andere Früchte und Gemüse).
2. *In der Küche zubereitete*, in rohem Zustand gekaufte Nahrungsmittel (z.B. Kartoffeln, Gemüse, Eier, Fleisch etc.). Das Mehl gehört in diese Kategorie, obwohl es ganz überwiegend in Mühlenbetrieben zubereitet wird. Auch Wurstwaren werden noch auf manchen Bauernhöfen selbst zubereitet, mehr jedoch in »handwerklichen Betrieben« (Schlachtereien) und natürlich in industriellen Großbetrieben.
3. *Industriell abgepackte Lebensmittel* enthalten meist *Zutaten* und immer *Zusatzstoffe.*

Als *Zutaten* bezeichnet man die einzelnen Bestandteile der Lebensmittel (man denke an die Zutaten eines Kuchens).

Zusatzstoffe sind im Gegensatz dazu durch das »Lebensmittel- und Bedarfsgegenständegesetz« vom 15.8.1974 wie folgt definiert:

»Zusatzstoffe im Sinne dieses Gesetzes sind Stoffe, die dazu bestimmt sind, Lebensmittel zur Beeinflussung ihrer Beschaffenheit oder zur Erzielung bestimmter Eigenschaften oder Wirkungen zugesetzt zu werden; ausgenommen sind Stoffe, die natürlicher Herkunft oder den natürlichen chemisch gleich sind und nach allgemeiner Verkehrsauffassung überwiegend wegen ihres Nähr-, Geruchs- oder Geschmackswertes oder als Genußmittel verwendet werden, sowie Trink- und Tafelwasser.«

Das genannte Gesetz führt im weiteren solche Stoffe auf, die den Zusatzstoffen gleichgesetzt worden sind: Mineralstoffe, Spurenelemente, Aminosäuren, Vitamine und Zuckeraustausch- sowie alle Süßstoffe. Sämtliche Zusatzstoffe müssen amtlich zugelassen werden. Ihre Verwendung soll gesundheitlich unbedenklich und technisch notwendig sein, sie dürfen nicht zu Täuschungen des Verbrauchers führen. Soweit die amtlichen Verfügungen und Gesetze.

Die oben genannten drei Gruppen betonen die unterschiedliche Bearbeitung der Nahrungsmittel. Je mehr *Zubereitungen in der Küche* durchgeführt werden können (wozu die Wahl der Zutaten, die Art der Wärmeanwendung, das Salzen und Würzen etc. gehören), desto besser weiß die Familie um die Qualität ihrer Ernährung. *Genügen diese Kenntnisse wirklich?* Oder sind andere Quellen für Schadstoffe in unseren Nahrungsmitteln zu bedenken? *Wie* kommen Schadstoffe in rohe Nahrungsmittel?

Es besteht eine berechtigte Sorge um *nicht deklarierte Schad- und Giftstoffe in den Grundnahrungsmitteln.* Alle aus der Natur stammenden Nahrungsmittel sind unter bestimmten Bedingungen gewachsen, sie werden mit gewissen Methoden geerntet, verpackt, gelagert und transportiert. Der Apfel aus Chile oder die Banane aus Costa Rica würden ohne besondere Maßnahmen kaum in appetitlich frischer Form in unsere Läden und auf den Tisch kommen. Da kann es schon ein Vorteil sein, wenn man in der rechten Jahreszeit im Lande gewachsene Früchte kaufen (oder im eigenen Garten ernten) kann. Bananen zum Beispiel werden zwar kaum noch mit Diphenyl gespritzt, sondern mit Thiabendazol, das nicht deklariert zu werden braucht, da es nicht in das Fruchtfleisch eindringen soll. So werden aber viele Chemikalien zur Erhöhung der Lagerfähigkeit (einschließlich der Transportfähigkeit) verwendet, von denen aber nur wenige angegeben werden müssen. Begasung mit Äthylen oder anderen Substanzen ist sowohl zum Zweck der Nachreifung als auch zur Fäulnisverhütung vielfach üblich. Ganz besonders bedenklich ist die Tatsache, daß eine *Bestrahlung mit ionisierenden Strahlen (z. B. Röntgenstrahlen)* heute beispielsweise für Gemüse angewendet wird und *daß diese Maßnahme nicht deklariert zu werden braucht.* Mit der Bestrahlung sollen Schimmelpilze und andere Mikroorganismen getötet oder in der Zahl vermindert werden, womit die Haltbarkeit verlängert wird. Was aber geschieht mit der inneren Struktur (z. B. des Eiweißes) der so bestrahlten Gemüse? Diese Fragen müssen dringend beantwortet werden. Leider bleibt uns ein Problem: *Gibt es geeignete Methoden zur Qualitätskontrolle?*

Alle pflanzlichen Produkte, die uns als Nahrungsmittel dienen, sind in ihrem Wachstum von den Mineralsubstanzen der Erde, der Qualität des Wassers und der Luft sowie von den Licht- und Wärmeverhältnissen (Klima) abhängig. *Erde, Wasser, Luft und Wärme tragen gemeinsam zur Qualität unserer pflanzlichen Nahrungsmittel bei.* Dabei ist jeder einzelne Faktor bedeutsam (ein »saurer Regen« z. B. kann der ganzen Ernte eines Gebietes zum Verderb werden). Für das Wasser, insbesondere unser Trinkwasser, und für die Luft gilt natürlich, daß beide unmittelbare Wirkungen auf den Menschen haben (s. unten).

Da eine eingehende Besprechung aller Zusatzstoffe hier nicht möglich ist, sei auf die zunehmend größere Anzahl von Büchern zu diesem Thema verwiesen (z. B. haben *V. und B. Assmann, H. Glatzel* und *E. Lück* kurze und gut verständliche Bücher veröffentlicht). An dieser Stelle kann nur eine Übersicht gegeben werden. Man begründet die Notwendigkeit der Verwendung von Zusatzstoffen damit, daß der Nährwert und die Haltbarkeit der Lebensmittel gewährleistet und verbessert werden müsse. Außerdem sollen die äußeren Eigenschaften wie Aussehen und Geruch das Kaufverhalten der Verbraucher positiv beeinflussen. Natürlich ist die Zahl der unkritischen Kunden weitaus größer als die der kritischen und qualitätsbewußten Käufer. Hier spielt auch die Tatsache eine Rolle, daß sich durch einen größeren Kundenkreis der Verdienst des Händlers erhöht.

Mit Zusatzstoffen werden Lebensmittel »ansprechender«, aber leider auch *für Kinder verlockender.* So findet man in Bonbons und vielen Süßwaren auffällig viele Farb- und Geruchstoffe. Die möglichen Folgen sind bereits angesprochen worden; allergische Reaktionen, Überempfindlichkeiten und Verhaltensstörungen treten bei reichlichem Genuß der Zusatzstoffe bei Kindern gar nicht so selten auf! In diesem Zusammenhang sei vermerkt, daß Zusatzstoffe *Verunreinigungen* in bestimmter Menge enthalten dürfen, daß Zusätze zu den Zusatzstoffen erlaubt sind (aber nicht deklariert zu werden brauchen) und schließlich, daß Umwandlungsprodukte und chemische Anlagerungen entstehen können (z.B. durch Erhitzen). Besonders in Farbstoffen sind *Schwermetalle* in kleinen Mengen erlaubt, da sie zur Farbbildung notwendig sind. (Mehr Informationen zu diesem Thema z.B. bei *V. und B. Assmann*).

In Europa sind zwischen 250 und 300 verschiedene Zusatzstoffe im Gebrauch, weltweit soll diese Zahl bei 5 500 liegen (*Assmann*). Innerhalb der Europäischen Gemeinschaft hat man die E-Nummern für zugelassene Zusatzstoffe eingeführt. Bisher gibt es nur E-Nummern für Farbstoffe, Konservierungsstoffe, Antioxidantien, Emulgatoren, Stabilisatoren, Verdickungsmittel und Geliermittel. Hinter der Nummer E 200 verbirgt sich zum Beispiel die viel verwendete Sorbinsäure, E 300 steht für L-Askorbinsäure und E 150 bezeichnet Zuckerkulör (Karamel). Die Bücher von *V. u. E. Assmann* und von *E. Lück* enthalten eine vollständige Liste der Zusatzstoffe mit den zugehörigen E-Nummern.

Die *Risiken* bei der Verwendung von Zusatzstoffen werden vom Verbraucher völlig anders beurteilt als vom Ernährungswissenschaftler. *E. Lück* verweist auf eine *Verbraucherumfrage* bezüglich der Priorität einzelner Risikofaktoren in der Ernährung. Die Ergebnisse wurden dann mit der Rangfolge der wissenschaftlich nachgewiesenen Risiken verglichen:

Der *Verbraucher* sagt:	Der *Wissenschaftler* sagt:
Die Risiken mit abnehmender Priorität sind:	
Schadstoffe aus der Umwelt	Ernährungsverhalten
Zusatzstoffe	pathogene Keime
Ernährungsverhalten	natürliche Gifte
pathogene Keime	Schadstoffe aus der Umwelt
natürliche Giftstoffe	Zusatzstoffe

Krankheiten als Folge unzweckmäßiger Ernährungsweisen wurden in Kapitel 9 diskutiert; natürliche Giftstoffe, wie zum Beispiel Beeren giftiger Pflanzen, sind oben bereits erwähnt worden. Als »pathogene Keime« bezeichnet man alle Mikroorganismen, die Krankheiten des Menschen verursachen können. Besonders zu verweisen ist auf einige Schimmelpilze, die *Mykotoxine* bilden, unter welchen das *Aflatoxin* das weitaus gefährlichste ist (letzteres hat die stärkste krebserzeugende Wirkung aller bekannten Substanzen). *Clostridien* sind Bakterien, die unter Sauerstoffabschluß in unzureichend konservierten Fleisch-, Fisch- oder Gemüsekonserven wachsen und *Botulinusgift* produzieren (die für den Menschen giftigste Substanz überhaupt). *Salmonella* sind eine Bakteriengattung der »Typhus-Paratyphus-Enteritis Gruppe«, die jährlich noch zehntausende von Menschen in der Bundesrepublik erkranken lassen, drei Viertel davon bedingt durch Lebensmittel. Auch an die typische *Pilzvergiftung* durch den Knollenblätter- und den Fliegenpilz sei hier erinnert.

Wie können sich die Menschen gegen Reste chemischer Schädlingsbekämpfungsmittel in Lebensmitteln schützen? Diese so wichtige und oft gestellte Frage läßt sich eigentlich nur damit beantworten, daß man alle damit möglicherweise *verseuchten Lebensmittel vermeidet!* Wie ist das möglich?

Leider ist die Zahl der landwirtschaftlichen Betriebe in Deutschland, die *keine Pestizide verwenden*, noch recht klein, jedoch waren zu Beginn des Jahres 1991 in der Bundesrepublik immerhin 1 090 Wirtschaftsbetriebe vom Demeter-Bund e.V. anerkannt. Heute sollte es mehr und mehr Familien möglich sein, Getreide, Gemüse, Obst, Milch und Milchprodukte (zum Teil auch abgepackte Lebensmittel wie z.B. Grieß, Nudeln, Haferflocken, Grützen und Marmelade) zu kaufen, die das Warenschutzzeichen »Demeter« tragen. Unter dem Schutzzeichen »Bioland« werden Produkte aus organisch-biologischem Landbau verkauft. Nicht alle Waren aus dem Reformhaus haben dieselben hohen Qualitäten, man muß kritisch nach verläßlichen Informationen suchen.

Man sollte es sich zur Gewohnheit machen, die Liste der Zutaten und der Zusatzstoffe auf den abgepackten Lebensmitteln genau zu studieren. Darüber hinaus kann nur das Markenzeichen, z.B. Demeter, Auskunft über die Wachstums- und Herstellungsbedingungen geben.

ERDE: Viele Menschen machen sich um den Zustand des Ackerbodens in Deutschland große Sorgen. Mit Recht sollte man dieselbe Sorge für die Agrarlandschaften aller Kontinente haben! Man spricht von Raubbau, von ausgelaugten, erodierten, versandeten und vergifteten Böden. Die anhaltende Landflucht und die immer noch zunehmende Technisierung der landwirtschaftlichen Betriebe haben dazu beigetragen, daß immer weniger Menschen noch Verständnis und Empfindungen für die wirklichen Belange des Ackerbodens und seiner Pflanzenwelt haben. Im Zuge dieser Entwicklung ist es sehr erfreulich zu beobachten, daß sich unter den jungen Menschen ein zunehmend stärkeres Bedürfnis für den Schutz der Erde entwickelt.

Die heute leider immer noch fortschreitende Naturzerstörung ist einerseits zurückzuführen auf materialistische Nützlichkeitserwägungen und auf Handlungen, die nur auf Steigerung der Einkünfte gerichtet sind, und andererseits auf »falsches Denken« (*O. Hitschfeld*). Wenn man zum Beispiel das Baumsterben im Schwarzwald betrachtet, sehen unsere Augen nur die »Spitze des Eisberges« und nicht das ganze Problem. Noch schwieriger ist die Sachlage zu beurteilen, wenn wir die Qualität des Getreides, Gemüses und Obstes ins Auge fassen wollen. Wir müssen dem Ackerboden mehr, ja viel mehr Aufmerksamkeit schenken; dann werden wir auch den »Hilferuf der Erde an die Menschen« (*O. Hitschfeld*) hören. Auf einen gesunden Boden wird es in Zukunft entscheidend ankommen. Eine umfassende Kenntnis der Ursachen aller Krankheiten des Ackerbodens ist notwendig, bevor Heilungsprozesse eingeleitet werden können. Die »biologisch-dynamische« Bewirtschaftung landwirtschaftlicher Betriebe beruht auf Angaben *Rudolf Steiners* (GA 327), der den Weg zur Gesundung des Bodens bereits 1924 aufgezeigt hat. Auf gesünderen Böden wachsen auch gesündere pflanzliche Grundnahrungsmittel! Die Pflanzen spiegeln den Zustand des Bodens wider, auf dem sie wachsen. Das gilt leider aber auch für viele Gifte, die in den Boden gelangt sind, und ganz besonders für *Schwermetalle.*

Blei ist bereits in der Zeit der Römer vielen Menschen zum Verderben geworden; für Hunderte von Jahren blieb die Ursache vieler chronischer Krankheiten und gehäufter Todesfälle ungeklärt. Erst in der Neuzeit ist der Gebrauch von Blei so eingeschränkt worden, daß Vergiftungen nur noch selten vorkommen. Die *chronische Bleivergiftung* führt zu Blutarmut, Schäden des Nervensystems (z. B. Lähmungen, Sehstörungen und Zittern), des Kreislaufsystems (z. B. Bluthochdruck) und der Nieren (z. B. Schrumpfniere). Für Kinder ist eine in diesem Zusammenhang noch nicht voll geklärte Hirnfunktionsstörung (Bleienzephalopathie) besonders gefährlich, da neben Verhaltensstörungen (z. B. starke Reizbarkeit) auch eine Minderung der geistigen Leistungsfähigkeit auftritt. Die klinischen Zeichen einer beginnenden Bleivergiftung können sehr vielfältig sein, im allgemeinen kann der Nachweis erhöhten Bleigehalts im Blut rasch zur Diagnose führen. Zeitlich zurückliegende Bleiaufnahme läßt sich durch Haaranalysen nachweisen. Über den Verdauungskanal zugeführtes Blei wird von Erwachsenen nur zu 5 bis 10% in den Körper aufgenommen, kleine Kinder dagegen resorbieren 40 bis 50%. Die Ausscheidung von Blei über die Nieren ist bei Kleinkindern schlechter als bei Erwachsenen.

Steht *Trinkwasser längere Zeit in Bleirohren*, wird Blei freigesetzt. Bis zum Verbot des Gebrauchs entsprechender Schwermetalle in Glasuren und allen Küchengeräten (z.B. bleihaltiges Zinngeschirr) waren Bleiverbindungen in vielen Glasurfarben enthalten; aus Bechern oder von Tellern, die solche bleihaltigen Glasuren hatten, wurde besonders durch saure Speisen (Fruchtsaft) Blei freigesetzt.

Wie kommt heute das Blei in den Erdboden und damit in die zur Nahrung verwendeten Pflanzen? Zunächst sind im Umkreis einiger Hüttenwerke (z.B. Nordenham und in Goslar-Oker) und Batterie-Fabriken erhebliche Mengen von Blei im Boden gefunden worden; durch Veränderungen an Pflanzen, kranke Rinder und schließlich auch kranke Kinder wurden die Mißstände aufgedeckt. *O. Glatzel* zitiert eine Reihe von Bleiwerten in Lebensmittelproben, die im Umkreis eines Hüttenwerkes ermittelt wurden. Zum Beispiel enthielt *Weizen*, der in 4,5 km Entfernung des Werkes wuchs, 21 mg/kg Trockengewicht Blei (normal 2–3 mg/kg).

Bleihaltiges Benzin (mit dem Antiklopfmittel Blei-Tetraäthyl) war über viele Jahrzehnte zunehmende Ursache der Bleivergiftung von Luft und Erde. Besonders entlang belebter Straßen setzte sich bleihaltiger Staub ab, Proben des Erdreiches und der dort gewachsenen Pflanzen weisen abnehmende Bleigehalte auf, je weiter sie von der Straße entfernt wachsen. Auch für spielende Kleinkinder besteht ein solcher Unterschied, wenn sie zum Beispiel im Vordergarten eines Hauses an der Straße oder im Garten hinter dem Haus spielen. Der Unterschied im Bleigehalt der Erde vor dem Haus und hinter dem Haus steht im Verhältnis von etwa 2 zu 1. Die Fig. 8 zeigt, daß der Bleigehalt in der Luft und im Erdboden in einem Abstand von etwa 100 m von der Straße erheblich absinkt.

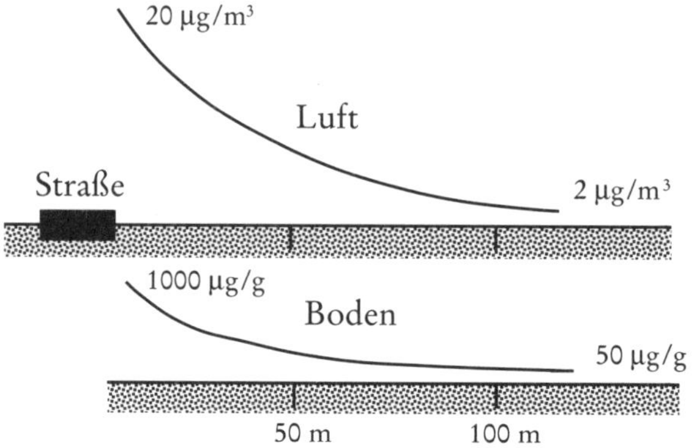

Fig. 8: Bleigehalt in Luft und Boden entlang belebter Straße (in 50 und 100 m Entfernung).

Quecksilber wurde in der Neuzeit als Gift besonders in den fünfziger und sechziger Jahren durch viele Todesfälle und eine erhebliche Anzahl von schweren Vergiftungserscheinungen in Japan bekannt. In das Meer geleitete Fabrikabwässer enthielten Quecksilbersalze (meist Methylquecksilber), die sich in den Fischen anreicherten. Über die als Nahrungsmittel verwendeten Fische wurden die Menschen vergiftet. Für den Fetus im Mutterleib ist Quecksilber sehr giftig; das Gehirn reagiert besonders empfindlich. Deswegen kamen in Japan Kinder mit den Zeichen einer angeborenen Zerebralparese zur Welt. Das dort so häufig beobachtete Bild der chronischen Quecksilbervergiftung ist nach der Minamata-Bucht (Japan) als Minamata-Krankheit benannt worden.

In der modernen *Industrie* wird viel Quecksilber verwendet. Das Wissen um seine Giftigkeit und entsprechende Arbeitsschutzmaßnahmen haben die Häufigkeit der Vergiftungen mit diesem Schwermetall in Europa erheblich absinken lassen. Bei der chronischen Vergiftung treten Entzündungen der Mundschleimhaut, Schäden im Verdauungskanal und in den Nieren sowie Zeichen zentralnervöser Reizungen auf. Ähnlich der chronischen Bleivergiftung können die klinischen Zeichen sehr vielgestaltig sein.

Quecksilber wird also im wesentlichen durch Nahrungsmittel aufgenommen; *Fisch* ist je nach Herkunftsort am häufigsten mit Quecksilber belastet. Fische aus reinen Gewässern können natürlich ohne Bedenken genossen werden. Es sei jedoch noch darauf hingewiesen, daß auch *Waldpilze* die Fähigkeit haben, Quecksilber anzureichern.

Während *Cadmium* erst in den letzten Jahrzehnten als Ursache von Vergiftungen bekanntgeworden ist, kennt man das *Arsen* seit Jahrtausenden als ein gefährliches Gift. Spuren von Arsen und Cadmium sowie auch anderen Schwermetallen sind in vielen Nahrungsmitteln nachweisbar; in den vergangenen 50 Jahren hat man auch im Erdboden einen geringen Anstieg dieser Metalle registriert. In dem Bericht für den »Rat von Sachverständigen für Umweltfragen« (*W. van Eimeren et. al.*) hat man zwar den Begriff »toxische Schwermetalle« benutzt, diesen Elementen aber nur die Stellung von *potentiellen Schadstoffen* eingeräumt. Die wohl wichtigste Quelle fortwährender Belastung mit Schwermetallen dürften die *Ablüftungen von Industriebetrieben* sein. Als Schwebeteilchen setzen sich die Metalle in der Umgebung ab und werden vom Regen in den Boden eingeschwemmt. Regional können auch erhebliche Mengen Schwermetalle durch Klärschlamm, Gewerbe- und Industriemüll und durch (unkontrollierte) Abwässer in die Umwelt gelangen. Neuerdings wird dem »Belastungspfad Boden – Pflanze – Mensch« besondere Aufmerksamkeit geschenkt.

Giftige Substanzen verschiedenster Herkunft können durch Menschenhand in das Erdreich gelangen. Wer hat nicht schon einmal irgendwo Lösungsmittel, schmutzige Öle oder Farben ausgegossen? Im Großen geschieht dieses auf behördlich genehmigten und angelegten *Müllhalden*, daneben soll es in Deutschland immer noch über 50000 »kleine« und nicht genehmigte Müllabladeplätze geben. Unter dem Einfluß der Witterung werden mit der Zeit Giftstoffe auch aus Behältern freigesetzt; dann können chemische Umsetzungen verschiedener Art stattfinden, wobei unter anderem auch Dioxine entstehen können. Kurzum: Aus Müllhalden können, meist über das Grundwasser, viele verschiedene Gifte in den Ackerboden, ja sogar den Hausgarten gelangen.

Zusammenfassend muß man die zunehmende Umweltbelastung durch toxische Schwermetalle gut im Auge behalten; echte Gefahren bestehen nur regional, wo durch Industriebetriebe Schwermetalle als Schwebeteilchen in die Luft oder gelöst in das Wasser gelangen. Deshalb ist die Herkunft von Speisefisch bedeutsam, jedoch im allgemeinen nicht leicht zu klären. Sie *können* Schwermetalle enthalten (wie auch *Leber von Tieren*, deren Genuß wir jedoch im jungen Alter allgemein nicht empfehlen). Zunehmend werden Fische und Nahrungsmittel auf Schwermetallgehalt überprüft, eine lückenlose Kontrolle ist jedoch technisch unmöglich. Zur Beruhigung sei jedoch vermerkt, daß nur bei extrem einseitiger Ernährung chronische Giftwirkungen zu erwarten sind. Zwar ist bekannt, daß regelmäßig in kleinen Mengen aufgenommenes Blei (vielleicht auch Quecksilber) die Entwicklung des Gehirns hemmen kann, jedoch besteht kein Grund anzunehmen, daß die in der Erde und in gesunden Pflanzen gemessenen Schwermetallmengen dem Kind schaden. Im Gegenteil, *als Spurenstoffe* sind sie ein notwendiger Bestandteil unserer Ernährung.

WASSER: Wasser ist das Element des Lebens! Das Leben ist charakterisiert durch Stoffumwandlungen, die man auch als »chemische Bewegungen« (*P. Karlson*) ansprechen kann. In lebenden Strukturen können Stoffumwandlungen nur im wäßrigen Milieu stattfinden. Das Wasser löst fast alle Salze, und aus dem verdunstenden, salzhaltigen Wasser bilden sich Kristalle. Wir können beobachten, wie Wasser feste Substanzen auflöst und neue Strukturen schafft. Im Kristallisationsprozeß verhilft das Wasser der (zur Kristallisation bereiten) Materie zur Offenbarung ihrer inneren Struktur. Auch die Pflanze als eine lebende Struktur kann sich nur mit Hilfe des Wassers manifestieren. Die ätherischen Bildekräfte wirken durch das wäßrige Element in allen Naturreichen.

Das Wasser hat eine starke Beziehung zur Luft. Durch Verdunstung hebt sich das Wasser aus der Erdoberfläche heraus, verdichtet sich zu Wolken, die mit den Windströmungen über die Erde hinziehen, um schließlich als lebensnotwendiges Element auf die Pflanzenwelt der Erde zu regnen. Dieser *Kreislauf des Wassers ist eine Regulation der Lebensprozesse auf dem Erdorganismus.*

Wasser kann große *Wärmemengen* aufnehmen. Der für das Leben auf der Erde so wichtige Wärmeausgleich wäre ohne Wasser völlig unzureichend; ohne die Wärmebewegungen- und strömungen der Ozeane wäre Leben nur in wenigen Gebieten und nur beschränkt möglich. So *gewährleistet das Wasser den Wärmehaushalt des Erdorganismus.*

Der menschliche *Organismus* ist wie auch jeder andere lebende Organismus ein Ausdruck der *lebentragenden Eigenschaften des Wassers*, das *in* jeder Zelle und *um* jede Zelle in ständig fließender Bewegung ist. Das Wasser *trägt* alle festen Substanzen des physischen Leibes, indem es entweder die feste Materie umschließt (man könnte es auch schwimmen nennen) oder ein integrierter Bestandteil fester Körpersubstanzen ist. Manche Knochensalze enthalten Kristallwasser, und das Bindegewebe kann wegen seiner Quellfähigkeit Wasser aufnehmen und abgeben. Die Gallertkerne der Zwischenwirbelscheiben der Wirbelsäule nehmen über Nacht Wasser auf, tagsüber wird das Wasser langsam aus diesen Strukturen herausgepreßt; besonders Kinder sind deshalb am Morgen etwas größer als am Abend. So ist das Wasser auch an der Gestaltung der äußeren Form des Leibes beteiligt.

Trinkwasser: Die einleitenden Hinweise mögen genügen, die Bedeutung des Wassers für den Menschen zu charakterisieren. Wenn im folgenden über das Trinkwasser gesprochen wird, soll damit alles Wasser gemeint sein, das getrunken wird und das mit der Nahrung in den Organismus gelangt.

Als Trinkwasser steht einmal *Oberflächenwasser* zur Verfügung, das als Regen eine Landschaft durchtränkt und über Bäche und Flüsse in das Meer gelangt oder auch in *Stauseen* geleitet werden kann. Die Methode des Aufstauens von Flüssen wird seit alters her von Menschen benutzt. Die Aufarbeitung zu Trinkwasser durch *Filteranlagen und Zusätze* (z. B. Chlorgas) ist erst in neuerer Zeit üblich geworden. Das Anlegen mehr oder weniger tiefer *Brunnen* wird ebenfalls seit Urzeiten praktiziert. Früher hat man das Wasser mit Menschenkraft aus den Brunnen heraufgeholt, heute sind meist Pumpen verfügbar. Brunnenwasser kann herrlich frisch und auch sauber sein, nur sollte man es genau prüfen und überwachen lassen. Heutzutage sind *Analysen von Brunnenwasser* unbedingt erforderlich, da das Land so eng besiedelt und so intensiv landwirtschaftlich genutzt wird, daß praktisch überall mit Verunreinigungen zu rechnen ist.

Die in der Landwirtschaft gebrauchten Chemikalien und Dünger (gleichgültig ob mineralischer Dünger oder Stallmist) werden durch Regenwasser entweder oberflächlich in Bäche geschwemmt, oder sie dringen in den Boden ein und können eventuell das *Grundwasser* erreichen. Auch sind die vielen anderen Gifte zu bedenken, die durch Haushalte oder Industriebetriebe auf Müllhalden abgeladen werden oder dort selbst durch Verwitterung und weitere chemische Umsetzungen entstehen.

In Tabelle 17 sind die oberen *Grenzwerte für einige wichtige Mineralien und chemische Stoffe* im Trinkwasser dargestellt. Zum Vergleich ist ein praktisches Beispiel für Trinkwasser aufgeführt.

Üblicherweise untersucht man im Trinkwasser folgende Gruppen von Inhaltsstoffen, um Auswirkungen auf die Gesundheit der Menschen beurteilen zu können:

Tabelle 17

Trinkwasserinhaltstoffe

Substanz in mg/Liter	Grenzwert*	Beispiel**
Arsen	0,04	< 0,002
Blei	0,04	< 0,005
Cadmium	0,005	< 0,0005
Quecksilber	0,001	< 0,001
Fluorid	0,01	< 0,1
Nitrate	50,0	16,0
Organische Chlorverbindungen	0,01	< 0,0002
Tetrachlorkohlenstoff	0,003	< 0,0002
Polycyclische aromatische Kohlenwasserstoffe	0,0002	< 0,0001
Chemische Stoffe zur Pflanzenbehandlung und Schädlingsbekämpfung	0,0005	< 0,000025
einzelner Stoff max.	0,0001	

1. *Wasserhärte* (Kalzium, Magnesium und andere Leichtmetalle)
2. *Schwermetalle*
3. *Nitrat*
4. *Organische Verunreinigungen* (z. B. Kohlenwasserstoffe und Mikroorganismen)

Die *Wasserhärte* wird im wesentlichen durch den Gehalt des Wassers an Kalzium und Magnesium bedingt. In Gebieten mit »hartem« Wasser (z. B. im Jura) findet man beispielsweise 70 mg/Liter Kalzium und 25 mg/Liter Magnesium, während ein typisch »weiches« Wasser (z. B. im niedersächsischen Flachland) meist zwi-

* nach *Trinkwasserverordnung 1991*

** Beispiel: Leitungswasser der Stadt Gießen (nach Hygiene-Institut der Justus-Liebig-Universität Gießen). Die Angabe »< = weniger als« gibt die Grenze der Nachweismethode an.

schen 2 und 10 mg/Liter Kalzium und 1 bis 2 mg/Liter Magnesium enthält. Für Säuglinge und Kleinkinder sollten die im heimatlichen Trinkwasser üblichen Härtegrade keinen nachteiligen Einfluß auf die Gesundheit haben. Gelegentlich reagieren Kinder auf Wasser sehr anderer Härtegrade als die der Heimat (z. B. dünnere Stühle bei ausgesprochen hartem Wasser). Dennoch sind solche Wechsel bei Kleinkindern rasch überwunden. Säuglingen sollte man hartes Wasser ersparen! Auch an andere als die gewohnten *Natriumwerte* gewöhnen sich Kleinkinder schnell. Nur ausgesprochen hohe Natriumwerte im Trinkwasser sollten Kinder, aber auch Erwachsene (!) meiden.

Nitrat im Trinkwasser stammt überwiegend aus der Düngung mit Stickstoff. Besonders von frisch gedüngten Äckern und Feldern gelangen die Stickstoff-haltigen Substanzen in das Oberflächenwasser; je nach den Bodenverhältnissen sickert zum Beispiel auch die Gülle bis in das Grundwasser. In der Bundesrepublik waren bisher bis zu 90 mg/Liter Nitrate im Trinkwasser erlaubt, der neue EG-Grenzwert wird bei 50 mg/Liter liegen. Das wird in vielen Gegenden Deutschlands noch manche Probleme geben, da die intensive landwirtschaftliche Bodenbearbeitung Überschüsse an Stickstoffdünger in das Trinkwasser gelangen läßt.

Die *Giftwirkung des Nitrates* beruht auf dem durch Reduktion im menschlichen Organismus entstehenden *Nitrit.* Letzteres kann sich in größerer Menge im Säuglingsorganismus bilden und zu einer Umwandlung des roten Blutfarbstoffes in eine für den Sauerstofftransport unbrauchbare Form führen (Methhämoglobin). Ein Nitratgehalt von 90 mg/Liter Trinkwasser kann im Säuglingsorganismus bereits zu Sauerstoffmangel führen! Aus eigener Beobachtung möchte ich anfügen, daß diese Form eines schleichenden Sauerstoffmangels im ersten Lebensjahr nicht leicht zu erkennen ist.

Im *Brunnenwasser* eines Hofes im Raum von Marburg/Lahn hatte sich durch Einsickern von Gülle des Misthaufens viel Nitrat angesammelt. Der Säugling kam erst in unsere Kinderklinik, als er im Wachstum deutlich zurückgeblieben war und blaß (blutarm) erschien. Die älteren Kinder und Erwachsenen des Bauernhofes hatten keine Krankheitserscheinungen.

Im Verdachtsfall müssen Wasseranalysen durchgeführt werden.

Bezüglich der *Schwermetalle* gilt prinzipiell dasselbe, was oben über diese Metalle im Erdboden und in Pflanzen ausgesagt wurde. Das »Wandern« der Schwermetalle im Erdreich geschieht praktisch nur, wenn diese als wasserlösliche Salze vorkommen. Das Wasser ist der Träger und kann sich selber nur schwer von diesen gelösten Substanzen befreien.

Die Verunreinigung des Trinkwassers mit *Blei* tritt ganz überwiegend dort auf, wo in älteren Häusern noch *Bleirohre* für die Wasserzuleitungen in Betrieb sind. Zwar bildet sich in den Bleirohren nach Jahren eine Innenschicht aus Bleioxyd, das nicht wasserlöslich ist, aber man findet immer noch (um den Faktor 2 bis 10) erhöhte Bleiwerte in dem Wasser, das über Nacht in diesen Rohren gestanden hat. Läßt man genügend Wasser ablaufen, hat das Trinkwasser in den meisten Fällen einen unter dem Grenzwert von 0,04 mg/Liter liegenden Bleigehalt.

Die Trinkwasserverunreinigung durch *organische Chemikalien* (z.B. Pestizide, Herbizide, Heizöl, Lösungsmittel etc.) bedeutet in jedem Fall ein nicht tragbares Risiko, und zwar ganz besonders für Säuglinge. Vor allem *aus Industriemüll* können durch chemische Umsetzungen *Dioxine* entstehen, die hochgiftig sind und krebserzeugend (karzinogen) wirken. Diese organischen Chemikalien lösen die verschiedensten Krankheitssymptome aus (*E. Bonnet*). Sie können aus dem Organismus des Menschen nur wieder ausgeschieden werden, wenn Leber und Nieren voll funktionsfähig sind, und das ist im Säuglingsalter noch nicht der Fall. Weist der *Geruch des Trinkwassers* auf Verunreinigungen durch Kohlenwasserstoffe hin, sollte das Leitungswasser *nicht zur Zubereitung von Säuglingsnahrung* verwendet werden. Man kann sich meist mit Quellwasser aus Flaschen behelfen oder das Leitungswasser mit Hilfe eines Kohlefilters reinigen. Durch Abkochen werden nicht alle Substanzen abgedampft. Bei Verdacht auf solche Verunreinigungen sollte man das zuständige Gesundheitsamt oder Hygiene-Institut benachrichtigen.

Die Verunreinigung des Trinkwassers durch *Mikroorganismen* (ganz überwiegend werden E. Coli Bakterien gefunden) ist im Leitungswasser extrem selten, dagegen in Brunnen je nach deren Lokalisation nicht unüblich. Abkochen des Wassers hilft sicher, jedoch sollte beim Auftreten von fieberhaften Durchfallserkrankungen das Gesundheitsamt benachrichtigt werden, da zum Beispiel Salmonellen besondere Maßnahmen erfordern. Das Wasser aus älteren und nicht sehr tiefen Brunnen sollte regelmäßig untersucht werden.

LUFT: Der Sauerstoff aus der Luft ist für den Menschen lebensnotwendig. In den Lungenbläschen kommen Luft und Blut einander ganz nahe; dort werden Sauerstoff und Kohlensäure gegeneinander ausgetauscht. Der Sauerstoffanteil der Luft beträgt 20,9 %, mit etwa 78 % ist der Stickstoffgehalt wesentlich höher; er verhält sich ähnlich einem Träger und ist nur in Spuren physikalisch gelöst im Blut vorhanden. Die »gute Luft« um uns herum enthält etwa 0,03 % Kohlensäure, welche in der ausgeatmeten Luft mit etwa 4 % natürlich viel stärker konzentriert ist.

Luftverschmutzung wird sowohl durch Gase, zum Beispiel Schwefel- oder Stickstoffoxyd, als auch durch Schwebeteilchen (Staubpartikel, Pollen usw.) verursacht. Nach dem heutigen Stand der Wissenschaft sind an unserer Luftverschmutzung etwa 100 verschiedene Substanzen beteiligt. Messungen der Staubpartikeldichte werden vielerorts routinemäßig durchgeführt. Zur Warnung der Allergiker wird der Wert für Pollen (von Bäumen und Pflanzen) gesondert gemessen und bekanntgegeben. Natürlich sind neben den Staubwerten in der Außenluft auch Werte für die Luft in Häusern und Wohnungen, besonders für Allergiker, von Bedeutung. Neben anorganischen Substanzen wie Kohle- oder Kalkstaub sind Schwebepartikel organischen Ursprungs wichtig zu kennen, neben

Pollen zum Beispiel Pilzsporen oder die ausgetrocknete Körpersubstanz von Milben. Auf die Bedeutung des »passiven Rauchens« wurde bereits eingegangen (S. 390). Auch muß auf Formaldehyd und Asbestfasern verwiesen werden, die aus Baumaterialien in die Wohnungsluft gelangen können.

Die Bedeutung der *Autoabgase* und des *Straßenstaubes* ist oben dargestellt worden (S. 390), auch ist auf den Anteil an Schwermetallen in Schwebepartikeln bereits hingewiesen worden.

Im Jahr 1985 hat sich im Ruhrgebiet ein *Smog* gebildet, der regional sogar zum Fahrverbot für Autos geführt hatte. Diese Smog-Episode gab Anlaß zu umfangreichen Gesundheitsstudien, besonders auch an Kindern in Großstädten. Trotz erheblicher methodischer Schwierigkeiten und der fast unbeherrschbaren Zahl von Variablen, kamen die Autoren (*H. E. Wichmann und Mitarb.*, zitiert nach *W. van Eimeren*) zu dem Schluß, daß es als unwahrscheinlich gelten muß, daß »die beobachteten gesundheitlichen Auswirkungen von den erhöhten Konzentrationen der Luftschadstoffe unabhängig sind«.

Akute Reizungen der oberen Luftwege bei Kleinkindern durch größere Staubdichte werden immer wieder von Eltern beobachtet; im allgemeinen sind durch Kurzzeitexposition keine Folgekrankheiten zu befürchten. Der Organismus hilft sich selber durch Niesen und Husten. Wann aber beginnt man von einer chronischen Exposition zu reden? Dazu gibt es keine Zahlen oder sicheren Aussagen. Anhaltende und heftige Reizungen der oberen Luftwege und häufige allergische Reaktionen erschweren die Beurteilung der Zusammenhänge zwischen Luftverschmutzung und Atemwegserkrankungen. Eine kürzlich erschienene Übersicht mehrerer Studien zu diesem Thema (*W. van Eimeren et. al.*) wurde wie folgt zusammenfassend kommentiert:

a) Beim Studium von *Langzeitwirkungen* erwiesen sich Mortalitätsstudien ... als wenig aussagekräftig. Die Morbidität an akuten und chronischen Atemwegserkrankungen zeigte hingegen konsistente Erhöhungen in Gebieten mit stärkerer Luftverschmutzung.

b) Beim Studium von *Kurzzeiteffekten* der Schadstoffkonzentration wurden deutliche lineare Einflüsse der Luftverschmutzung, vor allem des Schwebestaubs, auf die Mortalitätsraten festgestellt. Auch für einige Morbiditätsindikatoren ergab sich Evidenz für eine lineare Beziehung ohne Schwellenwert aus dem Studium einer Smogepisode …

c) Beim Studium des *Krupp-Syndroms* werden sowohl Langzeit- als auch Kurzzeitwirkungen der Luftverschmutzung in Betracht gezogen. Alle vorliegenden Studien leiden an starken Mängeln der Erfassungs- und Auswertungsmethodik, so daß eine verläßliche Aussage noch aussteht.

Gefahren durch Energieeinwirkungen auf den Organismus des Kindes

Je nach Ausmaß und Kraft der Energieeinwirkung auf den Organismus des Kindes treten *Verletzungen* auf; durch Lärm und ionisierende Strahlungen werden überwiegend *funktionelle Spätschäden* verursacht (z. B. Lärmschwerhörigkeit oder Leukämie).

Die Energieeinwirkungen sollen in folgenden Gruppen besprochen werden (die Reihenfolge entspricht der Häufigkeit des Auftretens in den ersten Lebensjahren).

1. Verkehrsunfälle
2. Verbrennungen und Verbrühungen
3. Stürze
4. Lärm
5. Strahlende Energie

1. Verkehrsunfälle

Die Statistik der *tödlich verlaufenden Unfälle im Kindesalter* zeigt, daß Autounfälle mehr als ein Drittel davon ausmachen. Keine andere einzelne Ursache hat einen größeren Anteil an Todesopfern unter Kleinkindern gefordert, einschließlich aller medizinischer Diagnosen.

Nach dem Jahresbericht des Deutschen Verkehrssicherheitsrates verunglückten im Jahr 1986 insgesamt 42431 Kinder bis zum 14. Lebensjahr. Dabei waren:

34 % der Kinder »Fußgänger«
37 % der Kinder Radfahrer, und
29 % der Kinder waren Mitfahrer im Auto.

Vom zweiten Lebensjahr an bis zum Schulbeginn rangieren die *Fußgängerunfälle* an erster Stelle. Wie oben bereits dargestellt, haben Vorschulkinder weder die notwendige Voraussicht, noch die Einsicht in logische Folgen einer Handlung, um Verkehrsunfälle zu vermeiden. Gewiß kann ein sechsjähriger Schulanfänger eine Straße »einigermaßen sicher« überqueren, aber es treten eben doch immer wieder besondere Umstände auf, die das Kind ablenken und deshalb zu einem Unfall führen. Bei Kindern im Alter zwischen vier und sieben Jahren ist die Unfallgefahr dadurch größer, daß die Eltern von der Annahme ausgehen, sie hätten ihren Kindern alle Gefahren mehrfach »erklärt«, Verkehrsregeln erläutert und gewisse Verbote ausgesprochen. Das Kind mag sehr wohl verstanden haben, was die Eltern erklärt haben, vielleicht auch »versprochen« haben, sich richtig zu verhalten. Leider aber gibt es immer wieder (Spiel-) Situationen, in denen die Kinder diese Gebote und Verbote einfach darum nicht beherzigen können, weil sie abgelenkt sind oder ihre Aufmerksamkeit zu stark durch das Spiel gebunden ist. Wenn zum Beispiel der Ball auf die Fahrbahn rollt, rennt das Kind instinktiv hinterher. Zum Glück kennen viele Autofahrer diese Situation und bremsen bereits wegen des Balles, für das Kind wäre es sonst zu spät gewesen.

Manche Statistiken haben noch andere Aspekte der Unfälle von Kindern im Straßenverkehr aufgedeckt: Jungens werden fast doppelt so häufig in Unfälle verwickelt wie Mädchen. Eine andere Studie hat herausgefunden, daß Kinder aus Familien, die unter Streß leiden (z.B. drohende Scheidung der Eltern), häufiger Unfälle haben als Kinder aus harmonischen Familienverhältnissen.

Bei *Autounfällen* haben unter den *Insassen* die Kinder häufiger und schwerere Verletzungen als die Erwachsenen im selben Auto. Bei Kindern als Mitfahrer ist die Zahl der Kopfverletzungen doppelt so hoch wie bei den erwachsenen Mitfahrern. Bei schweren Verletzungen haben Kinder *altersbedingte Nachteile:* Blutverluste sind kritischer und Wärmeverluste größer; statistisch sind Verletzungen von Gehirn, Brust- und Bauchraum bei Kindern häufiger als bei Erwachsenen unter vergleichbaren Umständen. Ein beachtlicher Anteil von Verletzungen bei Kleinkindern im Auto ist durch heftiges Bremsen bedingt (ohne Unfallfolge). Es besteht kein Zweifel daran, daß in vielen dieser Fälle die Kinder nicht ordnungsgemäß mit Kindersitz angeschnallt waren, oder daß die Anschnallgurte nicht sachgerecht angebracht waren.

Eine andere Ursache von Verkehrsunfällen, bei denen *spielende Kinder* zu Schaden gekommen sind, läßt sich auf eine physiologische (z.B. schlechteres peripheres Sehen) oder krankhafte *Sehschwäche der Kinder* zurückführen. Zunächst ist der Blick des Kindes auf den Straßenverkehr dadurch behindert, daß seine Augen kaum höher als ein Meter über dem Erdboden sind. Viele Kleinkinder können nicht einmal über die Kühlerhaube eines Autos hinüberschauen. Außerdem hat man bei Einschulungsuntersuchungen festgestellt, daß (mit regionalen Unterschieden) zwischen 5 und 10% aller Kinder fehlsichtig sind. Kinder mit solchem Handikap können die Entfernung und Geschwindigkeit eines Autos nicht richtig abschätzen. Wegen des in den ersten Lebensjahren deutlich schlechteren peripheren Sehens nehmen Kleinkinder ein Fahrzeug erst etwas später wahr als ein älteres Kind. Die nur »im Augenwinkel« wahrgenommenen Gegenstände oder Bewegungen kommen ihm erst deutlich später ins Bewußtsein, und es handelt oder reagiert dementsprechend etwas verzögert. Außerdem können Kleinkinder die Richtung, aus denen Geräusche kommen, nicht so leicht und schnell identifizieren wie ältere Kinder (nach *D. Noyes Kane*).

Viele *Kleinkinder auf dem Fahrrad* sind weder kräftig genug noch in ihren Bewegungen ausreichend koordiniert, um ein Fahrrad sicher lenken zu können. Es muß hier nochmals gesagt werden, daß ich aus der Sicht des Kinderarztes die Benutzung eines *Fahrrades im Vorschulalter nicht befürworten kann.* Sowohl die physische Konstitution als auch die seelisch-geistigen Voraussetzungen sind dafür im ersten Lebensjahrsiebt noch nicht gegeben. Oft benutzen Kleinkinder zudem Räder anderer Kinder, die meist entweder zu hoch oder zu klein oder auch in anderen Proportionen nicht geeignet sind. Auch fehlt den kleinen Kindern ein Verständnis dafür, daß zum Beispiel fehlerhafte Bremsen gefährliche Situationen herbeiführen können. Zu diesem Leichtsinn gehört auch das Fahren im Dunkeln ohne Licht und Katzenaugen.

Gerade bei Vorschulkindern auf Fahrrädern hat man festgestellt, daß viele ihre selbst erdachten Verkehrsregeln in ihrer eigenen Welt benutzen. Folglich werden häufig ungewöhnliche und dem erwachsenen Verkehrsteilnehmer ungewohnte Fahrmanöver gemacht, die dann zu Unfällen führen. Selten werden von den kleinen Radfahrern Verkehrsampeln und noch seltener Stop-Zeichen beachtet. Als häufige Unfallursache hat man außerdem das unbedachte »Herausschießen« aus einer Hauseinfahrt festgestellt. Solche »Unarten« nehmen natürlich zu, wenn sich mehrere Kinder bei waghalsigen Manövern gegenseitig herausfordern. Dieses sollen nur Beispiele sein, um den Eltern einen Einblick in die lange Liste der Risiken zu vermitteln. Übrigens zeigen sich ganz ähnliche Verhältnisse, wenn Kleinkinder mit *Rollern oder auch Dreirädern* auf Fußwegen, Straßen oder Plätzen fahren. Was kann dagegen getan werden?

Elterliche Aufsicht kann durch nichts ersetzt, sie kann jedoch delegiert werden. Ohne Aufsicht sollte man Kleinkinder nur dort mit Fahrrädern spielen lassen, wo kein Autoverkehr erlaubt ist. *Aufklärung* soll im Kindergartenalter beginnen, doch darf man sich nicht darauf verlassen, daß der Inhalt richtig verstanden worden ist. Die *praktische Anleitung*, das »Vormachen« ist für dieses Alter besonders wichtig. Die Aktion »Kind und Verkehr« des Deutschen Verkehrssicherheitsrates bietet den Eltern Rat und Hilfe. Für notorisch waghalsige »Rennfahrer« unter den Kleinen sollte man einen *Sturzhelm* kaufen!

2. Verbrennungen und Verbrühungen

Diese kommen gehäuft bei zweijährigen Kindern vor, die *kochend heißen Tee*, Kaffee oder Suppe durch Ziehen am Tischtuch über sich ergießen. Auch wenn Kinder dieser Altersgruppe auf dem Schoß sitzen, können sie mit einer raschen Bewegung entweder mit dem Händchen in die heiße Suppe patschen oder zum Beispiel eine Tasse am Rand ergreifen, so daß sich die heiße Flüssigkeit über sie ergießt. Früher gab es noch öfter heiße Öfen, die mit den Händen angefaßt werden konnten, oder die Kinder sind beim Spiel oder wegen ihres noch unsicheren Gehens dagegen gefallen.

Schon im Alter von drei Jahren und natürlich noch zunehmend in den folgenden Lebensjahren ist das Spiel mit *Streichhölzern* sehr faszinierend. Bei ungeschicktem Anreißen kann der brennende Streichholzkopf auf die Haut fallen oder an den Fingern »kleben« bleiben und eine sehr schmerzhafte, tiefe und schlecht heilende Verbrennungswunde erzeugen. Oder das brennende Streichholz fliegt auf brennbares Material und verursacht einen *Zimmerbrand*. Mit zunehmendem Alter suchen die Kinder das »Wagnis Feuer«, das sie im kleinen so sehr lieben (z. B. als ein Lagerfeuer). Leider sind diesem Drang nach dem Feuererlebnis schon manche Scheunen zum Opfer gefallen. Nicht so selten hat das Spiel mit Streichhölzern (oder einem Feuerzeug) auch zu Wiesen- oder Waldbränden geführt. Da Kleinkinder leicht in *Panik* geraten, verstreicht zwischen der Schrecksekunde beim Anblick des plötzlich so großen Feuers und der sinnvollen Folgehandlung oft wichtige Zeit.

Die Familiensituation, die örtlichen Umstände und die Art der kindlichen Reaktion (sein Temperament) werden bei der Begegnung mit Feuer immer verschieden sein. Die zwei folgenden *Beispiele* mögen das illustrieren:

> Die fünfjährige Heidi war ein für ihr Alter ausgesprochen umsichtiges und bedächtig handelndes Kind. Die Mutter schickte das Mädchen mit einem Korb voll Papier in den Garten, wo es das Papier in einen für Verbrennungen gebrauchten Drahtkorb tat und das Papier anzündete. Das Kind machte das nicht zum ersten Mal. Mit den aufsteigenden Flammen flog ein Stück Papier hoch und landete auf Heidis Rücken, wo es ihre Kleidung sofort entzündete. Es dauerte einige Sekunden, bis das Mädchen die Flammen spürte. Sie rannte ein paar Schritte zu einem Platz, wo noch etwas Schnee lag und wälzte sich darin. Es gelang Heidi, die Flammen zu löschen, bevor die Mutter zu Hilfe kam. Heute ist der ganze Rücken mit einer großen Narbe bedeckt. Es besteht kein Zweifel, daß Heidis schnelle und richtige Reaktion eine noch umfangreichere Verbrennung verhindert hat.
>
> Beim Silvesterfeuerwerk war der sechsjährige Manfred ein aufmerksamer Beobachter seines Vaters, der die Raketen entzündete, die dann in bunten Farben zerknallten. Am nächsten Morgen fand Manfred eine kleine Rakete, die im Dunkel der Nacht vergessen worden war. Er brachte sie in sein Zimmer und erglühte vor Erlebnisdrang. Heimlich besorgte er sich Streichhölzer und entzündete den Feuerwerkskörper. Er sauste in die Gardinen, die schnell Feuer fingen. Bis die Mutter und später auch die Feuerwehr Hilfe brachte, war einiger Sachschaden entstanden, Manfred blieb unverletzt.

Das erste Beispiel kann man als einen Unfall deuten, bei dem das Kind außergewöhnlich schnell und richtig gehandelt hat. Das zweite Beispiel ist typisch für einen nach neuen Erfahrungen drängenden Jungen, der jedoch die Eigenschaften und Folgen eines Feuerwerkskörpers noch nicht ermessen konnte. Beide Kinder zeigten keine Panikreaktion. Letztere ist um so häufiger, je jünger die Kinder sind und wird leider vielen zum Verhängnis.

Die *physiologischen Eigenschaften der Haut des Kindes* sind derart, daß Verbrühungen und Verbrennungen leicht und schnell zu ausgedehnten und tiefen Verletzungen führen. Die Haut des Kleinkindes ist deutlich dünner und weicher als die Haut älterer Kinder. Im zweiten Lebensjahr erleben wir oft Verbrühungen auf dem Kopf, im Gesicht und am vorderen Brustkorb (entsprechend der von oben herabfließenden heißen Flüssigkeit). Die oft entstellenden Gesichtsnarben bedürfen kosmetischer Korrekturen, die sich über Jahre hinziehen können. Hände und Unterarme sind auch oft betroffen. Im jungen Alter treten Verbrennungen zweiten Grades (Blasenbildung) deutlich schneller auf, das heißt, bei gleicher Hitzeeinwirkung reagiert ein älteres Kind mit Verbrennungserscheinungen ersten Grades (nur Rötungen), während ein Kleinkind bereits Blasenbildungen aufweist. Auch Verbrennungen dritten Grades (völlige Zerstörung der Hautschichten) zieht es sich schneller zu.

Bei allen *Brandverletzungen* ist sofortige *Kühlung* am besten unter fließendem Wasser (auch Brause) sehr hilfreich. Ausgedehnte Verbrühungen und Verbrennungen machen eine sofortige Einweisung ins Krankenhaus notwendig! Im jungen Alter ist das Immunsystem noch unerfahren und »unreif«, deswegen ist auch die *Gefahr einer Infektion größer.* Das Kreislaufsystem der Kleinkinder reagiert recht labil, weswegen sich bei großflächigen Verbrennungen leicht ein *gefährlicher Schockzustand* entwickeln kann.

Ein Fünftel aller tödlich verlaufenden Unfälle im Alter zwischen ein und fünf Jahren sind durch Verbrennungen oder Verbrühungen bedingt. Die meisten Verbrühungsunfälle geschehen in der Küche und am Küchentisch. Die Zahl der Kinder mit bleibenden und oft entstellenden Narben liegt jedes Jahr in den Tausenden. Auch für Kleinkinder gilt, daß schwere Verbrennungen nicht nur Narben auf der Haut, sondern auch in der Seele und in der Persönlichkeit des Kindes hinterlassen.

Verbrennungen durch *elektrischen Strom* gehen meist mit Verbrennungen an den Händen einher; unter Umständen können auch andere Körperteile Verbrennungen erleiden. Auch tödliche Unfälle werden jedes Jahr registriert. Besonders ungeschützte Steckdosen verleiten die Kinder immer wieder, dort Nägel, Nadeln oder ähnliche Metallgegenstände hineinzustecken. In einem solchen Fall ist größte Vorsicht für die zu Hilfe eilende Person geboten, solange das Kind noch mit der Stromleitung in Verbindung steht. Mit trockenen, nicht leitenden Gegenständen (Kissen, Decken, Besenstiel etc.) muß es erst von der Stromquelle weggezogen oder gestoßen werden, dann sofort Wiederbelebungsmaßnahmen einleiten!

In Zusammenhang mit einem Zimmer- (oder Wohnungs-) Brand durch elektrischen Kurzschluß können *giftige Gase* entstehen, die mit dem Rauch über den Fußboden »kriechen« und besonders kleine Kinder gefährden. Fußbodenbeläge, Tapeten, Vorhänge und Gegenstände aus *Plastik* (z.B. PVC = Polyvinylchlorid) entwikkeln beim Verbrennen sehr giftige Gase.

3. Stürze

Kinder fallen häufig. Man kann von einem *Sturz* sprechen, wenn beim Fallen wesentliche Verletzungen auftreten. Meist – und glücklicherweise – sind die Folgen des Hinfallens oder Herunterfallens nur Schrammen, kleine Wunden oder Blutergüsse; Knochenbrüche sind im Vergleich zu der Zahl der Stürze im Kindesalter doch selten. Tödliche Stürze machen nur 3,5 % aller tödlich verlaufenden Unfälle im Kleinkindalter aus. Die Mortalität bei den Ein- bis Vierjährigen liegt bei 1,7 / 100000 für Jungens und bei 1,2 / 100000 für Mädchen (*P. Stelgens*). Die Schwere der Verletzung ist keinesfalls geradlinig von der Fallhöhe abhängig, sondern von der Körperhaltung beim Aufprall und von der Beschaffenheit des Bodens oder dessen, auf was der Körper aufschlägt (z.B. Gebüsch oder Möbel).

Am häufigsten erleben wir den Sturz aus dem Fenster, aber auch in Treppenhäusern, von Bäumen und von Gerüsten stürzen Kinder herunter. Durch die relative Größe und Schwere des Kopfes verwundert es nicht, daß der Kopf sehr oft zuerst aufschlägt und auf der Liste der Knochenbrüche an erster Stelle steht. Unter 50 Kleinkindern mit Knochenbrüchen nach einem Sturz hatten 32 einen Schädelbruch!

Die folgenden *Beispiele* mögen zeigen, wie kindliches Verhalten und Ortsgegebenheiten den Unfallablauf wesentlich beeinflussen können.

Der siebenjährige Günter wohnte mit seinen Eltern in der vierten Etage eines Mehrfamilienhauses und hatte ein striktes Verbot, nicht auf dem Geländer des Treppenhauses bäuchlings herunterzurutschen. Eines Tages erwischte ihn die Mutter beim Rutschen und warnte ihn eindringlich. Als der Vater davon hörte, wurde die Lektion durch eine Tracht Prügel unterstrichen. Am folgenden Tag fand man den Jungen tot im Erdgeschoß des Treppenhauses und mußte annehmen, daß er beim Rutschen auf dem Geländer abgestürzt war.

Ein zweites *Beispiel:*

Ein damals wohl sechsjähriges Mädchen stürzte aus mir unbekannten Gründen über mehrere Etagen im Lichtschacht eines Treppenhauses bis ins Erdgeschoß. Dort stand ein zu Korbmöbeln gehöriger Tisch. Das Mädchen stürzte mit dem Kopf voran und durchschlug die Tischplatte. Das Kind überlebte diesen Sturz trotz der Verletzungen und Knochenbrüche, auch die Wirbelsäule und das Rückenmark waren verletzt. Nach langer Genesungszeit konnte sie in die Schule gehen und auch eine Ausbildung beenden. Noch nach Jahrzehnten bestehen erhebliche Beschwerden.

Viele Menschen haben von solchen und ähnlichen Stürzen gehört oder gelesen. In beiden Beispielen wurden die Stürze den Kindern zum Schicksal. Wie sehr wünscht man, daß in solchen Fällen ein Schutzengel behilflich ist!

Im Rahmen der Darstellung der *Unerfahrenheit des Kleinkindes* und seiner unbefangenen Handlungsfreudigkeit wurde bereits darauf hingewiesen (S. 385), daß Verbote, Warnungen und Anweisungen nur in seltenen Fällen einen Unfall verhindern können. Die Folgen einer Handlung zu übersehen (z. B. das Erklettern eines Fensterbrettes) und sachgerechtes Verhalten zu üben (z. B. erst das Fenster zu schließen, um dann den Ausblick zu genießen), ist einem Kleinkind noch nicht möglich; eine logische Denkweise, mit der eine drohende Gefahr erkannt werden könnte, ist dem Kind fremd. Das Kind handelt aus der Gegenwartssituation heraus entsprechend seinen Sympathien und Antipathien. Ich denke, daß wir zu Recht sagen können:

> *Der Begriff einer Gefahr ist dem Kleinkind noch unbekannt. Erst langsam lernt es aus seinen Erfahrungen und den Vorbildern seiner Umgebung ein Verhalten zur Vermeidung gefährlicher Situationen. Dieser Lernprozeß verläuft bei den einzelnen Kindern unterschiedlich schnell.*

4. *Lärm*

Heutzutage ist fast allen Menschen das Problem der *Lärmbelästigung* im Bewußtsein. Als Lärm bezeichnen wir den unerwünschten Schall, der uns Signale von unserer Umwelt bringt, an dem wir nicht interessiert sind, und der oft die erwünschte akustische Verbindung mit der Umwelt übertönt und daher die Sprachverständlichkeit erschwert. Lauter Lärm kann ablenken und erschrecken. Starker, lange anhaltender und oft wiederkehrender Lärm kann neben psychologischen Wirkungen auch körperliche Schäden verursachen und zu Krankheiten beitragen. Es ist jetzt erwiesen, daß über Jahre anhaltende starke Lärmbelastungen zu permanenten Hörschäden führen. *Lärmschwerhörigkeit* ist nur eine der möglichen direkten

Folgekrankheiten; andauernder Lärmstreß kann bei Erwachsenen außerdem das Risiko für Bluthochdruck und für das Auftreten von Herzinfarkten erhöhen (*W. van Eimeren et al.* und das Berliner *Symposium »Lärm und Krankheit«, 1991*).

Auch das *Kind im Mutterleib* hört die Mutter sprechen, hört die Alltagsgeräusche und den Lärm der Umwelt. Die Dämpfung und Filterung ist für den Feten gering, wie moderne Messungen ergeben haben. Man hat zwar bei einigen Feten, deren Mütter in der Schwangerschaft extrem starkem Lärm am Arbeitsplatz ausgesetzt waren, Schäden am Innenohr festgestellt, jedoch sind die Ergebnisse bisher nicht statistisch auswertbar (*K. J. Gerhardt*). Der früher in den Inkubatoren (die man für kranke oder sehr unreife Neugeborene braucht) hohe Geräuschpegel konnte in den modernen Geräten erheblich herabgesetzt werden und liegt heute im Bereich der Umgangssprache (um 60 dB = Dezibel, der Meßeinheit für den Schalldruck).

Die *Folgen andauernder Lärmbelastung währen der Schwangerschaft* sind noch nicht ausreichend untersucht worden; subjektiv machen Schwangere unangenehmen Lärm für Mißbefinden verschiedener Art verantwortlich. Vergleicht man die Geburtsgewichte von Kindern, deren Mütter während der Schwangerschaft starkem Lärm ausgesetzt waren, mit solchen, deren Mütter keine derartigen Erfahrungen gemacht haben, so weisen einige Studien bei den Betroffenen ein geringeres Geburtsgewicht auf, das mit der Lärmbelastung in Verbindung gebracht wurde (*W. van Eimeren et al.*).

Vorschulkinder werden bei anhaltend starker Lärmbelastung, zum Beispiel in der Nähe von Flughäfen, unruhiger und leichter ablenkbar. Sie können den andauernden Lärm bei ihrem Spiel kaum »ausschalten«, weil ihnen die Einsicht in die Zusammenhänge fehlt. Die Folge ist, daß sie *weniger lernbereit* sind. Es gibt einige größere Studien zur Frage der Lärmschädigung durch Tieflieger; leider sind Säuglinge und Kleinkinder dabei nicht ausreichend berücksichtigt worden. Von Studien an Erwachsenen wissen wir, daß das Zusammenspiel der Hormone im menschlichen Organismus durch

Lärmstreß beeinträchtigt wird; für das Kind sind ähnliche Einflüsse möglich. Auch der *Schlaf* kann durch Lärm gestört werden; interessanterweise selten durch vermehrtes Aufwachen, sondern häufiger durch das Auftreten verschiedener Störungen im vegetativen Nervensystem. Man kann sie daher als »unterbewußte Streßwirkungen« bezeichnen.

Bei Kleinkindern muß noch ein weiterer Gesichtspunkt berücksichtigt werden: Bei vermehrter Lärmbelastung noch unterhalb des Bereiches, in dem Schäden am Innenohr auftreten können, trat eine deutliche *Verzögerung der Sprachentwicklung* auf. Für die Kleinkinder ist das Hören des gesprochenen Wortes zum Erlernen der Sprache eine Notwendigkeit; nur aus der Nachahmung können sie lernen. Wenn das gesprochene Wort – und zwar das vorgesprochene sowie das *eigene* – wegen des zu starken Lärmes nicht richtig gehört werden kann, wird der Prozeß des Lernens behindert. Übrigens gilt dieses auch für anhaltende *Hintergrundgeräusche.*

Bei Schulkindern ist der Einfluß von Fluglärm, Straßenlärm und Schienenlärm im Klassenzimmer mehrfach untersucht worden (nach *P. Stelgens*). Bei zunehmender Lärmbelastung wurden die schulischen Leistungen beeinträchtigt (z.B. schlechtere Leseleistungen). Außerdem wurden Konzentrationsschwäche und Verhaltensstörungen bei manchen Kindern beobachtet.

Die *Deutsche Gesellschaft für Wohnmedizin* hat in ihren Leitsätzen zur medizinischen Lärmbeurteilung festgestellt, daß die in der Fachliteratur genannten Grenzwerte für Lärmbelastung allgemein zu hoch angesetzt worden sind. Die Mittelwerte des Lärmes, dem wir täglich ausgesetzt sind, liegen zwischen 73 und 76 dBA (wobei »A« bedeutet, daß man den Schalldruck über den Frequenzbereich der menschlichen Stimme »gemittelt« hat). Tagsüber wird für Wohnräume eine Obergrenze von 50 dBA empfohlen. Das entspricht dem Schalldruck gedämpfter Umgangssprache; damit wird erreicht, daß normale Umgangssprache leicht verständlich bleibt. Großstadtverkehr verursacht Lärm im Freien zwischen 70 und 84 dBA. Der Straßenlärm wird durch die Wände der Wohnhäuser gedämpft, so daß in Innenräumen zwischen 15 und 25 dBA (je nachdem die Fenster geschlossen oder geöffnet sind), also relativ niedrige Schallpegel vorhanden sind. In Gegenden mit starkem Lärm sollte man an ausreichende Schallisolierungen für Kindergärten und Schulräume denken (*H. E. von Gierke*).

Lärm hat auf Menschen sehr unterschiedliche Wirkungen. Zunächst sind es *psychische Reaktionen*, die sich im Verhalten ausdrücken. Wenn einem Erwachsenen der Lärm in seiner Umwelt zuviel wird, kann er sich im allgemeinen dem Lärm entziehen. Das junge Kind jedoch ist, wie wir bereits mehrfach unter verschiedenen Aspekten festgestellt haben, dem Übermaß an Höreindrücken und vor allem ihm ungewohnten Lärm gegenüber hilflos. Viele Säuglinge und Kleinkinder zeigen das in ihrem Verhalten beispielsweise durch Schreien oder Unruhe an. Wenn die Kommunikation des Kleinkindes mit seiner Umwelt gestört ist – und Lärm kann ein erhebliches Hindernis darstellen – stimmt für das Kind »die Welt nicht mehr«. Es ist in seiner wesentlichsten Lebensfunktion, dem *Lernen, behindert*. Würden die Eltern und alle Menschen, die mit Kindern zu tun haben, dieses stärker berücksichtigen, hätten wir mehr glückliche Kinder!

5. Ionisierende und nichtionisierende Strahlung

Gamma- und Röntgenstrahlen werden als »ionisierende Strahlen« bezeichnet (d. h. sie führen Energie in die Materie ein und bewirken dadurch eine Spaltung von Molekülen in Ionen). Diese Strahlung hat keine Masse, aber viel Energie. Sie kann das menschliche Gewebe durchdringen und je nach Intensität und der Dauer der Anwendung lebendes Gewebe schädigen und sogar töten.

Wenn ionisierende Strahlen in einer bestimmten Intensität auf menschliche Gewebe einwirken, können sie Krebs erzeugen, aber eine genau berechnete Dosis dieser Strahlen kann auch zur gezielten Zerstörung von Krebsgewebe eingesetzt werden. Während der Embryonalentwicklung sind alle Gewebe gegenüber diesen Strahlen sehr empfindlich; in Kapitel 3 wurde darauf hingewiesen, daß durch Röntgenstrahlen Mißbildungen des Embryo verursacht werden können. Die Gamma-Strahlen bei den Atombombenexplosionen 1945 in Japan haben bei vielen Feten das wachsende Gehirn dauerhaft geschädigt.

Die mittlere Dosis ionisierender Strahlen aus der natürlichen Umgebung des Menschen (einschließlich der Einstrahlungen aus dem Kosmos) beträgt pro Jahr für den Erwachsenen etwa 0,1 Rem (mit Rem mißt man die der biologischen Wirkung einer Strahlung äquivalente, von den Geweben absorbierte Strahlendosis). Im Durchschnitt nimmt ein Erwachsener etwa die gleiche Strahlendosis pro Jahr durch Röntgenuntersuchungen und andere Strahlungsquellen auf – zum Beispiel auch in durch Radongas verseuchten Wohnungen. In welcher Form es über längere Zeiträume zu einer additiven Wirkung kleiner Strahlendosen kommt, ist immer noch nicht sicher geklärt. Neben der besonderen Gefährdung des menschlichen Embryo ist auch im ganzen ersten Lebensjahr noch mit erhöhter Strahlenempfindlichkeit der Gewebe zu rechnen. Bei einer im Säuglingsalter aus medizinischen Gründen notwendigen Röntgenuntersuchung muß deren Nutzen sorgfältig gegen mögliche Nachteile abgewogen werden. In der Literatur finden sich Angaben, denen zufolge die Gewebe der Kleinkinder fünf- bis zehnmal empfindlicher (als Gewebe Erwachsener) auf Röntgenstrahlen reagieren.

Über die *Langzeitwirkungen der weniger intensiven und nichtionisierenden elektromagnetischen Strahlen*, die man meist als Wellen bezeichnet, sind die Meinungen noch sehr geteilt. Ganz allgemein verstärkt sich der Eindruck, daß viele der für Tests benutzten Einzeller (z.B. Hefen oder Algen) und sogar die kleinen Säugetiere (z.B. Ratten und Mäuse) diesen Strahlen oder Wellen gegenüber empfindlicher reagieren als der Mensch. Es besteht auch Anlaß zu der Annahme, daß die menschlichen Gewebe eine auffallend gute »Selbstheilungskapazität« haben. Solche Überlegungen sollen aber nicht davon ablenken, daß schädliche oder nachteilige Wirkungen auf den Menschen beobachtet worden sind durch Mikrowellen, Ultraschall, Radiowellen, elektromagnetische Felder unter Starkstromleitungen und um Radaranlagen. Ganz gewiß ist die Intensität und Zeitdauer für alle genannten Strahlen oder Wellen von entscheidender Bedeutung. Es ist keineswegs entschieden, ob es eine absolut sichere Strahlungsmenge für die eine oder andere der genannten Strahlen gibt (vgl. *W. van Eimeren et. al.* und *D. Noyes Kane*).

In den letzten Jahren wurde zunehmend deutlich, daß die *Gesamtlast durch elektromagnetische Wellen* für den Menschen ein für die Gesundheit bedeutsamer Faktor ist. Nach dem Studium dieser Untersuchungsergebnisse möchte ich raten, *diese Wellen wenn immer möglich zu meiden;* diese Warnung mag für Säuglinge und Kleinkinder noch dringlicher sein! *D. Noyes* hat von »elektronischer Verseuchung der Umwelt« gesprochen und empfiehlt äußerste Wachsamkeit. So sollte man Wohnungen im näheren Umkreis von großen Transformatoren, Radarstationen und Mikrowellensendern meiden. Man möge auch den großen Unterschied zwischen den *Grenzwerten für noch zumutbare elektromagnetische Strahlungen* in Rußland und den Vereinigten Staaten beachten: Der Grenzwert ist in den USA eintausend mal höher angesetzt worden als in Rußland.

Es liegen verläßliche Untersuchungsbefunde in der wissenschaftlichen Literatur darüber vor, daß elektromagnetische Strahlungen das Blutbildungssystem, das Immunsystem und den Hormonhaushalt (z. B. die Schilddrüse) des Menschen nachteilig beeinflussen (Lit. oben zitiert).

Auch das *Kind im Mutterleib* ist vor der Beeinflussung durch elektromagnetische Strahlungen (sehr verschiedener Quellen) *nicht geschützt.* Bei Schwangeren, die unter einer Hochspannungsleitung oder neben einem Mikrowellensender wohnen, hat man vermehrte Aborte registriert und auch häufiger Mißbildungen bei den Neugeborenen festgestellt. Man sollte auch fragen, ob nicht die Arbeit am Computerbildschirm für alle Schwangeren untersagt werden muß.

Die Gefährdung des Säuglings und Kleinkindes durch Strahlungen verschiedener Qualitäten (Wellenlängen), Intensitäten und Dauer kann wissenschaftlich in Zahlen ausgedrückt werden, die aber dem Laien schwer zugänglich und schwer verständlich sind. *Eltern sollten, wenn immer möglich, ihre Kinder vor jeder Art Strahlung schützen*, was durch Umsicht und Voraussicht recht gut möglich ist. Dazu muß man wissen, *wo diese Gefahren lauern* (sind z. B. Einrichtungen, die Strahlungen erzeugen oder aussenden, in der Umgebung des Hauses vorhanden?). Ein völliges Vermeiden dieser Strahlungsquellen ist jedoch im engbesiedelten Deutschland fast nicht mehr möglich.

Abschließende Betrachtung zu den Gefahren durch physikalische und materielle Einwirkungen

Im Beginn dieses Kapitels wurde auf den Gegensatz zwischen »Energie und Materie« als Umweltgefahren hingewiesen. Im vorausgehenden Abschnitt wurden verschiedene Einwirkungen von Energie auf den Organismus des Kindes besprochen. Bei Autounfällen ist es die Energie der bewegten Masse, die auf den Körper des Kindes einwirkt; beim freien Fall aus großer Höhe sind die Masse des Kindes (sein Gewicht) und die Fallhöhe entscheidende Faktoren. Bei der Einwirkung von Substanzen, die für das Kind Giftwirkung haben, ist es einmal die innere Qualität der Materie und zum zweiten sind es die Umstände (z. B. wo sich das Gift verbirgt) und der Reifegrad des kindlichen Organismus, welche das Ausmaß des Schadens bestimmen. Während bei übermäßiger (z. B. Sturz) oder chronisch zu starker Energieeinwirkung (z. B. Lärm oder Strahlung) die Schadensursache erkennbar ist, lauern viele *Gefahren durch Gifte im Verborgenen* und offenbaren ihre Wirkung erst durch Krankheitserscheinungen. Mehrfach kamen wir in diesem Kapitel zu dem Schluß, daß bei der besprochenen *Einwirkung von*

Energie oder Materie keine Kommunikation zwischen dem Organismus und der Umwelt stattgefunden hat, sondern daß das Kind der Umwelteinwirkung *hilflos* ausgesetzt war. Wenn die Handlungsweise des Kindes Ursache für ein Unglück war, so muß berücksichtigt werden, daß es je nach Alter und Reifegrad die Folgen seiner Handlungsweise gar nicht voraussehen, geschweige denn in ihrem Ausmaß überblicken kann.

Während der Säugling in jeder Beziehung von der Hilfe der Mutter abhängig ist, erlangt das Kind in den weiteren Vorschuljahren seiner Entwicklung langsam eine gewisse Unabhängigkeit. Es wurde auch darauf hingewiesen, daß der entwicklungsbedingte Wandel des Bewußtseins und die reifende Denkfähigkeit des Kindes sein Verhalten stark beeinflussen. In unserer Technologie durchsetzten Welt ist der Mangel an logischem Denken und die begrenzte Urteilsfähigkeit des Kindes ein erhebliches Handikap, das nur durch eine *beschützende Vorsorge* der Eltern und anderer Erwachsener ausgeglichen werden kann. Die Aktivitäten des Kindes bedürfen einer *Lenkung*, und wo dem Kind Fähigkeiten fehlen, bedarf es unserer *Hilfe*.

Wie sieht eine vorsorgende Erziehung im Elternhaus und Kindergarten aus? Gibt es Programme zur Unfallverhütung im Kindesalter und einen Unterricht in Ökologie? Es gibt dazu viele Ansätze und »Versuchsprogramme«. Da der Wert und wirkliche Nutzen hier nicht diskutiert werden soll, möge man sich erneut die Grenzen des kindlichen Verstandes vor Augen halten. Es wurde gesagt, daß Kleinkinder unter fünf Jahren weder Gebote noch Verbote, geschweige denn Regeln und die Wirkung von Naturgewalten verstehen können. Kinder unter fünf Jahren brauchen Vorbilder und müssen spielerisch in die Lebenspraxis eingeführt werden. Es besteht außerdem *die große Gefahr, daß man Kinder durch Schilderungen von Gefahrensituationen sehr ängstlich macht!* Unterricht in Unfallverhütung droht die kleinen Kinder zu verschrecken, und die größeren sind zwar fasziniert von den Bildern, haben aber immer noch nicht den nötigen Überblick der Zusammenhänge (wozu

Logik gebraucht wird) und können Einsichten nicht behalten, das heißt: Sie werden *im Notfall nicht immer das Richtige erinnern.*

Sowohl für die Einwirkung von Energie als auch für die verdeckte Aufnahme von Giftsubstanzen ist der Organismus des Kindes nicht vorbereitet, zumindest wesentlich weniger als der des Erwachsenen, der viele Gifte schneller abbauen und besser ausscheiden kann. Auch *Vorwarnungen* helfen dem Kind selten (z.B. der schlechte Geruch eines bereits verdorbenen Nahrungsmittels). Der Autounfall oder die Aufnahme von zuviel Nitraten in der Nahrung erfolgen ohne jede Vorwarnung, können jedoch das Lebensgefüge des Kindes erheblich beeinträchtigen. Durch *Gifte aus der Umwelt* (z.B. Blei im Trinkwasser) kann seine *Entwicklung verzögert*, im Einzelfall sogar erheblich beeinflußt werden (z.B. können bestimmte Berufe wegen eines Handikaps nicht ausgeübt werden).

Die Eltern werden sich in jedem Fall bemühen, *nach den Ursachen des schädlichen Umwelteinflusses* auf die Entwicklung des Kindes zu fahnden. Sie wollen die Umstände erforschen, einmal, um in Zukunft bessere Vorsorge treffen zu können, und zum anderen, um den Schuldigen zu ermitteln. So sehr es auch den Umständen gemäß richtig oder verständlich sein mag, das Schuldverhalten aufzudecken, so wenig wird dadurch der Gang des Schicksals für das Kind verändert (die Zahlung von Bußgeldern oder Renten können natürlich gewisse Erleichterungen für ein geschädigtes Kind bedeuten). Der durch einen Verkehrsunfall bedingte, eingeschränkte Gebrauch von Gliedmaßen beeinträchtigt zweifellos das Leben des Kindes. Wenn es einen Schuldigen gibt, ist eine Abgeltung gerechtfertigt, aber wichtiger ist es für die Eltern wie auch für das Kind, *das veränderte Schicksal zu akzeptieren*, es als eine neue *Lebensaufgabe* hinzunehmen. Um solche Gedanken zu bewegen und zu begreifen, braucht das Kind unsere Hilfe.

Literatur

Ariés, Philippe, »Geschichte der Kindheit«, München 1984
Assmann, Vera und Benedikt, »Zusatzstoffe in Lebensmitteln«, Düsseldorf 1989
Ayres, A. Jean, »Bausteine der kindlichen Entwicklung«, Berlin-Heidelberg 1984
Barz, Brigitte, »Feiern der Jahresfeste mit Kindern«, Stuttgart 1984
Baur, Alfred, »Lautlehre und Logoswirken«, Stuttgart 1989
Berenson, Gerald S., Cardiovascular risk factors in children«, New York 1980
Blechschmidt, Erich, »Vom Ei zum Embryo«, Hamburg 1969
–: »Sein und Werden«, Stuttgart 1982
Bonnet, Eckhard, »Trinkwasser oder Gift und Gülle«, der kinderarzt 20: 1805, 1989
Britz-Crecelius, Heidi, »Kinderspiel – lebensentscheidend«, Stuttgart 1987
Brotbeck, Kurt, in Lebenshilfen 9 »Das Kind im Vorschulalter«, Stuttgart 1989
Brück, Kurt, »Heat production and temperatur regulation« in U. Stave (ed.) »Perinatal Physiology«, New York 1978
Buddemeier, Heinz, »Illusion und Manipulation«, Stuttgart 1988
Carey, William B. »Measuring infant temperament«, J. Pediatrics 81: 414, 1972
Conrad, Klaus G., »Eine Gesellschaft verdirbt ihre Kinder« 2. Aufl., Heidelberg 1985
Darwin, Charles, »Das Bewegungsvermögen der Pflanzen« zit. nach *R. Steiner,* GA 101, 29. 12. 1907, Dornach 1987
Doxiadis, Spyros (ed.) »Early influences shaping the individual«, New York 1989
Douglas Jo und Naomi Richman, Mein Kind will nicht schlafen«, Stuttgart 1989
Droese, Walter und Helga Stolley, »Ernährung des Säuglings« und »Ernährung des Klein- und Schulkindes«, in: Keller/Wiskott: Lehrbuch der Kinderheilkunde, Stuttgart 1984
Dubowitz, Lily, et al., »Visual function in the newborn infant« The Lancet I, 1986
Duché, Didier-Jacques, »Das Kind in der Familie«, Stuttgart 1987
Eimeren, Wilhelm van, et al. »Umwelt und Gesundheit«, Berlin 1987
Elkind, David, »Miseducation, preschoolers at risk«, New York 1988
Engel, Eric, »A new genetic concept«, zit. nach Science News 138: 8, 1990
Feingold, B. F., Introduction to Clinical Allergy, Springfield, II. 1973
Galler, Janina R, (ed.) »Nutrition and behavior«, Vol. 5 of »Human nutrition«, New York 1984

Gerhardt, K.J., »Prenatal and perinatal risks«, Vortrag: NIH consensus conference Jan. 1990, Bethesda, MD
Gierke, Henning E. von, »The noise induced hearing loss problem«, Vortrag: NIH consensus Conference Jan. 1990, Bethesda. MD und persönliche Information
Glatzel, Hans, »Nahrung und Ernährung«, Berlin 1984
Goebel, Wolfgang und M. Glöckler, »Kindersprechstunde« 9. Aufl., Stuttgart 1990
Hartung, Kurt, »Die ›Europäische Charta Umwelt und Gesundheit‹«, Sozialpädiatrie 12:860, 1990
Hassauer, Werner, »Die Geburt der Individualität«, Stuttgart 1984
Haug-Schnabel, Gabriele, »Verhaltensbiologische Aspekte des Fernsehens im Kindesalter« und »Kleinkinder als Fernsehzuschauer, Familienmitglieder und Interaktionspartner«. Sozialpädiatrie 10:54 und 109, 1988
Healy, Jane M., »Endangered Minds, why our children don't think«, New York 1990
Heimeran, Marta, »Von der Religion des kleinen Kindes«, Stuttgart 1983
Hellbrügge, Theodor, »Fernsehen – Gefahr für Die Kindergesundheit«, Sozialpädiatrie 8:5, 1986
Hensel, Herbert, »Allgemeine Sinnesphysiologie«, Berlin 1966
–: »Die Sinneswahrnehmung des Menschen« in: Wissenschaft und Anthroposophie, von Kienle/Hensel/Schäfer, Stuttgart 1989
Hildebrandt, Gunther, »Chronobiologische Aspekte des Kindesalters«, Vortr. Symposion ›Kind und Umwelt‹, April 1988 Herdecke
Hitschfeld, Oswald, »Der Hilferuf der Erde an die Menschen«, Freiburg/Br. 1987
Hoerner, Wilhelm, »Zeit und Rhythmus«, Stuttgart 2. Aufl. 1991
Hünig, Annemarie, »Erfahrungen mit dem Spiel auf der Kinderharfe«, Erziehungskunst 43:446, 1979
Jacobs, Rita: »Musik für kleine Kinder«, Stuttgart 1988
Jaffke, Freya, »Spielzeug von Eltern selbstgemacht«, Stuttgart 1987
Jahnke, Hanna E., »Transport- und Fortbewegungsmittel in den ersten Kinderjahren«, Sozialpädiatrie 10:719, 1988
Johanson, Irene, »Geschichten zu den Jahreszeiten«, Stuttgart 1991
Karlson, Peter, »Kurzes Lehrbuch der Biochemie«, Stuttgart 1961
Klaus, Marschall H. und J.H. Kennell, »Maternal-infant bonding«, Saint Louis 1976
König, Karl, »Sinnesentwicklung und Leiberfahrung«, 3. Aufl. Stuttgart 1986
Koob, Olaf, »Drogensprechstunde«, Stuttgart 1990
Kühne, Petra, »Säuglingsernährung«, Arbeitskr. Ernährungsforschung e.V., Unterlengenhardt 1988
Kupke, Ingeborg R., »Die Arteriosklerose als pädiatrisches Problem«, Dtsch. Ärzteblatt 81: Heft 39, 1984
Kutik, Christiane, »Mit kleinen Kindern spielen, erleben, schöpferisch sein«, Stuttgart 1990

Lärm und Krankheit, Symposium Berlin, Sept. 1991
Lebenshilfen 9, »Das Kind im Vorschulalter«, Stuttgart 1989
Lempp, Reinhart, »Familie im Umbruch«, München 1986
Lück, Erich, »Augen auf – was steht drauf?«, Stuttgart 1986
Maurer, Daphne und Ch. Maurer, »The world of the newborn«, New York 1988
Moore, Raymond S. und D.N. Moore, »Caring for young children: Danger of early schooling« in: K.E. Schäfer et al (ed)., Individual process and biographical aspects of disease, New York 1979
Moss, N. Henry and Jean Mayer (ed), »Food and nutrition in health and disease«, Ann. N.Y. Acad. Sci., Vol. 300, New York 1977
Müller, Wolfgang, »Milchantikörper im Kindesalter«, Stuttgart 1988
Noyes Kane, Dorothy, »Environmental hazards to young children«, Phoenix, Arizona 1985
Passarge, Eberhard, »Elemente der klinischen Genetik«, Stuttgart 1979
Patzlaff, Rainer, »Bildschirmtechnik und Bewußtseinsmanipulation«, Stuttgart 1985
Piaget, Jean, »Das Erwachen der Intelligenz beim Kind«, Stuttgart 1975
Plattner, Elisabeth, »Die ersten Lebensjahre«, Stuttgart 1990
Pracht, Edmund, »Die Entwicklung des Musikerlebens in der Kindheit«, in: Heilende Erziehung, Stuttgart 1977
Pressel, Simeon, »Bewegung ist Heilung«, Stuttgart 1985
Renzenbrink, Udo, »Ernährung unserer Kinder«, Stuttgart 1977
–: »Umweltkrise, Immunschwäche. Wie ernähren wir uns?« Dornach/Schweiz 1988
Rodeck, Heinrich, »Die Zukunft der Jugend in der Mediengesellschaft«, der kinderarzt 20: 1672, 1989
Schad, Wolfgang, »Erziehung ist Kunst«, Stuttgart 1991
Scheurle, Hans Jürgen, »Die Gesamtsinnesorganisation«, Stuttgart 1984
Schöffler, Heinz. H., »Kind im Wandel des Jahrhunderts«, Stuttgart 1971
Sieweke, Herbert, »Anthroposophische Medizin«, 2 Bde, Dornach/Schweiz 1967 und 1982
Sinz, Rainer, »Lernen und Gedächtnis«, Berlin 1980
Sontag, Lester W., »Effect of noise during pregnancy upon foetal and subsequent adult behavior«, in: Physiological effects of noise, New York 1970 und persönliche Mitteilungen
Stave, Uwe, »Individuation process in early child development«, in: K.E. Schäfer et al., Individuation process and biographical aspects of disease, New York, 1979
–: , (ed.), Perinatal Physiology, New York 1978
Steiner, Rudolf: »Grundlinien einer Erkenntnistheorie der Goetheschen Weltanschauung«. GA 2, Dornach 1979

–: »Goethes Weltanschauung«, GA 6, Dornach 1963
–: »Theosophie«, GA 9, Dornach 1987
–: »Wie erlangt man Erkenntnisse der höheren Welten?«, GA 10, Dornach 1982
–: »Von Seelenrätseln«, GA 21, Dornach 1983
–: »Anthroposophie, ein Fragment aus dem Jahr 1910«, GA 45, Dornach 1980
–: »Ernährungsfragen im Lichte der Geisteswissenschaft«, 17.12.1908, aus GA 57, Dornach 1975
–: »Welche Bedeutung hat die okkulte Entwicklung des Menschen für seine Hüllen?«, GA 145, Dornach 1986
–: »Die zwölf Sinne des Menschen« Sonderdr. aus GA 199, Dornach 1976
–: »Entsprechungen zwischen Mikrokosmos und Makrokosmos. Der Mensch eine Hieroglyphe des Weltalls«, GA 201, Dornach 1987
–: »Die Brücke zwischen der Weltgeistigkeit und dem Physischen des Menschen«, GA 202, Dornach 1988
–: »Geistige Zusammenhänge in der Gestaltung des menschlichen Organismus«, GA 218, Dornach 1976
–: »Menschenwesen, Menschenschicksal und Weltentwicklung«, GA 226, Dornach 1966
–: »Die Weltgeschichte in anthroposophischer Beleuchtung«, GA 233, Dornach 1980
–: »Das Künstlerische in seiner Weltmission«, GA 276, Dornach 1982
–: »Das Wesen der Farben«, GA 291, Dornach 1988
–: »Erziehungskunst. Seminarbesprechungen und Lehrplanvorträge«, GA 295, Dornach 1984
–: »Menschenerkenntnis und Unterrichtsgestaltung«, GA 302, Dornach 1978
–: »Anthroposophische Pädagogik und ihre Voraussetzungen«, GA 309, Dornach 1981
–: »Der pädagogische Wert der Menschenerkenntnis und der Kulturwert der Pädagogik«, GA 310, Dornach 1987
–: »Die Kunst des Erziehens aus dem Erfassen der Menschenwesenheit«, GA 311, Dornach 1979
–: »Meditative Betrachtungen und Anleitungen zur Vertiefung der Heilkunst«, GA 316, Dornach 1980
–: »Heilpädagogischer Kurs«, GA 317, Dornach 1965
–: »Das Zusammenwirken von Ärzten und Seelsorgern«, GA 318, Dornach 1984
–: »Geisteswissenschaftliche Grundlagen zum Gedeihen der Landwirtschaft«, GA 327, Dornach 1979
–: »Die Schöpfung der Welt und des Menschen. Erdenleben und Sternenwirken«, GA 354, Dornach 1977
– *und Ita Wegmann*: »Grundlegendes für eine Erweiterung der Heilkunst«, GA 27, Dornach 1977

Stelgens, Peter, »Gesundheit und Familie«, der kinderarzt 19: 1561, 1988
–: »Lärm und Gesundheit«, der kinderarzt 20: 1615, 1989
St. Jordanov, Jorden, »Zur Problematik des Passivrauchens bei Kleinkindern«, Sozialpädiatrie 13: 109, 1991
Stolley, Helga, W. Droese und M. Kersting, »Beikost«, in: O. Hövels und I. Eckert: Säuglingsernährung in den ersten Lebensmonaten in Klinik und Praxis, Stuttgart 1978
Teufel, Manfred, et al., »Aktuelle Belastung unserer Kinder mit chlorierten Kohlenwasserstoffen, Dioxinen und potentiell kritischen Anionen«, Sozialpädiatrie 13: 33, 1991
Thomas, Alexander und S. Chess: »Temperament und Entwicklung; über die Entstehung des Individuellen«, Stuttgart 1980
Thiel, Erich J. »Gynäkologie«, in: F. Husemann und O. Wolff, Das Bild des Menschen als Grundlage der Heilkunst, Bd II/2, Stuttgart 1978
Vogel, Lothar, »Der dreigliedrige Mensch«, Dornach 1979
Vollmer, G. »Lebensmittelreport 1991«, Berlin 1991
Wachtel, Ursula, »Ernährung von gesunden Säuglingen und Kleinkindern«, Stuttgart 1990
Walter, Hilmar, »Die Pflanzenwelt«, Arlesheim 1971
Werner, Emmy E. und R. S. Smith, »Vulnerable but invincible«, New York 1982
White, Burton L, »The first three years of life«, Englewood Cliffs, 1975
Winn, Mary, »Die Droge im Wohnzimmer«, Hamburg 1979
Winnicott, Donald W., »Kind, Familie und Umwelt«, München-Basel 1985
Würtz, Felix, »Kinderbüchlein« aus A. Peiper, Quellen zur Geschichte der Kinderheilkunde, Bern-Stuttgart 1966

Sachregister

WOLFGANG GOEBEL /
MICHAELA GLÖCKLER

Kindersprechstunde

Ein medizinisch-pädagogischer Ratgeber
9., gründlich durchgesehene und überarbeitete Auflage,
630 Seiten, 32 z.T. farbige Abbildungen,
Zahn- und Gesundheitspaß als Beilage, Pappband

Dieses Buch ist ein umfassender ärztlicher und pädagogischer Ratgeber für Eltern und alle, die mit Kindern zu tun haben. Es ist sowohl ein Nachschlagewerk für Fragen im akuten Krankheitsfall als auch eine grundlegende Darstellung des Kindes in seiner Entwicklung und der dazu erforderlichen Pflege und Erziehung. Aus der langjährigen Erfahrung im klinischen Bereich und in der ambulanten Kinderarztpraxis des Gemeinschaftskrankenhauses Herdecke entstanden, basiert dieses Werk unter Berücksichtigung der modernen Schulmedizin auf den menschenkundlichen Grundlagen der Waldorfpädagogik und der anthroposophisch orientierten Medizin.
Der Stoff ist so gegliedert, daß im ersten Teil die Betrachtung alltäglicher Krankheitssituationen im Mittelpunkt steht. Im zweiten Teil werden die kindliche Entwicklung dargestellt und Anregungen zu deren Förderung gegeben. Der dritte Teil befaßt sich mit therapeutischen Gesichtspunkten der Pädagogik, wobei auch Wege zur Bewältigung typischer Konflikt- und Krisensituationen in der Erziehung aufgezeigt werden. Der Anhang enthält neben einem ausführlichen Register viele praktische Anleitungen und einen Gesundheitspaß mit Zahnpaß.
»Eine interessante, anschauliche und umfassende Darstellung, die auch auf Probleme und Fragen der Eltern verständnisvoll eingeht … Nach Meinung einiger Tester war es das interessanteste Buch … empfehlenswert als Nachschlagewerk und Lesebuch.«
test (Vergleichstest von 20 Ratgebern durch die Stiftung Warentest)

Urachhaus